Anne Lindner / Michael Lindner

Entdeckertouren mit dem Wohnmobil

Kroatien

und Montenegro

Die Anleitung für
einen Erlebnisurlaub

womo®
Der Wohnmobil-Verlag

MIX
Papier | Fördert gute Waldnutzung
FSC® C089473

8. vollständig und erstmals von Anne und Michael Lindner neu bearbeitete Auflage 2024
ISBN 978-3-86903-488-1

Titelbild: Altstadt von Rab – Tour 6
Bild in vorderer Klappe: Hafen in Krk Stadt – Tour 5

Reihen-, Umschlaggestaltung und Layoutprinzip/Satzvorgaben: www.martinveicht.de
Karten: Michael Lindner
Fotos: siehe Bildnachweis auf Seite 368
Druck: Beltz Grafische Betriebe GmbH, 99947 Bad Langensalza
Vertrieb: GeoCenter GmbH, 70794 Filderstadt
Herausgeber: WOMO-Verlag, An der Liethe 4, 36452 Kaltennordheim
Telefon +49(0)36946 20691 · verlag@womo.de · www.womo.de
GPS: N 50°36'38.2" E 10°07'55.6"
Autoren-E-Mail: lindner@womo.de

Einladung

Kroatien und Montenegro sind zwei echte Adriaperlen. Häufig hat man gerade Kroatien nur für einen Badeurlaub auf dem Radar. Doch beide Länder zeigen sich überraschend vielseitig.

Freuen Sie sich auf

- herrliche Strände und kristallklares Wasser,
- grandiose Nationalparks mit herrlicher Natur, majestätischen Bergen und imposanten Canyons,
- laue Sommerabende in lebhaften Altstädten,
- Geschichte zum Anfassen – mit antiken Bauwerken und wertvollen Kulturschätzen, die in Europa ihresgleichen suchen,
- sorgfältig ausgewählte Campingplätze, modern und bestens ausgestattet, aber auch auf kleine, naturnahe Plätze?

Dann begleiten Sie uns in eine der schönsten Regionen am Mittelmeer. Kroatien und Montenegro heißen Sie herzlich willkommen!

Wir wünschen Ihnen viel Freude bei der Reiseplanung, einen erlebnisreichen Urlaub, viel Spaß und selbstverständlich gute Erholung!

Ihre

Anne und Michael Lindner

Inhaltsverzeichnis

Unsere persönlichen Top Ten

Miesmuscheln Buzzara
Ein absoluter Klassiker der kroatischen Küche: Frische Muscheln in einem Sud aus Olivenöl, Knoblauch, gehackten Tomaten, Weißwein und frischen Kräutern.
Tour 5, Seite 105

Nationalpark Plitvicer Seen
Dieser Nationalpark mit den atemberaubenden Wasserfällen ist ein echtes Naturwunder und zurecht ein UNESCO-Weltnaturerbe. Eine Seenlandschaft die Ihresgleichen sucht.
Tour 6, Seite 121

Inselwelt
Rab, Krk, Hvar oder Murter: Jede der kroatischen Inseln bietet einzigartige Erlebnisse. Für Aktivurlauber, Naturliebhaber, Sonnenanbeter und Wasserratten ein echtes Paradies.
Tour 6, Seite 131

Wandern im Velebitgebirge
Das Velebitgebirge bietet unberührte Landschaften, Touren für jeden Schwierigkeitsgrad und spektakuläre Ausblicke – ein unvergleichliches Wandererlebnis.
Tour 7, Seite 141

Paški sir
Der aromatische Hartkäse von der Insel Pag ist bekannt für seinen intensiven Geschmack, der durch die salzhaltige Vegetation, auf der die Schafe weiden, geprägt ist.
Tour 7, Seite 151

… das sollten Sie nicht verpassen!

Trogir
Als eine der besterhaltenen mittelalterlichen Städte bezaubert Trogir mit seiner romanisch-gotischen Architektur. Malerisch und reizvoll lädt diese zum Flanieren ein.
Tour 8, Seite 189

Dubrovnik
Dubrovnik, die Perle der Adria, besticht mit ihrer historischen Altstadt, die von mächtigen Mauern umgeben ist. Ein absolutes »Must-See« und ein Besuchermagnet.
Tour 12, Seite 266

Bucht von Kotor
Umgeben von steil aufragenden Bergen erinnert diese Bucht an einen norwegischen Fjord. Das Panorama ist atemberaubend und ein beliebtes Fotomotiv.
Tour 13, Seite 286

Durmitor Nationalpark
Ein Paradies für Abenteuerlustige: Hier locken Rafting auf der Tara, Wandertouren und Kletterabenteuer. Der Park bietet unzählige Möglichkeiten für ausgedehnte Erkundungen.
Tour 15, Seite 335

Kloster Ostrog
Eingebettet in steile Felsen, zieht dieses Kloster als Pilgerstätte Gläubige aller Konfessionen an. Ein spiritueller Ort, der mit atemberaubenden Aussichten beeindruckt.
Tour 15, Seite 339

Gebrauchsanleitung

Reisegebiet

Schön, dass Sie sich entschieden haben, Kroatien und Montenegro zu bereisen. Bevor wir unsere Rundreise beginnen, möchten Sie sicher wissen, wohin wir Sie führen werden. Werfen Sie dazu einen Blick auf die Übersichtskarte auf der hinteren Umschlagklappe – dort sind die Reiserouten dargestellt. In den beiden Balkanstaaten konzentriert sich der Großteil des Tourismus entlang der Adriaküste. Daher liegt auch der Schwerpunkt dieses Buches auf dem schmalen Streifen entlang des Mittelmeers. Doch wir haben ein Tourenpaket geschnürt, um Ihnen nicht nur die berühmten Sehenswürdigkeiten beider Länder vorzustellen, sondern auch einige verborgene Schätze.

Innerhalb Kroatiens umfasst unser Buch folgende Regionen: Ganz im Norden liegt die Halbinsel *Istrien*, oft als die größte grüne Oase der Nordadria bezeichnet. 35 Prozent der Fläche sind mit Wäldern bedeckt, und die Landschaft zeigt sich in ihrer ganzen Vielfalt: vom klaren Blau des Meeres bis zu grünen Wiesen und Feldern, sowie ebenen und wellenförmigen Landschaften mit Weinbergen und Olivenhainen. Hier startet unsere Rundreise.

Weiter südlich öffnet sich die *Kvarner Bucht* mit den Inseln *Cres, Lošinj, Krk und Rab*, an einer zerklüfteten Küste mit unzähligen kleinen Buchten. Im Hinterland erheben sich waldreiche Gebirgszüge, und hier besuchen wir die *Plitvicer Seen*. Entlang der Küste folgt *Dalmatien* mit seinen historischen Städten *Split und Dubrovnik* und den dalmatinischen Inseln *Pag, Hvar, Brač und Korčula*, die parallel zur Küste verlaufen.

Montenegro, das Land der »Schwarzen Berge«, bietet einen Küstenstreifen von fast 300 Kilometern, davon sind etwa 70 Kilometer Badestrände. Olivenbäume, Zypressen und subtropische Gewächse prägen das Landschaftsbild. Hinter dieser malerischen Kulisse erheben sich Bergketten, welche dem Land einst seinen Namen gaben. Wir starten in der *Bucht von Kotor* mit ihrer Fjordlandschaft und historischen Städten wie *Herceg Novi und Perast*. Anschließend folgen wir den Sandstränden von *Ulcinj* bis zum *Skutarisee*, dem größten See des Balkans. Unsere Reise führt uns in die *Tara-Schlucht*, die tiefste Schlucht Europas, und endet am *Durmitor Nationalpark* mit den höchsten Bergen des Landes.

Karten, Symbole und Kilometerangaben

Alle WOMO-Reiseführer sind nach Touren untergliedert, die mit den wichtigsten Ortschaften auf der **Übersichtskarte im hinteren Bucheinband** dargestellt sind. Einzelheiten zu diesen Touren, insbesondere die dort empfohlenen Stell- und Campingplätze, finden Sie in den jeder Tour vorangestellten Tourenkarten, deren

Symbole auf der hinteren Einbandklappe erläutert sind.
Die **Kilometerangaben** erlauben nur eine erste Orientierung über die Länge der jeweiligen Tour und betreffen die Entfernung ab dem letzten Stell- oder Campingplatz der vorhergehenden Tour bis zum letzten Stell- oder Campingplatz der aktuellen Tour.

Stellplätze, Farben und Nummern

Praktische Symbole zeigen die Art des »Stellplatzes« an:

001	**Offizieller Stellplatz**	von privater oder amtlicher Hand für Reisemobile – meistens über eine Preisangabe oder ein Wohnmobilsymbol – ausgewiesen
003	**Parkplatz**	für Übernachtung geeignet
P	**Parkplatz**	Übernachtung nicht möglich oder verboten
P01	**Parkplatz**	Übernachtung nicht möglich oder verboten
002	**Campingplatz**	

Auch die **Farbe** eines Stell- oder Parkplatzplatzsymboles hat eine Bedeutung: **Blau** steht für eine nahe Bademöglichkeit in natürlichen Gewässern, einer Therme oder einem besonders interessanten Schwimmbad. **Grün** kennzeichnet einen Platz, an dem typischerweise Wanderungen beginnen und dort meistens beschildert sind. **Hellgelb** sind alle Plätze bei Gaststätten, die nicht öffentliche Parkplätze sind. **Orangegelb** sind die Plätze ohne die vorgenannten Merkmale. Nur Plätze, die eine durchlaufende **Nummer** tragen, sind zur Übernachtung geeignet *Ausnahmen sind hier Parkplätze, die nur deshalb nummeriert sind, damit Sie diese auf der Tourenkarte zuordnen und unterscheiden können*. Alle diese Plätze werden im Text entsprechend ihrem vorgenannten Zweck farbig unterlegt und stehen meistens in einem **Stellplatzkasten** mit den wichtigsten Informationen. **Olivgrün** sind dort die Campingplätze.

Zum Verständnis der **GPS-Daten**, der Geräteeinstellung und dem Bezug der Daten erfahren Sie genaue Einzelheiten hinten bei den Tipps.

Blick auf die Küste der Insel Rab (Tour 6)

Max. WOMOs meint die Kapazität von Stellplätzen, bei öffentlichen Parkplätzen die geschätzte Anzahl, die man der Bevölkerung noch zumuten kann oder die Wohnmobilen mittlerer Größe zur Verfügung steht. Diese Angaben hängen von der Größe anderer Wohnmobile, von den Dimensionen Ihres eigenen Fahrzeuges und von dem Parkverhalten anderer ab. Selbst auf offiziellen Plätzen, auf denen durch feste Einzeichnungen oder Buchten die Parzellen definiert sind, besteht bisweilen die Möglichkeit, mehr Fahrzeuge unterzubringen. Längst nicht alle in diesem Buch erwähnten Stellplätze kommen für Wohnmobile im Lastwagenformat infrage, zumal die Geeignetheit für **große Reisemobile** zum einen davon abhängt, ob schon andere Großfahrzeuge dort parken, aber auch, ob man lange Wagen beispielsweise mit dem Heck über eine Grünfläche ragen lassen kann. Maßangaben sind daher nur eine grobe Schätzung. Wir bitten um Verständnis, dass wir auch einige Plätze erwähnen, auf die ausschließlich kleinere Fahrzeuge passen. Etwa die Hälfte aller Neuzulassungen betrifft heute Kastenwagenausbauten.

Bei Campingplätzen nennen wir immer die **Öffnungszeiten,** bei offiziellen Stellplätzen nur dann, wenn diese nicht ganzjährig geöffnet sind.

Wir vermitteln Ihnen die **Ausstattung** der Plätze, insbesondere mit Ver- und Entsorgung, Strom (wobei nicht zwingend jeder Benutzer einen Steckdosenzugang findet), Toilette, Dusche und Müllgefäßen, bei Campingplätzen vor allem mit Pool oder Einkaufsmöglichkeit. Unter **Beschreibung** wird Ihnen Näheres zur Beschaffenheit, der Lage und der Nutzungseignung mitgeteilt. Es wird Ihnen verraten, wenn wir Stellplätze für **campingplatzähnlich** halten, weil Sie außerhalb Ihres Fahrzeuges sitzen und essen können. Kein WOMO-Parkplatz in diesem Buch ist dafür geeignet, sich tagelang wie auf einem Campingplatz aufzuhalten, mit Markise, Stühlen und Grill. So gut wie kein Stellplatz eignet sich dafür, Campingmöbel über Nacht vor der Tür zu belassen und nur wenige Stellplätze sind Grillplätze, – wobei kein WOMO-Autor jemals verspricht, dass man irgendwo auf der Welt noch auf eigener Kohle grillen darf.

Das angegebene **Preisniveau** ist nur eine Orientierung und bezieht sich bei den Campingplätzen auf ein WOMO mit zwei Erwachsenen in der preiswertesten und in der teuersten Zeit beziehungsweise mit dem kleinsten und dem größten WOMO – ohne Strom (falls er nicht im Grundpreis enthalten ist) und Hund; bei den Stellplätzen ohne Strom und Wasser.

Der letzte Stichpunkt in den Tourenkästen ist die Beschreibung der **Zufahrt**. In Zeiten der GPS-Navigation halten wir die Darstellung knapp, es sei denn, die Anfahrt zu einem Platz mithilfe des Navis bereitet Probleme.

Wanderungen

Wir schildern Ihnen die Streckenführung, nennen deren Länge und die benötigte Wanderzeit. Damit die gehfaulen Leser entspannt weiterlesen können, sind die Beschreibungen von Wanderstrecken grün unterlegt.

Restaurants

Unsere Restauranttipps beziehen sich überwiegend auf Restaurants, die wir selbst getestet oder aus zuverlässiger Quelle empfohlen bekommen haben und von denen wir denken, dass auch Sie dort gut essen und sich wohlfühlen werden. Leider erweisen sich diese Hinweise aber oft als kurzlebig. Sie müssen also die Augen und die Nase offenhalten, auch bezüglich geänderter Öffnungszeiten und Ruhetage.

Top Ten, Sehenswürdigkeiten, Tipps und Infos

Mit den Seiten sechs und sieben dieses Reiseführers soll Ihre Neugier geweckt werden. Dort haben wir aber nicht unbedingt die größten Sehenswürdigkeiten des Zielgebietes aufgezählt, sondern **zehn Kleinode**, Köstlichkeiten oder Knüller, die uns persönlich besonders gut gefallen und die wir nicht nach einem Ranking, sondern nach der Reihenfolge in den Touren beziffert haben.

Bei den **Öffnungszeiten** von Sehenswürdigkeiten nennen wir, soweit bekannt, die Kassenöffnungszeiten und geben in der Regel die nicht ermäßigten Preise an.

Die **Tipps und Infos** am Ende des Buches machen Sie mit den Besonderheiten der Reiseregion vertraut. Dort finden Sie auch verschiedene *Anreisewege* und allgemeine Angaben.

Reiseführer und der Zahn der Zeit

Bei den freien Stellplätzen und allen anderen Angaben kommt es im Laufe der Lebensdauer einer gedruckten Auflage immer wieder zu Veränderungen. Es lohnt sich deshalb stets ein kurzer Blick ins Forum des WOMO-Verlages: *https://www.womo.de.*

Wir versorgen Sie dort mit weiteren aktuellen Informationen. Sie können dabei helfen, Hinweise für alle Leser aktuell zu halten, indem Sie melden, wenn sich irgendetwas (auch Restaurants, Wanderwege usw.) verändert hat, vor allem, wenn ein Platz nicht mehr existiert oder verboten ist, oder wenn Sie etwas Neues entdeckt haben. Sie erreichen uns über die Mailadresse *lindner@womo.de.*

Wir freuen uns über jede Zuschrift und versuchen auch, diese möglichst zeitnah zu beantworten.

Tour 1

Koper
Bertoki
H6
A1
001
002
Piran
P01
Savudrija
E751
SLO
Band 56
Slowenien
P02 WC
Zambratija
P03
003
75
P
Buje
Šterna
007 WC
Grožnijan
21
Oprtalj
007
21
Motovun
Novigrad
75
Karojba
004
005
Tar
006
Jama Grotta Baredine
P
Višnjan
21
008
009
Porec
Baderna
75
Tour 2
Funtana
Vrsar
N
5 km

Das Tor zu Istrien
Von Savudrija nach Poreč
45 km / 100 km

Die grüne Halbinsel Istrien dient als perfekte Kulisse für die schönste Zeit des Jahres. Der erste Teil der Westküste begeistert mit seinem türkisblauen Meer und malerischen Hafenorten. Im Hinterland warten sanfte Hügel, die an die Toskana erinnern. Die Highlights sind:

- **Felsstrände und Badebuchten am Kap Savudrija**
- **Motovun**
- **Wanderung auf dem Parenzana-Weg**
- **Baredine-Park**
- **Euphrasia-Basilika in Poreč**

Die gute Nachricht zuerst: Seit Anfang 2023 geht die Einreise nach Kroatien wesentlich einfacher und schneller vonstatten, da die Grenzkontrollen entfallen sind. Obwohl Kroatien bereits seit 2013 EU-Mitglied ist, wurden diese aufgrund der Flüchtlingsproblematik und der Pandemie beibehalten. Ein erster Stopp an den Wechselstuben am Straßenrand entfällt nun ebenfalls, um Euro in die ehemalige Landeswährung Kuna zu tauschen. Auch hier hat sich im Jahr unserer Recherche viel getan und Kroatien hat den Euro eingeführt.

Wir zweigen kurz nach der kroatischen Grenze Richtung Küste ab. Unser erster Anlaufpunkt auf der grünen Halbinsel Istrien ist das malerische **Savudrija** (200 Einwohner) im äußersten Norden. Das ehemalige Fischerdorf liegt am gleichnamigen Kap und zugleich an der westlichsten Spitze Kroatiens. Der charmante Badeort ist ideal, um sich *auf Urlaubsflair einzustimmen*. Die Küste des Kap Savudrija bietet zahlreiche einladende Badestellen. Auf felsigen Plateaus lässt es sich hervorragend sonnenbaden und das Meer, ausgezeichnet mit der Blauen Flagge, ist ein Paradies für Schwimmer, Schnorchler und Taucher. Ringsum laden ausgeschilderte Rad- und Spazierwege zur Erkundung des Kaps ein.

Leutturm am Kap Savudrija

TOUR 1

Blaue Flagge – Beste Wasserqualität und saubere Strände

Die Blaue Flagge gilt als eines der ersten Gütesiegel für nachhaltigen Tourismus. Sie wird jährlich an Strände, Küsten, Binnengewässer und Marinas verliehen, die nicht nur sauberes Wasser und eine gepflegte Umgebung garantieren, sondern auch umfassende Informationen zum Umweltschutz sowie ausgezeichnete Infrastruktur und vielfältige Freizeitangebote bieten.

Die Blaue Flagge ist ein Projekt der Stiftung für Umwelterziehung, vergeben in über 40 Ländern weltweit. Die Vergabe bedarf einer Bewerbung durch die entsprechende Gemeinde. Nationale und internationale Gremien prüfen daraufhin die Einhaltung der Kriterien und regelmäßige Kontrollen gewährleisten die Beibehaltung der hohen Standards. Bei Verstößen kann das Siegel auch wieder entzogen werden.

Die bekannteste Attraktion des Kaps ist der 1818 errichtete, 36 Meter hohe **Leuchtturm** – der älteste und nördlichste aktive Leuchtturm der Adria.

Der Legende nach wurde der Leuchtturm auf Befehl des Österreichers Graf Metternich gebaut, der sich in ein schönes Mädchen aus Savudrija verliebte und an diesem Ort ein Liebesnest errichten wollte. Die Liebe war nicht von Glück geprägt, da die Schöne tragischerweise starb, bevor der Leuchtturm fertiggestellt wurde. Nautisch weniger Interessierte ärgert der Leuchtturm bisweilen mit kräftigen Signaltönen, deren Intensität durchaus geeignet ist, die (Mittags-)Ruhe zu stören. Dieses Schicksal kann auch uns Wohnmobilisten ereilen, wenn wir uns auf einem der beiden Campingplätze unweit des Leuchtturms niederlassen. Der größere von beiden, Camping Savudrija, erstreckt sich über die großzügigen Wald- und Wiesenflächen direkt an einem schönen Felsstrand und einigen vorgelagerten Klippen. Gegenüber eröffnete 2020 ein kleinerer Mini-Camp.

001 Savudrija – *Camping Savudrija (ehemals Pineta)*

GPS/Kontakt: N 45°29'12" E 13°29'32", Istarska 19, Tel. +385 52 700 700; *www.istracamping.com/de/campingplatze/savudrija*. **Öffnungszeit:** Mitte April bis Ende September. **Ausstattung:** Brötchenservice, Restaurant, Lebensmittelladen, diverse Sport- und Freizeiteinrichtungen, Fahrrad- und Bootsverleih, Wassersportangebot, Pool und Animationsprogramm (Juni bis Mitte September). **Beschreibung:** Die recht großzügigen Stellplätze liegen in einem schattigen Pinienwald, viele davon mit direktem Meerblick. Der Zugang zum Meer erfolgt über betonierte Liegeflächen (Badeschuhe sind notwendig). Die Sanitäranlagen sind in einem passablen Zustand und meistens sauber. Ein Supermarkt sowie weitere Restaurants befinden sich in etwa 500 m Entfernung **Preis:** 30–45 €. **Zufahrt:** Der Platz ist im Ort beschildert.

002 Savudrija – *Camping Lighthouse*

GPS/Kontakt: N 45° 29' 25" E 13° 29' 32", Svjetioničarska 16A, Tel. +385 52 866 943; *www.camp-lighthouse.hr*. **Öffnungszeit:** Ganzjährig. **Ausstattung:** Campingplatzüblich, im Winter beheizte Sanitäranlagen. **Beschreibung:** Der kleine, aber feine Platz mit nur 32 Parzellen wurde 2019 neu eröffnet. Manche Stellplätze sind auf Wiesengrund, die meisten geschottert, eben und von kleinen Hecken umgeben. Die Sanitäranlagen sind modern und werden mehrmals täglich gereinigt. Zum Meer müssen Sie eine kleine Straße überqueren. Restaurants befinden sich fußläufig. **Preis:** 24–40 €. **Zufahrt:** Fahren Sie am vorher genannten Campingplatz vorbei und halten Sie sich rechts in Richtung Leuchtturm. Die Einfahrt befindet sich rechts gegenüber dem öffentlichen Parkplatz.

Wer diesem schönen Fleckchen Erde nur einen *Tagesbesuch* abstatten möchte, wird auf dem hübschen, am Meer gelegenen kostenpflichtigen Parkplatz fündig. Direkt vor der Nase der beiden Campingplätze ist dieser verständlicherweise mit einem *Nachthalteverbot* versehen. Außerdem weist ein Schild darauf hin, dass Campingverhalten untersagt ist. Insgesamt stimmt uns das schon von vornherein darauf ein, dass man uns WOMO-Fahrer in Kroatien bevorzugt auf Campingplätzen sieht.

P01 Kap Savudrija – N 45°29'26" E 13°29'30"

Die Vergangenheit des Ortes als Fischerdorf ist noch heute an der *einzigartigen Aufhängung der Boote* in der Bucht südlich des Leuchtturms zu erkennen. Hier befestigen die Fischer an der Mole ihre Boote an speziellen Holzgestellen, um sie vor Unwetter und Flut zu schützen – ein malerisches Motiv und Savudrijas weitbekanntes Wahrzeichen.

Hängende Boote von Savudrija

TOUR 1

Auf der landeinwärts verlaufenden Straße steuern wir auf **Umag** (8.000 Einwohner) zu. Der ganze Landstrich ist hochgradig touristisch erschlossen und wird von riesigen Ferien- und Campinganlagen dominiert. Diese bieten den Urlaubern ein umfangreiches Angebot an Freizeit- und Sportaktivitäten. Angefangen von allerlei Wassersportarten bis hin zu Tennis, Golf oder auch Reiten – hier gibt es nichts, was es nicht gibt! Doch auch die alten Traditionen werden gepflegt, gemeint ist damit die **Freikörperkultur**. Der erste FKK-Strand erwartet die Sonnenhungrigen nahe **Zambratija**. Nicht vorgebräunten Mitteleuropäern sei aber eine sorgsame Dosierung der Sonneneinstrahlung empfohlen, denn ein Sonnenbrand an der falschen Stelle kann einen nicht unerheblichen Stressfaktor verursachen. Am Ortsende gibt es bei einem kleinen Hafen und hinter der Anlage mit Luxus-Mobilheimen ein nettes Badeplätzchen für Naturismus-Liebhaber. Auch hier weisen uns die Schilder auf ein Nachthalteverbot hin.

P02 Zambratija I

GPS: N 45°28'10" E 13°30'32", Istarska ulica. **Max. WOMOs:** 10–12. **Ausstattung:** Dixitoilette, Mülleimer. **Beschreibung:** In der Nebensaison ein schönes Badeplätzchen mit einem zerklüfteten Strand. Sie stehen auf Wiesengrund direkt am Meer. Ein Imbiss, ein Kiosk und Restaurants befinden sich ganz in der Nähe. Wir haben uns allerdings sagen lassen, dass die Einheimischen den WOMOs hier etwas kritisch gegenüberstehen. Daher ist ein Zwischenstopp mit Bedacht einzulegen. **Zufahrt:** Biegen Sie gleich nach dem Hafen rechts ein, dann noch etwa 300 m.

Für diejenigen, die FKK weniger zugetan sind, bietet sich eine Abzweigung weiter ein großes gebührenpflichtiges Wiesenareal am Meer als Badeplatz an.

P03 Zambratija II – N 45°28'02" E 13°30'41"

Badeplatz Zambratija

Internationales Tenniszentrum Umag

Von der Straße nicht zu übersehen ist das **Internationale Tenniszentrum** Umag. Mit 18 Plätzen und einem Centre-Court, der 3.500 Zuschauer fasst, ist es alljährlich im Juli Austragungsort des *Croatia Open-Turniers (ATP)*, einem Spektakel mit über 220 internationalen Topspielern.

Die **Altstadt** von Umag liegt an einer großen, gut geschützten Hafenbucht auf einer kleinen Halbinsel. Seit Jahren aber expandiert das Städtchen und die neu erbauten Häuser und Hotelanlagen nehmen bereits einen weiten Teil des angrenzenden Festlandes in Beschlag. Eine offizielle Parkmöglichkeit für Wohnmobile wurde neu angelegt – es ist weit und breit leider die einzige für einen Stadtbesuch und dementsprechend teuer. Ob eine Übernachtung tatsächlich toleriert wird, ist aufgrund der Parkzeitbeschränkung von 6 bis 22 Uhr allerdings etwas widersprüchlich. Ein 24-Stunden-Ticket ist jedoch am Parkautomaten erhältlich.

003 Umag – N 45°26'09" E 13°31'43"

In rund zehn Minuten gelangen Sie vom Parkplatz hinunter zum Hafen und dem Ortskern. Das Hafenbecken Umags verfügt über riesige Ausmaße und dient nicht nur touristischen Zwecken. Eine kleine Flotte von Fischkuttern liegt vor Anker. Fast täglich fahren die professionellen Fischer aufs Meer hinaus, um frischen Fang für die hungrigen Touristen zu liefern.

In der Altstadt von Umag

An das Hafenbecken schließt sich eine breite *Promenade mit hübschem Blumenschmuck* und zahlreichen Geschäften und Cafés an. Wir halten uns links und bummeln durch die schmalen Altstadtgassen, in denen es einige barocke Häuser zu entdecken gibt. Aus dem 14. Jahrhundert stammen die Überreste der Stadtmauer mit ihren Türmen, die da und dort verblieben sind. Am Rand des zentralen Marktplatzes erhebt sich der freistehende historische **Glockenturm St. Pelegrin**, nicht zu übersehen direkt daneben die wuchtige **Pfarrkirche Maria Himmelfahrt**. Sie datiert in ihrer jetzigen Form erst aus dem 18. Jahrhundert. An der Fassade prangt ein Relief des Schutzpatrons der Stadt – dem heiligen Pelegrin.

Im kleinen **Stadtmuseum** von Umag kann man in der Zeit von April bis Oktober verschiedene archäologische Fundstücke und viele Exponate aus der römischen Zeit der Stadt besichtigen *(Di.–Sa. 10–12 Uhr/18–21 Uhr; So. 10–14 Uhr)*.

Von Umag aus nehmen wir Kurs auf das 15 Kilometer entfernte **Novigrad**. Auf dem Weg dorthin säumen zahlreiche Campingplätze die Straße, einer davon ist besonders praktisch gelegen und fußläufig zur Stadt.

004 Novigrad – *Aminess Camping Sirena*

GPS/Kontakt: N 45°18'54" E 13°34'32", Terre 6, Tel. +385 52 858 670, *www.aminess-campsites.com/de/aminess-sirena-campsite*. **Öffnungszeit:** Ende März bis Anfang November. **Ausstattung:** Kinderspielplatz, Pool, Fahrradverleih, Minimarkt mit Brötchenservice, Massageangebote am Strand, Animationsprogramm für Kinder und Erwachsene. **Beschreibung:** Zum Meer hin abfallendes, teils terrassiertes Gelände. Es gibt schattige naturbelassene Stellplätze im Pinienwald sowie großzügige, geschotterte Parzellen direkt am Meer, die teilweise durch Hecken abgetrennt sind. Der Platz verfügt über ein eigenes Restaurant und eine Bar am Meer, weitere Einkehr- und Einkaufsmöglichkeiten sind wenige hundert Meter entfernt. Der Campingplatz gehört zu einem Hotelkomplex, dessen Wellnessbereich und die Indoor-Sport- und Freizeiteinrichtungen gegen Bezahlung mitbenutzt werden können. Die Altstadt von Novigrad erreichen Sie bequem in 15 Minuten zu Fuß oder mit dem Fahrrad entlang der Promenade. **Preis:** 30–50€. **Zufahrt:** Der Platz ist an der D 75 beschildert. An der Schranke des Hotelparkplatzes müssen Sie ein Ticket ziehen.

Das historische Städtchen zählt noch zu den Geheimtipps in Istrien, da Novigrad (4.000 Einwohner) trotz seiner guten Lage noch nicht komplett vom Massentourismus verschlungen wurde. Der Altstadtkern liegt auf einer Landzunge und wird noch heute durchgängig von einer sehr gut erhaltenen Stadtmauer umgeben. Es gibt *hübsche verwinkelte Altstadtgassen und etliche Grünanlagen*. Das Zentrum ist für den öffentlichen Autoverkehr gesperrt, nur die Anwohner kommen durch die Schranke hinein. Die **Pfarrkirche St. Pelagius**, ein Barockbau des 18. Jahrhunderts, dominiert das Stadtbild. Unter dem Chor befindet sich eine für Istrien einzigartige frühromanische **Krypta**. Sehenswert sind auch die Gemälde, unter anderem die »Muttergottes mit Kind« auf einem hölzernen Altar. Der Kirchplatz davor wird im Sommer für diverse Kulturveranstaltungen genutzt. Hier befindet sich auch das **Lapidarium**, schön in einem Glaspalast untergebracht, in dem Funde aus der Umgebung ausgestellt sind *(Juni–Aug., tägl. 10–13 und 19–21 Uhr; ab Sept. Mo.–Fr. 9–15 Uhr; So. geschlossen. 2,00 €; www.muzej-lapidarium.hr)*

Bunte Regenschirme in Novigrad

Farbenfrohe Akzente im Stadtbild setzen die bunten Regenschirme, die 2013 im Rahmen eines »Festivals der Straßenkünstler« aufgehängt wurden und seither das Bild der Altstadt prägen.

Gegenüber der Altstadt prunkt der Jachthafen. Die zahlreichen Masten der Segelschiffe bieten eine fantastische Kulisse, die man von den Fischrestaurants aus genießen kann. Letztere machten die Hafenstadt, nicht zuletzt dank der Auszeichnungen im *Gourmetguide Gault Millau,* zum beliebten Ziel für Feinschmecker. Pizzaliebhaber gehen ins ***Vecchio Mulino*** *(Mlinska ul. 8; tägl. 12–23 Uhr; Di. Ruhetag; Reservierung empfohlen: Tel. +385 52 647 451)*. Neben leckeren Pizzen gibt es hier auch Pasta, Fleisch- und Fischgerichte.

Jakobsmuscheln in Novigrad

TOUR 1

An dieser Stelle haben Sie *zwei Möglichkeiten, um die Tour fortzusetzen*. Sie können in direkter Linie auf der Küstenstraße weiter nach **Poreč** fahren oder nehmen mit uns den erlebnisreichen Umweg durchs Landesinnere. Auf der direkten Route liegen etwa auf der Hälfte der Strecke zwei empfehlenswerte Campingplätze, die kaum Urlaubswünsche offenlassen:

005 Tar – *Lanterna Premium Camping Resort*

GPS/Kontakt: N 45°17'49" E 13°35'39", Laterna 1, Tel. +385 52 465 000; *www.camping-adriatic.com/de/lanterna-camp-porec*. **Öffnungszeit:** April bis Ende September. **Ausstattung:** Pool, Wasserpark mit Wasserrutschen, Supermarkt, Bäckerei, Obst- und Gemüsemarkt, Camping-Shop, Kinderanimation, Sport- und Fitnessprogramm, Auto- und Fahrradverleih, Ausflugsangebote. **Beschreibung:** Die weitläufige Ferienanlage mit 1.700 Standplätzen nimmt fast die gesamte gleichnamige Halbinsel ein und verfügt über eine Unmenge von Freizeiteinrichtungen. Diese sind teilweise noch zusätzlich zu bezahlen. Ruhig geht es nicht gerade zu. Entlang des Ufers gibt es ein weit verzweigtes Netz schöner Spazierwege. Die Stellplätze sind in verschiedene Kategorien eingeteilt, die sich preislich enorm unterscheiden. **Preis:** 25–125 €. **Zufahrt:** Von der Küstenstraße rechts abbiegen, dann der Stichstraße meerwärts noch etwa 3,5 km folgen. Der Platz ist bestens ausgeschildert.

006 Tar – *Boutique Camping Santa Marina*

GPS/Kontakt: N 45°17'15" E 13°36'23", Santa Marina 12, Tar-Vabriga, Tel. +385 (0)99 359 1669; *www.santamarina-camping.com/de/* **Öffnungszeit:** Mitte April bis Anfang Oktober. **Ausstattung:** Poollandschaft mit Liegen, kleiner Einkaufsladen mit Brötchenservice, Fahrradverleih, Barbecue-Bereich, Shuttle-Service zum Strand, Kinderanimation. **Beschreibung:** Neuer, sehr schicker Campingplatz mit allen Annehmlichkeiten. Die Stellplätze sind geschottert, teilweise auch mit größeren Steinen, und geneigt. Hier brauchen Sie Auffahrkeile. Die äußeren Plätze liegen direkt an der Straße. Meerblick gibt es keinen, der nächste Strand ist zu Fuß etwa 20 Minuten entfernt, es fährt regelmäßig ein Shuttlebus. Neben einem kleinen Einkaufsladen mit wirklich nur dem Allernötigsten gibt es auch ein Restaurant. Im angrenzenden Wald und durch die Olivenhaine führen schöne Spazier- und Fahrradwege. **Preis:** 20–70 €. **Zufahrt:** Achtung: Für die Ortsdurchfahrt in Vabriga gilt eine *Gewichtsbeschränkung auf 5 Tonnen*. Vom Kreisverkehr kommend links abbiegen und der Beschilderung nach Santa Marina folgen.

Wir nähern uns Poreč, das uns erst einmal mit wenig attraktiven Industrieanlagen, Tankstellen und Ähnlichem begrüßt. Doch auch das muss sein. Wir versprechen Ihnen aber, Sie werden vom Herzen der Stadt begeistert sein! Eine Beschreibung sowie Park- und Übernachtungsplätze liefern wir Ihnen nach unserer Entdeckungstour durch das sehr sehenswerte Hinterland.

Durch das Landesinnere nach Poreč

Wollen Sie nicht nur das Meer und die Küste von Istrien sehen, sondern haben Sie Lust auch das Hinterland zu erkunden, dann begleiten Sie uns auf die nachfolgend beschriebene Rundfahrt.

In Novigrad orientieren wir uns in Richtung **Buje** (3.500 Einwohner). Hier wird schnell deutlich, woher *Istriens Bekanntheit für Wein* stammt, denn hier begegnen uns auf unserem Weg die ersten Weingärten. Das Landschaftsbild ist geprägt von roter Erde, Getreidefeldern, Weinbergen und Olivenhainen, unterbrochen von Tälern und karstigen Hügeln. Die trutzigen Ortschaften sind fast ausschließlich auf den Kuppen der Hügel angesiedelt. So auch der Verwaltungsort Buje, der besonders majestätisch auf einem kegelförmigen Hügel thront. Von hier aus kann man den Blick bis zur Küste schweifen lassen. Die venezianischen Häuser der Altstadt scheinen hier außergewöhnlich nahe zusammengerückt zu sein. Im Gegensatz zu den herausgeputzten Küstenorten ist der Tourismus hier jedoch noch nicht ganz so stark angekommen und die Fassaden wirken sehr authentisch, um nicht zu sagen etwas marode.

Weingärten bei Buje

Der reizvollste Teil der Altstadt gruppiert sich um den Hauptplatz mit der spätbarocken **Pfarrkirche Sv. Servul** aus der zweiten Hälfte des 18. Jahrhunderts. Ihr Inneres zieren sieben prachtvolle Altäre, eine Orgel von 1791 sowie einige Heiligen-Statuen aus feinstem Carrara-Marmor. Vom 50 Meter hohen Kirchturm aus genießen Sie einen herrlichen Ausblick.

Etwa 400 Meter vom Zentrum entfernt gibt es einen praktischen Tagesparkplatz auf drei Ebenen, teilweise mit schöner Aussicht über die grünen Hügel des Umlandes.

TOUR 1

P Buje – N 45°24'28" E 13°39'26"

Besonders empfehlenswert ist Buje als Ausgangspunkt für Wanderungen oder Mountainbike-Touren entlang des **Parenzana-Panoramaweges**.

Entlang der Parenzana-Schmalspurbahn

Der Parenzana-Panoramaweg, der »Weg der Gesundheit und Freundschaft«, ist eine der beliebtesten Touren im Norden Istriens und ein echtes Paradies für Wanderer und Radfahrer. Die Route folgt der Trasse der ehemaligen Bahnlinie Parenzana und wurde nach dem italienischen Namen von Poreč, Parenzo, benannt. Die historische Strecke verband von 1902 bis 1935 Poreč in Kroatien mit Triest in Italien. Damals diente sie nicht nur dem Gütertransport, sondern ermöglichte auch Erholungssuchenden aus der Habsburger Monarchie den Zugang zum Meer. Heute erstreckt sich der Weg über rund 80 Kilometer durch insgesamt 33 Ortschaften und verteilt auf 870 Höhenmeter. Er führt durch malerische Landschaften voller Wiesen, Wälder, Dörfer, durch in den Felsen gehauene Durchgänge und vorbei an historischen Sehenswürdigkeiten.

Der Panorama-Weg ist auf insgesamt 80 Kilometern ein Paradies für Wanderer und Fahrradfahrer.

Der Pfad ist größtenteils gut gekennzeichnet. Entlang der Strecke laden zahlreiche Rastplätze dazu ein, die regionalen Spezialitäten zu entdecken und zu genießen.

Besonders empfehlenswert ist der beinahe autofreie Abschnitt von Buje über Groznjan nach Motovun und Vižinada; er überwindet auf rund 40 Kilometern Länge zweimal eine Höhendifferenz von mehr als 250 Metern. Ein Hinweis für Radfahrer: Die Oberflächen der Wege sind von Asphalt bis groben Schotter recht unterschiedlich und können auch abrupt wechseln.

Wir tauchen wieder ein in das intensive istrische Grün und peilen das Künstlerdörfchen **Grožnijan** (650 Einwohner). Grožnjan ist übrigens die einzige Gemeinschaft Kroatiens mit einer italienischsprachigen Mehrheit. Erstmals erwähnt wurde es im Jahre 1103, im 14. Jahrhundert zogen die Venezianer ein und ernannten es zum Verwaltungssitz. Bis heute hat sich der Ort den Charak-

Kapelle auf dem Weg nach Grožnijan

Maritime Skulpturen in Grožnijan

ter einer Festungsanlage bewahrt, die Nutzung allerdings hat sich geändert. Das liegt vor allem an der Kreativität der rund 160 permanenten Einwohner. Ein Großteil von ihnen sind Künstler und die sorgen dafür, dass die alten Gemäuer in neuem Glanz erscheinen, verwunschene Gärten entstehen und Kunstwerke verschiedenster Formen allgegenwärtig sind. *Maler, Töpfer und Bildhauer haben sich niedergelassen*, deren Werke in etlichen Galerien nicht nur bestaunt, sondern natürlich auch erworben werden können.

Besonders künstlerisch lässt sich Grožnjan in den Sommermonaten erleben, denn dann beherbergt das kleine mittelalterliche Städtchen zahlreiche **Musik- und Kunstevents**. Dazu gehören das internationale Jazzfestival "Jazz is back", die Abschlusskonzerte der Musikakademie »Jeunesses Musicales« im August sowie die **Open-Air-Galerie** »Ex Tempore« im September. Bei diesem namhaften internationalen Wettbewerb schaffen kroatische, slowenische und italienische Künstler Werke zu einem vorgegebenen Thema. Die alten Hausmauern dienen zum Abschluss als große Open-Air-Galerie.

Über allem wacht der mächtige Kirchturm der **Pfarrkirche** aus dem 14. Jahrhundert. Der Innenraum der Kirche ist reich verziert und mit Gemälden bekannter Künstler wie Francesco Travi geschmückt. Vom Vorplatz der Kirche überblickt man Istriens Nordwesten bis an die Adria.

Für Ihren Rundgang durch die malerischen Gassen der mittelalterlichen Altstadt empfehlen wir Ihnen *gutes Schuhwerk*. Die Steine sind buckelig verlegt und daher bestens geeignet, sich den Knöchel zu verstauchen.

Ihr Wohnmobil können Sie währenddessen auf dem Parkplatz direkt am Ortseingang neben dem alten Friedhof abstellen:

006 Grožnijan

GPS: N 45°22'52" E 13°43'26". **Max. WOMOs:** 20. **Ausstattung:** Beleuchtung, Mülleimer, Toilette (1 €). **Beschreibung:** Ebener, öffentlicher Parkplatz auf Schotter ohne Schatten. Übernachten, wird geduldet, aber kein Campingverhalten. Es ist ein idealer Ausgangsort für den Besuch des Ortes, für Wanderungen und für eine Radtour auf dem Parenzana-Panoramaweg. Restaurants, Bars und Einkehrmöglichkeiten finden sich im Ort. In der Hauptsaison geht es hier sicherlich eng zu, weil das Gelände sowohl bei Wanderern als auch Besuchern des Ortes sehr beliebt ist. Von hier aus hat man eine herrliche Aussicht über das Tal und ist in wenigen Gehminuten im Ort. Die Toilette wird zwar täglich gereinigt und ist sehr sauber, wird allerdings abends von 21 Uhr bis um 9 Uhr am nächsten Morgen abgeschlossen. **Preis:** 15 € für 24 Stunden (bar beim Parkplatzwächter) oder 1,50 € pro Stunde bei einem Tagesbesuch (Parkautomat). **Zufahrt:** Folgen Sie vor dem Ort unbedingt den blauen Parkplatzschildern mit den Symbolen Bus/WOMO, denn sonst gibt es für größere WOMOs keine Wendemöglichkeit. Die Einfahrt befindet sich direkt vor dem Friedhof links.

Auf unserem weiteren Weg begrüßt uns kurz vor dem mittelalterlichen Bergdörfchen **Oprtalj** (750 Einwohner) eine hochgewachsene Zypressen-Allee , die in uns sofort *Erinnerungen an die Toskana* weckt. Einen Abstecher müssen wir mangels Parkmöglichkeiten für unser Wohnmobil leider auslassen. Doch die Enttäuschung währt nicht lange, denn unser nächstes Ziel ist **Motovun** (1.000 Einwohner). Allein die Anfahrt ist ein Highlight: Der Anblick der von Mauern umringten Stadt auf ihrem Hügel, überragt von einem weithin sichtbaren Turm, ist wirklich atemberaubend. Um an den höchsten Punkt des Ortes zu gelangen, muss man die *längste Treppe Istriens* mit 1.052 Stufen bewältigen.

Toskanisches Flair bei Oprtalj

Direkt unterhalb Motovuns bietet ein kleiner Campingplatz mit nur zwölf Parzellen Raum für die Nacht. Von einem schlichten Stellplatz hat er sich in den letzten Jahren zu einem netten Campingplatz gemausert. Als Gast können Sie den Pool des Hotels Kaštel kostenlos mitbenutzen.

007 Motovun – *Camping Motovun*

GPS/Kontakt: N 45°20'07" E 13°49'31", Rižanske Skupštine 1A, Tel. +385(0)52 681 557 (10–18 Uhr); *www.motovun-camping.com*. **Öffnungszeit:** Ganzjährig. **Ausstattung:** Campingplatzüblich. **Beschreibung:** Die Stellflächen sind gekiest und eben. Schatten gibt es wenig. Vom Campingplatz aus läuft man etwa 15 bis 20 Minuten bergauf, um die Altstadt von Motovun zu erreichen. **Preis:** 20–35 €. **Zufahrt:** Am Ortsanfang links, der Campingplatz ist beschildert.

Das letzte Stück in die sogenannte »weiße Stadt« legen wir zu Fuß zurück. Durch ein wappenverziertes, mit dem geflügelten Markuslöwen geschmücktes **Renaissance-Tor** betreten wir die Altstadt und schlendern auf der mit altern Steinplatten gepflasterten engen Gasse vorbei an diversen Spezialitätengeschäften. Hier gibt es neben Olivenöl und Wein das unangefochtene *kulinarische Herz der Region* zu erwerben: Trüffel in allen erdenklichen Variationen. Die Liebe zu Motovun geht bei vielen Reisenden auch durch den Magen.

Das weiße Gold von Istrien

Erst zu Beginn des letzten Jahrhunderts haben die Einheimischen erkannt, mit was für einem gastronomischen Juwel sie gesegnet sind. 1932 wurden sie auf die seltsamen, eigenartig riechenden Erdknollen aufmerksam – da waren sie bei den benachbarten Italienern schon (fast) in aller Munde.

Zwei Hauptarten von Trüffeln gibt es: Den Weißen Trüffel und den Schwarzen Trüffel. Die kostbare weiße Variante wächst weltweit außer in Istrien nur noch in der Toskana und im Piemont, der schwarze Trüffel gedeiht in Umbrien, im französischen Savoyen und an vielen weiteren Orten.

Im Motovun-Eichenwald gibt es die größte Trüffelausbeute Istriens.

Der hauptsächliche Fundort der istrischen Kostbarkeit ist der berühmte Motovun-Eichenwald im Tal des Flusses Mirna unterhalb der Mauern des gleichnamigen majestätischen Städtchens. Zwar werden in der östlichen Region von Istrien bei Labin entlang der Rasa immer wieder Trüffel gesucht und gefunden, die größte »Ausbeute« gibt es jedoch hier. Zwischen den Orten Buzet, Lupoglav, Pazin und Motovun bieten die dunklen Lehmböden und die üppig wachsenden Wälder die optimalen Bedingungen für eine reiche Trüffelernte.

Während früher Schweine für die Trüffelsuche eingesetzt wurden, werden Trüffeljäger heute eher mit speziell ausgebildeten Trüffeljagdhunden

TOUR 1

fündig. Der Grund: Schweine neigen dazu, die begehrten Knollen auch mal selbst zu verspeisen.

1999 buddelte Giancarlo Zigante in einem Wald bei Livade einen riesige weißen Trüffel aus. Das Gewicht der Knolle betrug 1,3 Kilogramm und der Fund brachte ihm sogar einen Eintrag im Guinness-Buch der Rekorde ein. Daraufhin gründete Zigante ein wahres Trüffelimperium in Istrien.

Feinschmecker sollten sich besonders den Monat September vormerken, denn der Herbst ist die Trüffelzeit der Region. Von September bis Anfang November finden in Motovun und den umliegenden Orten Trüffeltage statt: Hier ist probieren ausdrücklich erwünscht! Dazu gehören zum Beispiel die Ziganter Trüffeltage, die längste Trüffelmesse der Welt, die im 3 Kilometer entfernten Livade stattfinden. Wer selbst auf die Jagd gehen möchte, kann an Trüffelausflügen teilnehmen. Die Trüffelsuchtouren (auf Englisch) dauern etwa 2 Stunden, anschließend gibt es ein Trüffelmenü. Eine rechtzeitige Voranmeldung beim Veranstalter Tarandek Tours ist empfehlenswert *(Treffpunkt Livade 7 vor dem Zigante Tatufi Shop, 52427 Livade; Tel. +385 91 569 6835; www.truffletarandek.com).*

Motovun in seiner vollen Pracht

Die Befestigungsmauern aus dem 13. und 14. Jahrhundert sind erstaunlich gut erhalten. Der gebührenpflichtige Zugang zur Stadtmauer erfolgt ab dem ***Hotel Kaštil*** *(März bis Mitte November, tägl. 10 –19 Uhr; 5 €)*. Bei einem etwa einen Kilometer langen *Rundgang auf dem äußeren Mauerring* erhält man einen weiten Blick über die Hügellandschaft, auf das breite **Mirna-Tal** und die angrenzenden Wälder. Kein Wunder, dass dieses Panorama ein beliebtes Postkarten-Motiv ist. Der Spaziergang dauert etwa 30 bis 45 Minuten und ist in unseren Augen bei einem Besuch in Motovun ein Muss! Auf dem Hauptplatz **Trg Andrea Antico** erhebt sich die **Kirche des heiligen Stephan** aus dem 16. Jahrhundert mit ihrem freistehenden Glockenturm, der ursprünglich als Wehrturm diente. Ihn kann man auf rund 100 Stufen besteigen *(tägl. 10 –19 Uhr; 3 €)*. Kommt man schließlich schnaufend oben an, erfolgt die Belohnung. War die Aussicht von der Stadtmauer schon herrlich, so wird sie noch übertroffen. *Bei klarer Sicht ist der Weitblick wahrhaft grandios!*

Die bekannteste Veranstaltung ist das ***Internationale Motovun Filmfestival***. Schauspieler, Regisseure und weitere Größen aus dem Filmgeschäft besuchen jedes Jahr Ende Juli das beliebte Event in Motovun. Seit 1999 gibt es diese Veranstaltung, früher eher bescheiden, heute mit rund 35.000 Zuschauern. Dass das Städtchen dann völlig überfüllt und lieber zu meiden ist, müssen wir Ihnen wahrscheinlich nicht raten.

Stadttor von Motovun

Gesättigt von Kultur und Trüffeln setzen wir unsere Fahrt fort. Die Hänge rund um das Städtchen sind überzogen mit Weinbergen, die die Trauben für die lokalen Weine Pirot und Malvazija liefern. Zwischen den Weingärten sind bisweilen kleinere Obst- und Olivenbaumplantagen eingestreut. Wir sind wirklich begeistert von der herrlichen Gegend!

Ein großes Schild am Straßenrand verkündet, dass es nicht mehr weit ist zum **Baredine-Park**. Auf dem Gelände befindet sich unter anderem die Höhle **Jama Grotta Baredine**, ein geomorphologisches Naturdenkmal und Lebensraum vieler Höhlentiere, darunter Fledermäuse, Spinnen und Insekten. Die Höhle, die erst seit 1995 für die Öffentlichkeit zugänglich ist, ist etwa 132 Meter tief und hat eine Gesamtlänge von etwa 300 Metern. Auf einem gut angelegten und beleuchteten Weg kommt man vorbei an wunderschönen Stalaktiten und Stalagmiten in bizarren Formen. Außerdem ist sie bekannt für ihre unterirdischen Seen und Flüsse. Die *geführten Besichtigungstouren* (auch auf Deutsch) starten in der Regel während der Öffnungszeiten alle 30 Minuten *(April: tägl. 10 –16 Uhr; Mai, Juni, Sept.: tägl. 10 –17 Uhr; Juli und August 10 –18 Uhr; 11 € Erwachsene, 7 € Kinder; www.baredine.com)*.

Nahe der Höhle lockt ein Übungsgelände mit einer kleinen *Schauhöhle und Kletterwand* – ideal, um selbst aktiv zu werden und das Höhlenklettern auszuprobieren. Ein spannendes Erlebnis besonders für Kinder. Nähere Informationen gibt es an der Kasse.

Der weitläufige Wiesenparkplatz nahe des Höhleneingangs eignet sich nicht nur für den Höhlenbesuch, sondern lädt auch zu einem gemütlichen **Picknick** ein. Unter den Bäumen stehen einige Tische und Bänke bereit.

P Jama Grotta Baredine – N 45°16'10" E 13°39'42"

Etwa 200 Meter vor dem Parkplatz verbirgt sich hinter einem großen Tor die sogenannte »Traktorstory«. Auf dem Areal stehen rund 50 *Oldtimer-Traktoren,* Mähdrescher und andere historische

Traktormuseum in Baredine

Landmaschinen – einige davon stammen sogar aus Deutschland. Ein *Besuch kombiniert mit der Tropfsteinhöhle* bietet sich an *(Kombi: 13 € für Erw., 9 € erm.; einzeln: 5,50 €; www.traktorstory.com)*.

Nun trudeln wir in **Poreč** (17.000 Einwohner) – unserer letzten Station der ersten Tour – ein und falls Sie auf direktem Wege entlang der Küste weitergefahren sind, treffen wir hier wieder aufeinander. Je näher man dem Zentrum kommt, desto knapper werden die Parkmöglichkeiten, zumindest solche, die für WOMOs geeignet sind. Doch man hat vorgesorgt und es gibt zwei offizielle Wohnmobil-Stellplätze.

008 Poreč I

GPS: N 45°13'15" E 13°36'23". **Max. WOMOs:** 40. **Öffnungszeit:** Ganzjährig. **Ausstattung:** *Achtung: keine Entsorgung*, Frischwasser, Strom (nicht an allen Stellplätzen), Mülleimer, Toilette (am Anfang des Parkplatzes und beim Friedhof). **Beschreibung:** Großer Asphaltparkplatz, der auch für große Fahrzeuge bequem erreichbar ist. Leider ist er sehr abschüssig ist. Schatten gibt es keinen. Trotz der Nähe zur Straße ist es nachts relativ ruhig. Von hier aus laufen Sie etwa 15 Minuten in die Altstadt. **Preis:** 4 €/ Stunde, 16€/24 Stunden (in der Nebensaison kostenfrei). **Zufahrt:** Nach dem Friedhof gegenüber dem Sportplatz rechts abbiegen. Der Parkplatz liegt neben dem der Hotelkette Valamar und ist gut zu sehen.

009 Poreč II

GPS: N 45°13'35" E 13°36'15". **Max. WOMOs:** 25. **Ausstattung:** Keine. **Beschreibung:** Großer Parkplatz mit Hinterhofatmosphäre und ohne Schatten. Von hier aus erreichen Sie die Altstadt in 10 Minuten zu Fuß. **Preis:** 3€/Stunde oder 30€/24 Stunden. **Zufahrt:** Die Einfahrt liegt etwas versteckt zwischen einer Café Bar und einem Mercator-Supermarkt. Orientierungshilfe: Hinweis Sport Camping Shop.

In den Gassen von Poreč

Beide Plätze gewinnen keinen Schönheitspreis, punkten aber mit ihrer Nähe zur Altstadt. Die Campingplätze liegen alle außerhalb der Stadt und sind daher für eine Stadtbesichtigung weniger praktisch.

Die **Altstadt** von Poreč erstreckt sich auf einer schmalen Halbinsel. Die Straßen und historischen Mauern im Stadtkern erzählen von mehr als 2.000 Jahren Geschichte. Antike Landvermesser unterteilten das Gebiet in Parzellen für Häuser, öffentliche Gebäude und Tempel und durchzogen die Aufteilung mit einem gleichmäßigen Straßennetz. Die antike Stadtgestaltung blieb weitgehend bis heute erhalten und prägt noch immer das charakteristische Stadtbild. *Ein Stadtplan ist beim Bummeln überflüssig*.

In Urlauberkreisen verbucht die lebhafte Stadt einen hohen Bekanntheitsgrad und bildet gemeinsam mit den angrenzenden und zum Teil eingegliederten Gemeinden eines der größten Tourismuszentren Kroatiens. Abend für Abend flanieren Besucherströme durch die schmalen Gassen. Tagsüber ist Poreč angenehm ruhig und lädt zu einer etwas entspannteren Erkundung ein.

Am **Freiheitsplatz** beginnt unser Streifzug. Von hier geht es in die längs verlaufende **Fußgängerzone** mit Namen »Decumanus«, die uns geradewegs zur Uferpromenade führt. Entlang der

Fußgängerzone in Poreč

Hauptader buhlen viele Geschäfte, Cafés und Souvenirläden um Gunst und Geldbeutel der Touristen. Mit zu den bekanntesten Kulturdenkmälern der Stadt und zu den bedeutendsten sakralen Bauwerken Kroatiens zählt die am Nordrand gelegene dreischiffige **Euphrasius-Basilika**, die Bischof Euphrasius im byzantinischen Stil im 6. Jahrhundert erbauen ließ. Das wahrhaft prachtvolle Gotteshaus birgt reiche Kunstschätze und wurde 1997 in das *UNESCO-Weltkulturerbe* aufgenommen. Allein die prächtigen Mosaiken in der halbrunden Apsis und am Triumphbogen, die aus Halbedelsteinen, Marmor und Perlmutt zusammengesetzt sind, sind schon einen Besuch wert. Vom stattlichen **Glockenturm** aus genießt man einen herrlichen Rundblick über Altstadt und Meer *(April–Okt. Mo. –Sa. 9–18 Uhr; Juli/ Aug. bis 21 Uhr; 7 €)*.

Wir spazieren weiter bis fast zur Spitze der Landzunge, zum **Marafor-Platz**. Hier finden wir Reste eines ehemaligen **Neptun-Tempels** und die verbliebenen Säulen eines alten **Mars-Tempels**.

Südlich des Trg Marafor öffnet sich der Hafen. Blickfang sind einige schöne hölzerne Schiffe, deren weiße Segel sich kontrastreich gegen das blaue Meer abheben.

Natürlich möchten wir aber nicht, dass Sie Poreč hungrig verlassen müssen: Empfehlen können wir die kleine, aber feine Karte der ***Weinbar Bacchus***, die in einer belebten Seitengasse liegt. Das urige Ambiente, den hervorragenden Hauswein und die »Istrische Hausplatte« können wir Ihnen wärmstens ans Herz legen *(Eufrazijeva ul. 10, Tel. +385 91 404 0051; geöffnet tägl. 10–1 Uhr; nur Barzahlung)*. Und wenn es mal *Fast Food auf Kroatisch* sein darf, haben wir folgenden Tipp für Sie: In der ***Tunaholic Fish Bar*** gibt es an der Fenstertheke innovativ zubereiteten Thunfisch, Hai und anderen Fisch- und Meeresfrüchtespezialitäten im Street Food-Stil *(Ul. Svetog Eleuterija 6, 11–24 Uhr; www.tunaholicfishbar.com/de)*

Street Food auf Kroatisch

Tour 2

Tour 1
Porec
010
Funtana
011
Vrsar
012
75
P
Limski Kanal
E751
P
21
Kanfanar
013
303
Rovinj
013
V E
WC
014
V E
WC
015
Bale
E751
Fort Fono
Barbariga
P02
P01
Vodnjan
Peroj
Fažana
P03
Brijuni-Nationalpark
016
21
Tour 3
Pula
017
018
N
10 km
Banjole
21
48
Tinjan
Baderna
Heki
E75
Paz

Auf den Spuren der Römer
Von Poreč nach Pula
125 km

Der Hauptteil dieser Tour führt Sie zu zwei der absoluten Touristenmagneten Istriens: Rovinj und Pula. Doch auf dem Weg begegnen Ihnen außerdem ein norwegisch anmutender Fjord und ein echtes Inselparadies. Unsere Empfehlungen für Sie:
- **Limski Kanal**
- **Kaffee mit Casanova in Vrsar**
- **Kirche der Heiligen Euphemia in Rovinj**
- **Bootsausflug zu den Brijuni-Inseln**
- **Pula**

Die Sonne lacht von einem fast wolkenlosen Himmel, es ist nicht zu heiß, sondern angenehm warm. Wenn das kein perfekter Start für unsere zweite Tour ist! Von Poreč geht es in gerader Linie südwärts. Das heißt aber nicht, Sie müssten auf die obligatorische Kurverei verzichten.

In **Funtana** (900 Einwohner) wartet bereits der erste empfehlenswerte Campingplatz unserer Tour.

010 Funtana – *Camping Puntica*

GPS/Kontakt: N 45°10'39" E 13°36'14", Ul. Puntica 1, Tel. +385 52 445 270; *www.istracamping.com/de/campingplatze/puntica*. **Öffnungszeit:** Ende April bis Ende September. **Ausstattung:** Restaurant, Einkaufsmöglichkeit, Fahrradverleih, Waschmaschine, Trockner, Kinderspielplatz, Bootsverleih, Slipanlage, Brötchenservice. **Beschreibung:** Auf einer Halbinsel liegt dieser kleine, ruhige, friedvolle, grüne Campingplatz, der gänzlich ohne laute Musik oder Animation auskommt. Das leicht geneigte, naturbelassene Gelände mit Grasbewuchs ist von einem Pinienwald umgeben. Die Stellplätze liegen größtenteils im Schatten und sind meist eben sowie von Hecken umgeben. Ein kurzer Spaziergang führt Sie zum etwa 300 m langen, schmalen Felsstrand und ins nahegelegene Funtana. Eingroßer Supermarkt ist nur 5 Minuten zu Fuß entfernt. Zahlreiche Radstrecken führen nach Vrsar und Poreč sowie in das Landesinnere. *Maximale Länge für WOMOs 7 Meter.* **Preis:** 25–50 €. **Zufahrt:** Von Poreč kommend am Kreisverkehr rechts abbiegen, der Campingplatz ist ausgeschildert.

TOUR 2

Das kleine Städtchen Funtana erhielt seinen Namen durch die historischen Quellwasservorkommen in der Region. Heute werden diese Quellen zwar nicht mehr genutzt, aber die Wasserkanäle aus der Römerzeit lassen sich noch heute bestaunen. Sehenswert ist ebenfalls die **Pfarrkirche des Hl. Bernard** mit ihren wertvollen Ölgemälden aus dem Jahr 1621. Im Ortszentrum findet sich außerdem ein **Kastell**, das im Jahre 1610 errichtet wurde *(keine Besichtigung möglich)*. Entlang der Hauptstraße in Richtung Vsrar und um den alten Ortskern herum gibt es einige *gute Restaurants und Cafés*.

Dinopark Funtana

Das *Highlight für Familien* findet sich ortsauswärts Richtung Rovinj: der ***Dinopark Funtana***. Der Freizeitpark erstreckt sich über eine riesige Fläche in einem naturbelassenen, schattigen Wald mit einer Schlucht. Hier gibt es lebensgroße, bewegliche Dinosaurier, familienfreundliche Fahrgeschäfte, eine Showarena, einen Streichelzoo und natürlich auch das passende gastronomische Angebot *(Apr.–Okt., tägl. 10–18 Uhr; Erw. 18 €, Kinder 14 €; www.dinopark.hr/de/freizeitpark)*.

Bald danach, noch vor den Toren des Städtchens Vrsar entdecken wir einen **Skulpturenpark**. Die Kunstwerke sind von lockerer Hand über das gepflegte Wiesengelände verstreut. Der Park ist eine *Freiluftausstellung des renommierten Künstlers Dušan Džamonja* (1928–2009), der sich in seinem istrischen Atelier vor allem in den Sommermonaten aufhielt. Für seine meterhohen Kunstwerke nutzte er Materialien wie Eisen, Bronze und Marmor *(Juni–Aug. tägl. 9–20 Uhr, März –Mai und Sept./Okt. 9 –19 Uhr, danach 9 –17 Uhr; Eintritt frei)*.

Nun steuern wir **Vrsar** (2.000 Einwohner) an. Die eng beieinanderstehenden Häuser schmiegen sich dicht um einen Hügel. Doch bevor wir uns das genauer ansehen, suchen wir erstmal einen Parkplatz.

Blick vom Hafen auf Vrsar

011 Vrsar – Hafen

GPS: N 45°08'49" E 13°36'13". **Max. WOMOs:** 12. **Ausstattung:** Toilette, Mülleimer. **Beschreibung:** Der offizielle Besucherparkplatz von Vrsar ist ein sonniger Asphaltparkplatz ohne Schatten, direkt in der Nähe von Geschäften, Restaurants und dem hübschen Hafen. Der Parkplatz bietet sich prima als Ausgangspunkt für einen Rundgang hinauf zur Altstadt an, aufgrund der Nähe ist aber auch mit etwas Geräuschkulisse zu rechnen. Der Preis für 24 Stunden ist im letzten Jahr leider deutlich gestiegen. Außerhalb der Fremdenverkehrssaison können die Gebühren entfallen. **Preis:** 3 €/Stunde, 30 €/24 Stunden. **Zufahrt:** Biegen Sie von der Hauptstraße rechts in Richtung Hafen ab, dann noch etwa 1 km.

Natürlich gibt es auch mehrere Campingplätze am Ort. Etwas außerhalb finden sie den *ältesten und größten FKK-Campingplatz* des Landes und den zweitgrößten Europas. Während unserer Recherchereise fanden dort umfangreiche Umbaumaßnahmen statt und ein Teil des Platzes soll nun auch für Nicht-FKK-Camper zugänglich werden. Vor den Toren des Campingplatzes gibt es zudem die Möglichkeit, den dazugehörigen Stellplatz zu nutzen.

012 Vrsar – *Camping Naturist Park Koversada*

GPS/Kontakt: N 45°08'14" E 13°36'31", Koversada 1, Tel. +385 52 800 200; *www.maistra.com/de/unterkunft/naturist-park-koversada-campingplatz.* **Öffnungszeit:** Mitte April bis Anfang Oktober. **Ausstattung:** Bäckerei, Supermarkt, Restaurants, diverse Freizeitaktivitäten, Friseur, Massage, Waschmaschine, Trockner, Autovermietung, Boots- und Fahrradverleih, Kinderspielplatz und -animation. **Beschreibung:** Umgeben von mediterranem Grün, Meer und Naturstränden, erstrecken sich die voll ausgestatteten Stellplätze dieses komfortablen FKK-Campingplatzes über ein weitflächiges, hügeliges und begrastes Gelände. Sie haben die Wahl zwischen Plätzen direkt am Meer oder im Naturschatten des Kiefernwaldes. Vrsar ist nur etwa 2 km entfernt. In der Nähe befindet sich ein Sportflugplatz, gelegentlich kann es zu hörbarem Flugbetrieb kommen. **Preis:** 25–58 €. **Zufahrt:** Fahren Sie an Vrsar vorbei. Die große Einfahrt ist bereits von weitem zu sehen und ist beschildert.

Wir beginnen unseren Rundgang am Hafen. Neben Fischerbooten, die die lokalen Restaurants beliefern, liegen hier auch jede Menge der obligatorischen Ausflugsboote, die ihr Angebot mit Bootsfahrten und Ausflügen in die Umgebung anpreisen. Von hier aus zieht es uns weiter in die Altstadt. Die engen Gässchen bieten kaum Platz für Autos, sodass wir am Sonntagmorgen fast ungestört durch das historische Pflaster hinauf zum Hauptplatz, dem **Trg Marsala Tita**, schlendern können. Dort steht die **Pfarrkirche des Hl. Martin**.

Statue von Casanova

Auf dem Weg begegnet uns eine Skulptur des wohl berühmtesten Gasts des Städtchens: *Giacomo Casanova*. Der italienische Abenteurer, Schriftsteller und Herzensbrecher besuchte Vrsar im 18. Jahrhundert, als die Stadt noch Teil der Republik Venedig war. Sein Besuch hatte weitreichende Folgen: Nach seiner Abreise hatte der ortsansässige Arzt alle Hände voll zu tun, um die an Syphilis erkrankten Frauen zu behandeln. Heute gibt es in Vrsar eine Strandbar, die nach ihm benannt ist, und interaktive **Casanova-Touren**. Diese führen von der Hafenpromenade durch den historischen Kern der Stadt bis hin zum Casanova-Haus. Die Touren finden zweimal im Monat statt, genaue Termine gibt es in der Tourist Information *(am Hafenplatz, Obala maršala Tita 23, Juni–Sept., Mo.–Sa., 8–20 Uhr, So. 9–17 Uhr; Rest des Jahres Mo.–Fr., 8–15 Uhr)*.

Direkt unter Casanovas Augen finden wir ein *lauschiges Plätzchen,* das sich hervorragend für ein spätes Frühstück oder ein Glas Wein am Abend eignet: In der ***Caffe Bar Ladonja*** genießen wir unter einem mächtigen Baum auf hölzernen Barhockern sitzend den herrlichen Blick auf das Meer *(Ul. Rade Končara 48, tägl. 8–23 Uhr)*.

Die Straße führt nun etwas vom Meer weg. Laub- und Kiefernwälder wechseln sich ab und bisweilen kommen wir an Getreidefeldern, Olivenbaum-Plantagen und Weingärten vorbei. An so mancher Parkbucht haben geschäftstüchtige Einheimische kleine Marktstände aufgebaut, um ihre selbst produzierten Waren wie *Olivenöl, Honig, Käse und hausgebrannten Schnaps* an den Touristen zu bringen. Auffällig sind auch die zahlreichen Restaurants entlang der Strecke. Häufig gibt es Spanferkel am Spieß, die sich über dem offenen Feuer drehen. Die Grilleinrichtungen sind alle so platziert, dass man von seinem Fahrersitz keine Chance hat, sie zu übersehen – man wird sozusagen gezwungen, hier eine opulente Fahrtpause einzulegen.

Wir nähern uns dem **Limski-Kanal**. Dieses Naturphänomen zieht sich zwölf Kilometer lang *wie ein norwegischer Fjord* ins Landesinnere hinein. In dem Naturschutzgebiet werden Muscheln und Austern gezüchtet. Bevor sich die Straße zum tiefblauen Wasser hinunter absenkt, kann man von oben an einem Parkplatz einen *herrlichen Weitblick* über den blaugrün schimmernden Kanal erhaschen. Die beste Aussicht bietet ein kleiner **Holzaussichtsturm** – der Eintritt ist frei, beachten Sie jedoch die *Parkzeitbeschränkung* von maximal zehn Minuten für Wohnmobile. Das reicht wirklich nur für einen kurzen Foto-Stopp! Wir haben es am eigenen Leib erfahren: Nach elf Minuten wird man von den ziemlich aufdringlichen Verkäufern der angrenzenden Souvenirstände weggeschickt, wenn man mehr Interesse an der Aussicht als an ihrem Angebot zeigt.

P Foto-Stopp – N 45° 8' 17" E 13° 43' 27"

Wie ein norwegischer Fjord: Der Limski Kanal

Dort, wo der Limski Kanal endet, zweigt rechts eine Stichstraße ab. An deren Ende liegen zwei Gaststätten, in denen Sie den frischen Fang direkt auf der Terrasse mit Blick über den Kanal probieren können. Das **Restaurant *Viking*** ist zwar manchmal ziemlich voll durch Touristenbusse, doch die Muscheln und Austern schmecken wirklich hervorragend. Das Restaurant ist auch für sein gutes Preis-Leistungsverhältnis bekannt *(Ul. Limski Kanal 1, Kanfanar, Tel. +385 52 448 223, tägl. 12–22 Uhr)*. Einziger Wermutstropfen: Den großen Parkplatz vor dem Restaurant ziert zwischenzeitlich ein *»Wohnmobil verboten«*-Schild. Das ist besonders bedauerlich, da hier am Schiffsanleger auch die Bootsausflüge für die **Fjord-Rundfahrt** beginnen. Dieser Ausflug bietet prächtige Ausblicke und eine andere Perspektive als vom Land aus. In der Nebensaison gilt die Devise »Fragen kostet nichts« und bei geringem Touristenaufkommen wird das ein oder andere Auge zugedrückt. Leider fehlen Wanderwege, um die Schönheiten des Fjordes aus der Nähe zu erkunden.

Nun steuern wir **Rovinj** (14.200 Einwohner) an, einen der am weitesten entwickelten Urlaubsorte Kroatiens. Rovinj gehört zu den malerischsten und romantischsten Städtchen an der Adria und ist eine der *meistfotografierten Hafenstädte* Istriens. Die Mehrheit derer, die schon einmal hier waren, kehren regelmäßig wieder hierher zurück.

Leider stehen die Parkplätze am Hafen nicht mehr zur Verfügung, da man sie inzwischen ***mit Höhenbalken versehen*** hat. Ersatzweise gibt es zwei offizielle WOMO-Stellplätze sowie einen empfehlenswerten Campingplatz.

Rovinj

013 Rovinj – *Camping Porton Biondi*

GPS/Kontakt: N 45°05'46" E 13°38'33", Aleja Porton Biondi 1, Tel. +385 91 1112234; *www.porton.hr.* **Öffnungszeit:** April bis Oktober. **Ausstattung:** Brötchenservice, Kiosk, Restaurant, Beauty-Abteilung, Fahrradverleih, Waschmaschine, Trockner, Fahrradverleih, Tauchstation, Volleyball, Kinderspielplatz. **Beschreibung:** Die geräumigen Kies-Stellplätze liegen im dichten Schatten hoher Kiefern und istrischer Steineichen. Mittlerweile dominieren hier jedoch Mobile Homes. Einige Parzellen bieten einen schönen Blick auf die Altstadt von Rovinj. Die Wege auf dem Platz sind etwas beengt und durch den Baumbestand können die Zufahrten zu den Terrassenplätzen herausfordernd sein. Der Platz liegt direkt an der Hauptstraße und für den Strandzugang müssen Sie diese überqueren. Der Altstadtkern ist etwa 1 km entfernt und leicht zu Fuß oder per Fahrrad erreichbar. **Preis:** 17–31 €. **Zufahrt:** Der Campingplatz ist direkt an der Hauptstraße gelegen und gut beschildert.

014 Rovinj I

GPS: N 45°05'20" E 13°38'43". **Max. WOMOs:** 30. **Öffnungszeit:** Ganzjährig. **Ausstattung:** Ver- und Entsorgung, Wasser (gegen Gebühr), kein Stromanschluss, Toilette, Mülleimer. **Beschreibung:** Dieser wenig schattige Asphaltparkplatz direkt an der Straße eignet sich wirklich nur für einen Stadtbesuch. Die Parkflächen hinter der Schranke werden auch von Reisebussen und PKWs genutzt. Das Zentrum ist etwa 600 m entfernt. Die Bezahlung erfolgt am Parkautomaten. Für Frischwasser wird eine zusätzliche Gebühr erhoben. **Preis:** In der Hauptsaison 4 € pro Stunde für WOMOs. An der Einfahrtsschranke wird die Höhe des Fahrzeugs erfasst und daran der Preis ermittelt. Außerhalb der Saison wohl nur 1 € pro Stunde. **Zufahrt:** Fahren Sie in Richtung »Centar«. Der Stellplatz befindet sich direkt rechts am Kreisverkehr.

014 Rovinj II

GPS: N 45°05'19" E 13°39'24". **Max. WOMOs:** 20–25. **Öffnungszeit:** Ganzjährig. **Ausstattung:** Ver- und Entsorgung, Toilette, Mülleimer, direkt neben einem Supermarkt. **Beschreibung:** Sehr schmuckloser, neuer Schotterparkplatz ohne Schatten für Reisebusse und WOMOs. Er liegt 25 Gehminuten vom Stadtzentrum und 20 Gehminuten vom Strand entfernt. Wir haben uns sagen lassen, dass der Parkautomat etwas kompliziert zu bedienen ist. Dafür ist der Preis unschlagbar. **Preis:** 10 € für 24 Stunden (Nebensaison 5 €). **Zufahrt:** Halten Sie sich am besagten Kreisverkehr links, bis Sie zu einem weiteren Kreisel kommen. Der Stellplatz befindet sich rechts hinter dem großen Supermarkt.

Rovinj wirkt, als hätte man ein Bilderbuch aufgeschlagen. Wieder einmal liegt der Ortskern auf einer Halbinsel. Die Stadt wurde ehemals auf einer Insel erbaut und erst im 18. Jahrhundert wurde der schmale Kanal zwischen Rovinj und dem Festland zugeschüttet. Die dicht an dicht gedrängten *pittoresken Häuser*, die schon viele Jahrhunderte gesehen haben, bauen sich um einen Hügel herum, auf deren höchstem Punkt die mächtige **Kirche der Heiligen Euphemia** steht. Ihr gertenschlanker Turm, der stolz aus dem Dächergewirr in den blauen Himmel ragt, prägt das typische Stadtbild und ist schon von Weitem zu sehen.

Balbi-Bogen

Doch ihr werden wir später noch einen Besuch abstatten. Wir beginnen unseren Spaziergang durch Rovinj am Hafen, bummeln vorbei am Obst- und Gemüsemarkt, zu dem roten **Uhrturm**, den das Symbol des Markuslöwen schmückt. Er war einst der Südturm der Stadtmauer und diente als Gefängnis. Heute ist er ebenfalls ein sehr *beliebtes Fotomotiv*.

Im langgestreckten Hafenbecken schaukeln unzählige Schiffe, die Sie am besten bei einem Glas Wein oder Espresso von einem der Cafés aus beobachten können. Durch den venezianischen **Balbi-Bogen** auf dem **Marschall Tito Platz** gelangen Sie ins Herz der Altstadt.

Dort befindet sich das **Stadtmuseum** in einem venezianischen Barockbau. Es zeigt archäologische und ethnologische Sammlungen sowie temporäre Kunstausstellungen, unter anderem mit Werken von Chagall oder Miró. Aktuell ist das Museum jedoch wegen Renovierungsarbeiten *bis 2025 geschlossen*. Von hier aus tauchen wir ein in das Gewirr sehr enger und malerischer Gassen mit vielen kleinen bunten Häusern. Mit etwas Phantasie kann man sich sehr gut vorstellen, dass hier früher einäugige Seeräuber mit langen Säbeln über das holprige und mittlerweile recht abgelaufene Pflaster gestiefelt sind.

In den Gassen von Rovinj

In einem gemütlichen halbstündigen Spaziergang erkunden Sie drei der berühmtesten Gassen von Rovinj: Beginnend mit der **Carrera**, voller Galerien und kleiner Läden, über die als schönste Gasse geltende **Bregovita**, bis hin zur zentralen Straße **La Grisia**: Sie ist ein »must-see«, bekannt für traditionelle Malerei und Ausstellungen. Neben Gemälden wird hier auch auffällig viel Schmuck präsentiert. Sie führt vom Fuß der Altstadt, oberhalb des Platzes Trg. Marsala Tita hinauf bis zum unbestrittenen Highlight von Rovinj: Die Kirche zur Heiligen Euphemia. Schwitzend haben wir die die zahlreichen Treppen bewältigt, stehen jetzt auf dem Vorplatz der Kirche und genießen den Blick über das glatte, blaue Meer und die vorgelagerten Inseln. In dem dreischiffigen barocken Bau befindet sich hinter dem Altar ein Sarkophag mit

Kirche der Heiligen Euphemia

den Überresten der Schutzpatronin, umgeben von Kunstschätzen und dem Gemälde »Das letzte Abendmahl«. Nicht verpassen sollten Sie den Aufstieg auf den 60 Meter hohen Campanile, den Glockenturm. Das barocke Gebäude ist ein *Nachbau des Markusturms in Venedig*, mit einer Bronze-Statue der Heiligen Euphemia auf seiner Spitze. Die Statue dreht sich und zeigt mit ihrer rechten Hand die Windrichtung an. Die Einwohner Rovinjs behaupten, bei schönem Wetter könne man bis nach Venedig schauen (*Kirche und Kirchturm: Apr./Mai tägl. 10–16 Uhr; Juni–Sept. 10–18 Uhr; Okt. 10–14 Uhr. Eintritt Kirchturm: 4 €*).

Die Mehrheit derer, die schon einmal hier waren, kehren regelmäßig wieder zurück.

Nordöstlich der Altstadt auf dem Festland thront das **Franziskanerkloster** aus dem 18. Jahrhundert, das viele Kunstschätze und eine beeindruckende Sammlung alter Bücher beherbergt. Die Klosterbibliothek umfasst über 20.000 Bücher, darunter einige Raritäten aus dem 16., 17. und 18. Jahrhundert (*Ulica De Amicis 36; Kirche: tägl. 10 –18 Uhr; So. erst nach dem Gottesdienst um 11.30 Uhr; Kloster: Mo. –Sa., 10–12 Uhr; **die Klosterbibliothek kann leider nicht besichtigt werden***).

Auch für Radfahrbegeisterte hat Rovinj einiges zu bieten. Ende 2021 wurde ab Rovinj ein *neuer Fahrradweg* eingeweiht.

Štrika Ferata

Länge: 22,3 km. **Schwierigkeitsgrad:** Leicht. **Höhenunterschied:** 351 m. **Beschreibung:** Der markierte Radweg beginnt am alten Bahnhof und verläuft entlang der ehemaligen Bahnlinie Rovinj–Kanfanar. Die einstige Bahnstrecke wurde im Jahr 1966 stillgelegt und später in einen Wander- und Radweg umgewandelt. Die Strecke führt durch Orte wie Rovinjsko Selo und Sošići nach Kanfanar. Unterwegs erwarten Sie wunderschöne Landschaften mit Weinbergen, Olivenhainen und Obstgärten. Unterwegs gibt es einige historische und archäologische Sehenswürdigkeiten wie den Steinbruch Mondelaco zu besichtigen, auch wenn man dazu kleine Abstecher machen muss. Die Steigung ist moderat und der Weg eignet sich für Mountainbikes und Tourenräder, weniger für Rennräder, da er teilweise mit grobem Schotter belegt ist.

Bevor wir durchstarten, kehren wir noch einmal auf den Markt am Hafen zurück, um uns mit Obst und Gemüse einzudecken – das Angebot ist einfach unwiderstehlich! Hier finden Sie eine breite Auswahl an lokalen Produkten wie Obst, Gemüse, Liköre, Honig und Olivenöle. Für Fans von fangfrischem Fisch und Meeresfrüchten ist der Markt ebenfalls ein Paradies.

Wir verlassen Rovinj. Die Bebauung wird lockerer und wir touren weiter durch die grüne Landschaft Istriens. Kurz nach Kanfanar zweigt ein Sträßchen ab und windet sich von der Hochebene hinab ins **Draga-Tal**. Auf halber Höhe liegt am Felsrand ein sehenswertes Ruinenlabyrinth. Weite Teile des alten Burggemäuers sind gut erhalten. **Dvigrads** Stadtmauern mit Türmen und das Stadttor sind noch gut zu erkennen.

Es ist ein Vergnügen, durch das grün überwucherte Labyrinth zu wandern und die Stille, nur unterbrochen von Vogelgezwitscher, zu genießen. Der Efeu, der sich an den Steinen entlangrankt, verleiht dem Ort eine wildromantische Note. Ursprünglich befanden sich zwei Burgen in diesem idyllischen Tal, daher rührt der Name Dvigrad (»Zweiburg«). Der Legende nach hat ein Seeräuber, der vor 300 Jahren hier lebte, in Dvigrad einen Schatz vergraben. Bis heute ist es allerdings noch niemandem gelungen, ihn aufzuspüren ...

Die Burgruine ist frei zugänglich, Eintrittsgebühren werden keine erhoben. Ein Imbissstand am Parkplatz bietet kalte Getränke und regionale Produkte an.

P Burg Dvigrad – N 45° 7' 35" E 13° 48' 47"

Auch ein kleiner Spaziergang auf den gegenüberliegenden Hügel lohnt sich: Dort steht ein romanisches Kirchlein mit Fresken eines heimischen Künstlers.

Burg Dvigrad

Es wird Zeit, uns um die nächsten Übernachtungsmöglichkeit zu kümmern. Dafür steuern wir das Örtchen **Bale** (1.200 Einwohner) an, das auf dem Hügel Mon Perin erbaut wurde. An der Zufahrtsstraße zum gleichnamigen Campingplatz entdecken wir alle paar hundert Meter interessante Skulpturen am Straßenrand. Hier befindet sich der sogenannte »Boulevard World Genius« mit seinen *sehenswerten Steinskulpturen*, die von Studenten der Akademien der bildenden und angewandten Künste aus Venedig, Bologna, Milano, Torino, Rijeka und Zagreb geschaffen und großen Geistern, die unsere Geschichte und Gegenwart geprägt haben,

Boulevard World Genius

gewidmet wurden. Dazu findet sich jeweils eine Informationstafel zum Leben und Schaffen der jeweiligen Persönlichkeit aus den verschiedensten Epochen, unter anderem Aristoteles, Galileo Galilei, Christopher Columbus, Albert Einstein, aber auch zeitgenössischen Ikonen wie Nelson Mandela und Walt Disney. Die letztgenannte Skulptur steht bereits auf dem weitläufigen Gelände des Campingplatzes. Einst befand sich hier eine schöne naturbelassene Bucht mit mediterranem Baumbestand, mittlerweile erstreckt sich der Campingplatz über sage und schreibe 14 Hektar und verfügt unter anderem über einen eigenen Wasserpark mit lebensgroßen Dinosauriern sowie eine eigene Gemüse-Farm.

015 Bale – *Camping Mon Perin*

GPS/Kontakt: N 45°1'11" E 13°43'23", San Pol 1, Tel. +385 52 894 0021; *www.monperin.com*. **Öffnungszeit:** Ende März bis Anfang November. **Ausstattung:** Poollandschaft mit Wasserpark, Kinderanimation, Panoramazug (nach Bale und innerhalb des Campingplatzes), Lebensmittelladen, Bio-Obst und Gemüse zum Selbsternten, Restaurants, Strandbars, Fahrradverleih, Tretboot-, Kajak- und SUP-Verleih, Kinderspielplatz, Tiergehege, Open-Air-Kino und vieles mehr. **Beschreibung:** Das riesige Gelände ist unterteilt in zwei separate Bereiche, die teils terrassiert und teilweise recht schräg sind. Sie sind durch einen Fuß- und Radweg miteinander verbunden. Die parzellierten Stellplätze liegen wahlweise direkt am Meer oder schattig in mediterraner Natur zwischen Laubbäumen und Pinien. Der kilometerlange Strand besteht teils aus schroffen Felsküste mit Liegemöglichkeiten auf Plateaus und einigen längeren Kiesbuchten sowie kleineren Liegewiesen. Gäste haben freien Eintritt in den Paleo-Park (öffentliche Poollandschaft, kombiniert mit einem archäologischen Lehrpfad und Dinopark). **Preise:** 23–190 €. **Zufahrt:** An der Hauptverkehrsader D75 rechts bis zum Kreisverkehr, dann links halten. Von hier aus führt die Straße etwa 6 km bis zum Campingplatz.

Rundwanderung um die Verteidigungsanlage Barbariga

Verlassen Sie den Campingplatz in südöstlicher Richtung hinter den luxuriösen Miet-Villen, erreichen Sie den Startpunkt einer kleinen Rundwanderung um die imposante Verteidigungsanlage Barbariga. Mitten in der Landschaft stehen in einem großen Trapez **fünf Forts und Kasernen**, die einst die Zufahrt zum Kriegshafen in Pula kontrollierten. Die weitläufige Anlage, erbaut zwischen 1898 und 1914 unter den Habsburgern, besteht aus Forts, Geschützständen, Wällen und Gräben. Nach 1918 übernahmen die Italiener die Anlage und während des Zweiten Weltkriegs diente sie als Munitions- und Waffenlager sowie für Abschussrampen. Heute ist das Gelände ein friedlicher Ort und ein *beliebtes Ziel für Geschichts- und Naturinteressierte*. Die Ruinen sind frei zugänglich und gehen astrein als sogenannter »Lost Place« durch. Teilweise dienen sie in den Sommermonaten als Freilichtbühne für kulturelle Veranstaltungen wie Theateraufführungen und Konzerte. Die fünf einzelnen Stationen lassen sich über einen breiten, beschilderten Rundweg sowohl **zu Fuß** als auch **mit dem Fahrrad** erkunden.

Fort Fono

Auf Ihrem bisherigen Weg durch Istrien und um Bale herum sind Ihnen sicherlich die vielen Olivenhaine sowie die Beschilderung »Strada de Oliva« aufgefallen. Interessanterweise stammen viele der *prämierten Olivenöle aus Istrien*, sogar mehr als aus bekannten Olivenöl-Ländern wie Spanien oder Griechenland, auf die wir in diesem Zusammenhang eher getippt hätten.

Olivenöl aus Istrien

Das istrische Klima und die charakteristische rote Erde sind ideal für die Olivenbaumzucht. Viele Olivenölhersteller aus Istrien gewinnen weltweit Preise und der Olivenölführer »Flos Olei« von Marco Oreggia zeichnet Istrien regelmäßig mit Spitzenpositionen aus. In der *istrischen Küche* ist Olivenöl allgegenwärtig: Fische garen in reichlich Öl, Muscheln werden in der beliebten »buzzara«-Sauce serviert. Auch die Kosmetikbranche hat Olivenöl mittlerweile für sich entdeckt. Doch haben Sie auch schon einmal von Tee aus Olivenblättern gehört?

Wir haben ihn gekostet und zwar auf der **Olivenfarm *Villa Valencano*** in der Nähe von Bale. Hier bietet ein deutsches Ehepaar Führungen und Verkostungen seines nativen Bio-Olivenöls an. Interessierte können an Oliven-

Villa Valencano

Ernte-Workshops teilnehmen *(Valenzan 1, Bale-Valle; Führung mit Verkostung Mo.–Sa., 9–18 Uhr; die letzte Führung beginnt um 17 Uhr; nur mit vorheriger Anmeldung per Tel. +385 99 4509 883 oder per E-Mail an info@valencano.com; www.valencano.com)*. Mehr über die Geschichte des Olivenanbaus und die kulinarischen Traditionen Istriens erfahren Sie im **Olivenölmuseum** in Pula (siehe auch Stadtbesichtigung Pula).

Unterwegs stoßen wir immer wieder auf kleine Steinhäuschen (Kažuni), die an den Feldrainen stehen. Diese runden Gebäude mit wenigen Metern Durchmesser dienten früher als Behausungen oder Lagerstätten für Tiere und Werkzeuge.

Schon von weitem sehen wir den Glockenturm von **Vodnjan** (3.700 Einwohner), der mit 62 Metern der höchste Istriens ist. Die **St. Blasius Basilika** beherbergt wertvolle Gemälde und eine »Mutter Gottes mit zwei Heiligen«, ein Werk des venezianischen Künstlers Jacobello del Fiore. Die *eigentliche Attraktion befindet sich aber in der Schatzkammer* der Kirche. In einem vergoldeten Reliquienschrein aus dem 15. Jahrhundert ruhen die mumifizierten Leichen von drei Heiligen. Es heißt, sie seien seinerzeit nicht einbalsamiert worden und trotzdem konnten ihnen die langen Jahrhunderte nichts antun *(Svetoga Roka 4; Juni–Sept. tägl. 9.30–19 Uhr mit einer Pause von 13–14 Uhr; sonst nur nach Vereinbarung, Tel. +385 95 908 4847; Glockenturm tägl. 9.30–18 Uhr; 5 €)*.

Unser Weg führt uns weiter nach Fažana, vorbei an der kleinen Gemeinde Peroj und schließlich zum Barbariga-Strand. Der Strand ist gepflegt und bietet einen hübschen Flanierweg.

P01 Peroj – Hafen

GPS: N 44°57'19" E 13°47'08". **Max. WOMOs:** 4-5. **Ausstattung:** Mülleimer, Sitzbänke. **Beschreibung:** Sehr hübsche Kiesbucht mit Hundestrand. Parkmöglichkeiten am Seitenrand des Feldweges, teilweise Schattenplätze unter Bäumen. Viele Bademöglichkeiten entlang des Flanierwegs. Campingverhalten verboten. **Zufahrt:** Vor dem Hafen links in den Feldweg einbiegen.

P02 Barbariga

GPS: N 44°59'19" E 13°45'20". **Max. WOMOs:** 3. Ausstattung: Mülleimer, Toilette (kostenpflichtig), hübsche und gemütliche Strandbar.

Beschreibung: Parken am Ende der Asphaltstraße oder in Parkbuchten entlang des Schotterwegs. Großer Schotterparkplatz am Barbariga-Strand, in der Hauptsaison keine WOMOs. Kiesstrand oder Felsplattformen als Bademöglichkeiten. Gaststätten und Einkaufsmöglichkeiten in der Nähe. *Campingverhalten verboten*. **Zufahrt:** 400 m nach Ortsanfang links abbiegen, dann endet die Asphaltstraße. Schotterweg nach links, dann noch etwa 200 m.

Über Peroj fahren wir zurück, um uns dann **Fažana** (3.500 Einwohner) zuzuwenden. Der lebhafte Ort bietet nichts Außergewöhnliches, wird aber dennoch stark von Besuchern frequentiert. Das hat natürlich einen Grund. Der Küste vorgelagert liegen die **Brijuni-Inseln**.

Brijuni Nationalpark

Zahlen, Daten Fakten

Kroatien ist bekannt für seine Inselvielfalt. Die meisten liegen in der Kvarner Bucht oder vor der Küste Dalmatiens. Aber auch Istrien kann mit einem traumhaften Inselparadies aufwarten: den Brijuni-Inseln. Dieser Archipel, bestehend aus zwölf kleineren und zwei größeren Eilanden auf einer Fläche von 7,23 km², steht unter Naturschutz und wurde 1983 zum *einzigen Nationalpark Istriens* erklärt. Dort herrschen ideale Bedingungen für eine Vielfalt an Pflanzen, Vögeln und seltenen Tierarten.

Geschichte

Zahlreiche Lebensformen und Kulturen haben ihre unauslöschlichen Spuren auf den Inseln verewigt: von Dinosaurierfußabdrücken über Millionen Jahre alte Rinderknochen bis hin zu Überresten alter Erdhüttensiedlungen (etwa 2000 v. Chr.). Die Römer, Byzantiner, Venezianer und Habsburger hinterließen Villen, Tempeln, Bädern und Festungen. Im zweiten Weltkrieg besetzte Italien die Brijuni-Inseln, 1945 wurden sie von den Aliierten bombardiert und die Gebäude größtenteils zerstört. Der jugoslawische Staatsgründer **Josip Broz Tito** ließ alles wieder aufbauen und so erblühte der Archipel wieder. Tito erwählte die kleine Insel Vanga als privaten Sommersitz, der nur für ihn und seine Gäste zugänglich war. Auf der Hauptinsel empfing er vom Beginn der fünfziger Jahre bis hin zu seinem Tod 1980 eine große Zahl führender Staatsmänner, nutzte diesen Ort für politische Gespräche und den Empfang illustrer Berühmtheiten, beispielsweise Liz Taylor, Sophia Loren oder Richard Burton, Indira Ghandi oder Fidel Castro.

Illustre Persönlichkeiten wie Liz Taylor, Sophia Loren oder Richard Burton waren hier bereits zu Gast.

Sehenswürdigkeiten
Das bedeutendste Bauwerk ist ein viereckiger Wehrturm aus dem 12. Jahrhundert. Im angrenzenden Kastel befindet sich ein Museum mit kulturgeschichtlichen Exponaten. Frei ausgestellt sind etwa 70 Skulpturen, darunter auch ein Gedenkbrunnen für Tito. An der Ostküste in der Verige-Bucht wurden Reste eines großen römischen Landsitzes – die **Villa rustica** – freigelegt. An der Westküste können die Ruinen eines **byzantinischen Castrums** besichtigt werden. Gleich neben dem Castrum, eingebettet in üppiges Grün, steht die **Bijela vila** – die weiße Villa –, in der die kroatische Regierung ihre Staatsempfänge zelebriert.

Da Tito Tiere über alles liebte, brachten ihm seine internationalen Gäste gerne exotische Tiere als Geschenk mit. Für sie legte er im nordöstlichen Teil der Insel einen **Safari-Park** an. Noch heute können Besucher Zebras, Antilopen, Kamele sowie heimische Tiere wie Pfauen, Hirsche, Schafe, Ziegen, Hasen und Mufflons beobachten. Die Tiere laufen frei herum, so dass man ein wenig Vorsicht walten lassen sollte. Tierischer Star der Insel ist allerdings *Titos Gelbhaubenkakadu* »Koki«: Selbst 30 Jahre nach dem Tod seines Herrchens kann er noch so lachen und husten wie er.

Wir kommen im Hafen von Fažana an und entdecken als erstes die Touristengruppen, die den Ort belagern. Bei vielen lokalen Reiseveranstaltern kann man eine mehrstündige Schiffs-Exkursion nach Brijuni buchen. Es gibt aber auch eine *ganzjährige Linienverbindung*, die in der Hauptsaison stündlich (danach etwas weniger) verkehrt. Die Fahrtzeit beträgt etwa 15 Minuten. Der Nationalpark Brijuni ist bis auf Januar und Februar *(in dieser Zeit nur Gruppenbesuche)* das ganze Jahr über täglich geöffnet. Die Öffnungszeiten des Nationalparks und die Fährzeiten variieren saisonabhängig. Für aktuelle Informationen besuchen Sie bitte die Website des Nationalparks.

Fažana

Wichtige Informationen für Ihren Besuch:
Informationen, Reservierung und Ticketverkauf bei der Nationalparkverwaltung Brijuni *(Brionska 10 direkt am Hafenplatz; in der Saison tägl. 8–20 Uhr, Tel. +385 52 525-882 oder -883, E-Mail: izleti@brijuni.hr; www.np-brijuni.hr/de)*

Hunde sind nur in bestimmten Bereichen und nicht in geschlossenen Räumen oder im Touristenzug erlaubt, kosten 15 Euro extra und es besteht eine Leinenpflicht. Auch in den Safari-Park ist der *Zutritt mit Hund nicht gestattet*.

Ausflüge und Besichtigungen

Es gibt verschiedene Optionen, die Sie für Ihren Besuch auf den Brijuni-Inseln in Betracht ziehen können:

Individuelle Besichtigung:
Dazu kaufen Sie sich ein Ticket für die Überfahrt am Ticketschalter der Nationalparkverwaltung direkt im Hafen von Fažana. Es besteht auch die Möglichkeit, die Tickets vorher online zu kaufen. Das Ticket beinhaltet den **Brijuni Pocket Guide**, den Sie sich auch als App auf Ihr Smartphone laden können und außerdem die Eintrittsgebühren für die Museen und den Safari Park. Nach der Ankunft in den Hafen Veli Brijun können Sie sich anhand der vielen markierten Wege und Pfade durch das weitläufige Gebiet bewegen, sich ein Fahrrad mieten oder die Sehenswürdigkeiten zu Fuß erkunden. Die Fahrt mit dem Touristenzug ist nicht inbegriffen. Die Rückfahrt nach Fažana ist mit jeder beliebigen Fahrt mit dem Linienboot möglich *(Öffnungszeiten und Eintrittspreise saisonabhängig, meist 9–19 Uhr; 20–35 € + Pocket Guide 27 €, Kinder und Senioren erhalten eine Ermäßigung)*.

Geführte Touren der Nationalparkverwaltung:
Die Nationalparkverwaltung bietet einen *vierstündigen geführten Ausflug* an, der von Experten der Parkverwaltung geleitet wird. Der Ausflug ist ideal für diejenigen, die tiefere Einblicke in die Flora, Fauna und Geschichte der Inseln suchen. Darin enthalten sind Überfahrt mit dem Schiff, eine Inselrundfahrt mit der **Elektrobahn** (auch durch den Safaripark), die Besichtigung der Kulturdenkmäler und Museen, eine Besichtigung des mediterranen Gartens auf Brijuni und des alten Olivenbaums sowie die Rückfahrt nach Fažana. Für die Anmeldung benötigen Sie einen Personalausweis *(Verfügbarkeit der Touren hängt von der Saison ab, meist täglich mit Startzeiten am Vormittag und Nachmittag; in der Hauptsaison auch auf Deutsch; 25–40 €)*.

Ausflüge von lokalen Anbietern:
Lokale Anbieter in und um Fažana, aber *auch aus anderen Touristenorten*, bieten eine Vielzahl von Excursionen zu den Brijuni-Inseln an. Diese reichen von kurzen Bootsfahrten bis hin zu Schiffsrundfahrten um die Inselgruppe und ganztägigen Ausflügen mit Mittagessen und Badestopp auf einer der Inseln. Viele dieser Touren beinhalten Aktivitäten wie Tauchen, Angeln oder Vogelbeobachtung (60–80 €).

Elektrobahn durch den Safaripark

Auf dem großen (Bus-)Parkplatz, der an den Hafen von Fažana angrenzt, kann man sein WOMO für die Zeit des Ausflugs abstellen. Da direkt der Kiesstrand angrenzt, lädt uns das auch noch zu einem erfrischenden Bad ein und auch der kleine Ortskern ist nicht weit. Aber seien Sie gewarnt! Der Preis ist saftig.

P03 Fažana Hafen – N 44°55'46" E 13°48'07"

PKWs parken für 1,50 Euro pro Stunde, für WOMOs gibt es nur Tageskarten für sage und schreibe 40 Euro. Diese gelten zwar für 24 Stunden, Übernachten im Fahrzeug ist allerdings untersagt. Auf unsere irritierte Nachfrage hin, warum das Parken für Wohnmobilisten denn so teuer sein, zuckt der Parkplatzwächter die Schultern und gibt uns deutlich zu verstehen, dass man wolle, dass die Camper auf die naheliegenden Campingplätze gingen. Derer gibt es einige in näherer Umgebung, empfehlenswert ist dieser hier:

016 Fažana – *Camp Pineta*

GPS/Kontakt: N 44°56'18" E 13°47'43", Perojska cesta 41; *www.pinetafazana.hr.* **Öffnungszeit:** Ende April bis Ende September. **Ausstattung:** Restaurant, Bar, Supermarkt, Bäckerei, Tretbootverleih, Kinderspielplatz, Brötchenservice, Camping- und Freizeitartikelladen, Waschmaschine, Trockner. **Beschreibung:** Schnörkelloser Platz mit parzellierten oder unparzellierten Standplätzen im Schatten. Überwiegend hügeliges Gelände ohne Sport-, Kinder- oder Unterhaltungsanimation. Im nicht nummerierten Bereich des Campingplatzes können Sie sich Ihren Lieblingsplatz im Schatten von Kiefer- oder Olivenbäumen oder in der Sonne in der ersten Reihe zum Meer mit dem Blick auf die Brijuni-Inseln aussuchen. **Preis:** 20–50 €. **Zufahrt:** Die Anfahrt erfolgt über eine kurze recht enge, jedoch machbare Zufahrtsstraße.

Forumsplatz mit Augustus-Tempel in Pula

Nur noch rund zehn Kilometer bis nach **Pula** (80.000 Einwohner), die quirlige und verkehrsreiche »Metropole« im Süden Istriens und das *kulturelle und wirtschaftliche Herz* der Region. Gegründet von den Römern, war Pula einst die wichtigste römische Besitzung an der nördlichen Adria. Zu ihrer Blütezeit zog die Stadt Patrizier, Aristokratie und sogar Kaiser an. Wen wundert's, dass Pula überreich an Sehenswürdigkeiten ist?

Planen Sie ein bis zwei Tage ein, um die Stadt zu entdecken. Als Ausgangspunkt eignen sich der offizielle WOMO-Stellplatz und der Campingplatz Stoja.

017 Pula – *Camping Arena Stoja*

GPS/Kontakt: N 44°51'34" E 13°48'52", Stoja 37, Tel. +385 52 529 400; *www.arenacampsites.com/de/campingplatze-istrien/camping-arena-stoja*. **Öffnungszeit:** Anfang/Mitte April bis Anfang Oktober. **Ausstattung:** Pool, Boots- und Fahrradverleih, Minigolf, Animation für Kinder, Waschmaschine, Restaurant, Massageangebot, Tauchen (Tauchkurse oder Ausflüge mit Tauchgängen). **Beschreibung:** Der leicht in die Jahre gekommene, naturbelassene Campingplatz liegt auf einem Felsen mit hügeligem Pinienwald und freien Wiesenflächen. Dank der vielen Bäume ist er größtenteils schattig. Über Stufen erreichen Sie die Bade-Kiesbuchten. Die Standplätze sind relativ klein, meist schräg und uneben (Keile erforderlich!). In fußläufiger Entfernung liegen Einkaufsmöglichkeiten. Ein Linienbus zum Zentrum hält direkt am Eingang. Tickets gibt es an der Rezeption. **Preis:** 27–94 €. **Zufahrt:** Der Platz ist bereits ab Ortsanfang gut beschildert.

018 Mandrač Pula

GPS: N 44° 52' 41" E 13° 50' 48", Kolodvorska ulica 14. **Max. WOMOs:** 20–30. **Ausstattung:** Kameraüberwachung, Mülleimer. **Beschreibung:** Eben und teilweise schattig mit geschottertem Untergrund. Auch geeignet für große WOMOs. Wenn Sie möchten, können Sie hier auch Ihren Klappstuhl aufstellen. Man hat einen schönen Blick auf das Wasser und den Hafen. Daneben verlaufen Bahngleise, die Züge rollen teilweise auch nachts. Die Umgebung außen herum wirkt etwas schmuddelig. Der Parkplatz ist jedoch beleuchtet und vermittelt ein sicheres Gefühl. Das Zentrum ist fußläufig erreichbar, etwa 2 km entfernt. **Preis:** 13 €/24 Stunden. Zahlung per QR-Code *(nur Kreditkarte)*. **Zufahrt:** Den Schildern zum Amphitheater folgen, kurz vor der Arena rechts zum Meer abbiegen, nach 400 m links.

Das berühmteste Bauwerk Pulas ist das hervorragend erhaltene **römische Amphitheater,** das sechstgrößte seiner Art weltweit. Pula wird daher nicht umsonst als »Rom Istriens« bezeichnet und ist eines der Wahrzeichen Kroatiens. Bis zur Einführung des Euro in Kroatien (Januar 2023) zierte das Abbild des Amphitheaters die 10 HRK-Banknote der ehemaligen kroatischen Währung. Es bot einst Platz für 23.000 Besucher, heute ist es noch auf 5.000 Sitzplätze ausgerichtet. Drei Kaiser ließen daran bauen: Augustus, Claudius und Vespasian, unter dessen Regie das Werk vollendet wurde. Bereits bei seiner Entstehung kostete es Hunderten von Sklaven das Leben – ganz zu schweigen von den Gladiatoren, die später auf Leben und Tod kämpften. Die ellipsenförmige Arena (132 x 105 Meter) ragt bis zu 32 Meter in die Höhe. *Eine architektonische Besonderheit* aufgrund ihrer Hanglage ist, dass sie auf der dem Meer zugewandten Seite vier Etagen (Fundament und drei Obergeschosse) hat und auf der Ostseite nur zwei Obergeschosse. Die Zuschauerränge waren in der Antike streng hierarchisch untergliedert: In den ersten Reihen des ersten Geschosses (Podium) saßen die höchsten Würdenträger, während die weitesten Plätze für die Armen und Frauen bestimmt waren.

Die Arena kostete bei ihrer Entstehung nicht nur Hunderten von Sklaven das Leben, sondern auch den Gladiatoren, die hier auf Leben und Tod kämpften.

Heute dient die Arena als Veranstaltungsort für Kulturereignisse und überzeugt mit *ihrer brillanten Akustik*. Weltstars wie Sting, Simply Red, Robbie Williams, Eros Ramazotti, Pavarotti und viele mehr haben hier ihre Fans begeistert. Besucher können die monumentalen Mauern und das Labyrinth der unterirdischen Räume, in denen einst Kämpfer und Tiere gehalten wurden, erkunden. Dort ist auch ein kleines **Museum** mit einer Dauerausstellung zum Thema »Oliven- und Weinbau Istriens in der Antike« untergebracht *(Mai–Aug., 8–22 Uhr; Apr./Okt. 8–20 Uhr, Nov. –März 9–17 Uhr; 10 €)*.

Spaziert man vom Amphitheater in Richtung Altstadtkern, so gelangt man durch das Doppeltor »Porta Gemina« zum **Archäologischen Museum** Istriens, das nach einer umfassenden Renovierung im Jahr 2022 wiedereröffnet wurde und viele Steinfunde aus römischer und mittelalterlicher Zeit beherbergt *(Juni –Aug., tägl. 9 –20 Uhr; Sept. –Mai, Mo. –Fr. 9 –14 Uhr; 8 €)*. Quasi um die Ecke befindet sich das **Kleine Römische Theater,** das in den Sommermonaten als *stimmungsvolle Freilichtkulisse* für Theater- und Musikaufführungen dient. Allerdings war es während unserer Rechercheriese aufgrund von Restaurierungsarbeiten gesperrt.

Römisches Amphitheater in Pula

Oberhalb thront das **Kastell** auf einem Hügel. Der Aufstieg lohnt sich doppelt: Zum einen können Sie eine wunderbare Aussicht über Pula genießen und andererseits das **Historische und Maritime Museum** Istriens besuchen *(Gradinski uspon 6, Jan. –Apr. und Okt.–Dez., tägl. 9–17 Uhr; Mai–Sept., tägl. 9–21 Uhr; 6 €; www.ppmi.hr)*. Wer den äußeren Altstadtring entlang schlendert, wird auf weitere Sehenswürdigkeiten stoßen. Beginnt man seine Runde in der Straße rechts des Doppeltors und folgt der belebten Einkaufsstraße, so trifft man zunächst auf den sehenswerten Sakralbau der **Kathedrale der heiligen Maria** aus dem 15. Jahrhundert *(tägl. 10–14 Uhr)*. Weiter geht's zum Hauptplatz, auch Forumsplatz genannt. Hier steht eine weitere bedeutende Sehenswürdigkeit aus der Zeit der römischen Herrschaft: Der **Augustus-Tempel** mit seinen sechs korinthischen Säulen. Der Forumsplatz war zu antiken und mittelalterlichen Zeiten der Dreh- und Angelpunkt. Rund um das Forum waren die Sitze der Religions-, Verwaltungs-, Gerichts- und Wirtschaftsorgane angesiedelt.

Kastell in Pula

Von Trümmern zu Grünflächen

Seit den ersten Bombenangriffen auf Pula vom 9. Januar 1944 bis zum 15. März 1945, als auch der Augustus-Tempel getroffen wurde, wurde die Stadt in ihrer jüngeren Geschichte mehrmals mit Bomben beworfen. Nach dem Zweiten Weltkrieg, in den 50er Jahren, wurden zwischen dem Forum und der Kapelle St. Maria Formosa die Ruinen der bombardierten Gebäude beseitigt. Dazu gehörten leider auch viele weniger stark beschädigte Bauten, insgesamt 120 an der Zahl. Dadurch verschwand für immer ein Teil der wertvollen historischen Stadtkultur. Denn anstatt die Gebäude zu erneuern, wurden sie durch großflächige Grünanlagen ersetzt.

Am Ende der Flaniermeile findet sich ein weiterer Blickfang: Der imposante und reich verzierte korinthische **Triumphbogen** der Sergier-Familie, auch bekannt als »Das Goldene Tor«. Früher war es in die Stadtmauer integriert, doch zur Förderung der Stadtausdehnung wurde diese im 19. Jahrhundert abgerissen. Nur das prachtvolle Tor blieb stehen.

Triumphbogen

Ein besonderes Spektakel bietet sich uns bei Einbruch der Dunkelheit: Die »**Leuchtenden Giganten** – Svjetleci divovi«, eine phänomenale *Lichtershow* des kroatischen Lichtdesigners Dean Skira. Jeden Abend, zur vollen Stunde, erstrahlen die großen Hafenkräne der 158 Jahre alten Werft »Uljanik« für 15 Minuten im Nachthimmel. Dank eines ausgeklügelten Fernsteuerungssystems werden verschieden programmierte Beleuchtungsvariationen abgespielt, die die stählernen Riesen in bis zu 16.000 verschiedene Farben tauchen *(von Sonnenuntergang bis 22 Uhr; Juni–Aug. bis 24 Uhr)*.

Wie bereits im Verlauf der Tour angekündigt befindet sich in Pula auch das **Olivenölmuseum *Oleum Histriae***. In neuen, großzügigen Räumen, mit einer Mischung aus Information über die Geschichte des istrischen Olivenölanbaus von der Römerzeit bis heute (mit Audio-Guide auch in Deutsch) sowie einem Verkostungsraum und natürlich einem Geschäft *(Istarska 30, Nov. –Apr. Mo. –Sa. 10–17 Uhr; Mai–Okt. tägl. 10–18 Uhr; geführte Verkostungen nach Voranmeldung, je nach Dauer und Programm 15–45 €; Tel. +385 52 661 235; www.oleumhistriae.com)*.

Leuchtende Giganten

Diese Aufzählung der wichtigsten Sehenswürdigkeiten Pulas erhebt keinerlei Anspruch auf Vollständigkeit. Für weiterführende Informationen besuchen Sie die offizielle **Touristeninformation** *(Forum 3, Tel. +385 52 219 197, www.pulainfo.hr)*.

Nun viel Spaß bei Ihrer Erkundungstour durch Pula. Wir sehen uns wieder in Tour 3.

Tour 3

Buzet
44
Opatija
Lupoglav
Tou
Ičići
Ucka-Pass
Cerovlje
66
Pazin
48
64
Pican
E751
Aussichtspunkt Plomin
Brestova
Žminj
Kanfanar
Labin
022
Rabac
Barban
E751
021
66
Vodnjan
Marčana
Tour 2
Fažana
Pula
Šišan
P03
P02
Medulin
P01
Prematura
020
Kap Kamenjak
019
N
10 km

Istriens Eastside-Story
Von Pula zum Učka-Pass
170 km

Auf dieser Tour erwartet Sie viel Natur und weniger Städte-Sightseeing, denn in Istriens Osten geht es beschaulicher zu. Unsere Tipps, welche Naturschönheiten Sie nicht verpassen sollten:

- **Naturschutzpark Kap Kamenjak**
- **Foto-Stopp am Aussichtspunkt Kap Mašnjak**
- **Marina Camping Resort**
- **Zipline in Pazin**
- **Wanderung auf den Vojak**

Jetzt steht der südlichste Teil der istrischen Halbinsel auf dem Programm. Wir schwimmen mit dem Verkehrsgewühl Pulas und entdecken bald die ersten Hinweise nach **Premantura** (800 Einwohner). An einer idyllischen Meeresbucht, die durch einen Damm geteilt wird, stehen einige Sonnenschirmchen. Hier gönnen wir uns eine Kaffeepause am Strand. Gegenüber, in einem kleinen Wäldchen, gibt es ebenfalls einige Parkmöglichkeiten. Ein kleiner Nachteil: Die nahe vorbeiführende Straße. Die Parkbuchten an sich sind zwar kurz, doch in der Nebensaison, wenn nicht alles zugeparkt ist, findet auch ein WOMO Platz.

P01 Premantura – N 44°48'59" E 13°53'53"

Die Ortschaft selbst zeigt sich nett und ist auf Tourismus eingestellt. Im Zentrum erhebt sich ein freistehender Glockenturm. Fahren Sie an diesem vorbei geradeaus weiter (nicht links!), gelangen Sie bald zur Mautstelle des Naturschutzparks **Kap Kamenják**. Diesen können Sie entweder zu Fuß, mit dem Fahrrad, aber auch *mit dem WOMO nach Herzenslust erforschen*, die Aussicht genießen, aber auch grillen und natürlich im Meer baden.

Vor der Schranke befindet sich ein großer, kostenloser und teils schattiger Tagesparkplatz. Von hier aus laufen Sie etwa eine Stunde zum Kap.

P Eingang Kap Kamenják – N 44°47'45" E 13°54'29"

Das Naturschutzgebiet am südlichsten Punkt Istriens lockt mit einer Vielzahl an Stränden und versteckten Buchten – manche sandig, andere felsig – ideal zum Schwimmen und Schnorcheln. Auf 405 ha begeistert das Gebiet mit einer einzigartigen Flora und

Fotostopp am Kap Kamenjak

Fauna: Es gibt 550 verschiedene Pflanzenarten, darunter *fünf Orchideenarten, die nur hier vorkommen*. Auch geschützte Tierarten haben am Kap Kamenjak ihr Zuhause. Zahlreiche Wanderwege schlängeln sich durch die raue, teils unberührte Landschaft.

Gleich am Anfang der Halbinsel, nach der Hauptzufahrt und Schranke, zweigt beim ersten kleinen Parkplatz ein **Dino-Lehrpfad** ab. Hier sehen Sie Fußspuren eines Dinosauriers, dazu Dino-Skulpturen und einige Info-Tafeln.

In der Nebensaison können Sie auch gut mit dem WOMO in den Park hineinfahren – solange einen *staubige Schotterpisten nicht abschrecken*. In der Hauptsaison ist es unserer Meinung nach allerdings zu voll *(Infos & Tickets: www.kamenjak.hr; tägl. geöffnet für Fahrzeuge 7–21 Uhr; Tageskarte für WOMOs Mai – Mitte Juni und Mitte Sept. – Ende Okt. 20 €; Mitte Juni – Mitte Sept. 30 €)*.

Premantura bietet insgesamt drei Campingplätze – einer davon könnte vielleicht Ihr Nachtquartier werden. Näher angesehen haben wir uns diesen hier:

019 Premantura – *Camping Arena Tašalera*

GPS/Kontakt: N 44°48'51" E 13°54'47", Runjačica 100, Tel. +385 52 575 555; *www.arenacampsites.com/de/campingplatze-istrien/camping-arena-tasalera*. **Öffnungszeit:** April bis September. **Ausstattung:** Campingplatzüblich, Brötchenservice, Kinderspielplatz. **Beschreibung:** Kleiner Familien-Campingplatz ohne Parzellierung mit Stellplätzen auf Wiesenboden direkt am Meer oder im schattigen Pinienwald. Keine Sport- und Freizeiteinrichtungen auf dem Platz, jedoch auf den benachbarten Campingplätzen des gleichen Anbieters verfügbar. Zahlreiche Spazier- und Joggingwege durchziehen den Platz. Supermarkt und Restaurant direkt vor Ort. Premantura ist in 10 Minuten zu Fuß erreichbar. **Preis:** 20–33 €. **Zufahrt:** Der Platz liegt an der Straße nach Premantura, direkt erkennbar an der Beschilderung.

Wir nehmen Kurs zurück und umrunden dabei die gesamte große Bucht. Einige Surfer ziehen pfeilschnell über das Wasser und werden an Geschwindigkeit nur von den lustig über das Wasser hüpfenden Jet-Skis übertroffen.

Rechts ab geht es nach **Medulin** (6.500 Einwohner) – ebenfalls ein ehemaliges Fischerdorf, das den Touristen erlegen ist. Mehrere ausladende Campingplätze bieten auch größeren Heerschaaren von Campern Raum. Nicht weit vom Zentrum entfernt befindet sich die Zufahrt zum Medulin Camp. Der Platz liegt auf einer Halbinsel und durch einen kleinen Damm besteht eine Verbindung zu einem runden Eiland, das ebenfalls dazugehört. *Familien mit jüngeren Kindern* werden sich über einige flache Sandstrandabschnitte freuen.

020 Medulin – *Camping Arena Medulin*

GPS/Kontakt: N 44°48'51" E 13°55'54", Osipovica 30, Tel. +385 52 572 801; *www.arenacampsites.com/de/campingplatze-istrien/camping-arena-medulin.* **Öffnungszeit:** Mitte April bis Anfang Oktober. **Ausstattung:** Brötchenservice, Waschmaschine, Wäschetrockner, Unterhaltungs- und Sportprogramm, Kinderanimation, platzeigener Vergügungspark (gegen Gebühr), div. Sport- und Freiezeiteinrichtungen. **Beschreibung:** Siehe im vorstehenden Text. Der große Platz bietet viele schattige Plätze im Pinienwald auf einem überwiegend leicht geneigten, naturbelassenen Gelände. Vorsicht ist für größere WOMOs geboten, da die Bäume Hindernisse darstellen können. Wegen der nahegelegenen Diskothek, des Vergnügungsparks und mehrerer Bars kann es zu einer deutlichen Geräuschkulisse kommen. Die Promenade von Medulin mit zahlreichen Restaurants und touristischen Angeboten ist nur wenige Schritte entfernt. **Preis:** 23–44 €. **Zufahrt:** Fahren Sie am Stadion Medulin vorbei bis zum Kreisverkehr am Hafen, die Einfahrt ist nicht zu übersehen.

Das Parken für WOMOs auf den öffentlichen Parkplätzen ist *mal wieder nicht gestattet*. Das ist jedoch nicht weiter schlimm, denn abgesehen von der obligatorischen Flaniermeile an der Promenade verpassen Sie hier nichts!

Wir setzen unsere Fahrt fort: Von Medulin geht es über Ližnjan nach **Šišan**. In dem ruhigen Weiler biegen wir etwa 100 Meter nach dem Ortsschild rechts ab und halten uns anschließend an der Gabelung bei der **Monte Madonna** links. Wir holpern über ziemlich viele Schlaglöcher und nach einigen hundert Metern dann die Enttäuschung: Wieder ein Badeplatz, der der Höhenbeschränkung zum Opfer fiel. Weiter geht es nur für Fahrzeuge bis 2,30 m Höhe.

P02 Sisan I – N 44°51'05" E 13°58'51"

Wir folgen der Schotterstraße weiter und werden doch noch fündig:

P03 Sisan II – N 44°51'13" E 13°58'50"

Badeplatz Sisan II

Wir rumpeln zurück zur Hauptstraße. Das ländliche Landschaftsbild bleibt uns auch auf der weiteren Strecke erhalten. In den Vorgärten der Häuser gedeihen Salatköpfe, Tomaten und Zucchini – kurzum alles, was der Selbstversorger so braucht.

Der nächste größere Ort auf der Strecke ist **Barban** (2.700 Einwohner). Auf dem Weg dorthin empfiehlt sich für geschichtlich Interessierte ein Abstecher zum **Nesactium**, einer archäologischen Ausgrabungsstätte. Auf einem großen Wiesengelände sind die Überreste einer alten antiken Stadt verteilt. Sie bestand aus einem Forum, drei Tempeln, Thermen und einem Hafen. Heute sind die Ruinen des Nesactiums ein *archäologischer Park*, doch leider ist die Anlage seit mehreren Jahren verwaist.

Barban selbst ist bekannt für sein **Ritterspiel** »Trka na Prstenac«, das mittelalterliche Ringestechen, das jedes Jahr im August stattfindet. Außerdem besitzt das Städtchen eine Reihe von gut erhaltenen, architektonisch interessanten Bauten aus dem Zeitalter des Barocks und der Gotik: Zu sehen gibt es eine mittelalterliche Stadtanlage sowie die Kirchen **Sv. Jakob** mit einigen Fresken aus dem 15. Jahrhundert und **Sv. Anton**, in deren Inneren sich glagolitische Inschriften befinden. Für Ihre Besichtigungstour gibt es einen zentralen Parkplatz (N 45°03'53" E 14°00'56").

Abenteuerlustige kommen im ***Glavani Park***, einem *Familien- und Abenteuerpark* mit Zipline und dem größten Hochseilgarten Kroatiens auf ihre Kosten *(Glavani 10, N 45°01'17" E 13°57'04"; ganzjährig geöffnet, tägl. 9 –20 Uhr, im Winter 9–17 Uhr; die Touren sollten bis zu 2 Stunden vor Betriebsende gestartet werden; Tageskarte 63 €, die Aktivitäten können aber auch ab 9€/7€ erm. einzeln gebucht werden; www.glavanipark.com).*

Nach Barban führt die Straße in etlichen Kurven und Serpentinen zur **Raša-Bucht** hinab. Sehr eindrucksvoll ist die Fahrt zur ***Most Raša*** (Raša-Brücke). Das gleichnamige Flüsschen durchzieht ein flaches Tal, bevor es in einen langgestreckten Fjord mündet. An der Ostseite der Bucht liegt der Weiler **Trget** mit ein paar Konobas und kurz davor die wahrhaft riesigen verwaisten Hallen des »Freihafens von Rijeka«.

Zwischen dem Fjord von Raša und unserem nächsten Ziel Labin erstreckt sich eine große vorgelagerte Halbinsel, bekannt unter dem Namen **Koromačno**. Ihr höchster Punkt liegt auf 531 Metern über dem Meeresspiegel. Leider ist der Streckenabschnitt hier auf ***zwei Tonnen zulässiges Gesamtgewicht*** beschränkt. Daher können wir Ihnen die Weiterfahrt auf dem schmalen Sträßchen beziehungsweise die Runde über die Halbinsel nur empfehlen, wenn Sie mit einem kleinen Campingbus oder Motorrad unterwegs sind. Kleine Straßen mit teils 20-prozentiger Steigung über die Spitze der Halbinsel sind nur etwas für verwegene Autolenker. Besser erreichbar ist das Südkap der Halbinsel von der Straße N 5103 von Labin aus.

Für uns geht es von Barban aus auf direktem Wege in Richtung **Labin** (7.000 Einwohner), einem historischen Bergwerksort, in dessen Hügeln seit Jahrhunderten Steinkohle abgebaut wird.

Wer eine Bleibe sucht, kann kurz vorher den landschaftlich reizvoll gelegenen Campingplatz Sveti Marina anfahren. Er liegt jedoch etwas ab vom Schuss.

Labin

TOUR 3

021 Labin – *Marina Camping Resort*

GPS/Kontakt: N 45°2'00" E 14°9'29", Sv. Marina 30C, Tel. +385 52 465 000; *www.valamar.com/de/camping-labin/marina-camping-resort*. **Öffnungszeit:** April bis Mitte/Ende Oktober. **Ausstattung:** Infinity-Pool am Meer mit sehr schön gelegener Poolbar, Tauchzentrum, Bäckerei, Gemüsestand. **Beschreibung:** Der Platz bietet ruhige, geräumige Parzellen auf Schotter mit wenig Schatten. Besonders erwähnenswert sind die modernen, stets sauberen Sanitäranlagen, die mehrmals täglich gereinigt werden. Vor der Einfahrtsschranke befinden sich einige Restaurants und ein kleiner Einkaufsladen, ein größerer Laden ist etwa 500 Meter entfernt. Der Platz ist ein guter Ausgangspunkt für Wanderungen und Fahrradtouren, aber aufgrund der Entfernung zum nächsten Ort Labin ist Mobilität empfohlen. Sonst kommen Sie hier nur schwer weg. **Preis:** 27–64 €. **Zufahrt:** Von Labin in Richtung Sv. Marina. Achtung: Zufahrt begrenzt auf Fahrzeuge bis max. 5 Tonnen. Vor Bartići links abbiegen und der schmalen Straße für ca. 3 km bis ans Ende folgen.

In der Nähe des Friedhofs befindet sich ein großer sonniger Busparkplatz, der sich für eine Stadtbesichtigung anbietet. Zudem ist er kostenlos.

P Labin – N 45°04'38" E 14°07'26"

Etwa eine Viertelstunde benötigen Sie von hier zu Fuß bis zum Hauptplatz des hübschen Städtchens. Hier erhebt sich der **Stadtpalast**, unweit davon steht die flache **Stadtloggia**, die ein kleines **Lapedarium** beherbergt. Zwischen diesen Gebäuden führt

Hauptplatz mit dem Stadtpalast in Labin

der Weg hinauf zur trutzigen **Bastion**. Von einem kleinen Podest aus genießen Sie einen weiten Blick über die Umgebung bis hin zum Ferienort Rabac. Noch beeindruckender dürfte die Aussicht vom 35 Meter hohen venezianischen Turm sein, der jedoch bei unserem Besuch geschlossen war. Wir schlendern durch die mittelalterlichen Gassen, die sich durch eine *ungewohnte Farbenpracht* auszeichnen. An einer langgezogenen Treppe im Ortskern entdecken wir die **Kirche Mariä Geburt** aus dem 15. Jahrhundert mit einer kunstvollen Fensterrose. Ein paar Schritte weiter oben steht der leuchtend orangerote **Barock-Palais** »Battiala Lazzarini« aus dem 18. Jahrhundert, heute Sitz des **Volksmuseums**. Dort gibt es neben römischen Steinfundstücken und handwerklichen Gerätschaften auch Interessantes aus der Bergbaugeschichte der Stadt zu sehen – darunter ein alter **Bergwerksstollen**, der sogar begehbar ist (Prvog svibnja 6, Tel. +385 52 852477, April/Mai tägl. 11–17 Uhr, So. *geschlossen; Juni–Aug. 10–13 Uhr u. 17–20 Uhr, So. 11–15 Uhr; Sept./Okt. 10–13 Uhr, So. geschlossen)*.

Eine lokale Spezialität, die Sie unbedingt probieren sollten, sind **»Labrinske krafi«** – gefüllte Teigtaschen, ähnlich wie Ravioli, aber süß gefüllt mit Walnüssen,Rosinen, Zucker und Rum. Serviert wird die Leckerei mit Vanille-Eis oder Sahne in vielen Cafés und Restaurants, beispiels- weise im ***Velo Kafe***. Hier soll es sogar die besten »Labrinske krafi« der Welt geben *(Titov Trg 12, Tel. +385 52 852 7454, tägl. ab 11 Uhr)*.

Eine lokale Spezialität, die Sie unbedingt probieren sollten, sind »Labrinske krafi«.

Ein kurzer Abstecher bringt uns jetzt in das etwa sechs Kilometer entfernte **Rabac** (1.400 Einwohner). Das ehemalige Fischerdorf, das tief unten in einer malerischen Bucht liegt, ist längst zu einem lebhaften Fremdenverkehrszentrum avanciert. Neben etlichen riesigen Hotelburgen gibt es auch einen Campingplatz.

Kirche Mariä Geburt

TOUR 3

022 Rabac – *Camping Oliva*

GPS/Kontakt: N 45°04'51" E 14°08'44", Maslinica 1, Tel. +385 52 884 170; *www.maslinica-rabac.com/camping*. **Öffnungszeit:** Ende März bis Mitte September. **Ausstattung:** Pool, Wellnessbereich mit Sauna und Massageangebot, Minigolf, Fahrrad- und Bootsverleih, geführte Fahrradtouren. **Beschreibung:** Der Campingplatz befindet sich am Ortsrand auf einem weitläufigen Gelände. Die Stellplätze sind eben und liegen auf Wiesenflächen. Einkaufsmöglichkeiten und Restaurants sind direkt auf dem Platz verfügbar. Von hier starten Wander- und Radwege, das Zentrum von Rabac ist in 10 Gehminuten erreichbar. **Preis:** 28–43 €. **Zufahrt:** Am Ortsanfang im Kreisverkehr rechts abbiegen, dann der Straße noch etwa 600 m folgen (beschildert).

Direkt am Campingplatz beginnt eine schöne kleine Wanderung hinauf nach Labin.

Rundwanderung von Rabac nach Labin

Länge: 7,5 Kilometer. **Gehzeit:** 2,5 Stunden. **Schwierigkeitsgrad:** Mittel (nicht für Kinderwägen geeignet). **Höhenunterschied:** 350 m. **Beschreibung:** Die gut ausgeschilderte Tour (blau/weiße Markierung) beginnt am Sportplatz und führt uns durch unberührte Natur zuerst zu den Wasserfällen des Baches Pećina. Früher befand sich bei einem dieser Wasserfälle eine Mühle, von der heute allerdings nur noch einige Überreste erhalten sind. Ab hier gibt es zwei Möglichkeiten: Sie folgen dem bisherigen Weg, dann wird der Aufstieg ab den Wasserfällen anspruchsvoller. Alternativ kehren Sie um und nehmen dann den parallel verlaufenden Wanderweg 424. Oberhalb der Wasserfälle treffen beide Wege wieder zusammen. Weiter führt der Weg bergauf nach Labin mit wundervoller Aussicht und Einkehrmöglichkeiten in der Altstadt. Bergab führt der Wanderweg, der nach der Göttin Sentona – der Schutzpatronin der Reisenden – benannt ist durch einen Pinienwald, entlang des terrassenförmig verlaufenden Baches und über insgesamt sieben kleine Brücken (wer hat da nicht direkt den Maffay-Hit im Ohr?) zurück nach Rabac.

Noch ein Tipp: Fahren Sie nicht mit dem WOMO ins Städtchen hinein. Bei unserem Kurzbesuch begehen wir diesen Fehler ins Zentrum zu fahren. Wir landen direkt auf der Flaniermeile und teilweise wird es wirklich sehr eng! Die Blicke etlicher Einheimischer signalisieren auch nicht gerade Wohlwollen.

Uferpromenade in Rabac

Zurück in Labin verlassen wir die Stadt in Großrichtung Rijeka und bekommen jetzt auch die weniger idyllische Seite des Bergbauzentrums zu sehen. Triste Industrieanlagen und schäbige Wohnblocks, von denen die Farbe abblättert, säumen die Straße. Bald haben wir die letzten Häuser hinter uns gelassen. Durch das Landesinnere fahren wir bis zu einer Kreuzung und stellen Sie hier – wieder einmal – vor eine Entscheidung.

Unsere dritte Tour führt uns im weiteren Verlauf noch einmal hinein in das Herz der istrischen Halbinsel nach **Pazin** und hinauf zum **Učka-Pass**. Von dort aus rollen wir nach **Opatija** und anschließend in südlicher Richtung entlang der Küstenstraße bis zum Fährhafen Brestova. Hier setzen wir über zur Insel Cres.

Möchten Sie *ohne Umwege nach Cres* schippern, nehmen sie jetzt die Straße nach Rijeka und fahren in direkter Linie Brestova an. Weiter geht es dann an dieser Stelle im Buch mit Tour 4. Unterwegs lohnt ein Halt am **Kap Mašnjak**, etwa drei Kilometer nach Plomin. Dort befindet sich ein schöner Aussichtspunkt mit einem großen Parkplatz, der *einen fantastischen Blick* aufs Meer und die Kvarner Bucht bietet.

P Aussichtspunkt Plomin – N 45°08'13" E 14°10'50"

Wir schwenken also nach links und rollen durch eine herrliche Landschaft mit weiten Feldern und Weingärten . Nach etwa zehn Kilometern zweigt die Straße N 64 nördlich noch weiter ins Landesinnere ab zu interessanten Orten wie **Pićan**, das rechter Hand auf einer Hügelkuppe liegt, oder **Gračišće** mit seiner Befestigungsanlage ab.

»La Strada del Vino«

27 Kilometer nach der Abzweigung irren wir bereits durch das Zentrum von Pazin – eifrig mit der Parkplatzsuche beschäftigt. Empfehlenswert ist der Platz beim Stadion. Er bietet etwas Schatten und liegt nahe am Zentrum (N 45°14'27" E 13°56'21").

Auch wenn viele Pula für die Hauptstadt Istriens halten, so ist doch Pazin *die eigentliche Hauptstadt* der nordkroatischen Gespannschaft. Heute ist Markt-Tag und wir mischen uns unter das pulsierende Leben. Die vielen Cafés sind gut gefüllt und das gute Wetter lädt zu einer Einkehr mit einem kühlen Getränk ein. Wir bummeln die Einkaufsstraße entlang und entdecken die Touristeninformation *(Velog Jože 1, Tel. +385 52 622 460, www.central-istria.com; Mo.–Fr. 8–16 Uhr)*. Hier erfahren wir, dass die Burg, nach der wir Ausschau halten, nur etwa 300 Meter entfernt ist. Das **Kastell** von Pazin präsentiert sich mit seinem viereckigen Bau um einen Innenhof herum als wuchtiger Kasten, der uns zwar wehrhaft, aber nicht besonders erhaben erscheint. Es liegt 100 Meter hoch auf einem Felsplateau über einer Schlucht, wurde im 9. Jahrhundert erbaut und gehört zu den *besterhaltenen Burganlagen Istriens*. Heute residiert im Kastell das **Stadt- und Ethnografische Museum**, welches sich über die gesamten vier Stockwerke und Räume der Anlage ausdehnt. Etwas Zeit sollten Sie also mitbringen *(Trg Istarskog razvoda 2, www.muzej-pazin.hr, tägl. 10–18 Uhr; 3,50€)*.

Neben dem **Franziskanerkloster** aus dem 15. Jahrhundert, das sich südlich der Altstadt befindet, ist auch die **Pfarrkirche Sv. Nikola** mit ihren schönen Fresken sehenswert.

Die grünen Hügel- und Bergketten der Umgebung, von deren Erhebungen man einen weiten Blick über halb Istrien genießt, sind durchzogen von herrlichen Spazier- und Radwegen. Der folgende Tipp eignet sich sowohl als Wanderung als auch mit dem Mountainbike.

Rundweg von Pazin

Gehzeit: 3 Stunden. **Schwierigkeit:** Leicht. **Höhenunterschied:** 350 m. **Beschreibung:** In der Nähe der Touristeninformation startet der markierte Weg, der zunächst nach Beram (Pfarrkirche mit sehenswerten Fresken) führt, danach durch schattige Wälder. Unterwegs passieren Sie eine »Kažun« (Steinhütte), später taucht in Grodselo (das einen kleinen Umweg bedeutet) ein Turm aus dem 12. Jahrhundert auf. Über Bani und Dušani gelangen Sie zurück nach Pazin. Unterwegs gibt es zwar Einkehrmöglichkeiten, doch es wird empfohlen, Getränke mitzunehmen – die »Durststrecken« sind groß. Eine kleine Wanderkarte ist gratis in der Tourist-Info erhältlich. Natürlich sind auch Teilstrecken (beispielsweise nach Beram und zurück) der etwa 12 km langen Route möglich.

Blick auf Istriens Hauptstadt Pazin

Zarečki Krov Wasserfall

Doch es gibt noch mehr Naturschönheiten zu entdecken. Besonders empfehlenswert ist der Abstieg hinunter in die **Paziner Schlucht**. Von der Burg brauchen Sie nur dem Flusslauf des Flusses Pazinčica stromaufwärts folgen, um zum **Zarečki Krov Wasserfall** zu gelangen. Hier stürzt das Wasser aus etwa zehn Metern Höhe in ein fast ebenso tiefes Becken, in das manche mutige Einheimische von den Felsklippen in das Wasser darunter springen. Die Erkundung der Höhle am Ende des Flusses ist ebenfalls ein eindrucksvolles Erlebnis. Bei einem *geführten Höhlenabenteuer*, das etwa 2,5 Stunden dauert, lernen Sie viel über die Entstehung und die Eigenheiten der Paziner Höhlenwelt (*Höhlenbesichtigung nur nach Anmeldung möglich und wetterabhängig: Höhlenforschungsverein Istrien, Tel. +385 91 512 1528 per E-Mail pazincave@gmail.com oder in der Tourist Info; Startzeiten: 10, 11.30, 13.30, 15 Uhr; Rutschfeste Sportschuhe nötig, Helm u. Licht werden gestellt; Erw. 30€ /erm. 25€; Mindestalter 8 Jahre und 130 cm Körpergröße*).

Wer auf der Suche nach Adrenalin ist, kann die Schlucht aus der Vogelperspektive auf einer Seilrutsche erleben. Mit einer Geschwindigkeit von bis zu 55 km/h fliegen Sie auf einer vierteiligen **Zipline**, die sich in 100 Metern Höhe über insgesamt 280 Meter erstreckt (*Startpunkt unterhalb des Hotel Lovac, Šime Kurelića 4; Mai–Sept. 10–18 Uhr; 22€, Kinder unter 35 kg können in einem Tandem mit einem Mitarbeiter der Zipline fahren*).

Mit dem Ziel **Učka Pass** verlassen wir Pazin. Eine kostenpflichtige, doch dafür gut ausgebaute und schnelle Straße schlängelt sich durch die scheinbar endlosen grünen Berge und steigt sanft zum **Učka-Tunnel** auf. Die gebührenpflichtige Röhre stellt die bequemste Verbindung nach Rijeka dar. Vor dem Tunnel biegen wir rechts ab auf die alte Učka-Pass-Straße. Auch diese ist in einem guten Zustand, die Steigung von 18 Prozent lässt unser WOMO aber doch etwas schnaufen. Je höher wir den Berg

Besucherzentrum am Poklon-Sattel

erklimmen, umso herrlicher wird die Aussicht in die Weite der Landschaft. Am **Poklon-Sattel** angekommen, begrüßt uns das 2021 eröffnete **Besucherzentrum**. Es befindet sich in einem alten, renovierten und verlassenen Bauernhaus und ist heute ein modernes Glas-Holz-Gebäude. Das Zentrum beherbergt eine multimediale Ausstellung, die auf moderne und interaktive Weise über die Flora und Fauna des Učka-Gebirges und die natürlichen, kulturellen und historischen Werte des Naturparks informiert *(Poklon 8, Ičići; Tel. +385 51 770 100, www.pp-ucka.hr, 9–16 Uhr, 6,60€).*

P Učka Besucherzentrum – N 45°18'34" E 14°12'52"

Naturpark Učka-Gebirge

Das Učka-Gebirge, bekannt für sein mildes, subtropisches Klima, bietet die perfekte Umgebung für eine vielfältige Pflanzenwelt und zahlreiche seltene sowie geschützte Tierarten. Im Naturpark sind 234 Schmetterlingsarten, diverse Amphibien und Reptilien, Wildschweine und Gämsen beheimatet. Zusätzlich zu diesen Arten sind auch Bären, Wölfe und mehr als 160 Vogelarten, darunter der majestätische Steinadler und der seltene Gänsegeier, in dieser idyllischen Region anzutreffen. Seit 1999 genießt das Gebiet den Status eines Naturparks.

Das hauptsächlich bewaldete Gebirge erstreckt sich über eine Fläche von 160 km². Es beginnt nahe der Plomin-Bucht und steigt sanft nach Norden an. Der Park umfasst sowohl das Učka-Gebirge als auch Teile der Ćićarija-Bergkette, die durch den Gebirgspass Poklon verbunden sind. Die höchsten Gipfel sind der Vojak mit 1.401 m, der Suhi vrh (1.333 m) und der zum Ćićarija-Gebirge gehörende Veli Planik (1.272 m).

Ein besonderes Highlight ist das Naturdenkmal **Vela Draga** am Westrand des Parks. Dieser canyonartige Abschnitt zeichnet sich durch bis zu 100 m hohe Kalksäulen und Felsen aus. Seit 2004 führt ein geologischer Lehrpfad durch dieses Gebiet, der mit zahlreichen Schautafeln über das Tal informiert. Die Vela Draga dient auch als beliebtes Klettergebiet, das bereits seit den 1930er Jahren genutzt wird und mittlerweile über 60 eingerichtete Kletterrouten bietet.

Das Gebirge kann auf einem Höhenweg in voller Länge durchwandert werden. Für Wanderer und Mountainbiker bietet das Gebirge insgesamt fast 200 km offizielle Wanderwege und Lehrpfade sowie acht ausgewiesene Mountainbike-Routen mit unterschiedlichen Schwierigkeitsgraden.

Insgesamt ist der Park sehr gut organisiert und ausgeschildert. Entlang der Wanderwege finden sich Wegweiser, Informationstafeln und zahlreiche Rastplätze, teils sogar mit Restaurants. Weiterführende Informationen, detaillierte Rundwanderkarten und auch einen E-Bike-Verleih gibt es direkt vor Ort im Besucherzentrum. Schön ist, dass man seinen Vierbeiner mit in den Park nehmen darf. Es herrscht allerdings Leinenpflicht, ein Maulkorb wird nicht benötigt.

Nachdem wir unser WOMO am Besucherzentrum geparkt haben, machen wir uns auf den Weg zum höchsten Berg, dem Vojak.

Vom Poklon-Sattel zum Berg Vojak

Gehzeit: 2,5 Stunden. **Schwierigkeit:** Leicht/mittel, auch für Kinder geeignet. **Höhenunterschied:** 500 m. **Beschreibung:** Direkt am Beginn des Wanderweges stehen einige Holzstelen und Sitzbänke aus Holz, doch an Pause denken wir jetzt noch nicht! Der Weg führt in Serpentinen und über zu Stufen geschichteten Steinen durch den Wald bergauf. Als Markierung dienen rot-weiße Punkte an Bäumen und Felsen. Nach etwa zehn Minuten kreuzen wir erstmals die Straße, die ebenfalls auf den Vojak führt. Der Weg ist mal breiter, mal schmaler und bietet zunächst keinen Meerblick. Gelegentlich erfordern einige Felspassagen unsere volle Aufmerksamkeit und wir nutzen unsere Hände zum Abstützen. Nach etwa 50 Minuten Wanderzeit erreichen wir eine Abzweigung, die den Beginn eines Waldlehrpfades markiert. Wir halten uns jedoch weiterhin an die Wegweiser zum Vojak. Und plötzlich öffnet sich der Wald und wir werden mit einem ersten Blick auf die Kvarner Bucht belohnt. In der Ferne sehen wir die Inseln Cres und Krk im blauen Meer schwimmen. Die letzte Viertelstunde unserer Wanderung führt uns entlang der Straße. Zwischen den Bäumen erkennen wir schon bald die markante rot-weiße Antenne und einen großen weißen Ball – Teile der Antennenanlagen auf dem Vojak. Hier endet nun auch die Straße

Aussichtsturm am Berg Vojak

Atemberaubendde Aussicht vom Berg Vojak

und die letzten Meter müssen alle zu Fuß gehen. Nach wenigen Minuten über einen Schotterwegs erreichen wir den Aussichtsturm. Hier befindet sich auch eine Drachen-Start-Rampe und bei guten Wetterbedingungen können Sie hier nicht nur die Rundum-Aussicht genießen, sondern auch die Flieger beobachten, die sich mutig in die Tiefe stürzen.

Im Turm selbst gibt es Wander-Informationen, Postkarten, Souvenirs und Erfrischungsgetränke zu kaufen.

Für den Rückweg wählen wir zunächst die gleiche Route, biegen jedoch an der Kehre ab, an der ein Schild auf den Beginn des Lehrpfades hinweist. An verschiedenen Stationen finden wir Informationen zu Flora und Fauna der Umgebung (auch auf Deutsch). Schließlich treffen wir wieder auf unseren Aufstiegsweg, den wir nun für den Abstieg zum Poklon-Pass und zurück zu unserem WOMO nutzen.

Ein wichtiger Hinweis: Vorsicht vor der Hitze im Sommer. Auch wenn die Wanderung größtenteils im Schatten des Waldes verläuft, kann sich die die eigentlich recht einfache Tour durch die mediterrane Hitze doch recht anstrengend gestalten.

Eine weitere Parkoption ist der Wanderparkplatz etwas unterhalb in Richtung Küste. Dort finden Sie das **Restaurant *Učka***, dessen Parkplatz einen weiten Blick über das Meer bis nach Rijeka ermöglicht. Im hinteren Bereich des Parkplatzes stehen Tische und Bänke bereit. Zudem gibt es eine kostenpflichtige Toilette sowie einen Infostand, an dem es auch Souvenirs zu erwerben gibt.

P Restaurant Učka – N 45°18'29" E 14°12'57"

Für diejenigen, die noch Energie übrighaben, bietet sich folgende weitere Wanderung an:

Auf den Planik

Gehzeit: 3 Stunden. **Schwierigkeit:** Leicht. **Höhenunterschied:** 300 m. **Beschreibung:** Nahe des Restaurants Učka beginnt der schöne Wanderweg durch schattige Wälder zum Gipfel des Planik. Er ist markiert mit roten Punkten. Herrliche Aussicht! Gleicher Weg zurück. Beachten Sie auch die Wandertafel am Parkplatz.

Tour 4

A8
Tour 3
Opatija
Rijeka
Lungomare
Ičići
Učka-Nature Park
Lovran
023
024
A7
Medveja
Kvarner Bucht
Mošćenicka Draga
Mošćenice
500
66
64
Vozilići
Brestova
Plomin
Porozina
Filozići
Beli
Dragozetići
P
Sveti Petar
Tour 5
104
102
Predošćica
Krk
Valbiska
100
Vodice
026
Merag
025
Cres
Loznati
027
Pernat
P01
3,5t
Valun
Lubenice
Mali Podol
Orlec
Zbišina
Vraner See
028
Grmov
Vrana
Martinšćica
Hrasta
Stivan
Belej
Ustrine
029
Osor
030
Marinska
031
Nerezine
Unije
Sv. Jakov
Punta Križa
Ćunski
P03
P04
033
P02
032
Mali Lošinj
Veli Lošinj
10 km

Die zwei wilden Schwestern Cres und Lošinj

235 km

Tour 4 führt uns zunächst in das malerische Opatija, oft als das »Nizza Kroatiens« bezeichnet, und leitet dann über zu unserem ersten Insel-Abenteuer. Wir erkunden die wilde Insel Cres und ihre kleinere Schwester Lošinj, auch bekannt als die »Insel der Düfte«. Auf unserer Fahrt durch die atemberaubende Landschaft empfehlen wir Ihnen besonders:

- **Lungomare entlang der Opatija-Riviera**
- **Strand von Kovačine**
- **Segelboote beobachten in Osor**
- **Wanderung auf den Televrin**
- **Camping Čikat**

Der Abstieg vom Učka-Pass gestaltet sich angenehmer als die vorherige Bergfahrt. Mit 14 Prozent Gefälle geht es dem Meer entgegen, die Straße ist aber problemlos befahrbar. Obwohl unsere Zielrichtung, die **Insel Cres,** im Süden liegt, lockt uns erst einmal eine andere Stadt: 15 Kilometer vor Rijeka befindet sich der mondäne Kurort **Opatija** (11.600 Einwohner), die drittgrößte Stadt Kroatiens. Das Seebad, welches bereits aus der Kaiserzeit stammt, gilt als das älteste und wohl berühmteste in ganz Kroatien. Schon Kaiserin Sisi und ihr Gemahl Kaiser Franz Joseph genossen hier ihre Sommerfrische. Viele herrschaftliche Villen und Residenzen aus dieser Zeit wurden in den letzten Jahrzehnten renoviert und dienen heute als Nobelhotels und Pensionen der gehobeneren Kategorien. Opatija wird gerne als das »Nizza Kroatiens« bezeichnet – eine sehr treffende Bezeichnung wie wir finden! An der Promenade des Eliteurlaubsortes reihen sich Cafés und Restaurants aneinander und auch ein Casino darf natürlich nicht fehlen. *Ein hübscher Ort zum Flanieren!*

Schon Kaiserin Sisi und ihr Gemahl Kaiser Franz Joseph genossen hier ihre Sommerfrische.

Geografisch beginnt hier eines der beliebtesten Urlaubsgebiete Kroatiens: die Kvarner Bucht.

Kvarner Bucht

Der Name trügt, denn wer sich hier eine »normale« Bucht vorstellt, wird überrascht sein. Von oben auf einer Landkarte betrachtet ist die Kvarner zwar eine Bucht, aber riesengroß. Das Gebiet erstreckt sich auf fast 9.000 km² und reicht von Opatija bis zu den Plitvička Seen im Landesinneren und auf dem Festland hinunter gen Süden zum Velebit-Gebirge.

Sie setzt sich aus drei Gewässern zusammen: Dem zentralen Seegebiet zwischen Istrien und den Inseln Cres und Unije, welches als **»Kvarner«** bezeichnet wird, dem **»Kvarnerić«** zwischen Cres, Lošinj auf der westlichen und Krk und Rab auf der östlichen Seite sowie dem **Velebit-Kanal**. Dieser erstreckt sich zwischen dem südlichen Teil der Insel Krk sowie den Inseln Rab und Pag und zieht sich bis in das kroatische Festland. Der nördliche Abschnitt des Velebit-Kanals schließt den Vinodol-Kanal ein, der auch als »Canale della Montagna« bekannt ist.

Diese Größe bringt eine höchst abwechslungsreiche Mischung aus Inseln, Küste und Gebirge mit sich. Eben diese Gebirgszüge sorgen dafür, dass das Gebiet vor starken Winden geschützt ist und man hier bis zu 2.500 Sonnenstunden pro Jahr und eine mediterrane Flora genießen kann.

Opatija

Die Zufahrt von der Küstenstraße ins Zentrum von Opatija ist nur bis *fünf Tonnen Gesamtgewicht* gestattet, Parkmöglichkeiten für Wohnmobile sind mehr als rar. Sie möchten das herrschaftliche Flair nicht nur aus dem Fahrzeugfenster heraus genießen? Eine sehr gute Idee! Für einen Zwischenstopp mit Stadtbesichtigung bietet sich der Campingplatz im etwa zwei Kilometer entfernten Ičići an:

023 Opatija/ Ičići – *Opatija Camping*

GPS/Kontakt: N 45° 18' 31", E 14° 17'07"; Liburnijska ulica 46; *www.rivijera-opatija.hr.* **Öffnungszeit:** April bis Oktober. **Ausstattung:** Campingplatzüblich, Wanderwege. **Beschreibung:** Terrassenstellplätze am Hang, naturbelassen, teils auf Wiese, teilweise geschottert, viele Bäume bieten Schatten, freie Platzwahl. Busverbindung nach Opatija oder zu Fuß erreichbar. Einkaufsmöglichkeiten und Restaurants im Ort. **Preis:** 25–35 €. **Zufahrt:** Vom Učka-Pass kommend geht es kurz bevor man die Küstenstraße erreicht, rechts zum Campingplatz (beschildert).

Wir starten den 45-minütigen Fußmarsch von hier aus entlang des bekannten Uferweges, um uns Opatija genauer anzusehen:

Der Lungomare entlang der Opatjia-Riviera

Sehr erholsam und wunderschön romantisch ist ein Spaziergang ab Opatjia entlang des kilometerlangen Uferweges. Entweder schlendern Sie bis nach Rijeka oder lieber ins 10 km entfernte südlichere Lovran. Vorbei an den alten Prachtvillen schlängelt sich der betonierte Fußweg am Meer entlang; zum Ausruhen laden Bänke ein, Pinien- und Lorbeerbäume spenden unterwegs immer wieder Schatten. Unser Tipp: Nehmen Sie Badesachen mit. Es bieten sich immer wieder Gelegenheiten, über Stufen hinunter in hübsche kleine Buchten zu steigen. Fahrradfahren ist aufgrund der Enge des Weges nicht gestattet. Wer nicht den ganzen Weg zurücklaufen möchte, kann den Bus an der Hauptstraße nehmen. Frühmorgens eignet sich der Lungomare auch hervorragend als Jogging- oder Walking-Strecke.

Der **Stadtpark** von Opatija, zwischen 1845 und 1860 angelegt, ist in zwei Bereiche gegliedert: Der **Park Angiolina**, der sich um die gleichnamige Villa erstreckt, und der **botanische Garten** in der Nähe der **Kirche des Hl. Jakob**. Mehrfach als *»Schönster Park Kroatiens«* ausgezeichnet, beherbergt er auf über 3,6 Hektar mehr als 150 exotische Pflanzenarten. Hier finden Sie alles von imposanten Mammutbäumen über duftende Eukalyptusbäume bis hin zu Zitronenbäumen und Magnolien. Besonders hervorzuheben ist die japanische Kamelie, das heutige Markenzeichen des Luftkurortes. Leider blühte sie während unseres Besuches nicht. Je nach Sorte blüht sie von Januar bis Mitte Mai.

Nicht verpassen sollten Sie die **Villa Angiolina** mit der aufwändig verzierten Halle mit der bemalten Decke. Das 1844 von Ignacio Scarpa, einem wohlhabenden Händler aus Rijeka, errichtete Gebäude gilt als das erste Hotel an der Adriaküste. Nach einer vollständigen Renovierung im Jahr 2000 ist die Villa heute ein beliebter Veranstaltungsort für Ausstellungen und Konzerte. Am Südende des Parks, entlang der Mauer, finden sich **Graffiti-Köpfe** berühmter Persönlichkeiten, die die Stadt besucht haben.

Graffiti-Köpfe im Stadtpark von Opatija

»Gruß an das Meer«

TOUR 4

Ein weiteres Wahrzeichen Opatijas ist die Bronzeskulptur **»Gruß an das Meer«**. Dieses Werk des Bildhauers Zvonko Car, das 1956 hier aufgestellt wurde, zeigt ein steinernes Mädchen, das eine Hand nach einer Taube ausstreckt. Es befindet sich auf einer Landzunge vor dem ehemaligen Friedhof und ist ein *beliebtes Fotomotiv*.

Die Kirche der **Maria Verkündung**, ein imposantes dreischiffiges Bauwerk aus der neuromanischen Epoche, ist mit ihrer auffälligen grünen Kuppel schon aus der Ferne erkennbar.

Opatija hat sogar seinen eigenen **Walk of Fame**, natürlich etwas kleiner als das Vorbild in Los Angeles. Das Projekt soll Personen ehren, die Kroatien durch sportliche, wissenschaftliche, kulturelle oder künstlerische Leistungen weltweit bekannt gemacht haben.

Obwohl Opatija und Rijeka praktisch schon zusammengewachsen sind, verbleiben noch etwa zwölf Kilometer bis in den Stadtkern der Hafenstadt. **Rijeka** (107.000 Einwohner) ist nicht nur ein bedeutendes Handelszentrum, sondern auch einer der wichtigsten Verkehrsknotenpunkte Kroatiens und ein bedeutender überseeischer Umschlagplatz.

Das berühmte Hotel Kvarner

Auf unserem Abstecher fallen uns zuerst zwei Dinge auf: Der scheinbar niemals versiegende Verkehr und der leicht morbide Charme, den Rijeka ausstrahlt. Ein überaus prachtvolles Stadtbild darf man nicht erwarten.

Sehr zentral gelegen entdecken wir einen großen Parkplatz, der über vier Parkflächen für WOMOs verfügt. Leider werden diese nicht freigehalten, sondern sind häufig von PKWs blockiert. Eine Übernachtung ist laut 24-Stunden-Beschilderung möglich, bei einem Preis von 3 Euro pro angefangene Stunde jedoch gut zu überlegen. Rijeka ist unserer Meinung nach auch nicht unbedingt einen längeren Besuch wert.

024 Rijeka Stadtzentrum – N 45°19'28" E 14°26'48"

In der belebten Fußgängerzone »Korzo« laden zahlreiche Geschäfte zum Bummeln ein. An deren Ende erhebt sich der **Stadtturm** mit einem habsburgischen Doppeladler-Relief und einer 300 Jahre alten Uhr. Nicht weit davon entdecken wir einen Renaissancebau, in dem das ehemalige Rathaus untergebracht war. Sehenswert sind auch das **Römische Tor** und etwas weiter westlich und erhöht gelegen der schöne Park, in dem man sich von dem Trubel erholen kann.

Die Altstadt ist eher klein, viele prachtvolle Fassaden schmücken die Häuser, doch insgesamt überwiegt der Verfall.

Der große **Marktplatz** dient den Einwohnern bereits seit dem 19. Jahrhundert als Einkaufsquelle für Lebensmittel aller Art. Der Platz entstand direkt oberhalb des Hafens. Besonders die **Fischhalle** mit ihrem venezianischen Ambiente, der reich verzierten Fassade, den Pavillons und ihren vier Springbrunnen im Inneren ist ein Highlight. Hier können Sie sich

Venezianische Markthalle in Rijeka

hervorragend mit frischem Obst, Gemüse und Fisch aus der Adria eindecken.

Wir beenden unsere Sightseeing-Tour und wenden uns unserem ersten Insel-Ziel zu. Dafür geht es 45 Kilometer entlang der Küstenstraße zurück in die Richtung, aus der wir gekommen sind.

Die Ticketschlange am Kassenhäuschen am **Fährhafen Brestova** hält sich in der Nebensaison in Grenzen, in der Hauptsaison sollten Sie etwas mehr Zeit einplanen. Wir haben Glück und können ohne lange Wartezeit auf die Jadrolinjia-Fähre fahren. Die Überfahrt kostet für zwei Personen und ein WOMO mit 7 Meter Länge etwa 40 Euro und zwanzig Minuten später legen wir im winzigen Hafen **Porozina** auf der Insel Cres an.

Die Inseln Cres und Lošinj

Cres liegt im Nordwesten der Kvarner Bucht, ist rund 66 km lang und mit 407 m² nach Krk die zweitgrößte Insel Kroatiens. Nur etwa 3.200 Menschen leben hier. Sie ist die natürlichste und ursprünglichste aller Kvarner Inseln und das Landschaftsbild ist geprägt von den starken Winden der »Bora«. Die Hügelketten sind übersät von grauen Steinen und Felsbrocken, unendliche Steinmauern durchziehen das Gelände. Sie wurden einst zum Schutz gegen die Erosion aufgeschichtet. Nur einige knorrige Bäume und grünes Macchia-Gestrüpp überleben diese Bedingungen und wir sind nur wenig überrascht, als wir am Himmel einige Gänsegeier kreisen sehen. Wer einen Blick über die Kvarner Bucht und ihre Inseln erhaschen will, steigt auf den höchsten Berg der Insel, den Gorice (648 m). Die Süd- und Westküste von Cres lockt Badeurlauber mit zahlreichen Buchten und Kiesstränden, während die Nord- und Ostküste überwiegend felsig ist.

Lošinj, die kleinere Schwesterinsel mit 75 km², liegt südwestlich von Cres und erstreckt sich 30 Kilometer ins Meer. Mit 8.800 Menschen leben hier mehr als doppelt so viele Einwohner. Geschützt durch ihre große Schwester präsentiert sich Lošinj vegetationsreicher und milder und verwöhnt ihre Besucher mit etwa 300 Sonnentagen im Jahr. Unmittelbar empfängt uns ein Duftpotpourri aus Salbei, Rosmarin, Wermut, Pinien und Meer. Es gedeihen Palmen, Agaven, Oleander, Mandarinenbäumchen, Eukalyptus und vieles mehr. Man sagt, dass die besten Seemänner des Mittelmeeres für die exotischen Pflanzen auf der Insel verantwortlich sind, denn diese brachten sie von ihren Reisen mit. Aufgrund ihres milden Klimas wurde Lošinj bereits 1892 von der österreichisch-ungarischen Monarchie zum Kurort ernannt.

Die Gewässer um die Inseln Cres und Lošinj sind übrigens bekannt für ihr Delfin-Vorkommen. Auch wir hatten das Glück bei einemunserer Aufenthalte eine Delfinkuh mit ihrem Nachwuchs in der Ferne im Meer zu entdecken.

Nach wenigen Kilometern erreichen wir die Ortschaft **Beli** (30 Einwohner). Die schmale Straße in das Bergdörfchen erfordert anfangs zwar immer wieder Ausweichmanöver, entschädigt aber mit großartigen Ausblicken. Die Ortschaft zeigt sich als sehr

Panoramablick auf die Insel Cres

ursprünglich mit engen Gassen und Treppen. Eine kleine Aussichtsterrasse bietet einen herrlichen Blick in die Umgebung. *Parken sollten Sie bereits am Ortsanfang*, danach wird es eng und es gibt kaum Wendemöglichkeiten. Wir empfehlen diesen Abstecher, wenn vorhanden, mit einem Roller, Moped oder E-Bike zu unternehmen.

Ein Wanderwegenetz mit informativen Schautafeln dokumentiert das Natur- und Kulturerbe der nördlichen Inselregion Tramuntana. Das 2017 neu eröffnete **Ökozentrum** Beli widmet sich vor allem den bereits erwähnten Gänsegeiern, die auf der Insel eine lebenswichtige ökologische und kulturelle Rolle spielen *(Juni–Aug., tägl. 10–18 Uhr; Apr./Mai und Sept./Okt. 10–16 Uhr, Mo. geschlossen; 6,50 €, **nur Barzahlung**; www.belivisitorcentre.eu).*

Nach etwa 25 Kilometern laufen wir in der Inselhauptstadt **Cres** (2.700 Einwohner) ein. Das Städtchen ist der größte Ort auf der Insel und liegt umgeben von Olivenhainen, Weinbaugebieten und Pinienwäldern.

Nur einen Katzensprung von der Altstadt entfernt, finden wir einen Parkplatz, der ideal für eine Stadtbesichtigung ist. Laut Auskunft des Parkwächters ist eine Übernachtung gestattet.

025 24-Stunden-Parkplatz Cres

GPS: N 44° 57' 43", E 14° 24' 34". **Max. WOMOs:** 5. **Ausstattung:** Keine. **Beschreibung:** Dieser naturbelassene Schotterparkplatz, teilweise eben und mit einigen Bäumen, überzeugt einzig durch seine Lage. Achtung: Nebenan befinden sich eine Bäckerei und eine Olivenölfabrik, was zu regem Treiben in den Morgenstunden führt. **Preis:** 3 €/Stunde, bei Übernachtung 18 €/24 Stunden. **Zufahrt:** An der D100 rechts in Richtung Zentrum, am Ende der Straße wieder rechts. Die Einfahrt zum Parkplatz befindet sich kurz nach dem Stadttor auf der linken Seite.

Im Altstadtkern lehnen die engen, hohen Häuser aneinander an und bilden ein Labyrinth von engen Straßen und Gassen. An einigen Häuserfronten entdecken wir alte Wappen, die die Berufe

Uhrturm

der einst darin wohnenden Menschen darstellen. Die Stadt war in der Vergangenheit von hohen Mauern umgeben, durch die man nur über drei Tore Zugang fand.

Während von der **venezianischen Stadtmauer** nur Segmente erhalten geblieben sind, können Sie heute noch zwei davon – das **Porta Marcella** und das **Porta Bragadina** – und einen **Wehrturm** besichtigen. Dieser befindet sich rund 300 Meter nordwestlich vom Zentrum entfernt.

In der Stadtmitte liegt der Hauptplatz, früher und auch heute der Mittelpunkt aller kulturellen und gesellschaftlichen Geschehnisse in Cres. Direkt neben dem **Uhrenturm** steht die **Stadtloggia**, die zur damaligen Zeit als Gerichtssaal, Sitzungsraum des Stadtrats oder auch als Markplatz genutzt wurde. Heute ist die Loggia noch immer ein schöner Platz zum Verweilen, an dem nach wie vor die Bewohner von Cres ihr Obst und Gemüse verkaufen.

Im Hafen der Inselhauptstadt Cres

Sehenswert ist ebenso die **Kirche der Hl. Marija der Großen** – Sv. Marije Velike – aus dem 15. Jahrhundert mit ihrem freistehenden Glockenturm, der 22 Meter über Cres in den Himmel ragt.

Im **Palais Arsan** befindet sich das im Jahr 1910 gegründete **Stadtmuseum**, das archäologische Funde und kulturhistorische Sammlungen ausstellt *(Mitte Juni–Mitte Sept. Di.–So., 10–13 Uhr und 19–23 Uhr, Mo. geschlossen; Nebensaison Di.–Sa., 10–13 Uhr; 3 €; www.creskimuzej.com)*.

Rund um das Hafenbecken herrscht lebhaftes Treiben mit kleinen Shops, Cafés und Restaurants. Trotzdem ist dieser Ort auch für Camping-Urlauber geeignet, die es gerne etwas ruhiger haben. Spazieren Sie den Hafen der schönen Uferpromenade entlang in Richtung Westen, erreichen Sie den *beliebtesten Strand der Stadt*, den Kovacine, und den gleichnamigen Campingplatz.

026 Stadt Cres – *Campingplatz Kovačine*

GPS/Kontakt: N 44° 57' 47", E 14° 23' 49"; Melin I/20, Tel. +385 51 573 150; *www.camp-kovacine.com*. **Öffnungszeit:** Ende März bis Anfang November. **Ausstattung:** Brötchenservice, Pool, Beauty-Abteilung, Kinderanimation, Waschmaschine, Wäschetrockner, diverse Spiel- und Sportangebote. **Beschreibung:** Ein weitläufiges Areal im lichten Olivenhain und Mischwald mit einem separaten Bereich für Dauercamper und Mobilheime. Hervorzuheben ist der schöne 1,5 km lange Kiesstrand mit Felsabschnitten, betonierten Liegeflächen und Badeleitern. In nur 15 Minuten erreichen Sie die Altstadt zu Fuß entlang der Promenade (oder mit dem platzeigenen Bummelzug). Die Pizzeria am Ende des Platzes wurde uns empfohlen, wir haben sie jedoch nicht selbst getestet. **Preis:** 35–65 €. **Zufahrt:** An der Hauptstraße beschildert.

Loznati

Ein Stück des Weges hinter Cres zweigt links eine schmale, gut befahrbare Straße nach **Loznati** ab. Das Dörfchen mit seinen etwa 40 Einwohnern liegt nicht am Meer und hat auch sonst keine Sehenswürdigkeiten zu bieten – empfehlenswert ist es dennoch! Nachdem man sich durch die wenigen Häuser hindurchmanövriert hat, öffnet sich eine große, leicht geneigte Wiese mit einigen Bäumen. Seitlich grenzt ein kleiner Friedhof mit einer hübschen, alten Kapelle an. Gegenüber erwartet ein Gasthaus seine Besucher und wir stellen erstaunt fest, dass hier unter der Woche mittags bereits fleißig Gäste hineinwandern. Das scheint uns ein Geheimtipp zu sein und wir werden nicht enttäuscht. Besonders empfehlenswert sind die Lammgerichte. **Konoba *Bukaleta*** *(Loznati 9a, Tel. +385 51 571 606, Apr.–Sept. tägl. 12–23 Uhr)*. Sollten Sie dem guten Hauswein etwas zu viel zugesprochen haben, ist auf Nachfrage beim Wirt sicherlich auch die Übernachtung auf dem Parkplatz möglich.

027 Konoba *Bukaleta* – N 44° 55' 22", E 14° 26' 18"

Das nächste Örtchen **Valun** (60 Einwohner) ist uns nicht nur, aber auch wegen seiner zahlreichen Stufen und Treppen in lebhafter Erinnerung geblieben. Der Parkplatz liegt etwa 250 Meter oberhalb und das letzte Stück muss zu Fuß bewältigt werden. Badesachen nicht vergessen!

Valun

P01 Valun – N 44° 54' 17", E 14° 21' 32"

Wir steigen die Stufen hinab und erahnen bereits jetzt, dass der Rückweg wohl schweißtreibend werden wird. Das urige Fischerdörfchen mit einigen schönen Restaurants direkt am Wasser ist autofrei und schmiegt sich mit seinen wenigen Häuschen an den Rand einer malerischen Bucht. Die Farbpalette des klaren Wassers reicht von Dunkelblau bis hin zu faszinierenden Türkistönen. Den Mittelpunkt des Ortes bildet eine kleine Kirche, von dem aus einige verwinkelte Gässchen abgehen. Seitlich des Gotteshauses sind oberhalb einer Terrasse Steintafeln aus dem 11. Jahrhundert mit einer eingemeißelten Schrift aus glagolitischen Buchstaben. Die **Tafel von Valun**, die »Valunska Ploca«, ist eines der ältesten Schriftdenkmäler der kroatischen Sprache. Doch nicht nur wegen dieser Inschriften erlangte Valun eine gewisse Berühmtheit. 1985 und 1986 wurde hier die *deutschsprachige Fernsehserie »Der Sonne entgegen«* gedreht. Am Ende der Bucht befindet sich vor einem Zeltplatz ein sehr schöner Strand, der mit seinem kristallklaren Wasser zu einer Abkühlung einlädt.

TOUR 4

Eigentlich stand nun das ehemalige Piratennest **Lubenice** (die Anzahl der Einwohner schwankt je nach Saison zwischen sechs und 40) auf dem Programm, doch direkt zu Beginn der schmalen Teerstraße durchkreuzt ein *»Durchfahrt-verboten«-Schild* für Campingfahrzeuge unsere Pläne. Für alle, die mobil sind und auf ein kleineres Gefährt zurückgreifen können, empfiehlt sich ein Besuch in der kleinen 3.500 Jahre alten Steindorf trotzdem.

In den eng aneinander gebauten Natursteinhäuschen wohnen nur noch wenige, meist ältere Leute. Die Siedlung liegt auf 378 Meter Höhe und ist besonders im Winter starken Winden ausge-

Torbogen in Lubenice

setzt. Wir spazieren über das glatte Pflaster, aus dem vereinzelt rosafarbene Blümchen sprießen und entdecken verschwiegene, heimelige Winkel. Am Dorfende durchschreiten wir ein freistehendes steinernes Tor, den Durchgang zur Friedhofskapelle. Etwas unterhalb breiten sich ein paar kleine Felder und Wiesen aus, auf denen Schafe weiden. Neben Getreide und Schafzucht bauen die Einheimischen auch Wein an. Gekeltert wird selbst und die fertigen Produkte gerne an die Touristen verkauft – man ist froh über ein kleines Zubrot.

Insgesamt fünf Kirchen, Kirchlein und Kapellen finden sich im kleinen Ort Lubenice. Gleich am Ortseingang steht die gotische kleine **Kirche des Hl. Antonius** mit ihrem mächtigen Glockenturm. Von hier aus hat man einen traumhaften Ausblick auf die tief unten liegende Bucht mit ihrem smaragdgrünen Wasser. Hier wollen wir uns einen Badestopp nicht entgehen lassen!

Von Lubenice zum Strand Sveti Ivan

Gehzeit: 2,5 Stunden. **Schwierigkeit:** Leicht/Mittel. **Höhenunterschied:** 350 m. **Beschreibung:** Der Weg zum Strand ist eng und steil und dauert ungefähr 45 Minuten. In vielen Windungen geht es hinab zum weißen Traumstrand Sveti Ivan. Die Aussicht ist herrlich und nach der Ankunft am Strand hat sich jeder Schritt gelohnt: Der einsam in der gleichnamigen Bucht liegende naturbelassene Strand zählt zu den schönsten Stränden Kroatiens. Der Strand ist von hellen Kieselsteinen gesäumt und kristallklares, türkisblau schimmerndes Meer lädt zum Baden und Schnorcheln ein. Am Strand selbst gibt es keine Infrastruktur. Denken Sie an ausreichend Proviant, Wasser und angepasstes Schuhwerk. Für den anstrengenden Rückweg rechnen Sie mit etwa 1,5 Stunden.

Für Musikliebhaber bietet sich vor allem ein Besuch im Sommer an, wenn die Stadt Cres in Lubenice *traditionelle Musikabende* veranstaltet. In den Sommermonaten finden immer freitags klassische Konzerte statt, mit Auftritten von einheimischen und internationalen Spitzenkünstlern.

Der Vraner See sichert als größtes Süßwasserreservoir die Trinkwasserversorgung der beiden Inseln.

Wir kehren zur Hauptstraße zurück und dringen weiter in den Süden der Insel vor. Hier ändert sich das Landschaftsbild: Das Land wird breiter und flacher. Auf unserem Weg kommen wir am **Vraner See** vorbei, der tief in der Inselmitte in einem Kessel liegt. Er misst 5,5 Kilometer in der Länge, 1,5 Kilometer in der Breite und besitzt eine durchschnittliche Fläche von 5,75 km², die je nach Wasserstand erheblichen Schwankungen unterliegt. Der Vransko jezero ist das größte und zudem einzige Süßwasserreservoir der Inseln Cres und Lošinj und wird seit 1952 mittels eines

Pumpensystems für die Trinkwasserversorgung genutzt. Sein besonderes hydrologisches System macht ihn zu einer geologischen Besonderheit: Eine Kryptodepression, bei der der Seespiegel oberhalb, der Seeboden jedoch unterhalb des Meeresspiegels liegt. Die harten Gesteinsschichten am Boden verhindern eine Vermischung von Meer- und Seewasser.

Um den Vransko jezero ranken sich viele Legenden. Die bekannteste besagt, dass sich ein Schloss am Boden des Sees in 74 Metern Tiefe befindet. Überprüfen kann man dies nicht – schwimmen oder tauchen ist streng verboten. Manchmal sollen allerdings die Glocken des Schlossturms aus der Tiefe zu hören sein...

Ein Stück nach Vrana zweigt rechts eine Straße ab, die uns über einige kleine nicht weiter nennenswerte Ortschaften zu einem großen, vor allem bei Hundebesitzern beliebten, aber auch recht hochpreisigen Campingplatz führt.

028 Martinšćica – *Camping Slatina*

GPS/Kontakt: N 44° 49' 14", E 14° 20' 34"; Vidovići 30; *www.camp-slatina.com*. **Öffnungszeit:** April bis Oktober. **Ausstattung:** Kinderanimation, Waschmaschine, Wäschetrockner, diverse Spiel- und Sportangebote, kostenloses Hundetraining, Agility-Parcours für Hunde, Restaurant, Bar und Café, Einkaufsmöglichkeiten. **Beschreibung:** Das terrassierte Hanggelände mit Büschen und Bäumen erstreckt sich über mehrere Etagen, teils mit Parzelleneinteilung. Ein Teil der Standplätze ist geneigt. Der strandnahe Bereich liegt unter hohen Pinien, mit überwiegend steinigem Boden. **Preis:** 20–65 €. **Zufahrt:** Von der Insel-Hauptstraße sind es etwa 9 km. Probieren Sie nicht die Abkürzung über Grmov, wenn Ihnen Ihr WOMO am Herzen liegt! An der Hauptstraße beschildert.

Auf der Hauptstraße der Insel Cres rollen wir ein Stückchen weiter und erreichen **Osor** (30 Einwohner). Auf den ersten Blick wirkt der kleine Ort wie ein reiner Durchfahrtsort. Der Parkplatz rechter Hand kurz vor der Brücke ist sogar doppelt mit WOMO-verboten-Schildern versehen, damit man es auch ja nicht übersieht. Schade, denn der angrenzende Strand sieht ausgesprochen einladend aus und Osor selbst ist durchaus einen Besuch wert: Die Stadt ist für ihre historischen Gebäude und Sehenswürdigkeiten bekannt und wird liebevoll als »Museumsstadt« oder »Museum im

Osor

Freien« bezeichnet. Also, ab auf den Campingplatz! In Osor gibt es derer zwei. Der empfehlenswertere liegt direkt an der **Drehbrücke** über den Kanal »Kavada«, der Cres von Lošinj trennt.

029 Osor – *Campingplatz Preko Mosta*

GPS/Kontakt: N 44°41'33" E 14°23'30"; Osor 8, Nerezine, Tel. +385 51 237 350. **Öffnungszeit:** Mai bis September. **Ausstattung:** Campingplatzüblich. **Beschreibung:** Kleiner, einfacher, aber sauberer Campingplatz auf einem abfallenden Gelände mit Hanglage (Keile!). Die hinteren Plätze liegen unter Pinien im Schatten, teilweise jedoch direkt an der Hauptstraße, die im Sommer hochfrequentiert ist. Die schöneren Plätze sind die auf der Meerseite, diese dann allerdings oft sehr sonnig. Der kleine Strand mit großen Kieseln ist traumhaft und auch einige schöne Wanderungen starten direkt am Platz. An der Einfahrt befindet sich ein Imbiss, Restaurants in Osor sind in wenigen Fußminuten erreichbar. **Preis:** 16 – 25 €. **Zufahrt:** An der Hauptstraße beschildert.

Hier befindet sich die schmalste Landverbindung zwischen den beiden Inseln, schon in der Antike eine strategisch günstige Schiffspassage. Zu bestimmten Uhrzeiten öffnet sich die Brücke und lässt die wartenden Segelboote durch – *ein sehr interessantes Spektakel*, das man hervorragend von seinem Campingstuhl aus beobachten kann.

Die zweite Campingplatz-Alternative ist ebenfalls sehr ordentlich, liegt etwas außerhalb in einem Pinienwald und ist über einen schönen Spazierweg mit dem Ort verbunden. Uns Sonnenanbetern ist er etwas zu schattig, da sich fast alle Stellplätze unter Bäumen befinden. In den heißen Sommermonaten jedoch nicht die schlechteste Wahl.

030 Campingplatz Bijar – N 44° 42' 03" E 14° 23' 43"

Doch zunächst wollen wir erstmal das alte Städtchen erkunden. Osor, eine der ältesten Siedlungen auf Cres, blickt auf eine Geschichte bis ins 9. Jahrhundert vor Christus zurück und war bis zum 15. Jahrhundert die Hauptstadt von Cres und Lošinj. Am mächtigen freistehenden **Glockenturm** vorbei erreichen wir den gepflasterten Hauptplatz mit der nebenstehenden **Marienkapelle**, die den Besuchern der Messe einen ungewöhnlichen Luxus bietet: Für jeden Gläubigen steht ein gepolsterter (!) Sitz bereit. Schräg gegenüber befindet sich im Gebäude des ehemaligen Rat-

Bronzeskulptur vor der Marienkapelle

hauses und der Loggia ein kleines **archäologisches Museum**. Ausgestellt sind verschiedene Arten menschlicher Produktion – von Keramik und Glas bis hin zu Metallgegenständen, Steinreliefplastiken und Skulpturen sowie Numismatik. Das Museum beherbergt außerdem ein Lapidarium mit antiken Fragmenten, mittelalterlichen Flechtwerk Ornamenten und Spolien aus der Renaissancezeit sowie Gegenstände aus der Zeit des frühen Römischen Reiches *(tägl. 10 –12 Uhr)*.

Das Highlight von Osor sind jedoch die überall im Ort verstreuten **Bronzeskulpturen**. Sie stellen, teilweise etwas abstrakt, musizierende Frauen und Männer dar und weisen damit auf die Wichtigkeit des Ortes für regionale Musik hin. Wie es bei Kunst so ist – einige gefallen, andere weniger; es ist wohl Geschmackssache. Kunst und Kultur wird hier auf alle Fälle großgeschrieben – regelmäßig finden klassische Musikfestspiele statt.

Wir drehen eine Runde durch die engen gepflasterten Gassen und schließlich entlang der Überreste der alten **Stadtmauer**. Dort entdecken wir ein nettes kleines Lokal, von dessen Tischen aus man einen schönen Blick auf den Kanal hat. Hier kehren wir ein! Doch Achtung: Kaum haben wir Platz genommen, werden wir von der Bedienung freundlich darauf hingewiesen, dass eine Bestellung nur von Getränken nicht gestattet ist. Speisen erwünscht. Doch das soll kein Schaden sein, denn das Essen schmeckt ausgezeichnet: **Konoba *Bonifacic*** *(Osor 64, Tel. 385 51 237 413; tägl. 12–23 Uhr)*.

Die Brücke haben wir bei der Anfahrt auf den Campingplatz bereits überquert, nun setzen wir unsere Fahrt auf **Lošinj** fort. **Nerezine** (400 Einwohner) ist die erste Ortschaft, die dem Reisenden begegnet. Es gibt nichts Weltbewegendes hier, aber alles, was man braucht: Einen Hafen, Geschäfte, einen Dorfplatz und Restaurants. Sogar ein zentrumsnaher Campingplatz wurde eingerichtet.

031 Nerezine – *Camping Lopari*

GPS/Kontakt: N 44°40'51" E 14°23'44", Lopari 1, Tel. +385 51 237 127. **Öffnungszeit:** April bis Oktober. **Ausstattung:** Brötchenservice, Fahrradverleih, Windsurf-/Kitesurfschule, Kinderanimation, Waschmaschine, Wäschetrockner, diverse Spiel- und Sportangebote. **Beschreibung:** Überwiegend ebenes Gelände unter Eichen und Kiefern, stellenweise mit Natursteinmauern und Büschen in Parzellen unterteilt. Insgesamt ein ruhiger Platz. Entlang des Strandes können Sie sowohl nach Osor als auch nach Nerezine spazieren. Dort gibt es Restaurants und Einkaufsmöglichkeiten. **Preis:** 22 – 53 €. **Zufahrt:** Auf der Hauptstraße D100 im Kreisverkehr links abbiegen (beschildert).

Von Nerezine aus beginnen einige Wanderungen. Vielleicht möchten Sie folgende unternehmen:

Aufstieg auf den Televrin

Gehzeit: 4,5 Stunden. **Schwierigkeit:** Leicht/mittel. **Höhenunterschied:** 550 m. **Beschreibung:** Vom Ortszentrum Nerezine folgen wir etwa 300 Meter der Inselstraße in Richtung Mali Lošinj zum Ausgangspunkt der Wanderung, die direkt an der Hauptverkehrsstraße losgeht. Der Weg, markiert mit einem roten Kreis, ist zunächst asphaltiert und führt an Olivenhainen und Gärten vorbei sanft bergan Richtung Osorscica. Die Route windet sich in weiten Serpentinen am Bergfuß entlang, durchquert teils offenes Gelände, teils bewaldete Abschnitte. Der Pfad wird zunehmend steiniger – festes Schuhwerk ist daher unerlässlich. Unterwegs eröffnen sich immer wieder fantastische Ausblicke. Nach rund zwei Stunden erreichen wir den ersten Gipfel Sv. Mikul mit der kleinen, einfachen Sv. Nikola-Kapelle. Von hier genießen wir einen herrlichen Rundblick über Lošinj, die Nachbarinseln, grüne Wälder und das blaue Meer. Nach dem schweißtreibenden Aufstieg haben wir uns eine Pause verdient und genießen die traumhafte Aussicht. Bei klarem Wetter reicht der Blick bis zum Velebit-Gebirge auf dem Festland. Anschließend können Sie entweder denselben Weg zurückgehen oder den etwa 30 Minuten längeren Aufstieg zum Gipfel des Televrin fortsetzen. Zurück geht es auf derselben Strecke. Hinweis: Unterwegs gibt es keine Einkehrmöglichkeiten, daher sollten Sie vor allem ausreichend Wasser mitnehmen.

Wir rollen weiter über das alte Fischernest **Sv. Jakuv** in Richtung Mali Lošinj. Die Insel beschreibt dabei einen linksseitigen Bogen, der ein herrliches Panorama offenbart. Die dunkle Macchia, belebt durch bunte Farbtupfer, und der kräftig gelbblühende Ginster verströmen einen schweren, süßen Duft. Das tiefblaue Meer umspült die Felsküste; kleinere Buchten zeigen bisweilen eine blaugrüne, manchmal auch smaragdgrüne Färbung – das Wasser ist hier glasklar.

Bald kündigt sich **Čunski** an. Die Häuser des Ortes schmiegen sich eng an einen Berghang und werden vom Kirchturm weit überragt. Von der Hauptachse zweigt rechts eine Stichstraße zum Flughafen ab, der auf der **Halbinsel Kurila** liegt. Nach rund 600 Metern biegt linker Hand eine gut befahrbare Schotterstraße zu einem Einstellhafen für Schiffe und Wohnwagen ab. Noch etwa einen Kilometer weiter erreichen wir eine kleine Feriensiedlung mit einem hübschen Badestrand. Die Parkmöglichkeiten sind hier allerdings begrenzt, daher empfehlen wir diesen Abstecher nur für Wohnmobile mit einer Länge von *bis zu sechs Metern*.

P02 Čunski – N 44° 34' 31", E 14° 24' 19"

Fahren Sie die breite Teerstraße bis zum Ende, also bis zum Flughafen, von dort führen mehrere gut zugängliche Naturwege rechts in ein idyllisches Wiesengelände mit Macchia- und Pinienbewuchs und weiter ans Meer. Hier gibt es reichlich Platz, um auch größere Fahrzeuge für einen Badestopp zu parken. Besonders am Wochenende wird diese Gegend von Einheimischen gern zum Picknicken genutzt.

P03 Kurila-Halbinsel I – N 44° 34' 09", E 14° 23' 27"

Der Mini-Flughafen dürfte kaum ein Störfaktor sein, zur Zeit unseres Aufenthaltes war nicht eine einzige Flugbewegung zu verzeichnen. Dringt man von hier aus auf einem der verschiedenen Wege tiefer in das Gebiet ein, so erreichen Sie nach etwa 1,5 Kilometern das Meer und weitere schöne Badestrände. Es ist ratsam, die Lage zuerst mit dem Fahrrad zu sondieren und nicht blind mit dem WOMO vorzustechen. Mancher schmale Weg, der anfangs recht passabel erscheint, wird bald zusehends enger und buckeliger.

P04 Kurila-Halbinsel II – N 44° 34' 04", E 14° 23' 22"

Wir touren weiter zum Hauptort **Mali Lošinj** (7.000 Einwohner). Am Ende einer fünf Kilometer langen, tief eingeschnittenen Bucht überrascht uns ein *lebhafter Kurort mit mondänem Flair*. Das Leben im Ort pulsiert vom Hafen aus die Einbahnstraße »Ulica« hinauf. Cafés und Restaurants reihen sich aneinander wie die Perlen am Rosenkranz. Mit seinen bunten Bänken und Sonnenschirmen, ausladenden Palmen und kitschigen Verkaufsständen versprüht der Ort pure Lebensfreude – zu Saisonzeiten kann der Rummel auch etwas zu viel des Guten sein. Die langgestreckte Promenade mündet in eine Piazza mit Blumenrabatten und ansprechenden Wasserspielen. Mehr Ruhe findet man in den engen, verwinkelten Seitenstraßen. Zu empfehlen ist ein Spaziergang hinauf zur **Pfarrkirche**, von deren Vorplatz aus man einen schönen Ausblick genießt. Wohnmobilfreundliche Parkplätze gibt es wenige, die

Fischmarkt in Mali Lošinj

meisten ziert ein Halteverbotsschild für WOMOs. Als Tagesparkplatz sowohl für einen Stadtbesuch als auch als Ausgangspunkt für Wanderungen eignet sich einzig dieser hier:

P Mali Lošinj – N 44° 31' 31", E 14° 28' 12"

Der Parkplatz liegt etwas außerhalb, dafür gibt es in der Nähe Einkaufsmöglichkeiten. Zu Fuß erreichen Sie das Zentrum in etwa 20 Minuten. Übernachtungsmöglichkeiten gibt es auch hier nur in Form von Campingplätzen. In der Nebensaison haben wir es als angenehm ruhig empfunden, in der Hauptsaison wähnt man sich hier aber wahrscheinlich wie auf einem Rummelplatz.

032 Mali Lošinj – *Camping Čikat*

GPS/Kontakt: N 44°32'09'' E 14°27'03'', Čikat 6a, Tel. +385 51 232 125; *www.camp-cikat.com*. **Öffnungszeit:** Ganzjährig. **Ausstattung:** Brötchenservice, Lebensmittelladen, Pool, öffentl. Aquapark (frei für Campinggäste), Boots- und Fahrradverleih, div. Sport- und Freizeitangebote. **Beschreibung:** Čikat ist der größte Campingplatz auf Cres und Lošinj und auch für Wintercamping geeignet. Das Gelände ist teilweise naturbelassen und geneigt, mit Natursteinmauern befestigt. Die meisten Stellplätze bieten angenehmen Schatten. Der Strand ist terrassenförmig auf betonierten Felsplateaus angelegt, außerdem gibt es zwei Kiesbuchten. Wir haben von hier aus nicht nur traumhafte Sonnenuntergänge genossen, sondern sogar Delfine gesichtet. Restaurants und Einkaufsmöglichkeiten sind vorhanden, ein etwa 2 km langer Fußweg führt ins Zentrum. **Preis:** 34–65 €. **Zufahrt:** Auf der Čikat-Halbinsel, ab Mali Lošinj beschildert.

033 Mali Lošinj – *Camping Village Poljana*

GPS/Kontakt: N 44°33'19" E 14°26'30", Rujnica 9/a, Tel. + 385 51 231 726; *www. campingpoljana.com.* **Öffnungszeit:** Ende März bis Anfang November. **Ausstattung:** Campingplatzüblich, Brötchenservice, Abwasser am Stellplatz, Kinderanimation, Spielplatz, FKK-Strand Boots- und Fahrradverleih. **Beschreibung**: Das Gelände ist durch die Hauptstraße zweigeteilt und von beiden Seiten vom Meer umgeben. Geschotterte Stellplätze auf Terrassen, überwiegend im Schatten des lichten Pinienwaldes. Zu Fuß oder mit dem Fahrrad gelangt man über die Promenade nach Mali Lošinj. **Preis:** 23–42€. **Zufahrt:** Direkt an der D100 nach Mali Lošinj gelegen, leicht zu finden.

Der Nachbarort **Veli Lošinj** (900 Einwohner) war einst größte Stadt der Insel, heute geht es dort ein wenig ruhiger zu als im Hauptort. Im kleinen Hafen, direkt neben den Fischerbooten, lässt es sich bei einem Kaffee mit Blick aufs Meer herrlich entspannen. Mit dem Auto liegen die beiden Orte nur fünf Minuten auseinander, doch dann verpassen Sie ein echtes Highlight: Entlang der Küste zwischen Mali und Veli Lošinj verläuft ein etwa vier Kilometer langer *wunderschöner und schattiger Wanderpfad*, der auch an der »Blauen Bucht« vorbeiführt. Hier findet man selbst in der Hochsaison ein lauschiges Badeplätzchen.

Auf bekannter Strecke geht es wieder zurück, wir passieren erneut die Schwenkbrücke bei Osor und rollen gen Norden. Bald gelangen wir wieder in die Inselhauptstadt Cres und die ersten Hinweise zur Fähre zur **Insel Krk** tauchen auf. Kurz darauf zweigt eine breite Stichstraße zum Hafen **Merag** ab, den wir nach weiteren zehn Kilometern erreichen.

Unsere Erlebnisse auf der Insel KrK lesen Sie in Tour 5.

Im Hafen von Mali Lošinj

Tour 5

Prvić
Vela Luka-Bucht
Aussichtspunkt Rebica
Canyon Vrženica
Plato Mjeseca
Baška
044
042
043
P02
Draga Baščanska
Stara Baška
041
Punat
040
V
E
WC
P
039
Košljun
P03
Vrbnik
P
Kuka
Krk
038
037
Plavnik
Krk
Vrh
Valbiska
P01
034
Pinezići
102
104
3,5t
Gostinjak
Silo
Klimno
P04
P05
Soline
Dobrinj
045
Soline-bucht
Soline Salzgärten
P06
Slivanjska-Bucht
Rudine
P07
Malinska
102
Milohnići
Glavotok
035
036
Crikvenica
Tour 6
Spilja-Höhle
Voz
P09
Omišalj
P
P08
WC
10 km
Cres

Krk – Insel mit vielen Gesichtern
Von Merag nach Omišalj
130 km

In unserer Tour 5 nehmen wir Sie mit auf die »Goldene Insel« mit dem Namen, mit dessen Aussprache sich unsere Zungen etwas schwertun. Doch ein Besuch lohnt sich sowohl landschaftlich als auch kulinarisch. Unsere Empfehlungen für Sie:

- **Krk-Stadt**
- **Landschaft auf dem Weg nach Stara Baška**
- **Wanderung zur Vela Luka-Bucht**
- **Muscheln essen in Baška**
- **Vrbnik**
- **Camping Slamni**

Die Urlaubskasse wird wieder einmal strapaziert! Erneut sind knapp 50 Euro für zwei Personen und ein WOMO mit bis zu sieben Metern Länge fällig und kurz darauf sind wir auf »hoher See«. Ehe wir uns versehen, erreichen wir **Valbiska**. Vorab sei erwähnt, dass auf ganz Krk fast überall mit Schildern auf das strikte Campingverbot hingewiesen wird. Daher liegt unser Fokus in dieser Tour auf empfehlenswerten Campingplätzen.

Krk – die »Goldene Insel«

Die Insel ohne einen Vokal im Namen (ausgesprochen: »kirk«) ist mit 406 m^2 die größte in der Kvarner Bucht und über eine Brücke im Norden mit dem Festland verbunden. Den Beinamen »Goldene Insel« erhielt sie in der Antike durch ihren Reichtum an Land und Meer.

Die Landschaft ist vielfältig und bietet zwei Gesichter: Im Norden felsig und karg, im Süden üppig grün. Der höchste Punkt ist der 568 Meter hohe Obzova. Krk ist bekannt für seine reiche Gastronomie, insbesondere für Lammgerichte. Auch der Schafskäse, Schinken und die hausgemachte Pasta sind empfehlenswert. Früher wurde sie ausschließlich mit Lamm- und Rindfleischeintopf serviert, heute mit allerlei verschiedenen Soßen.

Die Insel zählt 20.000 Einwohner und ist damit die bevölkerungsreichste in der Adria. In der gleichnamigen Hauptstadt Krk leben rund 7.000 Menschen. Außerdem beherbergt sie von allen kroatischen Inseln die meisten besiedelten Orte. Im Sommer strömen hunderttausende Urlauber zu ihren Ferienhäusern, auf die Campingplätze und in die Hotels. Weitere Informationen finden Sie auf *www.krk.hr.*

Zunächst bietet sich ein Abstecher in den Westen an. Nicht direkt auf dem Weg, aber ein Paradies für Naturliebhaber ist dieser kleine Familien-Campingplatz, aber Vorsicht: *Ohne Reservierung wird es schwierig*. Erkundigen Sie sich am besten im Vorfeld nach freien Plätzen.

034 Pinezići – *Camp Punta Jerta*

TOUR 5

GPS/Kontakt: N 45°02'28" E 14°28'19", Put sv. Fuske 96, Tel. +385 99 270 0112; *www.puntajerta.com*. **Öffnungszeit:** Anfang Juni bis Anfang September. **Ausstattung:** Campingplatzüblich, Brötchenservice, Kinderspielplatz, Waschmaschine, Wäschetrockner. **Beschreibung:** Kleiner, ruhiger, terrassenförmiger Platz in Meeresnähe mit Blick auf die Insel Cres. Die parzellierten Stellplätze auf einer Wiese und sind teils schattig, teils sonnig. Für große WOMOs gibt es nur begrenzt Platz, sonst nur Kastenwagen und kleinere Campingfahrzeuge. **Preis**: 46–55 €. **Zufahrt:** Am Friedhof rechts abbiegen.

Etwa 300 Meter vor dem Campingplatz gibt es einen großen Parkplatz für einen Badestopp. Nur 100 Meter entfernt wartet auf Sie eine wahre Traumbucht .

P01 Pinezići – N 45°02'26" E 14°28'31"

Badeplatz Pinezići

Wieder zurück halten wir uns links in Richtung **Glavotok** (30 Einwohner). Die Straße zieht sich durch dichtes Macchiagestrüpp und wir passieren einige verschlafene Nester mit teilweise engen Ortsdurchfahrten. In den Gärten blühen rote Oleanderbüsche und die Äste so manchen schwer beladenen Kirschbaumes biegen sich unter der Last unzähliger Früchte. Gelegentlich bieten sich schöne Blicke auf die Insel Cres.

In Glavotok selbst erwarten uns nicht mehr als ein paar Häuschen und ein Restaurant. Unterhalb des kleinen Weilers erhebt sich nahe dem idyllischen Hafenbecken ein glagolitisches **Franziskanerkloster**. Von der winzigen Ortschaft aus führt eine 600 Meter lange Stichstraße zum nächsten Campingplatz dieser Tour.

035 Glavotok – *Camping Glavotok*

GPS/Kontakt: N 45°05'38" E 14°26'25", Glavotok 4, Tel. +385 51 867 880; *www.kamp-glavotok.hr.* **Öffnungszeit:** Mitte April bis Mitte Oktober. **Ausstattung:** Pool (beheizt), Brötchenservice, Kinderanimation, Spielplatz, Fahrrad- und Bootsverleih. **Beschreibung:** Der Campingplatz erstreckt sich auf einem geneigten, terrassierten Gelände, eingebettet in einen Eichenwald, der viel Schatten auf den Standplätzen gewährleistet. Bodenbeschaffenheit: Erde. Zum Baden und Schnorcheln eignet sich hervorragend die etwa 500 m lange Felsenküste mit drei Kiesbadebuchten und mit Naturstein gepflasterten Liegeflächen sowie einem betoniertem Badesteg. Für Aktivurlauber starten hier verschiedene Radrouten. Auf dem Platz gibt es ein Restaurant, aber keinen Lebensmittelladen. Decken Sie sich also vorher mit Vorräten ein. **Preis:** 27–68 €. **Zufahrt:** Siehe im vorstehenden Text (beschildert).

Kurz vorher finden Sie links das Mini-Camp Mali Raj. Es liegt nicht direkt am Meer, der Strand ist jedoch in wenigen Gehminuten erreichbar.

036 Camping Mali Raj – N 45°05'26" E 14°26'15"

Geöffnet ist es von Mai bis etwa Ende Oktober. Die Preise belaufen sich – je nach Saison – für eine sehr einfache Ausstattung zwischen 23 und 45 Euro.

Wir fahren auf gleicher Strecke zurück und steuern die **Hauptstadt der Insel** an, die ebenfalls Krk heißt und das wirtschaftliche und touristische Zentrum ist. Die Lage ist bestechend schön. Im Schutz einer weiten Bucht gruppieren sich die hübschen Häuser um das Hafenrund und die vielen, im Wasser schaukelnden Boote und Schiffe bilden dazu eine malerischer Vordergrundkulisse.

Natürlich lockt das Städtchen zahlreiche Touristen und freilich auch Campingfreunde an. Letztere haben die Wahl unter vier Campingplätzen. Wir picken uns den »Ježevac« heraus.

037 Krk – *Ježevac Premium Camping Resort*

GPS/Kontakt: N 45°01'14" E 14°34'3", Plavnička 37, Tel. + 385 52 465 000; *www.valamar.com/en/camping-krk/jezevac-camping-resort*. **Öffnungszeit:** Ganzjährig. **Ausstattung:** Pool, Wasserpark für Kinder, Fitness- und Freizeitprogramm, Indoor-Spielmöglichkeiten, Fahrradverleih, geführte Fahrradtouren, Surf- und Segelkurse, (Mini-)Golf, Brötchenservice, diverse Einkaufsmöglichkeiten, Lieferdienst für Speisen und Lebensmittel zur Parzelle. **Beschreibung:** Sehr großer Campingplatz mit allen Annehmlichkeiten. Die Stellplätze sind parzelliert, teils in Hanglage bzw. terrassiert und weitgehend schattig. Auf dem Platz gibt es verschiedene Restaurants, Bars und Einkaufsmöglichkeiten. Wintercamping möglich. Der Platz liegt am Ortsrand in Hafennähe und nur wenige Gehminuten von der Altstadt entfernt, außerdem direkt an Wander- und Radwegen. **Preis:** 28–118 €. **Zufahrt:** Im Ort beschildert.

Nicht vorenthalten wollen wir Ihnen den Campingplatz Bor. Der gepflegte und familiär geführte Platz ist ebenfalls ganzjährig geöffnet und liegt in einer Feriensiedlung etwas abseits vom Getümmel. Ins Zentrum benötigen Sie etwa eine Viertelstunde.

038 Camping Bor – N 45°01'24" E 14°33'39"

Wir genießen die spätnachmittägliche Sonne, nehmen ein Bad in den gar nicht so kühlen Fluten und bummeln danach erfrischt hinein in die verwinkelten Gassen der **Altstadt**. Vom Campingplatz aus führt uns der Weg direkt über den Hafen in die Stadt. Entlang der Promenade und auf der großzügigen, mit edlen Marmorplatten ausgelegten **Piazza** reihen sich endlos Verkaufsstände aneinander. Das Angebot reicht von kunstvollen Handarbeiten über Weine und Spirituosen bis hin zu fürchterlichem Kitsch und Ramsch. Wir widerstehen allen »Versuchungen« und schlendern vorbei am alten **Wachturm** ins mittelalterliche Herz der Ortschaft, dem **Hauptplatz** »Placa Vela«.

An der Uferpromenade in Krk

Der Hafen und die moderne Uferpromenade trennen das moderne Krk vom historischen Teil der Stadt. Die Pflastersteine sind glatt und blank, sie wirken wie frisch gewienert und wir fragen uns, wie viele Füße wohl zu diesem Ergebnis beigetragen haben. Besonders sehenswert ist die **Maria-Himmelfahrts-Kathedrale**, deren Ursprünge auf das 5. Jahrhundert zurückgehen. Das heutige Aussehen erhielt das Gotteshaus im 17. Jahrhundert. Über den dreischiffigen Bau erhebt sich stolz ein *Kampanile*, dessen Zwiebelturm ein (ehemals) goldener Engel ziert. Das Innere wirkt eher düster, doch die vielen brennenden Opferkerzen verleihen der Basilika eine feierliche Atmosphäre. Gegenüber im **Bischofspalast** lassen sich Gemälde alter italienischer Meister sowie andere Exponate bewundern *(tägl. 9.30–13 Uhr)*.

Am Hauptplatz befindet sich auch *unser persönlicher Restaurant-Tipp:* ***Volsonis***. Hier werden Produkte aus der hauseigenen Farm weiterverarbeitet. Die Speisekarte reicht von traditionellen Lammgerichten bis zu hausgemachter Steinofenpizza. Der Innenbereich befindet sich in einem urigen Kellergewölbe, außen kann man in einem schönen Garten sitzen. Das Volsonis ist nicht nur ein Restaurant, sondern gleichzeitig auch eine Cocktailbar *(Vela placa 8, Tel. +385 51 880 249, www.volsonis.hr; tägl. 7-24 Uhr)*. Hier waren wir vom Essen so begeistert, dass wir während unseres Aufenthaltes gleich zweimal zu Gast waren.

Lecker essen im Volsonis

Auf der Seeseite ragen mächtige Mauern in den Himmel. Sie stammen von dem **Frankopaner-Kastell**, das im Mittelalter der Stadtbefestigung diente. Die kolossalen Steinmauern mit den vier Stadttoren und ihren Wehrtürmen umrahmen noch heute das gesamte historische Zentrum *(tägl. 9–22.30 Uhr)*.

Nachdem wir unseren Aufenthalt in Krk ausgiebig genossen haben, wenden wir uns dem etwa acht Kilometer entfernten **Punat** (1.700 Einwohner), *der zweitgrößten Stadt der Insel*, zu. Schon von weitem blinkt der silberne Mastenwald des Jachthafens und der Marina zu uns herüber. Wir möchten gerne ins Zentrum des Städtchens fahren, doch ein gestrenges Schild am Ortsanfang vereitelt dieses Unternehmen. ***Zufahrt für Wohnmobile verboten!*** Sie können jedoch die Umfahrung nehmen, indem Sie der Hauptstraße ein Stück in Richtung **Stara Baška** folgen und dann den Campingplatz Pila anpeilen. Vor seinen Toren verfügt dieser sogar über einen Wohnmobilstellplatz für Kurzaufenthalte.

039 Punat – *Camping Pila*

GPS/Kontakt: N 45°00'57" E 14°37'43", Šetalište Ivana Brusića 2, Tel. +385 51 854 020; *www.campingpunat.com/de/camping-pila*. **Öffnungszeit:** Mitte April bis Ende September. **Ausstattung:** Campingplatzüblich, Brötchenservice, Imbiss, Strandbar, Kinderanimation, div. Freizeiteinrichtungen. **Beschreibung:** Abgegrenzte Parzellen, größtenteils schattig, teils leicht geneigtes Gelände. Insgesamt ist der Platz stark von Dauercampern in Beschlag genommen. Die jüngsten Bewertungen kritisieren die Sauberkeit der Sanitäranlagen und den Gesamteindruck als etwas in die Jahre gekommen. Um an den Strand zu gelangen, muss man die Promenade überqueren. Nach Punat läuft man in wenigen Minuten (etwa 400 m). **Preis:** 27–47 €. **Zufahrt:** In Richtung Stara Baška fahren, beschildert.

Taxiboote im Hafen von Punat

040 WOMO-Stellplatz Camping Pila

GPS: N 45°00'59" E 14°37'41". **Max. WOMOs:** 40. **Ausstattung:** Strom, die Einrichtungen des Campingplatzes können mitbenutzt werden. **Beschreibung:** Sonnige Stellplätze auf einer Wiese vor dem Campingplatz, maximaler Aufenthalt 2 Nächte. **Preis:** 30 €. **Zufahrt:** Vor dem Camping Pila rechts.

Punat hat sich fein herausgeputzt und präsentiert sich den Touristen adrett und gepflegt. Die lange Promenade lädt zum Flanieren ein ebenso wie die kleinen, angrenzenden Parkanlagen. Es gibt einen mit Betonplatten ausgegossenen Badestrand, dessen Kapazität allerdings beschränkt ist. Natürlich fehlen auch die fast obligatorischen Verkaufsstände nicht, und wem der Sinn nach einer Partie Minigolf steht, der kann hier seinen Ambitionen freien Lauf lassen. In der Saison verkehrt eine kleine Elektrobahn und schippert die Leute zu den sehenswerten Punkten. Sucht man nach weiterer Abwechslung, so kann man einen Ausflug mit dem Taxiboot zur 800 Meter entfernten recht interessanten **Klosterinsel *Košljun*** unternehmen und dort das **Franziskanerkloster** und das **Klostermuseum** besichtigen. Außerdem kann man dort schön spazieren gehen. Im Sommer finden hier regelmäßig Konzerte statt *(Kloster: Mo.–Fr. 9.30–17 Uhr; Sa./So. 9–13 Uhr; an Sonntagen ist das Museum von 10.30–12.30 Uhr geöffnet; 5 €).*

Die Innenstadt weist keine Sensationen auf. Das älteste Gebäude ist eine **Ölmühle** aus dem 18. Jahrhundert, auch die **Dreifaltigkeitskirche** gestaltet sich ansehnlich. Ansonsten wirken die Gassen eher etwas langweilig. Von daher reicht hier auch ein Kurzbesuch. Ihr WOMO können Sie in dieser Zeit auf diesem zentrumsnahen gebührenpflichtigen Tagesparkplatz abstellen.

P Punat – N 45°01'5" E 14°37'42"

Wir fahren zurück zur Hauptstraße und folgen den Hinweisen nach **Stara Baška** (115 Einwohner). Die Straße windet sich zunächst bergauf, dann bergab, hinaus in die begrünten Bergrücken. Doch bald ändert sich das Bild und *Krk zeigt ein anderes Gesicht:* Wir tauchen ein in eine kahle Welt, deren Kuppen und Höhenzüge übersät sind mit unzähligen scharfkantigen Gesteinsbrocken. Nur vereinzelt schieben sich vom Wind zerzauste Wacholder durch das Geröll, während aus allen Ritzen silberblättriger Lavendel mit lilafarbenen Blüten wuchert. Gelbblühender Ginster setzen kontrastreiche Akzente. *Die Luft ist erfüllt mit Düften und Gerüchen*, die kaum zu beschreiben sind – das ganze Spektrum von bittersüß bis würzig herb.

Herzige Steinbotschaften

Kurz vor unserem Ziel entdecken wir rechter Hand einen Campingplatz in schöner Meereslage.

041 Stara Baška – *Camping Škrila*

GPS/Kontakt: N 44°57'59" E 14°40'26", Stara Baška 300, Tel. +385 1 884 865 8; *www.valamar.com/en/camping-krk/skrila-camping*. **Öffnungszeit:** Ende April bis Anfang Oktober. **Ausstattung:** Campingplatzüblich, Brötchenservice, Lebensmittelladen, Spazier- und Joggingwege, Kajak- und SUP-Verleih. **Beschreibung:** Der Campingplatz liegt abseits im südlichen Teil der Insel, ruhig und entspannt mit terrassenförmig angeordneten Parzellen, überwiegend schattig. Bis Stara Baška sind es etwa 1,5 km. Ideal für Wanderer, da hier zahlreiche Wege in die schroffe Berglandschaft beginnen. **Preis:** 26 – 75 €. **Zufahrt:** Von der Straße nach Stara Baška rechts abbiegen, der Campingplatz ist schon von weitem sichtbar.

Für uns WOMO-Fahrer ist hier die Reise erst einmal zu Ende, denn das letzte enge Straßenstück in das Herz der kleinen Ortschaft ist seit einigen Jahren gesperrt. Die hübsche Gemeinde mit ihren über den Berghang verteilten Häusern, ihrem schnuckeligen Hafen und dem angrenzenden Kiesstrand lässt sich vom Campingplatz aus mit dem Fahrrad oder zu Fuß erkunden.

Also geht es auf gleicher Strecke zurück nach Punat und von dort um die Bucht herum bis zur Einmündung an der von Krk nach **Baška** (1.600 Einwohner) führenden Verbindungsstraße.

Unsere erste Anlaufstelle ist der Campingplatz, den wir noch von vorherigen Urlauben kennen. Doch wieder einmal werden wir (nicht unbedingt positiv) überrascht. Mittlerweile erstreckt sich fast über die gesamte Bucht eine riesige und vor allem teure Ferienanlage, die zu einer Hotelkette gehört.

042 Baška – *Baška Beach Camping Resort*

GPS/Kontakt: N 44°57'60" E 14°44'42", Put Zablaća 40; *www.camping-adriatic.com/zablace-camping-baska*. **Öffnungszeit:** April bis September. **Ausstattung:** Bäckerei, Lebensmittelgeschäft, Restaurants, Pool, Massage und Beauty-Abteilung, Wasserrutschen, Unterhaltungsprogramm und mehr. **Beschreibung:** Riesiges, ebenes Wiesengelände mit einzelnen Bäumen direkt am Strand Vela Plaža. Der Platz ist durch eine Straße geteilt. In den Ort gelangt man entlang der sehr lebhaften Promenade. **Preis:** 26–80 €. **Zufahrt:** Am Ortsanfang rechts, beschildert.

In der Mitte dieses großen Camping-Areals behauptet sich doch tatsächlich tapfer der kleine Camp Mali und erinnert uns insgeheim an ein kleines, Ihnen sicherlich bekanntes gallisches Dorf ... Er eignet sich für alle, die es *etwas ruhiger und kleiner mögen*.

043 Camping Mali – N 44°57'57" E 14°44'48"

Fast am Ende dieser Bucht gibt es einen sonnigen und recht passablen Tagesparkplatz, der sich für einen Badestopp anbietet. Dieser ist gebührenpflichtig. Folgen Sie dazu der Straße bis ans Ende, die durch das Campinggelände hindurchführt.

P02 Baška – N 44°57'46" E 14°44'48"

Der etwa zwei Kilometer lange Kiesstrand in der weitgeschwungenen Bucht ist traumhaft schön und verbreitet mit seinen Bast-Sonnenschirmen echtes *Karibik-Flair*. Wer nicht gerade vor sich hin döst, kann die wunderbare Aussicht auf die umliegenden Berge genießen oder im sehr flach abfallenden Wasser planschen.

Entweder am Strand entlang oder auf der breiten Promenade erreicht man in weniger als zehn Minuten das Zentrum von Baška. Es ist ein typischer Touristenort mit vielen Restaurants, Cafés und Geschäften, aber auch zahlreichen Kulturdenkmälern und

Karibik-Flair am Baška Beach

Sehenswürdigkeiten. Es gibt aber auch stille Winkel und hübsche blumengeschmückte Häuschen. Das **Heimatmuseum** neben der **Pfarrkirche der Hl. Dreifaltigkeit** vermittelt einen Eindruck über das ursprüngliche ländliche Leben der Region. Auf relativ kleinem Raum gibt es alte Arbeitsgeräte, Geschirr, rustikale Möbel und mehr zu sehen. Ein Teil der Aufstellung ist auch der berühmten tschechischen Ärztin Dr. Zdenka Čermakov (1884–1968) gewidmet, die ihr berufliches Leben in Baška als Bad- und örtliche Ärztin verbrachte (*Ulica kralja Zvonimira 28; tägl. 16 –21 Uhr, Mo. 10 –15 Uhr*).

Wer die Meeres- und Unterwasserwelt näher kennenlernen möchte, dem sei das **Adriatische Aquarium** direkt im Zentrum empfohlen: In über 35 m³ Meer auf 21 Aquarien verteilt wird den Besuchern die Vielfalt und der *Artenreichtum der kroatischen Adria* veranschaulicht. Zu bestaunen gibt es über 200 Muschel- und Schneckenarten, 100 Fischarten sowie weitere Meeresbewohner wie Hummer, Kraken, Moränen und mehr (*Kralja Tomislava, https://akvarij-baska.com.hr/; Apr./Dez. 10–15 Uhr; Mai/Juni/Sept. 10–17 Uhr; Juli/Aug. 9–21 Uhr; 6 €*).

Oberhalb der Stadt wacht die älteste Kirche von Baška, **Sv. Ivan**, mit ihrem ockerfarbenen Glockenturm. Sie stammt aus dem 11. Jahrhundert und gehörte einst zum **Kastell**, dessen Überreste man unweit der Kirche sehen kann. Von hier oben hat man einen sehr schönen Blick auf die Umgebung. Sie erreichen die Kirche über eine kleine Wanderung:

Der Weg zum Mond

Gehzeit: 3 Stunden. **Länge:** 7,5 km. **Schwierigkeitsgrad:** Mittel. **Höhenunterschied:** 340 m. **Beschreibung:** Die Route startet im Ortszentrum von Baška und führt zunächst über eine schmale Asphaltstraße hinauf zur Kapelle Sv. Ivan und zum Friedhof. Danach geht es weiter auf einem gut angelegten Schotterweg durch ein Kiefernwäldchen. Das Ziel ist eine kahle Hochebene, das »Plateau des Mondes« mit herrlicher Aussicht auf die Berge des Velebit, die umliegenden Inseln und die Landschaft. Auf dem gleichen Weg geht es wieder zurück zum Ortskern. Die Wanderung ist blau markiert.

Ein guter Ausgangspunkt für diese und weitere Wanderungen ist gleichzeitig auch eine gute und günstige Übernachtungsalternative zum teuren Campingplatz. Der Privatparkplatz wird auch gerne von Wanderern als Tagesparkplatz genutzt.

Uferpromenade in Baška

044 Baška

GPS: N 44°58'22" E 14°45'17". **Max. WOMOs:** 2–3. **Ausstattung:** Keine. **Beschreibung:** Parkplatz vor einem Privathaus direkt an der Straße. Sie stehen eben und auf Kies. In 10 Minuten ist man in der Stadt, es ist aber auch ein guter Ausgangspunkt für Wanderungen. **Preis:** 12 €/24 Stunden. **Zufahrt:** Kurz vor dem Ortsende in Richtung des FKK-Campingplatzes auf der rechten Seite.

TOUR 5

Auch wir satteln von hier aus Schusters Rappen und begeben uns auf folgende Wanderung. Die **Vela Luka Bucht** ist traumhaft schön und nur zu Fuß oder mit dem Boot zu erreichen.

Wanderung zur Vela Luka-Bucht

Gehzeit: 4,5 Stunden. **Länge:** 11 km. **Schwierigkeitsgrad:** Mittel/Schwer. **Höhenunterschied:** 380 m. **Beschreibung:** Startpunkt ist auch hier das Ortszentrum. Von hier aus führt der Weg zuerst am Meer entlang zum FKK-Campingplatz, an diesem vorbei und weiter auf einem schmalen Pfad entlang der Küste. In einer schönen kleinen Bucht zweigt der Weg links ab und ab hier geht es bergauf. Wir folgen dem Weg in eine wunderschöne Schlucht, dem Canyon Vrženica, in der es mehrmals über hohe Steine und Stufen ordentlich bergauf geht. Teilweise sind Metalltritte in den Felsen eingelassen. An manchen anspruchsvollen Stellen gibt es richtige Kletterpassagen. Kinder oder Hunde muss man dort hinaufheben. Am Ende der Schlucht können Sie die Runde abkürzen: Halten Sie sich hier links und wandern Sie auf dem Rundweg entlang des Bergrückens zurück. Sie kommen wieder auf dem Parkplatz des genannten Campingplatzes raus und folgen von hier der Asphaltstraße zurück nach Baška.

Die Vela Luka Bucht ist traumhaft schön und nur zu Fuß oder mit dem Boot zu erreichen.

Für alle, die sich mit uns rechts gehalten haben und mit zum Aussichtspunkt Rebica gekommen sind, die gute Nachricht: Von hier aus können Sie die Vela Luka Bucht schon sehen. Das letzte Stück der Tour führt über einen schmalen traumhaften Küstenweg direkt am Wasser entlang. Am Ziel werden Sie mit einem mehr oder weniger menschenleeren Strand belohnt. Auf dem gleichen Weg geht es wieder zurück zum Ortskern, wobei Sie hier geradeaus auf den bereits genannten Kammweg zurückgreifen sollten, anstatt die Schlucht wieder hinabzusteigen. Die Variante von oben nach unten ist nicht zu empfehlen und bedeutet an einigen Stellen auch für Erwachsene die »Popo-Rutsche«.

Auf dem Weg gibt es keine Einkehrmöglichkeiten, aber in der Hauptsaison gibt es in der Bucht von Vela Luka eine kleine Konoba.

Hinweis: Festes Schuhwerk, Trittsicherheit und gute Grundkondition sind erforderlich.

Das Ende der Wanderung führt uns wieder an die Promenade von Baška. Nach der anstrengenden Etappe haben wir uns nun eine Stärkung verdient! Völlig unerwartet genießen wir auf rustikalen Holzbänken nicht nur die besten Muscheln »buzzara« unserer gesamten Kroatien-Reise, sondern erleben auch den trotz Touristenmassen bestgelaunten und freundlichsten Kellner überhaupt: Restaurant **Kangarol** *(Palada Ul. 75, Tel. +385 51 860 042; tägl. 9–24 Uhr).*

Noch ein Tipp: Sollte Ihnen unser Wandertipp nicht zusagen, erhalten Sie in der Touristen Info *(Kralja Zvonimira 114, Tel. +385 51 856 817; https://www.visitbaska.hr/)* gratis eine Wanderkarte mit verschiedenen Tourenvorschlägen.

Miesmuscheln »buzzara«

Wir kehren Baška den Rücken und nehmen Kurs auf **Vrbnik** (1.000 Einwohner zu). Auf dem Weg dorthin kommen Sie an einigen weiteren Wanderparkplätzen vorbei, allerdings sind viele davon für Wohnmobile zu eng. Einen Versuch wert ist dieser:

P03 Vrbnik – N 45°01'47" E 14°40'17"

Die altehrwürdige Stadt Vrbnik liegt an der Ostküste und erhebt den Anspruch, *die schönste der Insel* zu sein. Vor den Toren des Ortes wachsen die Reben, aus denen der süffige ***Žlathina*-Weißwein** gekeltert wird. Da dies häufig in privaten Kellern stattfindet, unterliegt die Qualität gewissen Schwankungen.

Als Parkmöglichkeit empfiehlt sich dieser Platz *(1,10 € pro Stunde oder Tages-Ticket 9–22 Uhr; 10 €):*

Wanderparkplatz Vrbnik

P Vrbnik – N 45°04'32" E 14°40'22"

Der Spaziergang ins Zentrum dauert nur wenige Minuten. Uns erwartet ein Labyrinth aus winkligen Gassen und Gässchen. Wer mutig ist, zwängt sich hier durch eine der schmalsten Gassen der Welt, denn die Klančić gewährt mit ihren knapp 40 Zentimetern nur schlanken Menschen Durchgang. Die Häuser haben bereits Patina angesetzt und wirken urig. Aus den Mauerritzen des Kirchturms wuchern blaublühende Stauden, sogar aus der Kirchturmuhr sprießt Grün.

Wer mutig ist, zwängt sich hier durch eine der schmalsten Gassen der Welt.

Als nächstes orientieren wir uns in Richtung Dobrinj und von dort aus weiter nach Soline. Das kleine Nest wirkt recht verschlafen. Verlässt man den Ort in Richtung Klimno, so erreicht man einen idyllisch gelegenen Badeplatz mit Liegewiese und Sandstrand. Einen Parkplatz finden Sie kurz nach dem Bad links. Er ist in zwei Etagen angelegt und nur für etwa drei WOMOs bis maximal sechs Meter Länge geeignet.

P04 Soline – N 45°09'2" E 14°36'32"

Badeplatz Soline

Fährt man noch das letzte Stück bis **Klimno** (130 Einwohner) weiter, gelangt man zu einem hübsch gestalteten Hafen. Im nahen Umfeld gibt es einige ansprechende Lokale. Kehren Sie dort ein, können Sie Ihr WOMO während des Besuchs hier parken.

P05 Klimno Hafen – N 45°09'18" E 14°37'12"

Möchten Sie ein bisschen länger hier verweilen, empfehlen wir Ihnen den sehr gepflegten Campingplatz im Ort:

045 Klimno – *Camping Slamni*

GPS/Kontakt: N 45°09'13" E 14°37'04", Klimno 8a, Tel. +385 51 853 169; *https://www.kampslamni.com.hr/.* **Öffnungszeit:** Ende April bis Anfang Oktober. **Ausstattung:** Campingplatzüblich, Pool, Brötchenservice (nur in der Hauptsaison), Strandbar, div. Freizeiteinrichtungen. **Beschreibung:** Geneigtes, in Stufen angelegtes parzelliertes Gelände mit geschotterten Stellflächen. Kleiner, familiär geführter Platz mit gepflegten Sanitäranlagen. Man spürt überall die liebevolle Hand des Betreibers. Ein kleiner Strand lädt zum Faulenzen ein. Im platzeigenen Restaurant werden ausgezeichnete Fischgerichte serviert, weitere Restaurants sind fußläufig erreichbar. Wanderrouten und Fahrradtouren starten direkt am Platz. Achtung: Nicht für WOMOs über 7 m geeignet. **Preis:** 25–50 €. **Zufahrt:** Dem Straßenverlauf von Soline nach Klimno folgen, in Klimno kurz vor dem Hafen links einbiegen (beschildert).

Klimno

Wir rollen zurück nach **Soline** und nehmen die Abzweigung Richtung Rudine/Spilja-Höhle. Etwa 300 Meter nach der Kreuzung erreichen wir die **Solinebucht**. Früher befanden sich hier die sogenannten Salzgärten, die aber schon lange nicht mehr genutzt werden. Übrig gebliebenen ist ein riesiges Areal mit sandigem, salzverkrustetem Boden. Durch die Rinnsale, die das Gebiet durchziehen, lagert sich Schlamm ab, dem besondere Kräfte zugeschrieben werden. Wer unter Knochenschmerzen oder Gicht leidet, dem soll der **Heilschlamm** Linderung bringen. Ganz abgesehen davon ist es für

Hier lagert sich Schlamm ab, dem besondere Kräfte zugeschrieben werden.

Kinder und Erwachsene ein riesiger Spaß, sich ausgiebig darin zu suhlen. Während unserer Recherche im Juni 2023 wurde hier umgebaut und der Parkplatz war nicht nutzbar. Wir gehen jedoch davon aus, dass die Maßnahmen abgeschlossen sind, wenn Sie diesen Reiseführer gedruckt in Händen halten.

P06 Soline Salzgärten – N 45°08'58" E 14°36'01"

»Schlammschlacht« am Badeplatz Soline

Weiter um die Bucht herum wird die Landschaft wieder herber. Sie ist von Geröllbrocken durchsetzt und mit Wacholder bewachsen. Kurz nach **Rudine**, das nur aus einigen grauen Steinhäuschen besteht, mündet die Stichstraße in dem geschotterten Parkplatz, der zur **Spilja-Höhle** gehört.

Die Legende um die Spilja Höhle

Die Spilja-Tropfsteinhöhle, auch Biserujka-Höhle genannt, wurde vor über 180 Jahren entdeckt. Seitdem erzählt man sich die Legende, dass in der Höhle ein gestohlener Schatz versteckt sei, woher sie auch ihren Namen bekam: Der Schatz wird »Biser« genannt, was auf Kroatisch »Perle« bedeutet.

Die Höhle ist 111 Meter lang und liegt nur 12 Meter unter der Erdoberfläche. Das ganze Jahr über beträgt die Temperatur zwischen 12 und 18° Grad Celsius. Die unterirdischen Galerien sind reich an Stalaktiten, Stalagmiten und Stalagnaten.

Und noch eine Besonderheit gibt es hier: Die Höhle ist der EINZIGE Wohnort der Welt des endemischen kleinen Krebses »Alioniscus christiani« (Höhlenassel von Krk). Die Höhle beherbergt außerdem weitere 30 Tierarten, darunter Fledermäuse und Käfer. 1977 wurde die Höhle für die Besucher zugänglich gemacht und beleuchtete Pfade eingerichtet.

P07 Spilja-Höhle

GPS: N 45°11'10" E 14°36'37". **Max. WOMOs:** 3. **Ausstattung:** Mülleimer, Kiosk. **Beschreibung:** Schotterparkplatz ohne Schatten, 150 Meter bis zum Höhleneingang. Ideal als Ausgangspunkt für Wanderungen, beispielsweise dem Erkundungsweg, der die Höhle mit der Slivanjska-Bucht verbindet. Der Spaziergang dauert etwa 30 Minuten und führt an fünf Infotafeln vorbei, dank derer man die interessanten Details der Landschaft kennenlernen kann. **Zufahrt:** Am Ende der Stichstraße, nahe der Höhle.

Die Pforte zur Unterwelt befindet sich ganz unspektakulär in einem winzigen Kiosk. Der Abstieg in den »Hades« ist ***nur im Rahmen einer Führung*** möglich *(Apr./Dez. tägl. 10–15 Uhr; Mai/Juni 9–17 Uhr; Juli/Aug. 9–18 Uhr; Sept. 10–17 Uhr; 6 €, https://www.spilja-biserujka.com.hr/).*

Über Dobrinj und Kras folgen wir den Hinweisen nach Malinska und stoßen nahe letztgenannter Ortschaft wieder auf die Hauptachse der Insel. Besondere Sensationen hat dieser Streckenabschnitt nicht zu bieten, daher geht es zügig gen Norden. Doch bevor wir über die Krker-Brücke auf das Festland übersetzen, statten wir dem charmanten Städtchen **Omišalj** (2.000 Einwohner) einen Besuch ab. Es liegt erhaben auf einem Hügel über dem Meer und hat sich viel an Ursprünglichkeit bewahrt. Zentraler Punkt des alten Ortskerns ist die dreischiffige romanische **Basilika**, um die sich die Häuser gruppieren. Vom Rand der Altstadt bietet sich ein schöner Blick auf die Insel Cres und nach Rijeka, auch wenn die Industrieanlagen in der Umgebung das stimmungsvolle Bild etwas truben. Parkmöglichkeiten gibt es reichlich, wir empfehlen beispielsweise:

P Omišalj – N 45°12'45" E 14°33'22"

Fährt man ein kurzes Wegstück von der Ortsmitte weiter über den Kreisverkehr nach Pesja (Hinweis Uvala Pesja), erreichen Sie über eine Stichstraße einen kleinen Hafen und einen schönen Badestrand, der zum Schwimmen einlädt.

Badeplatz Omišalj

P08 Omišalj Plaža Pesja

GPS: N 45°12'28" E 14°33'08. **Max. WOMOs:** 3–4. **Ausstattung:** Strandbar, Toilette, Stranddusche, Mülleimer. **Beschreibung:** Restaurant, keine Hunde erlaubt. **Preis:** 1 € pro Stunde / 7 € Tagesticket. **Zufahrt:** Den Hinweisen Uvala Pesja folgen, am Anfang des Hafens um eine Kehre, von der Abzweigung noch etwa 1,5 km, bis ganz ans Ende der Straße fahren.

Zurück auf die Hauptstraße lassen wir uns noch zu einem letzten Abstecher hinreißen. Wir kurven hinunter zum **Strand Voz**. Die Stichstraße endet nach 3,5 Kilometern in einer windgeschützten Bucht mit Kiesstrand, grüner Wiese und schattenspendenden Bäumen. Früher war hier ein wichtiger Hafen für die Verbindung zum Festland, doch seit es die Brücke gibt, verlor er seine Bedeutung. Gammelten hier vor einiger Zeit noch vergessene Schiffswracks vor sich hin, wirkt der Platz jetzt sauber und aufgeräumt. Dennoch ist der etwas morbide Charme des Ortes geblieben. Der riesige Steinbruch im Hintergrund stellt keine Lärmbelästigung dar – zumindest war das nicht während unseres Aufenthaltes der Fall.

Die Krčki most überspannt in zwei Bögen mit über 1.300 Metern Länge einen Meeresarm und verbindet Krk mit dem Festland.

Krker Brücke

Auch, wenn der Platz abseits liegt, ist eine Übernachtung nicht zu empfehlen. Einige WOMO-Fahrer berichteten in der Vergangenheit, dass das Campingverbot bei ihnen durchgesetzt wurde.

P09 Voz – N 45°14'05" E 14°34'44"

Von hier aus präsentiert sich die **Krker Brücke** Krički most in ihrer ganzen Schönheit. Sie überspannt in zwei Bögen mit insgesamt weit über 1.300 Metern Länge einen Meeresarm und verbindet die nackten Karstfelsen von Krk mit den begrünten Bergen des Festlandes.

Schließlich legen wir die letzten Insel-Kilometer zurück und erreichen die Kassenhäuschen, die aber unbesetzt sind. Seit 15. Juni 2020 ist die Überquerung kostenlos und »ungeschoren« können wir passieren. Es ist jedoch zu beachten, dass möglicherweise wieder Mautgebühren erhoben werden, wenn das Erweiterungsprojekt der Brücke im Jahr 2025 abgeschlossen ist.

Tour 6

Tour 5
Omišalj
Crikvenica
Selce
Novi Vinodolski
Povile
Senji
Otočac
Kutevero
Velebit Haus Krasno
Zip-Line Pazi Medo
Donji Babin Potok
Plitvicer Seen
Rakovica
Jezerce
Camping Borje
Korenica
Perušić
Grabovača
Gospić
Karlobag
Stinica
Valun
Mišnjak
Pudarica
Banjol
Rab
Lopar
Kampor
046
047
048
049
050
051
052
053
054
055
056
058
059
060
061
062
P01
P02
P03
P04
P05
P06
E65
E71
M14
M5
218
1
25
42
50
52
100
102
104
105
106
N
10 km

Wasserwelten und Gebirge
Von Omišalj (Krk) nach Mišnjak (Rab)
330 km

Jetzt nehmen wir Sie mit auf eine unserer persönlichen Lieblingstouren. Ein Teil davon ist eines der berühmtesten Naturspektakel weltweit: Die Plitvicer Seen. Danach machen wir weiter mit Inselhopping und besuchen die beliebte Ferieninsel Rab. Unsere weiteren Tipps für diese Tour sind:

- **Bärenasyl in Kutevero**
- **Bear Camp**
- **Höhlenpark Grabovača**
- **Aussichtspunkt über Rab-Stadt**
- **Bootsausflug auf Goli otok**

Nach ein paar Kurven und einer moderaten Steigung haben wir uns hinaufgearbeitet zur **Adria Magistrale**, jener berühmten Küstenstraße entlang der Ostküste des Adriatischen Meeres. Sie gilt als eine der *schönsten und malerischsten Küstenstraßen* weltweit und zieht sich beinahe komplett von Nord nach Süd durch ganz Kroatien. Die Straße verläuft meist etwas landeinwärts und erhöht, was eine grandiose Aussicht auf das Meer und die vorgelagerten Inseln ermöglicht. Ein Foto-Stopp an einer der vielen Parkbuchten ist absolut lohnend. Der Fahrbahnzustand ist gut und es geht flott in Richtung Süden voran. Zumindest in der Nebensaison. In der Hauptreisezeit in den Sommermonaten können die Fahrzeugkolonnen dafür sorgen, dass man genug Zeit hat, das Panorama ausgiebiger zu genießen.

Wir erreichen nun den bekannten Ferienort **Crikvenica** (10.000 Einwohner). Das ehemalige Fischerdorf avancierte durch die Habsburger zu einem *mondänen Kurort* mit prunkvollen Hotels und prächtigen Villen. Es gibt einen schönen Stadtstrand entlang der breiten Uferpromenade mit Cafés, Bars, Souvenirshops und Restaurants. Hier flanieren heute nicht mehr nur die Schönen und Reichen.

Prunkvolles Hotel in Crikvenica

Das WOMO irgendwo zu platzieren, gestaltet sich schwierig, zumindest die am Meer gelegenen Parkplätze sind alle mit Verbotsschildern versehen. Einzig dieser etwa fünf Gehminuten vom Strand entfernte, gebührenpflichtige Parkplatz nimmt auch Wohnmobilisten auf.

P Crikvenica – N 45°10'31" E 14°41'46"

Südlich des Zentrums erstreckt sich der mit feinen Kieselsteinen bedeckte Strand Potvorska bis in den nächsten Ort **Selce** (1.200 Einwohner). Auch hier gibt es eine hübsche Promenade mit Palmen und rotblühenden Oleanderbüschen sowie unzähligen Eisdielen, Restaurants und Souvenirständen. Auf zahlreichen Bänken lässt es sich gut sitzen und das bunte Treiben des Hafens beobachten. Für einen Aufenthalt über Nacht empfiehlt sich der Campingplatz Selce, der sich allerdings in den letzten Jahren von einem gemütlichen Autocamp zu einem Camping der gehobenen Preisklasse entwickelt hat.

TOUR 6

046 Selce – *Elements Camping Selce*

GPS/Kontakt: N 45°09'13" E 14°43'29", Jasenova 19; *https://www.jadran-crikvenica.hr/de/mobilheime/elements-camping-selce*. **Öffnungszeit**: April bis Mitte Oktober. **Ausstattung:** Bäckerei, Snackbar/Imbiss, Restaurant, Lebensmittelladen, Pool, Spielplatz, Vergnügungspark für Kinder, Spielplatz, Boots- und Fahrradverleih, Waschmaschine, Wäschetrockner. **Beschreibung:** Weit verzweigtes, größtenteils schattiges Gelände zwischen Appartements und Bungalows. Teils auf Geländestufen und Terrassen, meist ziemlich uneben. Ein Teil des Platzes liegt jenseits eines öffentlichen Fußwegs. Am Ortsrand gelegen. Zugang zum Wasser: vom Felsstrand durch die Uferpromenade getrennt. Etwa 400 m Spazierpromenade am Meer entlang bis ins Zentrum. **Preis:** 24–38 €. **Zufahrt:** An der Adria Magistrale, gut beschildert.

Der lange Kiesstrand Potvorska

Den nächsten Ort **Novi Vinodolski** (4.300 Einwohner) durchqueren wir zügig, da es weder viel zu sehen gibt noch gute Parkmöglichkeiten für Wohnmobile. Ein paar Kilometer weiter befindet sich in dem kleinen Dorf **Povile** rechts die Zufahrt zu einem naturbelassenen Campingplatz in schöner Meereslage. Unterhalb der Stellplätze laden Kies-Badebuchten und (wenige) betonierte Plattformen zum Baden ein.

047 Povile – *Kamp Punta Povile*

GPS/Kontakt: N 45°06'57" E 14°48'58", Milana Butkovica 18, Tel. +385 51 793 083. **Öffnungszeit:** April bis September. **Ausstattung:** Campingplatzüblich. **Beschreibung:** Der Campingplatz bietet sonnige Plätze mit toller Aussicht auf das Meer sowie schattige Stellplätze (keine Parzellen). Ein kleiner Supermarkt liegt direkt gegenüber auf der anderen Straßenseite. Es gibt eine eigene Bar und ein Restaurant am Platz. Weitere Restaurants finden Sie in der Nähe, zum Zentrum von Novi Vinodolski sind es etwa 3 km. **Preis:** 38–50 €. **Zufahrt:** Direkt von der Hauptstraße, kurze und steile Zufahrt hinunter zum Meer.

Auf unserer Fahrt in Richtung **Senji** (6.000 Einwohner) kommen wir an einigen weiteren Campingplätzen vorbei, bis wir das älteste Städtchen der oberen Adria erreichen. Senji mit der **Festung Nehaj** ist nicht nur bekannt durch die Verfilmung des Kinderromans »Die rote Zora und ihre Bande«, sondern auch für seine gut besuchten Feste: Dem Winterkarneval im Januar und Februar, dem Märchenchorfestival im Juli und dem beliebten Sommerkarneval im August.

Das Zentrum selbst hat nicht viel zu bieten. Einige Lokale, ein Kriegerdenkmal, ein Brunnen und ein paar Gassen, deren Häuser schon bessere Zeiten gesehen haben.

Festung Nehaj

Für einen Kurzbesuch eignet sich der große, gebührenpflichtige Parkplatz am Ende des Hafens. Nahe der Kaimauer finden wir ein schönes Plätzchen, das sich auch zum Übernachten eignet und von welchem aus wir abends einen sehr schönen Blick auf die beleuchtete Stadt genießen.

048 Senj Hafen

GPS: N 44°59'22" E 14°54'00". **Max. WOMOs:** 3–4. **Ausstattung:** Keine. **Beschreibung:** Der öffentliche und schattenlose Asphaltparkplatz liegt direkt gegenüber dem Stadtzentrum und wird auch von PKWs genutzt. Geschäfte und Restaurants sind fußläufig erreichbar. Hinter der Kaimauer befindet sich ein kleiner Badestrand. Trotz der zentralen Lage ist es nachts relativ ruhig. **Preis:** 10€/24 Stunden (Ziehen Sie bei der Einfahrt an der Schranke ein Ticket und tauschen Sie es dann beim Parkwächter im Kassenhäuschen an der Ausfahrtsschranke in ein Übernachtungsticket um). **Zufahrt:** Achtung: Die Zufahrt zum Parkplatz ist leicht zu übersehen. Folgen Sie nach dem Kreisverkehr rechts der Adria Magistrale. Nach etwa 200 m befindet sich auf der rechten Seite die Einfahrt zum Parkplatz (mit Schranke).

Wer gerne etwas mehr Ausstattung möchte, findet am Ortsanfang einen gepflegten Mini-Camp als gute Übernachtungsalternative zur Parkplatzromantik.

049 Kamp Škver

GPS: N 44°59'39" E 14°53'59", Ul. Filipa Vukasovića 4, Tel +385 53 881 068, kampskver@gmail.com. **Max. WOMOs:** 40. **Öffnungszeit:** Mitte April bis Mitte September. **Ausstattung:** Ver- und Entsorgung, Wasser, Strom, WC, Dusche, Mülleimer, Waschmaschine, Restaurant, Geschäfte in der Nähe. **Beschreibung:** Sehr schöner kleiner Mini-Camp am Ortsrand direkt am Meer. Die Hälfte der WOMOs kann nur durch einen Gehweg getrennt direkt in erster Reihe am Wasser stehen. Das Stadtzentrum erreicht man nach 5 Minuten Fußweg. Der Untergrund ist geschottert, es gibt keinen Schatten. **Preis:** 15–30 €. **Zufahrt:** Nehmen Sie noch vor dem Hafen im Kreisverkehr die erste Ausfahrt (scharf rechts).

Kamp Škver

Beim Abendessen im dazugehörigen guten Lokal **Konoba *Gajeta*** lassen sich nicht nur die vorbeifahrenden Fischerboote auf dem Weg zu ihrem abendlichen Fang beobachten, sondern auch *wunderschöne Sonnenuntergänge* *(Mo.–Fr. und So. 10–23 Uhr, Sa. 10–24 Uhr)*.

Über der Stadt thront auf einem felsigen Hügel das Wahrzeichen von Senji, die mittelalterliche Festung Nehaj. Das gut erhaltene Kastell war ehemals Hauptsitz der Uskoken und ist von der Altstadt aus in einem 15-minütigen Fußmarsch zu erreichen. Alternativ können Sie es auch direkt mit dem WOMO anfahren.

P Festung Nehaj – N 44°59'11" E 14°54'13"

Direkt bei der Burg gibt es einige etwas schiefe und vorwiegend sonnige Plätzchen mit schöner Aussicht, innerhalb der Burgmauern befindet sich ein **Museum** *(Mai, Juni, Sept./Okt.: 10–18 Uhr; Juli/Aug. 10–21 Uhr; 3 €)*. Wer nach der Besichtigung hungrig ist, kann anschließend dem Burgrestaurant einen Besuch abstatten.

Ab hier bieten sich nun erneut zwei Tour-Varianten an: Wer auf direktem Wege die Insel Rab ansteuern möchte, folgt der Adria Magistrale Richtung Süden bis zum Fährhafen Stinica.

Durch das Landesinnere zu den Plitvicer Seen

Unser Weg führt uns nun ins kroatische Inland zu den **Plitvicer Seen**, dem ältesten und größten Nationalpark Kroatiens. Dieses Naturwunder sollten Sie auf Ihrer Reise keinesfalls verpassen! Doch schon auf dem Weg dorthin gibt es interessante Stationen zu entdecken.

Ein tolles Erlebnis für Natur- und Tierliebhaber ist ein Besuch im **Bärenasyl** in dem kleinen Dorf **Kutevero**. Das Refugium beherbergt junge Braunbären, die als Waisen aufgezogen werden und ohne menschliche Fürsorge nicht überleben würden. Teilweise stammen die Schützlinge auch aus Zoos. Die Bärenkinder-Rettungsstation wird durch Spenden finanziert und durch ehrenamtliche Helfer betrieben. Besucher sind im Frühling, Sommer und Herbst willkommen, im Winter halten die Bären Winterschlaf und dürfen nicht gestört werden *(Kuterevo 13, Otočac; Öffnungszeiten: 9 Uhr bis Einbruch der Dunkelheit. Empfohlene Besuchszeiten: früher Morgen oder später Nachmittag; eine Spende wird erwartet).*

P Bärenasyl Kutevero – N 44°49'24" E 15°08'29"

Kurz darauf erreichen wir das Besucher- und Informationszentrum **Velebit Haus Krasno** am Eingang des Nationalparks Nördlicher Velebit Babić Siča. Hier starten verschiedene Bergtouren, von leichten zweistündigen bis zu ganztägigen Wanderungen. Ein besonderes Highlight ist der Besuch des **Botanischen Gartens des Velebit** mit über 300 verschiedenen Pflanzenarten. Planen Sie hierfür etwa eine Stunde ein. Die *besten Monate dazu sind Juni und Juli*, da in den Sommermonaten die meisten Pflanzen blühen.

Die Öffnungszeiten des Nationalparks variieren je nach Jahreszeit und Wetter, aktuelle Informationen finden Sie unter *www.np-sjeverni-velebit.hr.*

P Velebit Haus Krasno – N 44°49'12" E 15°04'15"

Weiter geht es nach **Otočac** (8.300 Einwohner), der einzige größere Ort auf dieser Strecke. Die Kleinstadt ist vor allem *bei Sportanglern beliebt*: Aufgrund des kristallklaren Wassers, des hohen Sauerstoffgehalts und der niedrigen Wassertemperaturunter-

Botanischer Garten des Velebit

Der bei Anglern beliebte Fluß Gacka bei Otočac

schiede wachsen Bachforellen im Fluss Gacka bis zu fünfmal schneller als in anderen Forellengewässern. Großartige Sehenswürdigkeiten gibt es jedoch keine und so lassen wir den Ort schnell hinter uns.

Nach Otočac wird es wieder einsamer. Wir kommen durch weitläufige Weiden- und Wiesenlandschaften, die von unzähligen Schafen und Kühen abgegrast werden. Ihr »Job« wird deutlich anhand etlicher Beschilderungen, die an der Straße auf die Käseproduktion und den Käseverkauf hinweisen. Viele Bauernhöfe vermarkten ihre Produkte hier selbst und das lassen wir uns nicht zweimal sagen: Voller Vorfreude ergänzen wir unser Abendessen um eine der regionalen Spezialitäten, den *Škripavac-Grillkäse*.

Nach einigen Kilometern werden wir auf ein Schild an der Straße aufmerksam: **Zipline *Pazi Medo***. Der Name bedeutet auf Deutsch »*Vorsicht vor dem Bären*«. Ob wir hier auf unserem Höhenflug durch die wunderschöne Landschaft von Lika wohl Bären erspähen? Das Zip Line-Erlebnis beinhaltet einen Panorama-Flug in 80 Metern Höhe mit einer Geschwindigkeit von über 100 km/h auf einer Strecke von 1,8 Kilometer *(Rudopolje 126 A, Vrhovine, Tel. +385 95 331 5668, www.zipline-plitvice.com; Nebensaison: Sa./So., 10–17 Uhr; Juli/Aug. Di.–So. 10–18 Uhr; Erw. 36 €, Kinder bis 14 Jahre 19,50 €; jüngere Kinder im Tandem 36 €, Mindestgewicht 40 kg).*

Nach diesem Abenteuer wird es Zeit, sich einen Übernachtungsplatz zu suchen. Wir entscheiden uns für den direkt an der D52 gelegenen neuen Campingplatz.

050 Donji Babin Potok – *Big Bear Plitvice Nature Resort*

GPS/Kontakt: N 44°50'39" E 15°29'01", Donji Babin Potok 107B, Tel. +385 53 652 589; *www.plitvice-resort.com.* **Öffnungszeit:** April bis Anfang

November. **Ausstattung:** Campingplatzüblich, Restaurant, Brötchenservice, Lebensmittelladen, Waschmaschine, Wäschetrockner, Fahrradverleih. **Beschreibung:** Ein noch recht neuer, großzügiger Campingplatz mit modernen und sauberen Sanitäranlagen. Die Stellplätze sind eben und geschottert, umgeben von Wiesengelände und jungen Bäumen – daher (noch) wenig Schatten. Außenherum befinden sich Felder und Wiesen mit verschiedenen Wander- und Radwegen. Man hat einen schönen Blick auf die angrenzenden bewaldete Berglandschaft. **Preis:** 22–35 €. **Zufahrt:** Direkt an der Straße D52, nicht zu verpassen.

TOUR 6

Nach einer ruhigen Nacht geht es zu unserem heutigen Ziel, den Plitvicer Seen. Wir fahren durch die reizvolle Landschaft, die mit ihrer Mischung aus Nadelbäumen und offenen Flächen einen starken Kontrast zu den kroatischen Küstenregionen bildet. Nach etwa 30 Minuten erreichen wir die Hauptverbindungsstraße 1, an deren Kreuzung sich rechts ein naturnaher Campingplatz befindet, der einen kostenlosen Zubringerbus zum Nationalpark anbieten soll.

051 Camping Borje – N 44°45'54" E 15°41'17"

Die Fahrt führt uns weiter nach **Jezerce**, dessen wenige Anwesen verstreut an der Straße liegen. Hier gibt es links oberhalb der Straße einen **privaten WOMO-Stellplatz** in nur etwa drei Kilometer Entfernung zum Eingang der Plitvicer Seen. Auf das kleine Wiesengelände hinter einem Wohnhaus passen etwa 15 Wohnmobile. Kostenpunkt: 10 Euro pro Person, Wohnmobil und Strom inklusive. Den Transferservice zum Eingang des Nationalparks gibt es leider nicht mehr, doch auf Wunsch ruft man Ihnen gerne ein Taxi.

052 Jezerce 28 – N 44°51'49" E 15°38'24"

Große Hinweistafeln schicken uns zum Eingang 2. Hier hat man die Plitvicer Seen direkt vor der WOMO-Tür. Der gebührenpflichtige Parkplatz ist schön gelegen und der ideale Ausganspunkt für den Besuch im Nationalpark.

P Eingang 2 – N 44°52'58" E 15°37'29"

Wir entscheiden uns jedoch für den drei Kilometer nördlicher gelegenen Eingang 1. Nach der Schranke weist uns der freundliche Parkplatzwächter einen schattigen Platz nahe den Reisebussen zu, die auf ihre Tagestouristen aus ganz Kroatien warten.

P Eingang 1 – N 44°54'24" E 15°36'46"

Auf beiden Parkplätzen ist *die Übernachtung verboten!* Nehmen Sie dies bitte ernst – es wird regelmäßig kontrolliert.

Bevor wir nun in die faszinierende Wasserwelt der Plitvicer Seen eintauchen, möchten wir Ihnen noch einige grundlegende Informationen mit auf den Weg geben.

Parkplatz am Eingang 1

Nationalpark Plitvicer Seen

Mit den Plitvicer Seen besitzt Kroatien einen der wunderbarsten Nationalparks Europas. Dieses unvergleichliche Naturschauspiel wurde im Jahr 1949 zum Nationalpark erklärt, 1979 erfolgte als eines der ersten Naturdenkmäler überhaupt die Aufnahme auf die Liste des UNESCO-Weltkulturerbes. Absolut zu Recht, denn was Mutter Natur hier erschaffen hat, sucht in Europa seinesgleichen! Kein Wunder also, dass dieses Naturwunder jährlich fast eine Million Besucher anlockt.

Der rund 300 km² große Park ist größtenteils von dichtem Urwald bedeckt, der auch heute noch scheuen Bären, Wölfen und verschiedenen Wildkatzen einen weitgehend ungestörten Lebensraum bietet. Knapp 2,2 km² entfallen schließlich auf 16 Seen und etliche Wasserläufe. Die gesamte Höhendifferenz der Kaskaden beträgt 156 m, die einzelnen Wasserfälle stürzen mit mäßigen 2 m bis hin zu äußerst eindrucksvollen 76 m in die Tiefe. Doch alle Zahlen, Daten und Fakten können die Faszination dieses Naturspektakels nicht widerspiegeln. Man muss das gesamte Gelände, das Ihnen bestimmt als Traumkulisse aus den Karl May Filmen rund um Winnetou und seine Gefährten gut bekannt ist, mit all seinen Sinnen selbst erleben.

Öffnungszeiten:
Der Nationalpark ist während des ganzen Jahres geöffnet, Besucher haben täglich von 7 bis 20 Uhr Zutritt *(in den Wintermonaten 9–16 Uhr)*.

Eintrittspreise:
Erwachsene zahlen in der Hauptsaison etwa 40 Euro, Kinder ab 7 Jahre 16 Euro. Ab 16 Uhr gibt es einen »Feierabend«-Tarif. Im Preis enthalten sind die Nutzung des Elektroboots und des Panoramazugs. Dazu kommen die Parkgebühren für das Wohnmobil *(Hauptsaison Juni–Sept. 13 €/Tag, Nebensaison 10,50 €/Tag)*. Um Wartezeiten zu vermeiden, empfehlen wir den Online-Ticketkauf: *www.np-plitvicka-jezera.hr/de.*

Zur leichteren Orientierung gibt es verschiedene Besichtigungsprogramme, die die Besucher anhand von Infotafeln und Hinweisschildern durch den Park leiten. Alternativ bietet die App (Plitvice Lakes National Park App) digitale Routen und Wegführungen. Bei den Eingängen 1 und 2 gibt es weitere Informationen und Wanderkarten. Von der Parkverwaltung werden auch geführte Wanderungen unter sachkundiger Leitung angeboten.

Verhaltensregeln:
Auf dem gesamten Gebiet gelten strenge Naturschutzregeln. Baden ist mittlerweile nicht mehr gestattet, genauso wenig wie Angeln. Besucher dürfen nur auf den ausgewiesenen Wanderwegen gehen. Hunde sind erlaubt, müssen aber an der Leine geführt werden.

Wir betreten den Nationalpark über Eingang 1 und tauchen in ein zauberhaftes Wasserparadies ein, das uns sofort gefangen nimmt. Schon von der ersten **Aussichtsplattform** aus genießen wir einen atemberaubenden Blick über die blaugrünen Seen, die durch zahlreiche Wasserfälle miteinander verbunden sind. Über *gut befestigte Wege* und einige Stufen steigen wir hinunter in den Canyon zu den **»Unteren Seen«**. Wir spazieren *auf Holzstegen entlang* des bewaldeten Ufers, vorbei an rauschenden Wasserfällen sowie gemächlichen Bachzuläufen. Jeder Winkel bietet perfekte Fotomotive und Aussichtspunkte, an denen zahlreiche Smartphones und Kameras in die Höhe gereckt werden.

Jeder Winkel bietet perfekte Fotomotive in Fülle und tolle Aussichtspunkte auf das Naturspektakel.

Mal rauschen die Wassermassen kraftvoll aus großer Höhe über helle Felsen und versprühen feine Nebelschleier – mal rinnen sie eher gemächlich über den Stein, ehe sie sich in einem tiefer liegenden See vereinen. Das Wasser sucht sich seinen Weg durch das Kalkgestein, durchtränkt Moose, hüpft über kleine Stufen, um sich schließlich in das nächste geheimnisvoll blaugrün leuchtende Becken zu ergießen.

Holzstege durch die Plitvicer Seen

Wasserfällr an den Plitvicer Seen

Üppige Farne gedeihen im schattigen Unterholz und aus den Schilfgürteln ertönt ein vielstimmiges Froschkonzert – bisweilen suchen aufgeschreckte dünne Wassernattern (harmlos!) Schutz im Gebüsch. In den ruhigen Weihern haben sich weißer Kalkschlamm und ummantelte Baumteile abgesetzt, die bizarre Gestalten formen. Es braucht gar nicht so viel Fantasie, um in diesen Gebilden Krokodile, Schildkröten oder Wassergeister zu erkennen.

Die Krönung bildet der vom Fluss Plitvica gespeiste **»Große Wasserfall«**, der sich 76 Meter tief von einem Felsvorsprung hinabstürzt.

Wir schlängeln uns gemeinsam mit vielen anderen Besuchern entlang der kristallklaren Gewässer bis hin zum großen **Kozjak jezero** (Kozjak-See). An dessen Ufer lädt ein Picknickplatz mit *Imbiss und Toiletten* zu einer Rast ein, bevor uns ein umweltfreundliches **Elektroboot** geräuschlos ans andere Ufer bringt. Wir genießen die Überfahrt und staunen über die Unterwasserwelt. Das Wasser ist so klar, dass uns kaum ein Detail entgeht.

Die Unteren Seen

Auf der anderen Seite angekommen beginnt am Bootsanleger ein *weitverzweigtes Wegenetz*. Das Gebiet lädt zu herrlichen, erholsamen Spaziergängen oder auch größeren Wanderungen ein.

Sollte man in der Euphorie seine Kräfte überschätzt haben, so kann man sich mit der sogenannten **Panorama-Bahn** zurück in die Nähe des Eingangs bringen lassen.

Nach unserem mehrstündigen Rundgang kehren wir zum Eingang 2 und unserem Wohnmobil zurück. Erfreulicherweise finden wir es durch den Schatten der großen Laubbäume, die den Parkplatz des Nationalparks umgeben, angenehm kühl vor.

TOUR 6

Nach wenigen Kilometern Fahrt erreichen wir nahe dem Restaurant »Degenije« einen einfachen und gemütlichen Mini-Camp mit sehr herzlichem Empfang.

053 Rakovica – *Bear Camp*

GPS/Kontakt: N 44°56'53" E 15°38'11", Seliste Dreznicko 52a, Tel +385 47 782 272. **Öffnungszeit:** April bis Oktober. **Ausstattung:** Campingplatzüblich. **Beschreibung:** Kleiner, familiärer Campingplatz mit Wiesenstellplätzen, teils unter Bäumen. Die Ausstattung ist einfach, aber ausreichend. Es gibt eine Busanbindung zu den Plitvicer Seen. Eine Reservierung ist nicht möglich. Achtung: Bezahlung bis 11 Uhr vormittags, sonst wird eine weitere Nacht berechnet. **Preis:** 28–35 €. **Zufahrt:** Etwa 5,5 km nach Eingang 1 von der Hauptstraße links abbiegen, dann noch 100 m (beschildert).

Nur einen Kilometer weiter befindet sich ein großer und gepflegter Campingplatz an der Schlucht des Flusses **Korana**, der sich über 35 Hektar erstreckt und über 500 Stellplätzen bietet. Trotz seiner Größe findet man hier problemlos auch ein ruhigeres Plätzchen.

054 Rakovica – *Camping Korana*

GPS/Kontakt: N 44°57'01" E 15°38'27", Čatrnja 167, Tel +385 537 518 88. **Öffnungszeit:** April bis Oktober. **Ausstattung:** Campingplatzüblich, Waschmaschine, Brötchenservice, Restaurant, Kiosk. **Beschreibung:** Die Stellplätze verteilen sich auf einem weitläufigen, teils naturbelassenen Wiesengelände auf einem gestuften Hügelrücken mit Büschen und Bäumen. Zusätzlich gibt es asphaltierte Standplätze. Der Platz befindet sich unterhalb einer stark befahrenen Straße. Wer etwas »Hotelatmosphäre« genießen möchte, kann morgens das Frühstücksbüffet im Restaurant genießen. Ein Shuttlebus zu den Plitvicer Seen wird angeboten. **Preis:** 22–36 €. **Zufahrt:** Etwa 6,5 km nach Eingang 1 von der Hauptstraße rechts abbiegen, dann ca. 200 m (beschildert).

Unsere Reise führt uns weiter durch das Landesinnere entlang der gut ausgebauten Bundesstraße 1 und durch abwechslungsreiche Landschaften: Laubwälder mit Eichen und Buchen, grüne Wiesen und Nutzflächen wechseln sich ab mit kargen Abschnitten. Vorbei an Olivenbäumen, Wacholder und Lorbeer geht es immer geradeaus bis in das kleine Örtchen **Korenica**. Mit einem Schmunzeln nehmen wir im Vorbeifahren zur Kenntnis, dass der frühere Stellplatz-Tipp »Bistro *Marina*« heute einem chinesischen Restaurant gewichen ist. Ein Schild weist darauf hin, dass eine Übernachtung mit dem Wohnmobil bei Einkehr weiterhin möglich ist, allerdings scheint die Küche gemischte Kritiken zu erhalten.

055 Bistro Marina – N 44°44'49" E 15°42'15"

Nach dem Ortseingang biegen wir nach etwa 300 Metern im Kreisverkehr rechts ab. Die Fahrt wird nun hügeliger und führt vorbei an vereinzelten, teils leerstehenden Häuseransammlungen. Die kurvenreiche Strecke ist nicht unbedingt magenfreundlich und wir legen auf dem Grad einen kurzen Zwischenstopp an einem **Kriegerdenkmal** ein. Dieses erinnert an 68 gefallene Angehörige der kroatischen Armee und Polizei des Kollektivgebiets Gospić, die 1995 bei der Operation »Sturm« ums Leben kamen. Bald schlängelt sich die Straße unter der Autobahnbrücke hindurch und durch den kleinen Weiler Lički Osik. In **Perušić** (3.000 Einwohner) folgen wir links dem Wegweiser und erreichen schließlich den Höhlenpark **Grabovača** und die **Tropfsteinhöhle Samograd**.

Tropfsteinhöhle Samograd

Kaum angekommen sind wir überwältigt: Ein beeindruckendes Natur-Panorama breitet sich vor uns aus – teils steppenartig, teils bedeckt mit der landestypischen niedrigwüchsigen Vegetation aus Sträuchern und Stauden. In der Ferne erstrecken sich bis zu 770 Meter hohe Berge, die zum kontinentalen Teil des zentralen Velebit-Gebirgszugs gehören. Der Park liegt zwischen der

Karst-Hochebene von Lika und dem Perušić-Feld in unmittelbarer Nähe zum Einzugsgebiet des Flusses Lika.

Der Höhlenpark *Grabovača* ist ein einzigartiges Gebiet, das auf kleinem Raum neun Höhlen beherbergt. Eine davon – die Höhle Samograd – ist zur touristischen Nutzung eingerichtet und kann *in einer geführten Tour* besichtigt werden. Ein Besuch im Alleingang ist nicht möglich. Auf dem dazugehörigen Parkplatz ist die Übernachtung mit dem Wohnmobil gestattet, wenn man an einer Besichtigung teilnimmt *(Führungen im Frühling, Sommer und Herbst je nach Saison tägl. zwischen 9 und 18 Uhr, Dauer etwa eine Stunde; https://pp-grabovaca.hr/)*.

056 Pećinski Park Grabovača

GPS: N 44°38'33" E 15°21'49", Kaniža 30, Perušić. **Max. WOMOs:** 10–12. **Öffnungszeit:** März bis November. **Ausstattung:** Toilette, Mülleimer, auf Anfrage Strom und Frischwasser (gegen Gebühr). **Beschreibung:** Der Parkplatz ist neu angelegt und eben. Er befindet sich direkt am kleinen Besucherzentrum mit Souvenirladen. Tagsüber parken hier viele PKWs von Tagesgästen, abends und nachts herrscht absolute Ruhe. **Preis:** 10–13 €; die Übernachtung wird nur bei Besuch der Tropfsteinhöhle gestattet und ist im Eintrittspreis enthalten. **Zufahrt:** Folgen Sie in Perušić dem Wegweiser in Richtung Pećinski Park Grabovača. Die letzten etwa 100 m der Zufahrt sind nicht asphaltiert und es geht etwas bergauf.

Bei unserem Besuch Mitte September ist keine Reservierung notwendig. Ein 800 Meter langer Fußmarsch führt uns vom Parkplatz aus über einen breiten Wanderweg zum Höhleneingang. Der mittelschwere Aufstieg wird durch Holz- und Steintreppen erleichtert, *festes Schuhwerk ist dennoch empfehlenswert*. Unser Englisch sprechender Guide erwartet uns bereits am Höhleneingang und gemeinsam steigen wir die 474 teils betonierten, teils handgemeißelten und über 100 Jahre alten Steinstufen in die Höhle hinab. Tief unter der Erde herrschen auch im Sommer erfrischende Temperaturen um 8° Celsius. Vergessen Sie also Ihre Jacke nicht! Neben beeindruckenden Stalagmiten und Stalaktiten erwarten uns dort auch interessante wissenschaftliche und geschichtliche Fakten, die unser Guide zu berichten weiß.

Zweifellos ist dieser Ort zum Zeitpunkt unseres Besuchs noch ein echter Geheimtipp abseits der ausgetretenen Touristenpfade.

Ein besonderes Highlight ist abends in der Dunkelheit der *Sternenhimmel*, der sich uns in dieser abgelegenen Gegend ohne »Lichtverschmutzung« in seiner vollen Pracht und sogar inklusive Milchstraße zeigt. Zweifellos ist dieser Ort zum Zeitpunkt unseres Besuchs noch ein echter Geheimtipp abseits der ausgetretenen Touristenpfade.

Panorama vom Gipfel Grabovača

Lehrpfad zum Aussichtspunkt

Wanderfreunden stehen hier viele Möglichkeiten offen, denn direkt am Parkplatz beginnen verschiedene Wanderwege mit unterschiedlichen Schwierigkeitsgraden und Längen.

Unser Weg führt uns vorbei an drei weiteren Höhlen (Betreten verboten!), durch Buchen- und Hainbuchenwald bis zum Gipfel des Hügels Grabovača. Vom angelegten Aussichtspunkt hat man eine wunderschöne Aussicht über den Park, den Fluss Lika, das Tal und das Velebit-Gebirge (3,5 km, 2 Stunden). Wer den direkten Weg zum Aussichtspunkt nehmen möchte, verlässt den Parkplatz in Richtung der Samograd-Höhle und folgt der Beschilderung (1,5 km, 45 Minuten).

TOUR 6

Auf der schmalen Straße geht es zurück nach Perušić und von dort weiter Richtung Velebit-Gebirge. Wir durchqueren **Gospić** (11.500 Einwohner), die zweitgrößte Stadt in der dünn besiedelten Region Lika, die direkt am Ufer des Flusses Ličina liegt. Gospić und seine Umgebung, bereits seit prähistorischer Zeit bewohnt, bergen viele archäologische Funde. In der Altstadt steht eine *berühmte Statue* eines Mädchens namens Marta, die als Erinnerung an die Einführung eines Aquädukts platziert wurde.

Am Fuße des Velebit-Gebirges steuern wir das Eco Camp Rizvan City an. Zur besseren Orientierung: Bis hierher haben wir seit den Plitvicer Seen etwa 70 Kilometer zurückgelegt. Dieser kleine Familien-Campingplatz wirkt ruhig und beschaulich, bietet aber ein vielfältiges Aktivprogramm mit Rafting-und Kayak-Touren, einem Klettergarten und anderen Freizeitbeschäftigungen.

057 Gospić – *Mini-Camping Rizvan City*

GPS/Kontakt: N 44°29'43" E 15°17'29", Rizvanuša 1, Tel. +385 535 733 33, *www.camp-rizvancity.com*. **Öffnungszeit:** Mitte April bis Mitte September. **Ausstattung:** Campingplatzüblich, Pool. **Beschreibung:** Einfacher und naturbelassener Campingplatz. Die Wohnmobile stehen auf großzügig geschnittenen Wiesenplätzen, die auch für größere Fahrzeuge gut zugänglich sind. **Preis:** 24–28 €. **Zufahrt:** An der Hauptstraße links und etwa 200 m dem Weg folgen.

Eine vergleichbare Alternative, die wir jedoch aufgrund der Zufahrt eher *nur für Vans und kleinere Wohnmobile* empfehlen können, findet sich einige Kilometer weiter:

058 Karlobag – *Kamp Velebit*

GPS/Kontakt: N 44°31'27" E 15°10'50", Baške Oštarije 5A, Tel. +385 95 9055 501, www.kampvelebit.com. **Öffnungszeit:** Mai bis September. **Ausstattung:** Entsorgung Chemie WC (kein Grauwasser), Waschmaschine, Bar. **Beschreibung:** Es herrscht freie Platzwahl. Das Wiesengelände ist teilweise recht schief. Die Sanitäranlagen sind eher spartanisch eingerichtet. Für gemütliche Abende am Lagerfeuer stehen entsprechende Feuerstellen zur Verfügung. Die urigen Hobbithäuser verleihen dem Campingplatz einen besonderen Charme. Der sehr nette Besitzer hat immer tolle Wandertipps auf Lager. Kein Restaurant oder Einkaufsmöglichkeiten. **Preis:** 25–35 €. **Zufahrt:** Die Einfahrt befindet sich direkt an der Straße und ist geschottert und steil. Für größere Wohnmobile nicht ideal.

Auf dem Rückweg zur Küste breitet sich in der Ferne vor uns die **Insel Pag** mit ihren grauen Felsformationen aus. Bei **Karlobag** (1.000 Einwohner) treffen wir wieder auf die Adria Magistrale. Für eine Verschnaufpause nach der serpentinenreichen Abfahrt eignet sich am Ende des Ortes auf der rechten Seite ein relativ großer Parkplatz. Der angrenzende Badestrand mit betonierten Liegeflächen ist neugestaltet und lädt zu einem Sprung ins glasklare Meer ein. Auf der gegenüberliegenden Seite erhebt sich ein eigenwillig gestaltetes Kirchlein.

P01 Karlobag – N 44°31'28" E 15°04'28"

An diesem Punkt stehen Sie erneut vor einer Entscheidung: *Besuch der Insel Rab – ja oder nein?* Wenn Sie einen Besuch planen, fahren Sie ab hier 30 Kilometer zurück in Richtung Norden zum **Fährhafen Stinica**, um auf die Insel Rab überzusetzen.

Andernfalls folgen Sie der Adria Magistrale weiter mit Tour 7.

Großer Hafenparkplatz am Strand von Karlobag

Fähre auf die Insel Rab

Für uns geht es nun auf das nächste Eiland. Meist stündlich verkehren die Fähren nach **Mišnjak**. Sie stellen natürlich nicht nur die Verbindung der beiden Häfen dar, sondern bilden vor allem die »Brücke« zwischen dem Festland und der Insel Rab. Die Überfahrt dauert rund 20 Minuten und kostet stolze 65 Euro für zwei Personen und ein Wohnmobil bis zu sieben Meter Länge.

Der erste Eindruck von Rab ist zunächst spröde und herb – kahle Felsrücken begrüßen uns. Doch überraschend schnell wird die Landschaft *grün und lebendig*. Wenn man die Steilküste der Insel vom Festland aus betrachtet, vermutet man nicht, dass die Westseite so üppig mit Eichen- und Kiefernwäldern, mit Weinkulturen und jetzt im Frühjahr mit einem farbenfrohen Blütenteppich bewachsen ist.

Insel Rab

Obwohl Rab mit 94 m² und 9.500 Einwohnern nicht zu den größten Adria-Inseln zählt, ist sie eine der bekanntesten und besonders bei deutschen Urlaubern beliebt. Die Insel gehört zu den sonnenreichsten Regionen Europas und verwöhnt die Urlauber mit etwa 2.500 Sonnenstunden pro Jahr.

Die reichhaltige Vegetation an Olivenhainen, Weingärten, Pinien-, Föhren und Eichenwälder spenden nicht nur Schatten, sondern produzieren auch frische Luft. Die Insel gilt daher besonders bei Erkrankungen der Atemwege durch die gute Luft wegen der vielen Bäume und der salzigen Meeresbrise als besonders empfehlenswert.

Nackte Tatsachen

Die Insel Rab rühmt sich Vorreiter in Sachen FKK gewesen zu sein. Hier entstand anno 1936 der erste Nacktbadestrand Kroatiens. Pikanterweise lag und liegt dieser in der Eufemija-Bucht, an deren Ende sich das gleichnamige Kloster erhebt. Der britische König Edward VIII. zählte zu den ersten Gästen, die sich an besagtem Strand hüllenlos vergnügten. Aus eben diesem Grund spricht man auch von der »Englischen Bucht«.

Die Bezeichnung FKK wird in »Meyers Großes Hand Lexikon« übrigens folgendermaßen definiert: Die Freikörperkultur (FKK) ist ein Lebensgestaltungsprinzip. Sie umfasst ein gemeinsames Freiluftleben sowie Wassersport beider Geschlechter ohne Bekleidung.
Dem ist eigentlich nichts hinzuzufügen ...

Auch hier weisen bereits kurz nach der Fähre Schilder darauf hin, dass *Camping außerhalb von Campingplätzen verboten* ist.

Sandstrände sind in Kroatien bekanntlich rar gesät, doch hier auf Rab gibt es welche. Den ersten – wenn auch kleinen – hat die ehemalige Anlegestelle Pudarica zu bieten.

P02 Pudarica

GPS: N 44°42'26" E 14°49'53". **Max. WOMOs:** 2. **Ausstattung:** WC, Strandbar, Mülleimer, Stranddusche. **Beschreibung:** Parkplätze gibt es nur am Straßenrand, Wendemanöver erweisen sich als schwierig. Das Wasser ist kristallklar und der Platz ist bei Einheimischen besonders am Wochenende und in der Hochsaison sehr beliebt. Durch die Strandbar herrscht ziemliche Beschallung und man kann den Platz als sehr lebhaft bezeichnen. Wir empfehlen einen Besuch nur in der Nebensaison. **Zufahrt:** Etwa 3 km nach Mišnjak links einbiegen, noch 500 m.

TOUR 6

Fährt man auf der Hauptstraße weiter, gelangt man nach **Banjol** (1.700 Einwohner). In der Feriensiedlung, die nicht weit von der Inselhauptstadt Rab entfernt liegt, begegnet uns der erste Campingplatz – natürlich in feiner Meereslage! An dieser Stelle sei erwähnt, dass die Insel Rab fest in der Hand einer großen Campingplatz-Kette ist, die die meisten ursprünglichen Plätze übernommen und in moderne, große und dementsprechend teure Holiday-Parks verwandelt hat. Schön sind sie alle, wenn man auf diese Art von Urlaub steht, und es gibt alles, was das Herz begehrt. So auch auf diesem Platz:

059 Banjol – *Padova Premium Camping Resort*

GPS/Kontakt: N 44°45'08" E 14°46'27", Banjol 496, *https://www.camping-adriatic.com/padova-camp-rab*. **Öffnungszeit:** April bis September. **Ausstattung:** Bäckerei, Lebensmittelgeschäft, Pool, Kinderanimation, Fahrrad-, Tretboot- und Strandkanuverleih. **Beschreibung:** Terassierter und gestufter Platz mit einem langen, eher schmalen Kies- und Sandstrand. Stellplätze auf Wiesengelände, von denen einige einen schönen

Blick auf die Altstadt haben. Auf der Piazza, dem zentralen Platz, finden sich Geschäfte, Bars und mehr. Zum Zentrum der Stadt Rab sind es etwa 2 km, erreichbar zu Fuß oder per Taxiboot. **Preis:** 29–85 €. **Zufahrt:** Von der Hauptstraße in Banjol nach der Ausfahrt Lopar erste Straße links zum Meer abbiegen, beschildert.

Von hier aus können Sie über den Strandweg gemütlich in einer knappen Stunde nach Rab spazieren oder peilen es wie wir mit dem WOMO an. Es gibt einen zentralen Schotterparkplatz ohne Schatten und Ausstattung, auf dem man beim Parkplatzwächter für 15 Euro ein 24-Stunden-Ticket kaufen und notfalls auch übernachten kann.

060 Rab – N 44°45'44" E 14°45'25"

Der malerische Ort Rab gilt als *einer der schönsten der nördlichen Adria* und liegt auf einer spitz zulaufenden Landzunge. Die Altstadt auf schmaler Grundfläche ist sehr verwinkelt und wird geprägt durch das Wahrzeichen des Städtchens: Die vier in einer Reihe stehenden Kirchtürme, die in den Himmel ragen. *Der beste Blick auf die Stadt* und das rote Ziegelmeer der Dächer bietet sich von der **Burgmauer**. Vor allem bei Abendstimmung ist dieses charakteristische Panorama sehr stimmungsvoll. Hier entstand auch das Titelbild dieses Reiseführers. Für alle Romantiker, die sich verewigen möchten, hängen bereits zahlreiche »Liebesschlösser« an dem Eisengeländer. Vielleicht finden Sie unseres …

Das Wahrzeichen des Städtchens sind die vier in einer Reihe stehenden Kirchtürme, die in den Himmel ragen.

Drei parallele Straßen teilen die Stadt in Längsrichtung und sind durch Quertreppen miteinander verbunden. Das macht sie sehr übersichtlich und die wichtigsten Sehenswürdigkeiten liegen kompakt beieinander.

In den Gassen von Rab

Die Obere Gasse führt zum bedeutendsten sakralen Bauwerk, dem **Dom Sv. Marija Velika** aus dem 11. Jahrhundert, der fast an der Spitze der Landzunge steht. Sie ist imposant aus weißen und rosafarbenen Steinquadern gebaut. Papst Alexander III. weihte die Kirche im Jahr 1177 höchstpersönlich ein.

Das prachtvollste weltliche Gebäude – der **Rektorenpalast** – steht am Hafenplatz. Der Balkon des Palazzo wird von steinernen Löwenköpfen getragen, im Inneren finden wir ein kleines Lapidarium vor.

Weitere Sehenswürdigkeiten in der Nähe sind das alte **Seetor**, die venezianische **Loggia** mit Uhrturm und acht Renaissancesäulen aus dem 15. Jahrhundert sowie die **Kapelle Sv. Nikola**. Prachtvolle Patrizierpaläste und Residenzen sind ebenfalls nicht weit.

Westlich der Stadt grenzt der **Komrčar-Park** an. Kiefern, Steineichen und Zypressen spenden in diesem 16 Hektar großen Areal Schatten, es gibt eine hübsche Uferpromenade und einen Badestrand.

Im Garten der Kirche Sv. Ivan

Brunnen in Komrčar-Park

TOUR 6

Die nächste Sehenswürdigkeit können Sie entweder über einen etwa fünf Kilometer langen Spaziergang durch den genannten Park oder am Meer entlang erreichen, oder sie fahren es wie wir mit dem WOMO an: Wir statten dem **Franziskanerkloster Sv. Eufemija** einen Besuch ab, dessen Mauern auch ein kleines **Museum** beherbergen (tägl. 10–12 Uhr und 16–18 Uhr). Parkplätze direkt am Kloster sind begrenzt, doch etwa 400 Meter weiter lässt sich der Besuch mit einem Badestopp verbinden. Zugegeben, es gibt bedeutend schönere Strandabschnitte, aber dafür reichlich Platz auf einer sonnigen Wiese an einer flachen Bucht und mit dem WOMO gut zu erreichen.

P03 Bucht Sv. Eufemija – N 44°46'10" E 14°44'09"

Kampor (1.000 Einwohner) ist bald erreicht. Das fein herausgeputzte Dörfchen verfügt über einen weitläufigen Sandstrand in einer herrlichen flachen Bucht. So macht Schwimmen Spaß! Das letzte kurze Zufahrtsstück ist etwas schmal und erfordert Geschick beim Ausweichen. Rechts in der Wiese finden sich einige gebührenpflichtige Parkmöglichkeiten.

P04 Kampor – N 44°47'07" E 14°42'28"

Kloster Sv. Eufemiia

Ganz am Ende der Bucht ist mittlerweile ein kleiner, aber feiner Campingplatz entstanden.

061 Kampor – *Camp Lando Resort*

GPS/Kontakt: N 44°47'03" E 14°42'22", Kampor 321, Tel. +385 99 645 7000; *https://lando.hr/de/camp/*. **Öffnungszeit:** Mitte April bis Oktober. **Ausstattung:** Campingplatzüblich, Pool, Spielplatz. **Beschreibung:** Kleine Anlage direkt am Sandstrand mit Kies-Stellplätzen für max. 15 Wohnmobile, teilweise schattig. Restaurant vorhanden, weitere in Gehweite. **Preis:** 26–60 €. **Zufahrt:** Am Anfang der Bucht links halten, dann der schmalen Straße am Meer entlang bis ans Ende folgen, ausgeschildert.

TOUR 6

Die Anreise führt uns durch eine reizvolle Landschaft mit blühenden Wiesenblumen und goldenen Ginsterbüschen. Die Aussicht über die langgezogene Bucht mit malerischen kleinen Inseln ist fantastisch.

Der Paradiesstrand in Lopar

Lopar (1.100 Einwohner) selbst ist ein typischer Touristenort ohne gewachsenen Ortskern oder nennenswerte Sehenswürdigkeiten. Die Häuser liegen verstreut am Rand einer weiten, sandigen Bucht. Es gibt viele Freizeiteinrichtungen, Lokale und Souvenirbuden, doch fehlt es uns etwas an Atmosphäre. Lopar ist vor allem für seine Strände bekannt, insbesondere für den 1,5 Kilometer langen, flach abfallenden *Paradiesstrand* Rajska Plaža (San Marino). Wer seine Bahnen in Ruhe schwimmen möchte, muss hier erst einige Meter zu Fuß in Kauf nehmen, bis er das tiefere Wasser erreicht.

Hier hat sich auch ein großer schattiger Campingplatz angesiedelt, der aufgrund des flachen Wassereinstiegs sehr beliebt ist bei Familien mit kleinen Kindern und bereits jetzt in der Nebensaison stark frequentiert.

062 *San Marino Camping Resort* – N 44°49'25" E 14°44'13"

Einen schönen, etwas ruhigeren Badeplatz finden wir am Ortsende.

P05 Plaža Livačina

GPS: N 44°49'31" E 14°45'01". Max. **WOMOs:** 5–6. **Ausstattung:** WC, Strandbar, Mülleimer, Stranddusche, Kinderspielplatz. **Beschreibung:** Parkplätze auf einer Wiese ohne Schatten. Von hier aus sind es nur wenige Schritte bis zu der hübschen kleinen Bucht mit Sandstrand. **Zufahrt:** Nach den Hotels der abknickenden Vorfahrtsstraße folgen, dann sehen Sie den Parkplatz bereits von der Straße aus (links).

Etwa 100 Meter weiter endet die Straße in einem kleinen Hafen, auch hier ein geeigneter Ort für einen Badestopp.

P06 Lopar Hafen – N 44°49'23" E 14°44'49"

Neben allen möglichen Wassersportangeboten wie Kajak Verleih, Jetski und Parasailing starten hier auch die *Ausflugsboote* auf die ehemalige Gefängnisinsel Goli.

Im kleinen Hafen von Lopar

Goli otok – das kroatische Alcatraz

Die ehemalige Gefängnisinsel Goli otok, zwischen der Insel Rab und dem Festland gelegen, hat eine Fläche von 4,7 km². Ihr Name bedeutet übersetzt »nackte Insel«. Von 1948 bis 1988 diente Goli otok als jugoslawisches Straflager und Hochsicherheitsgefängnis, das zu Beginn für politische Gefangene betrieben wurde. Goli otok war die Gefängnisinsel für männliche Personen und die Nachbarinsel Sveti Grgur für weibliche Häftlinge. Heute ist Goli Otok unbewohnt und ein beliebtes Ausflugsziel für Touristen.

Während dieser Zeit des Terrors starben etwa 400 Gefangene durch Krankheit, Zwangsarbeit, Erschöpfung und Folter. Ab 1956 kamen zunehmend regulär verurteilte Kriminelle auf die Insel, obwohl weiterhin auch politische Gefangene dort festgehalten wurden. 1988 wurde das Gefängnis geschlossen und alle Dokumente vernichtet.

Etwa 16 Stationen der Insel können besichtigt werden, viele davon sind jedoch mittlerweile verfallen und es fehlt an Maßnahmen zum Erhalt der Gemäuer. Museen oder Orte zur Aufarbeitung der Geschichte gibt es nicht; lediglich die verfallenden Gebäude erinnern an die düstere Vergangenheit der Insel. Zu den überbleibseln zählen Verwaltungsgebäude, Zellenkomplexe, Werkhallen, in denen die Gefangenen Zwangsarbeit leisteten, eine Ambulanz und eine Schule. An einigen Stationen gibt es kurze Filme mit Zeitzeugen, die Einblicke in die Vergangenheit bieten. Besucher können die Insel auf eigene Faust oder mit einem lokalen Reiseführer erkunden.

Mit dem »Goli Express«, einer Touristenbahn, ist eine Rundfahrt um die Insel möglich, die acht der 16 Stationen anfährt. Zweimal täglich starten Ausflugsboote von Lopar und fahren in etwa 15 Minuten rüber nach Goli otok. Vor Ort kann man entweder zu Fuß oder mit dem Goli Express die Insel erkunden. Die Aufenthaltsdauer beträgt dabei etwa 1,5 bis 2 Stunden.

Allerdings ist es wie so oft bei Besuchen an geschichtsträchtigen Orten mit schwieriger Vergangenheit: Ein Ausflug dorthin gibt zwar eindrucksvolle Einblicke in die jugoslawische Zeitgeschichte, kann aber gleichzeitig auch erstmal die Urlaubsstimmung trüben.

Alte Gefängnisbauten auf Goli otok

Es wird Zeit für uns, sich von der Insel Rab zu verabschieden und wir steuern wieder den Fährhafen Mišnjak an. Aber getreu dem Motto »Nach der Insel ist vor der Insel« erwartet uns in der nächsten Tour bereits ein weiteres Eiland.

Tour 7

Rovanjska
Novigrad
067
P01
P
WC
066
065
Posedarje
Seline
Nationalpark Paklenica
Starigrad
064
063
P ⟨Y/E⟩ WC
Tour 8
Sukošan
Murvica
Zadar
072
071
Sv. Križ
070
Grbe
Ražanac
Vrsi
Nin
P05
P06
WC
Šibuljana
Trbanj
Velebit-Gebirge
Velo Blato
Dinjiška
Gospić
Pag
P04
WC
P
Mažurani
Karlobag
P02
Metajna
P03
WC
069
Šimuni
Kolan
Kustići
Časka
Žigljen
Prizna
Velebit-Gebirge
P
Novalja
068
Stara Novalja
P
N
10 km
Stinica
Tour 6
Rab
Lun
Tovarnele

Wilde Schluchten und Mondlandschaften
Von Stinica nach Zadar
Variante 1: 150 km / Variante 2: 180 km

In dieser Tour erreichen wir Nord-Dalmatien mit seiner Fülle an verschiedenen Landschaften und Sie – liebe Leserinnen und Leser – haben die Qual der Wahl: Folgen Sie uns auf dem Küstenstreifen entlang des Velebit-Gebirges und erkunden Sie mit uns die wilden Canyons des Nationalparks Paklenica oder tauchen Sie mit uns ein in die karstigen Mondlandschaften der Insel Pag. Am Ende der Tour treffen beide Varianten in Zadar wieder zusammen. Unsere Empfehlungen für Sie:

- **Wanderung im Paklenica Nationalpark**
- **Olivenhain auf der Halbinsel Lun (Insel Pag)**
- **Paški sir**
- **Die Sandstrände von Nin**
- **Zadar**

Ganz ehrlich, um diese Entscheidung beneiden wir Sie nicht. Aber wohin Sie uns ab hier auch begleiten, einer Sache können Sie sich sicher sein: Beide Etappen haben großartige Erlebnisse zu bieten.

Wenn Sie sich für die *erste Variante* entscheiden, fahren wir vom **Fährhafen Stinica** aus wieder auf die Adria Magistrale in südlicher Richtung. Wir durchqueren die Ortschaft **Karlobag** bevor wir auf unserem Weg nach Zadar ohne nennenswerte Zwischenstopps in Starigrad und im **Nationalpark Paklenica** ankommen.

Wenn Sie uns bei der *zweiten Variante* auf die **Insel Pag** begleiten, fahren Sie von Stinica aus etwa 15 Kilometer und biegen dann rechts nach **Prizna** ab. Dort legt die Fähre zur Insel Pag ab. Die Fahrtzeit beträgt etwa 15 Minuten. Bitte planen Sie ein, dass es in der Hochsaison zu längeren Wartezeiten kommen kann.

Blick von der Adria Magistrale auf die Insel Pag

TOUR 7

Variante 1:

Falls nicht gerade ein hochsommerlicher Stau den Verkehrsfluss hindert, so ist die Küstenstraße der schnellste Weg, um nach **Zadar** zu gelangen. Zwar gibt es reichlich Kurven, doch insgesamt ist die **Adria Magistrale** in einem hervorragenden Zustand und vor allem für den Beifahrer ein wahrer Genuss. Geradezu spektakulär sind die Ausblicke auf die Insel Pag, deren kahle helle Felsen ohne jegliche Vegetation aus dem tiefblauen Meer herausragen.

Nach rund 90 Kilometer (von Stinica gerechnet) heißt uns der Ort **Starigrad** (1.800 Einwohner) willkommen. Dieses langgestreckte Städtchen ist der Ausgangspunkt für einen Ausflug in den **Paklenica Nationalpark**, der bereits 1949 zum *Naturschutzgebiet* erklärt wurde.

Wir folgen den Hinweisen, die uns nach links schicken – direkt in die felsigen Karstwände des Velebit hinein. Links und rechts kommen wir an diversen Hinweistafeln von Privat-Camps vorbei, die Urlaubern in ihren Gärten Übernachtungsmöglichkeiten anbieten. Empfehlenswert scheint uns diese Adresse:

063 Starigrad – *Anića Kuk*

GPS/Kontakt: N 44°17'22" E 15°27'14", Pakleničkа ulica 17, Tel. +385 23 369 275. **Öffnungszeit:** Ganzjährig. **Ausstattung:** Überdachte Gemeinschaftsküche mit Kühlschrank und Essbereich, Wanderwege, Chemietoilettenentsorgung, Waschmaschine. **Beschreibung:** Der Mini-Camp befindet sich in ruhiger und schattiger Lage im Garten eines Apartmenthauses. Bis zum Eingang des Nationalparks Paklenica sind es 200 m. Die Entfernung zum Meer beträgt 500 m. Restaurant und Geschäfte befinden sich in der Nähe. **Preise:** 25–35 €. **Zufahrt:** Biegen Sie von der Hauptstraße in Richtung Paklenica Nationalpark ab. Das Camp befindet sich nach ca. 400 m auf der linken Seite (beschildert).

Nach der Abzweigung von der Hauptstraße geht es um ein paar enge Hausecken herum und dann stehen wir direkt am Eingang des Parks:

P Paklenica Nationalpark – N 44°17'36" E 15°27'26"

An der Rezeption gibt es Eintrittskarten zu kaufen sowie genauere Informationen und eine Wanderkarte. Insgesamt verfügt der Park über ein 150 Kilometer langes Wanderwegenetz, das sowohl für *Tagestouren als auch mehrtägige Märsche* optimale Möglichkeiten bietet.

Weitere Informationen und die aktuelle Preisliste sind auf der Internetseite zu finden: *www.np-paklenica.hr*

Hinweis: Das Übernachten vor und innerhalb des Parks ist aus verständlichen Gründen ausdrücklich untersagt.

Paklenica Nationalpark

Die südlichen Ausläufer des Velebit-Gebirges mit ihren wildromantischen Schluchten, malerischen Felsen und spektakulären Ausblicken sind ein atemberaubendes Naturparadies und ein Eldorado für Wanderer und Bergsteiger. Der Park umfasst zwei große Canyons, **Velika und Mala Paklenica**, die voneinander durch ein 500 Meter hohes Plateau getrennt sind. Der Nationalpark Paklenica wurde 1949 gegründet, um die einzigartige Flora und Fauna der Region zu schützen. Auf einer Fläche von mehr als 95 Quadratkilometern finden Besucher eine unglaubliche Vielfalt an Tier- und Pflanzenarten. Mit etwas Glück kann man sogar einen Steinadler sehen, der seine Kreise zieht, oder einen der selten gewordenen Gänsegeier. In den abgelegeneren Regionen leben auch noch Braunbären, Wölfe und Wildkatzen. Insgesamt beherbergt der Nationalpark über 1.000 Pflanzenarten, viele verschiedene Säugetiere und Vogelarten sowie Reptilien und Amphibien.

Die Velika-Paklenica-Schlucht diente in den 1960er Jahren als Drehort für die Winnetou-Verfilmung von Karl May.

TOUR 7

Im Jahr 2017 wurde der Paklenica Nationalpark in die Liste des *UNESCO-Weltkulturerbes* aufgenommen. Der Park bietet eine Vielzahl von Wanderwegen und Kletterrouten, von leichten Spaziergängen bis hin zu anspruchsvollen Bergtouren. Die bekannteste Wanderung ist die **Schluchtwanderung** durch die Velika Paklenica, die durch eine enge, bis zu 400 Meter tiefe Schlucht führt.

Neben Wandern und Klettern gibt es im Park auch zahlreiche weitere Aktivitäten wie Mountainbiken, Rafting und Kanufahren.

Gut ausgerüstet mit festem Schuhwerk brechen wir vom Parkplatz direkt am Eingang zu unserer Wanderung auf. Alternativ können Sie das Wohnmobil auch nach der Schranke etwa zwei Kilometer weiter auf dem nächsten Parkplatz abstellen. Für die Einfahrt mit motorisierten Fahrzeugen ist allerdings eine tägliche Vignette zu zahlen, die nicht im Ticketpreis enthalten ist.

Wanderung zur Berghütte Paklenica

Gehzeit: 3,5 Stunden. **Schwierigkeitsgrad:** Leicht/mittel. **Höhenunterschied:** 450 m. **Beschreibung:** Es geht nun also zu Fuß weiter. Die eigentliche Wanderung beginnt etwa 2 Kilometer am Ende der asphaltierten Straße. Vor uns öffnet sich die Velica Paklenica – eine wilde tiefe Schlucht mit steil aufragenden Felsen. Die imposanten Felswände sind eine Herausforderung für Freeclimber, die hier an ihre Grenzen gehen können.

Der Weg verläuft ein kurzes Stück eben. Danach geht es über Stock und Stein ordentlich bergauf. Bei heißen Temperaturen lädt der neben dem Pfad fließende Bach dazu ein, sich zwischendurch die Füße abzukühlen. An einigen Stellen staut sich das Wasser in kleinen Becken, welche sich auch zum Baden eignen. Es lohnt sich also, die Badesachen einzupacken. Vom Plateau von Anića Luka eröffnet sich uns ein spektakulärer Blick auf die bewaldeten Gebiete des Parks und den imposanten **Anića Kuk**, den berühmtesten **Kletterfelsen** in Paklenica.

Der steilere Anstieg endet nach etwa 45 Minuten. Danach geht es gemütlich und auf einer einfachen Route weiter zum **Forsthaus Lugarnica**. Von Lugarnica führt der Weg weiter zur **Berghütte Paklenica**, die etwa 6 Kilometer und knapp 2 Stunden Gehzeit vom Hauptparkplatz entfernt ist. Die Hütte ist ganzjährig geöffnet, jedoch nicht bewirtschaftet – Getränke und Brotzeiten gibt es zuvor im Waldhaus Lugarnica *(nur Barzahlung möglich)*. Für den Rückweg benötigt man weitere 1,5 Stunden.

Von diesem Gebirgshaus aus sind weitere, teilweise auch sehr anspruchsvolle Wanderungen zu unternehmen, u. a. der Aufstieg zum höchsten **Gipfel des Velebit-Gebirges,** Vaganski (1.757 m). Für dessen Besteigung sollten Sie etwa acht Stunden einplanen.

Im Rahmen einer Führung kann die **Tropfsteinhöhle Manita Peć** besichtigt werden *(10–13 Uhr; April nur samstags; Mai, Juni, Oktober: Mo., Mi. und Sa.; Juli, August, September: täglich geöffnet)*. Die Temperatur in der Höhle beträgt ganzjährig etwa 9 °C. Denken Sie auch während der warmen Jahreszeit an passende Kleidung.

Die zweite, kleinere Schlucht Mala Paklenica erreicht man von **Seline** aus, etwa zwei Kilometer südlich von Starigrad. Vor einigen Jahren war sie noch schlecht begehbar und die Wanderwege nicht gut beschildert. Dies hat sich inzwischen geändert. Erstaunlicherweise ohne riesige Touristenströme nach sich zu ziehen. Der Eingang 2 ist *nur während der touristischen Saison geöffnet*. Hier kann man ebenfalls Eintrittskarten kaufen, die dann auch für den Eingang 1 gelten.

P Eingang 2 – N 44° 16' 59" E 15° 29' 35"

Nach der Wanderung ist es an der Zeit sich ein Plätzchen für die Nacht zu suchen: Nahe der Hauptstraße in Starigrad sowie direkt am Meer liegt ein komfortabler Campingplatz mit gutem Baumbestand und Kiesstrand, der keine Wünsche offenlässt.

064 Starigrad – *Camping Paklenica*

GPS/Kontakt: N 44° 17' 12" E 15° 26' 58", Ul. Dr. Franje Tudmana 14, Tel. +385 13 844 288; *www.bluesuncamping.com* **Öffnungszeit:** April bis Oktober. **Ausstattung:** Pool, Kinderanimation, Spielplatz, Waschmaschine, Wäschetrockner, Restaurant. **Beschreibung:** Der Campingplatz wirbt mit einem besonders großen Angebot für Kinder unter 6 Jahren. Das leicht geneigte Gelände liegt in einem lichten Nadelwald. Auf einer Gesamtfläche von 2,5 ha können Sie sich Ihren Stellplatz selbst aussuchen – im Schatten der Kiefern oder direkt am Meer. Die Straße befindet sich in Hörweite. In unmittelbarer Nähe finden Sie Restaurants und Supermärkte sowie einen Freizeitartikel- und Campingladen. **Preise:** 30–60 €. **Zufahrt:** Biegen Sie von der Küstenstraße im Ort beim Hotel Alan rechts ab (beschildert).

TOUR 7

Etwas ruhigere und günstigere Alternativen gibt es in der folgenden Ortschaft Seline.

065 Seline – *Camp Paron Šime*

GPS/Kontakt: N 44°16'30" E 15°28'28", Put Bunarića 12, 23244 Seline, Tel. +385 915 643 053. **Öffnungszeit:** Juni bis September. **Max. WOMOs:** 10. **Ausstattung:** Wasser, Strom, WC, Dusche, Waschmaschine, Grillplatz. **Beschreibung:** Der kleine Mini-Camp liegt im Garten des Hauses. Einkaufsmöglichkeiten und Restaurants in ca. 200 m Entfernung. Der Strand ist in unmittelbarer Nähe über eine kleine Straße zu erreichen. **Preise:** 20–30 €. **Zufahrt:** Der Platz liegt direkt gegenüber dem kleinen Hafen an der Adria Magistrale.

066 Seline – *Autocamp Pisak*

GPS/Kontakt: N 44° 16' 22" E 15° 28' 38", Put Bunarića 41, Tel. +385 23 656 129; *www.autokamp-pisak.com* **Öffnungszeit:** April bis Oktober. **Ausstattung:** Brötchenservice, Spielplatz, Wanderwege. **Beschreibung:** Der Campingplatz ist durch einen im Sommer ausgetrockneten Graben zweigeteilt. Der vordere (wie uns schien ältere) Platzteil bietet viel Schatten. Auf dem hinteren Teil befinden sich nicht nur die sonnigen Stellplätze, sondern auch die V/E sowie einige Mobile Homes. Unser Eindruck: Einfach, aber sauber. Restaurants und Einkaufsmöglichkeiten sind gut zu Fuß erreichbar. **Preise:** 22–25 €. **Zufahrt:** In Seline führen zwei Straßen von der Ortsdurchfahrt rechts zum Campingplatz. Beide sind gut beschildert. Sollten Sie die erste Abfahrt verpassen, müssen Sie nicht wenden.

Nur wenige Kilometer weiter entdecken wir in der Ortschaft Rovanjska einen ausgesprochen hübschen Badeplatz, der eher Kroatien-untypisch über einen Sandstrand verfügt.

P01 Rovanjska Plaža

GPS: N 44°14'45" E 15°32'07", Ul. Petra Krešimira IV 1. **Max. WOMOs:** 4–5. **Öffnungszeit:** Ganzjährig. **Ausstattung:** Stranddusche, Bänke, Mülleimer, Kinderspielplatz. **Beschreibung:** Hier stehen Sie auf einem geschotterten, schattenlosen Parkplatz, der nur ein paar Schritte von dem langen Sand-Feinkies-Strand entfernt ist. Vor einiger Zeit wurde der Platz noch als »wilder« Wohnmobilstellplatz genutzt, heute untersagt auch hier ein Schild Übernachtung und Campingverhalten. **Preise:** In der Hauptsaison wahrscheinlich kostenpflichtig. **Zufahrt:** Biegen Sie 400 m nach dem Ortsschild rechts ab und fahren weiter bis zum Meer. Noch einmal links, nach weiteren 400 m erreichen Sie das Ziel.

Nach dem Örtchen Rovanjska nehmen wir nicht geradeaus die nagelneue Autobahnauffahrt in Richtung Zadar, sondern fahren unter ihr hindurch und überqueren den **Velebitski-Kanal**. Zur Linken breitet sich nun das **Novigradsko-Meer** aus.

Kurz hinter der Ortschaft **Posedarje** entdecken wir einen asphaltierten sonnigen Parkplatz an einer sehr seichten Bucht. Auf einer mit Gras bewachsenen Halbinsel steht eine kleine Kapelle, die über einen Damm trockenen Fußes zu erreichen ist. Der Platz liegt zwar unmittelbar an der Straße, diese war während unseres Aufenthalts jedoch kaum befahren. Das Meer wirkt an dieser Stelle jedoch nicht besonders einladend, so dass wir uns gegen einen Badestopp entscheiden.

Zehn Kilometer sind es noch nach Novigrad und die Etappe um das Novigradsko-Meer herum stellt sich als *landschaftlich sehr reizvoll* heraus. Die Ausblicke sind herrlich. Naturbelassene Wiesenflächen wechseln sich ab mit schattigen Kiefernwäldchen. Es führen auch einige Wege in

Inselkapelle bei Posedarje

diese Idylle hinein. Doch gerade unseren Lesern mit größeren Wohnmobilen legen wir dringend ans Herz, die Lage vorab zu Fuß zu sondieren, um unliebsame Überraschungen zu vermeiden. Negativ aufgefallen ist uns an einigen dieser Badestellen leider auch herumliegender Müll.

Novigrad

Schließlich geht es abwärts in das an einem Meeresarm liegende Städtchen **Novigrad** (2.200 Einwohner), über das eine Burgruine wacht. Am Ende der Ortschaft gibt es einen sehr schön gelegenen, familiengeführten Campingplatz unter österreichischer Leitung.

067 Novigrad – *Camping Adriasol*

GPS/Kontakt: N 44° 11' 24" E 15° 32' 53", Tomislava Bazdarica 3, Tel. +385 233 75 111; *www.adriasol.com* **Öffnungszeit:** Anfang Mai bis Ende September. **Ausstattung:** Bäckerei, Beach Café, Slipanlage für Boote, Fahrradverleih. **Beschreibung:** Sehr schön angelegter Campingplatz mit einem hübschen Strand und einigen betonierten Badeflächen. Schatten sucht man eher vergeblich. Das Gelände ist an manchen Stellen etwas schief. 10 Gehminuten vom Campingplatz entfernt, finden Sie Einkaufsmöglichkeiten für den täglichen Bedarf. **Preise:** 36–45 €. **Zufahrt:** Der Campingplatz ist schon vor Novigrad beschildert. Die letzten Meter schlängelt sich die Straße recht eng um einige Häuserecken.

Auf der Rückfahrt sehen wir in der zerklüfteten Felsküste einige Höhlen und kleinere Strände, die hinwärts nicht zu erkennen waren. Vermutlich *gestaltet sich die Unterwasserwelt recht interessant*, denn von der Straße aus entdecken wir im kristallklaren Wasser einige Schnorchler.

Nach unserem Besuch in Novigrad wenden wir uns wieder der Adria Magistrale zu und steuern schließlich weiter nach Zadar.

Variante 2:
Die Fähre in Prizna ist bereits ablegebereit! Schnell kaufen wir noch unser Ticket. In der Nebensaison bezahlen wir für zwei Personen und ein Wohnmobil mit 7 Meter Länge knapp 30 Euro. Die Fahrzeit beträgt etwa 15 Minuten.
Wir schaffen es gerade noch an Bord, die Klappen gehen hoch und die Fähre visiert den am nächsten gelegenen Punkt auf der **Insel Pag** – den Hafen von **Žigljen** – an.

Wenn Sie dachten, Sie hätten bis dato in Kroatien schon viele Steine gesehen, dann werden Sie auf Pag Ihr »graues« Wunder erleben. Das Eiland ist für seine *einzigartige Mondlandschaft* berühmt – das Ergebnis jahrhunderterlanger Einwirkung der starken Winde auf den kargen Boden.

Wenn Sie die Insel im Winter oder Frühjahr besuchen, werden Sie die Auswirkungen der »gefürchteten« **Bora**, einem kalten und starken Nordwind mit oft starken Böen, besonders deutlich spüren. Im Sommer ist das Klima mediterran mild und warm und macht Pag zu einem Paradies für Sonnenanbeter und Wassersportler.

Aber Pag hat noch viel mehr zu bieten als nur Steine. Hier wird auch einer der *berühmtesten Käse Kroatiens* produziert – der **Paški sir**. Die unzähligen Schafherden der Insel grasen auf kargen Weiden und fressen das salzhaltige Gras und Kräuter, was dem Käse seinen besonderen Geschmack verleiht.

Bevor wir zu unserer ersten Station aufbrechen, noch schnell einige Zahlen, Daten und Fakten:

Panoramablick auf Pag-Stadt

Insel Pag

Die Insel misst in der Länge etwa 60 Kilometer, die Breite schwankt zwischen 2 Kilometer im Nordwesten und 10 Kilometer im Südosten. Von der Küste getrennt ist sie durch den etwa 3 Kilometer breiten Velebit-Kanal. Im Südosten ist die Insel durch eine Brücke mit dem 300 Meter entfernten Festland verbunden.

Die Käseproduzenten des Paški sir

Auf einer Fläche von 285 m² leben etwa 9.000 Einwohner, davon etwa 2.800 Menschen in der gleichnamigen und größten Stadt der Insel – in Pag.

Die Insel hat einiges an Spezialitäten zu bieten: Neben dem bereits genannten Käse lohnt es sich das heimische Olivenöl, den Wein und Feigen zu probieren. Außerdem ist Pag bekannt für seine Salzproduktion.

Unsere erste Station nach der Ankunft mit der Fähre im Hafen von Žigljen ist das auf einer Halbinsel gelegene Dörfchen **Metajna**. Auf den ersten Blick hat es nicht viel zu bieten, doch der Eindruck täuscht. Wir möchten Ihnen einen ganz besonderen Ausflugstipp ans Herz legen: Wenn Sie sich seit Ihrer Ankunft auf der Insel nicht längst schon wie auf einem anderen Planeten vorkommen, dann spätestens hier: Nicht umsonst trägt dieser besondere **Wanderweg** den klangvollen Namen *Life on Mars Trail*.

Life on Mars Trail

Der Life on Mars, einer der schönsten Wanderwege in Kroatien, wurde 2019 auch offiziell für ganzjährige Besuche eröffnet. Insgesamt gibt es vier Treckingwege in unterschiedlichen Schwierigkeitsgraden und Längen von 4 km, 7 km, 12 km und 15 km. Zusätzlich gibt es eine Erweiterung in Form eines etwa 100 m langen Klettersteigs, der in ein bis zwei Meter Höhe über dem Meer verläuft. Dieser Teil ist für Aktivsportler mit etwas höheren Anforderungen gedacht und erfordert die Verwendung angemessener Ausrüstung (Klettersteighandschuhe, Klettergurt, Klettersteigset mit Falldämpfer und Bergsteigerhelm).

Alle Wanderwege sind gut markiert. Achten Sie darauf, genügend Wasser oder andere Getränke mitzunehmen.

P02 Life on Mars Trail

GPS: N 44°30'10" E 15°01'12". **Ausstattung:** Keine. **Beschreibung:** Einfach eingerichtete, kostenlose Parkplätze (kein Schatten!). **Zufahrt:** Vom Dorf Metajna über eine schmale Asphaltstraße in R ichtung des Strandes Ručica.

TOUR 7

Wandern auf dem Life on Mars Trail

Wenn Sie sich hinterher *im kristallklaren Wasser abkühlen* möchten, empfehlen wir Ihnen den breiten Sand- und Kiesstrand **Plaža Ručica**. Ein paar Erfrischungen erhalten Sie in der kleinen dazugehörigen Strandbar.

Wir wenden uns nun der Stadt **Novalja** (3.700 Einwohner) zu, einem hübschen und lebhaften Urlaubsort. Ursprünglich ein kleines Fischerdorf, treffen hier tausendjährige Geschichte und Kultur auf eine gut ausgebaute Tourismus-Infrastruktur. An der Uferpromenade laden zahlreiche Bars, Restaurants und Cafés zum Bummeln und Flanieren ein. Der naheliegende berühmt-berüchtigte **Strand Zrće** – das kroatische Ibiza – ist mittlerweile durch zahlreiche Musikfestivals zu einem der beliebtesten Partyziele Europas adaptiert und zieht jedes Jahr eine wachsende Anzahl von jungen Menschen an.

Was uns bei unserer Ankunft im Zentrum sofort auffällt: Die Parkplatzsuche für Wohnmobile – vor allem für größere Kollegen – gestaltet sich schwierig bis unmöglich. Die meisten Parkplätze sind nur auf PKWs ausgelegt; die einzige Option für unser 7,5 Meter-Fahrzeug ist der gebührenpflichtige Parkplatz am Kreisverkehr, bei dem wir durch Rückwärts einparken unseren Überhang auf dem Grünstreifen »unterbringen«. Da es nicht allzu viele Parkbuchten sind, werden Sie hier in der Hauptsaison jedoch mehr als ein Quäntchen Glück brauchen, um ein Parkplatz zu ergattern.

P N 44°33'9" E 14°53'3"

In der überschaubaren Altstadt bummeln wir durch einige schmale Gassen und an alten Gebäuden aus dem 15. Jahrhundert vorbei. Interessant ist ein Besuch im **Stadtmuseum**. Neben einer umfassenden ethnographischen Sammlung und Ausstellungen bekannter und weniger bekannter kroatischer Künstler unterschiedlicher Ausdrucksformen ist das Museum vor allem für das sogenannte **Italienische Loch** (*Talijanova buža*), die antiken Überreste einer römischen Wasserleitung mit einer Länge von 1.050 Metern, bekannt *(Mo.-Fr., 8–15 Uhr; 3€)*.

Ebenfalls erwähnenswert ist die frühchristiliche **Basilika St. Maria** (»Mala crikva« – Kleine Kirche) aus dem 17. Jahrhundert, in deren Inneren einige wertvolle Reliquien gefunden wurden. Diese befinden sich heute im Archäologischen Museum in Zadar.

Typisch kroatisch schlemmen

TOUR 7

Auf unserem Weg hinaus aus dem Zentrum fällt uns auf der rechten Seite hinter einer Self-Service-Waschanlage ein großer asphaltierter Parkplatz auf. Dieser sollte sich gut als Alternative während eines Stadtbesuchs eignen. Zur Uferpromenade laufen Sie von hier eine gute Viertelstunde.

P N 44°32'47" E 14°53'21"

Novalja bietet auch einen sehr hübschen, erst vor wenigen Jahren komplett erneuerten Campingplatz, der über einen endlos langen, schmalen Kiesstrand verfügt. Ausgestattet mit allem, was das anspruchsvolle Camper-Herz begehrt und in der Hauptsaison stark frequentiert, ergo lebhaft und nicht gerade billig!

068 Novalja – *Camping Straško*

GPS/Kontakt: N 44° 32' 18" E 14° 53' 09", Trg Loža 1, Tel. +385 536 61226; *www.campingstrasko.com* **Öffnungszeit:** Mitte April bis Anfang Oktober. **Ausstattung:** Gasflaschenversorgung, Kinderanimation, Pool, Outdoor-Fitnessbereich, Schönheitssalon mit Friseur, Restaurant, Supermarkt, Fahrrad-, Boot- und Rollerverleih, Mini-Zoo, Dog Park. **Beschreibung:** Aus dieser Ferienanlage müssten Sie sich während ihres ganzen Urlaubs nicht hinausbewegen, wenn Sie es denn so wollten. Die 60 ha Gesamtfläche verteilen sich auf ein lang gestrecktes, licht bewaldetes Gelände. Neben abgeteilten Parzellen gibt es auch einen nicht-parzellierten Bereich (hier nur Strom, kein Wasseranschluss). In die etwa 2 km entfernte Altstadt fährt eine platzeigene »Traktorbahn«. **Preise:** 36–90 €. **Zufahrt:** Der Campingplatz ist frühzeitig und sehr gut beschildert. Er befindet sich am Ende der Zufahrtstraße.

TOUR 7

Alter Olivenbaum auf Lun

Der nördliche Teil der Insel Pag wird von der schmalen, langestreckten **Halbinsel Lun** eingenommen. Sie ist bekannt für ihre Olivenhaine , die sich über eine Fläche von 40 Hektar erstrecken und *mehr als 80.000 Olivenbäume* umfassen. Viele dieser Bäume sind bereits mehrere hundert, teilweise sogar über 1.000 Jahre alt. Der älteste Olivenbaum in Lun wird auf 1.600 Jahre geschätzt.

Da das Olivenöl ein wichtiges Handelsprodukt ist, hegen und pflegen die Einheimischen ihre Olivenhaine mit großer Hingabe und Sorgfalt und teilen ihr Wissen und ihre Erfahrungen auch gerne mit Besuchern. Vor Ort können Sie z. B. an **Olivenölproben** und Verkostungen teilnehmen.

Wir sind nun neugierig auf den Süden der Insel. Es geht zurück über Novalja und geradewegs ans andere Ende der Insel. Wir kommen an einigen kleineren Campingplätzen mit teils steiler Zufahrt vorbei. An der Straße ausgeschildert und augenscheinlich auch für größere Wohnmobile gut zu erreichen ist der komplett neu angelegte **Camping Terra Park Phalaris**, der während unserer Rechercheriese kurz vor der Eröffnung stand: *www.terrapark.hr/de*

Auf dem weiteren Weg gen Süden bietet sich als Bade-Stopp ein Abstecher zum öffentlichen Badestrand **Sveti Duh** an. Hier findet man einen weitläufigen, naturbelassenen Strand mit einem großen Parkplatz.

P03 Sv. Duh

GPS: N 44°30'56" E 14°57'15". **Ausstattung:** WC, Mülleimer, Strandbar, Kinderspielplatz. **Beschreibung:** Flach abfallender Kies-Sandstrand ohne Schatten. Ein Teil des Strandes ist FKK-Bereich. **Preise:** Der Parkplatz ist in der Hauptsaison gebührenpflichtig (unser letzter Stand sind 5 Euro pro Tag). **Zufahrt:** Die Lage ist etwas versteckt. Fahren Sie etwa 10 km nach Novalja, aber noch vor Kolan, links den Feldweg hinunter. Nach 800 m gelangen Sie zum Meer.

Doch widmen wir uns nun unserem persönlichen *kulinarischen Highlight* dieser Tour. Wahrscheinlich sind Ihnen bis dato bereits einige Male an der Straße die Hinweisschilder zur »Cheese Route« aufgefallen – zumindest, wenn Sie ebenso **Käseliebhaber** sind wie wir. Uns führen sie direkt in das Dörfchen **Kolan**, denn hier ist eine Delikatesse zu Hause – der Pager Käse . Dieser Hartkäse aus Schafsmilch ist eine weithin bekannte und bereits mehrfach ausgezeichnete Spezialität der Insel. Er wird an der Luft getrocknet und hat einen sehr pikanten Geruch und Geschmack. Wie er entsteht, können Sie in der **Käserei *Gligora*** live bei einem geführten Rundgang erleben und natürlich auch verkosten *(Figurica 22/A, Kolan; ganzjährig geöffnet)*

Paradies für Käseliebhaber in Kolan

Einige Kurven weiter eröffnet sich uns ein sehr schöner Blick auf das malerisch gelegene Fischerdorf **Šimuni** mit seiner großen ACI Marina, einer beliebten Anlaufstelle für Bootsurlauber. Den kleinen idyllischen Ort erreichen Sie gut zu Fuß, wenn Sie auf dem naheliegenden Campingplatz ihre Zelte – wir meinen natürlich Ihr WOMO – aufschlagen. Hier bleiben keine Wünsche offen:

069 Kolan – *Camping Village Šimuni*

GPS/Kontakt: N 44° 27' 51" E 14° 58' 02", Šimuni 106, 23251 Kolan, Tel. +385 23 697 441; *www.camping-simuni.hr/de/* **Öffnungszeit:** Mitte März bis Mitte November. **Ausstattung:** Gasflaschenversorgung, Bootsverleih, Sport- und Animationsprogramm, Beauty- und Wellness-Abteilung, Motorroller- und Autoverleih, Supermarkt, Restaurants. **Beschreibung:** Die Stellplätze befinden sich auf einem überwiegend terrassierten Gelände unter schattenspenden Pinien. Im hinteren Teil befindet sich eine freie, unparzellierte Zone.

Da der Strandabschnitt sehr lang ist, bieten viele der Stellplätze Meerblick. Besonders erwähnenswert ist das Fischgeschäft, bei dem Sie täglich fangfrische Spezialitäten erwerben können.
Preise: 22–87 €. **Zufahrt:** Der Campingplatz liegt direkt an der Zufahrtsstraße und ist nicht zu übersehen.

Wenn Sie sich außerhalb des Campingplatzes die Füße vertreten möchten, können wir Ihnen den Aufstieg auf die höchste Erhebung der Insel Pag – den Berg **Sveti Vid** – empfehlen. Die Markierungen beginnen direkt gegenüber der Einfahrt des Campingplatzes. Sie können sich allein auf den Weg machen oder zusammen mit den Animateuren des Campingplatzes, die kostenlose Wanderungen organisieren.

TOUR 7

Von Šimuni auf den Sveti Vid

Gehzeit: 1,5 Std. **Schwierigkeitsgrad:** Mittel. **Höhenunterschied:** 350 m.
Beschreibung: Je nachdem aus welchem Teil Deutschlands Sie kommen, mögen Ihnen die 350 Höhenmeter, die es zu bewältigen gilt, entweder als Spaziergang oder als Wanderung erscheinen. Allerdings ist der Aufstieg bei höheren Temperaturen keinesfalls zu unterschätzen. Der Weg ist technisch nicht unbedingt anspruchsvoll, aber im Sommer sind die Anstiege unangenehm, da es unterwegs weder Schatten noch Trinkwasser gibt.
Oben angekommen erwartet Sie nicht nur eine atemberaubende Aussicht auf die ganze Insel, die Nachbarinseln sowie das Velebit-Gebirge, sondern auch eine kleine Kapelle aus dem 14. Jahrhundert.

Die nächste Station auf Ihrem Weg ist nun **Pag-Stadt** (2.800 Einwohner). Der Parkplatz mit Aussichtspunkt auf der Hochebene bietet einen der *besten Panoramablicke* auf das Städtchen und auf die weitläufigen Salinen im Hintergrund. Diese Salzgewinnungsanlagen sind die bedeutendsten von ganz Kroatien.

P N 44°26'18" E 15°02'16"

Für Ihren Aufenthalt stehen Ihnen mehrere sehr günstig gelegene Tagesparkplätze zur Auswahl, die sich sowohl für eine Stadtbesichtigung als auch zum Baden eignen.

Fußgängerbrücke in die Stadt Pag

P04 Pag Plaža Prosika

GPS: N 44°26'26" E 15°02'49" **Ausstattung:** Wasserrutsche, Duschen, WC, Supermarkt, Bäckerei, Restaurant. **Beschreibung:** Wenn Sie Ihr Wohnmobil auf diesem eben angelegten Kiesparkplatz abgestellt haben, trennt Sie nur die Straße vom Badevergnügen. Kein Schatten. Der flach abfallender Kies-Sandstrand bietet ein breites Angebot an Sport-, Freizeit- und Unterhaltungsmöglichkeiten. **Preise:** In der Hauptsaison wahrscheinlich gebührenpflichtig. **Zufahrt:** Von der Hauptstraße vor dem Damm links abbiegen. Nach 800 m erreichen Sie den Parkplatz. Entlang der Straße kommen Sie vorab bereits an mehreren großen, teils asphaltierten Parkplätzen vorbei, die näher an der Altstadt liegen.

Die Stadt Pag ist der wirtschaftliche Mittelpunkt der Insel. Der dalmatinische Baumeister Juraj Dalmatinac plante den Ort einst im *Schachbrettmuster* – alle Gässchen im Zentrum verlaufen rechtwinkelig und münden auf einem großen, zentral gelegenen Marktplatz.

Das Herzstück der heutigen Altstadt ist der Platz **Kralja Petra Kresmira IV**, der von der prachtvollen **Basilika Maria Himmelfahrt** aus dem 15. Jahrhundert mit ihrer eher schlichten Fassade und dem **Fürstenpalast** eingerahmt wird. In den restaurierten, schmucklosen Fassaden der beiden Bauwerke sieht man gotische Fenster und Überreste eines Wappens.

Rings um den Platz und in den kleinen Gassen gibt es Cafés, Restaurants und kleine Bars, die zum Verweilen einladen. Wir haben uns sagen lassen, dass besonders das ***Bistro Na Tale*** einen Besuch wert sei: Empfohlen wurden uns nicht nur die Pizza, sondern auch die Fleisch- und Fischgerichte, wobei nur die auf der Insel gezüchteten Tiere in der Küche Verwendung finden. Eine Tischreservierung lohnt sich, denn im Na Tale ist immer recht viel los. *(Stjpan Radić 4, Tel. +385 23 611 194; täglich geöffnet 12–22 Uhr.)*

Typisch für die Stadt Pag ist die **Pager Spitze**, die heute noch traditionell in Handarbeit hergestellt wird. Die ersten schriftlichen Dokumente über die Spitze stammen aus dem 15. Jahrhundert und die Anfertigungsart und die Exemplare wurden von

Basilika Maria Himmelfahrt

TOUR 7

Generation zu Generation weitergegeben.

Noch heute sieht man Frauen in Hauseingängen in den engen Pager Straßen sitzen, die diese zarten Handarbeiten mit ihren feinen, komplizierten Mustern anfertigen. Wer sich näher dafür interessiert, dem empfehlen wir im Zentrum die Galerie für die Pager Spitzen oder einen Besuch im **St. Margarete-Kloster**. Die Benediktiner-Schwestern sind weiterhin die treibende Kraft zu dieser Handarbeit. Im Kloster gibt es über hundert Exponate und sie werden schon seit über 150 Jahren gesammelt.

Stolz ist die Stadt Pag auch auf ihren **Sommer-Karneval** – dem ältesten Karneval an der Adria. Seit 1959 findet er immer *am letzten Wochenende im Juli* statt. Gefeiert wird mit einer Vielzahl an Aktivitäten, Konzerten und Shows, einem Umzug mit bunten Kostümen und Masken und als Höhepunkt der Verbrennung einer Faschingsfigur auf dem Marktplatz, wodurch die bösen Geister in die Flucht getrieben werden sollen.

Das südliche Ende der Insel gestaltet sich sehr eindrucksvoll. Zwischen den fast schneeweißen Felskuppen liegt die tiefblaue **Meerenge Ljubačka Vrata**, was für einen großartigen Kontrast sorgt. Nur wenige Disteln, etwas niedriger Thymian sowie blaublühender Salbei überleben hier.

Etwa 200 Meter vor der Brücke **Paški most** zweigt rechts eine kleine Straße zur Ruine **Most Fortica** ab. *Achtung: Keine Beschilderung.* Wir sind beim ersten Mal glatt daran vorbeigefahren. Die Festung liegt an der äußersten Spitze der Insel Pag und von dort aus können Sie einen guten Blick auf die Brücke und die fjordartige Meerenge werfen. Tagsüber verirren sich einige Touristen oder Angler an dieses Plätzchen, abends wird es sehr ruhig.

Brücke Paški most

P05 Most Fortica

GPS: N 44°19'23" E 15°15'18". **Ausstattung:** Keine. **Beschreibung:** Direkt an diesem alten Gemäuer befindet sich ein ebener, geteerter Parkplatz. Eine Etage tiefer gibt es einen weiteren. Entweder über eine Leiter oder über kantige Felsen können Sie hier Ihr letztes Bad auf der Insel Pag nehmen. **Preise:** Kostenfrei. **Zufahrt:** 200 m vor der Pag-Brücke rechts abbiegen.

Der erste Anlaufpunkt auf dem Festland ist das etwas abseits gelegene Städtchen **Nin** (2.700 Einwohner). Fährt man auf der Hauptstraße entlang bis zum **Salzmuseum** und biegt vor der Lagune rechts ab, so kommt man direkt zu einem großen, gebührenpflichtigen Strandparkplatz. Dieser eignet sich für einen Bade-Stopp sowie für einen Besuch des Museums oder eine Stadtbesichtigung, jedoch wie so oft nicht als Übernachtungsplatz *(Camping-verboten-Schilder)*. Vor allem *Sandstrand-Liebhaber* kommen rund um Nin voll auf ihre Kosten.

P06 Nin – Plaža Ždrijac

GPS: N 44°14'47" E 15°11'22". **Ausstattung:** WC, Stranddusche, Mülleimer, Strandbar, Kinderspielplatz, Kite Schule, Verleih von Strandliegen und Sonnenschirmen. **Beschreibung:** Der Schotterparkplatz ohne Schatten ist nicht wirklich idyllisch und überzeugt nur durch seine günstige Lage. Direkt am Wasser befinden sich einige Bänke, die einen schönen Blick auf die Lagune und Nin bieten. Vom Parkplatz aus führt ein Holzsteg zu dem langen, seichten Sandstrand mit allerlei Unterhaltungsmöglichkeiten. **Preise:** 5 € pro Tag. **Zufahrt:** Direkt vor der Lagune rechts abbiegen.

Die **Altstadt,** die auf einer Insel liegt, erreicht man über eine Fußgängerbrücke.

Wenn Sie den Ort durch das Stadttor betreten, treffen Sie auf Überreste von alten Mauern, Häusern und Höfen – Zeitzeugen einer großen Vergangenheit: Nin gilt als *Wiege der kroatischen Geschichte*. Nahe dem winzigen Zentrum entdecken wir inmitten eines Ausgrabungsfeldes **die kleinste Kathedrale der Welt** – die römisch-katholische Heilig-Kreuz-Kirche Sv. Križ.

TOUR 7

Gegenüber diesem Denkmal erinnert eine Statue an den mutigen **Bischof Grgur Ninski**, der in der kroatischen Kirche statt Latein die den Bürgern verständliche Volksschrift Glagoliza durchsetzte. Ihm werden wir später in Split noch einmal begegnen.

Nin – Die Wiege der kroatischen Geschichte

Das geschichtsträchtige Städtchen wird als Wiege des kroatischen Staates und seiner Kultur betrachtet. Der Ursprung reicht zurück auf das Jahr 621, als der südslawische Stamm der Kroaten Istrien und Dalmatien besiedelte. 846 gründete Fürst Trpimir die erste kroatische Herrscherdynastie, deren Residenz Nin war. Sein Nachfolger Fürst Branimir erklärte seine Treue zur Römischen Kirche. Im Gegenzug erkannte Papst Johannes VII den kroatischen Staat an.

Nur wenige Schritte weiter steht die mehrfach umgebaute **Bischofskirche** des Heiligen Anselm mit einem romanischen **Glockenturm** und der sehenswerten **Schatzkammer** »Gold und Silber der Stadt Nin«. Schlendert man die gepflasterte Gasse weiter, so gelangt man durch das untere Tor zu einer kleinen Hafenbucht.

Nicht vorenthalten möchten wir Ihnen einen im Zentrum gelegenen Einkehrtipp, den wir von anderen Reisenden erhalten haben. Während unseres Besuchs in Nin war das Restaurant leider geschlossen – wenn Sie es getestet haben, freuen wir uns über eine Nachricht mit Ihrem Urteil: **Pizzeria *Peperoni*** *(Zvonimirova ulica 5, Tel. +385 91 492 6750, täglich 12–23 Uhr).*

Auch zwei direkt nebeneinander gelegene **Campingplätze** gibt es. Als die ansprechendere Adresse erscheint uns dieser Platz:

070 Nin – *Camping Nin*

GPS/Kontakt: N 44° 14' 41" E 15° 10' 29", Put Venere Anzotike 41, Tel. +385 23 264 797; *www.campingnin.hr/de* **Öffnungszeit:** Anfang Mai bis Mitte Oktober. **Ausstattung:** Entleerung von Chemie-WC, ***keine Grauwasserentleerung***, Kinderspielplatz, Waschmaschine. **Beschreibung:** Die Stellplätze befinden sich auf Wiesengrund und sind teilweise etwas schief. Die Parzellierung ergibt sich durch den natürlichen Wuchs der Olivenbäume auf dem Gelände. Zum öffentlichen Strand sind es etwa 400 m, in das Stadtzentrum von Nin laufen Sie etwa eine Viertelstunde. Einkaufsmöglichkeiten sind fußläufig erreichbar. **Preise:** 20–25 € (Trinkwasser füllen kostet 6 € extra). **Zufahrt:** Von der Hauptstraße beim Supermarkt links abbiegen, nach etwa 350 m auf der linken Seite.

Knapp 20 Kilometer weiter begrüßt uns die bedeutende Hafenstadt **Zadar** (80.000 Einwohner). *Hier treffen Variante 1 und 2 dieser Tour wieder zusammen.*

Die vielen Bewohner von **Zadar** finden natürlich schon lange nicht mehr ihren Lebensraum in der Altstadt, die auf einer Landzunge liegt und daher nur begrenzte Fläche bietet. Das Häusermeer zieht sich kilometerlang der Küste entlang und zentrumsnahe Parkplätze sind Mangelware.

Am Ortsrand gibt es einen weitläufigen 5 Sterne Luxus-Campingplatz, der seit dem Jahr 2019 von einer Premium-Hotelkette geführt wird.

071 Zadar – *Falkensteiner Premium Camp*

GPS/Kontakt: N 44° 08' 05" E 15° 12' 56", Ulica Majstora Radovana 7, Tel. +385 23 555 602; *www.falkensteiner.com/premium-camping-zadar*
Öffnungszeit: Ganzjährig. **Ausstattung:** Poollandschaft, Aktivitäts- und Unterhaltungsprogramm, Waschmaschine und Wäschetrockner, Restaurant, Einkaufsmöglichkeiten, Pool Bar.

Beschreibung: Sie stehen mit Ihrem WOMO auf gekiesten Parzellen inmitten eines ruhigen Parks, der mit seinen Kiefern angenehmen Schatten bietet. Jeder Stellplatz ist mit einem Strom- und Wasseranschluss ausgestattet. Campinggäste dürfen im nebenan liegenden Hotel den Wellness- und SPA-Bereich mit Sauna und Hallenbad benutzen. Am Eingang des Campingplatzes befinden sich Bushaltestellen. Die Linien 5 und 8 bringen Sie alle 20 Minuten in die Innenstadt. **Preise:** 50 – 93 €. **Zufahrt:** Von allen Richtungen beschildert.

Blick von der Basilika über Zadar

Da das der einzige Campingplatz in Zadar ist und dieser sich im gehobenen Preisniveau bewegt, haben wir eine kostengünstigere Alternative getestet. Nicht schön, aber zweckmäßig und dafür fußläufig zur Altstadt:

072 Zadar – City Galeria

GPS: N 44°06'37" E 15°14'13", Polačišće ulica 7. **Max. WOMOs:** 5. **Ausstattung:** Keine. **Beschreibung:** Der abgeschrankte 24-Stunden-Parkplatz liegt gegenüber eines Einkaufszentrums. Bezahlt wird an einem Parkautomaten. In die Altstadt läuft man etwa 15 Minuten. Der erste Eindruck könnte eine unruhige Nacht vermuten lassen. Dies war aber bei unserem Aufenthalt jedoch überhaupt nicht der Fall. **Preise:** 0,50 € pro Stunde. **Zufahrt:** Die Einfahrt befindet sich direkt gegenüber des Einkaufszentrum »City Galeria«. Da es sich um eine Einbahnstraße handelt, ist etwas Aufmerksamkeit geboten, bevor man eine Extrarunde drehen muss.

Durch ein steinernes Tor schreiten wir in die Innenstadt. Schon allein Zadars Altstadt ist eine Reise wert. Sie liegt auf einer Halbinsel, ist von einer venezianischen Mauer umgeben und man kann sie bequem zu Fuß auf einer Promenade umrunden.

Die beiden Marinas sind nicht nur eine beliebte Anlaufstelle für Segelyachten und Motorboote, sondern gleichzeitig ist die Stadt ein wichtiger Verkehrsknotenpunkt für die Fähren, die von hier die vorgelagerten Inseln ansteuern und nach Italien auslaufen.

Obwohl die Altstadt durch Bombardierungen im Zweiten Weltkrieg schwer gelitten hat, sind viele der Sehenswürdigkeiten erhalten geblieben. Zadar bietet so einige Sehenswürdigkeiten, die Sie nicht verpassen sollten: Wir gelangen als Erstes zum **Platz der Nation** (Narotni Trg), dem Mittelpunkt des öffentlichen Lebens. Hier befinden sich die **Stadtwache**, die **Loggia** und das prachtvoll verzierte **Rathaus**.

Der Volksplatz von Zadar

Aus fränkischer Zeit stammt das monumentalste Bauwerk des frühen Mittelalters an der kroatischen Adriaküste: die 27 Meter hohe, zweigeschossige **Rundkirche Sv. Donat**. Sie ist das Symbol der Stadt und aufgrund der hervorragenden Akkustik finden hier im Sommer regelmäßig *klassische Konzerte im Rahmen des internationalen Musikfestivals* statt.

Das römische Forum vor dem Dom Sv. Stošije

Direkt daneben finden Sie die Überreste des 90 Meter langen und 45 Meter breiten ehemaligen **römischen Forums** mit Tempel und Säulenhalle.
Die Kirche ist verbunden mit dem romanischen **Dom** Sv. Stošije, in dessen Apsis sich der Marmorsarkophag mit den Reliquien der Heiligen Anastasia befindet. Die Kathedrale wurde im Zweiten Weltkrieg durch mehrere Luftangriffe zerstört, die Schäden danach wieder behoben. Ursprünglich eine altchristliche Basilika, ist sie heute die *größte Kathedrale in Dalmatien*. Der Glasvorraum ermöglicht Ihnen in die Kathedrale hineinzuschauen, auch wenn sie geschlossen ist, was sehr häufig der Fall sein könnte. **Ein Tipp:** Klettern Sie die 150 Stufen auf den Kirchturm, um von der Aussichtsplattform einen atemberaubenden **Panoramablick** uber Zadar zu erleben.

Nebenan lassen sich im **archäologischen Museum** – dem zweitältesten Museum in ganz Kroatien – eine Vielfalt wertvoller Exponate bewundern. Hier finden Sie 100.000 archäologische Gegenstände aus vorrömischer, griechischer und römischer Zeit sowie Skulpturen und Reliefs aus dem frühen und späten Mittealter *(täglich 9–21 Uhr)*.

In nur wenigen Gehminuten erreicht man von hier das südwestliche Altstadtende und somit auch die **Meeresorgel**, angeblich die einzige auf der Welt.

Abends in Zadar

Diese spezielle »Orgel« wird von den Wellen des Meeres angetrieben und erzeugt eine wunderbare Melodie. Auf 70 Metern Breite sind Reihen von Steintreppen verbaut, die von einem Rohrsystem durchzogen sind. Im niedrigsten Bereich stehen senkrecht 35 Rohre mit verschiedenen Längen, Durchmessern und Neigungen. Darauf stecken die Pfeifen der Meeresorgel. Durch das Zusammenspiel der Wellen und der Luft, die den unterschiedlich starken Rohren entweicht, entstehen mystische Klänge. Wir setzen uns auf die Treppen und geben uns der Musik aus Wind und Meer hin. Ein wirklich außergewöhnliches Naturorchester!

Die Meeresorgel in Zadar

Nur einige Schritte von der Orgel entfernt findet sich ein weiteres Highlight: Der **»Gruß an die Sonne«** ist eine Installation in Form eines Amphitheaters, die tagsüber Sonnenenergie sammelt und abends eine spektakuläre Lichtshow bietet. Auf dem Niveau der Uferpromenade sind in einem Kreis von 22 Metern Durchmesser etwa 300 Glasplatten eingelassen, die bei Sonnenuntergang ein *wunderschönes Licht- und Farbenspiel* erzeugen.

»Gruß an die Sonne« bei Nacht

Weiter geht es in Richtung Südosten zum bekanntesten Zadarer **Stadtmarkt Pijaca**, an dem unzählige bunte und fest installierte Holzstände reichlich Platz für frisches Obst, Gemüse, Fisch und Fleisch bieten. Hier können Sie sich auch mit lokalem Käse und Wein eindecken *(Mo. – Fr., 7 – 15 Uhr; Sa. 7–13 Uhr; So. 7 – 12 Uhr)*.

An der historischen Stadtmauer

Der Besuch lohnt sich besonders in den *frühen Morgenstunden*.

Der **Fünf-Brunnen-Platz** ist einer der ältesten Plätze in Zadar und ein wunderbarer Ort, um sich zu entspannen und das Treiben der Stadt zu beobachten. Hier beenden wir unsere kleine Exkursion und bummeln langsam zurück. Für unseren Rundgang haben wir uns vorher mit einem **Stadtplan** ausgerüstet. Diesen erhalten Sie in einer der zahlreichen Touristen-Infomationen.

Zadar vorgelagert sind die norddalmatinischen Inseln **Uglijan** und **Pašman**, die untereinander durch eine Brücke verbunden sind. Sie sind (in einer knappen halben Stunde) mit der Fähre erreichbar, ebenso wie die noch weiter im Meer draußen liegende Insel **Dugi Otok** (lange Insel). Südlich von Dugi Otok schließt das Inselarchipel der Kornaten an, welches als Nationalpark ausgewiesen ist.

Ausflugsboot in den Nationalpark Kornaten

Nationalpark Kornaten

Der Nationalpark Kornaten umfasst eine Fläche von 220 Quadratkilometern und besteht aus insgesamt 89 Inseln, Inselchen und Felsriffen, von denen jedoch nur zehn bewohnt sind. Alle Kornati-Inseln »schwimmen« wie grüne Flecken im Meer. Die größte Insel ist Kornat, die auch Namensgeber des Parks ist, mit dem Hauptort Vrulje.

Seine Geschichte reicht bis ins Jahr 1980 zurück, als er offiziell gegründet und gesetzlich *zum ersten Meeres-Nationalpark der Welt* erklärt wurde. Ziel war es, die einzigartige und empfindliche Ökologie des Gebiets zu schützen und zu bewahren. Seit 2007 gehört der Nationalpark zum *UNESCO-Weltnaturerbe*.

Hier ist eine Vielzahl von Tier- und Pflanzenarten zu Hause: Unter den Pflanzen finden sich seltene Arten wie der Kornati-Steinklee und der Kornati-Rittersporn. Auch die Tierwelt ist beeindruckend: Hier leben Delfine, Meeresschildkröten, Haie und verschiedene Vogelarten, darunter der seltene Kornati-Steinadler.

In den letzten Jahren wurden umfangreiche Investitionen in die Infrastruktur des Parks getätigt, um den Besuchern ein besseres Erlebnis zu bieten. Sie können den Park auf verschiedenen Wegen erkunden, darunter per Boot, Kajak oder zu Fuß. Außerdem gibt es zahlreiche Möglichkeiten zum Schnorcheln, Tauchen und Angeln.

Die Nationalparkverwaltung befindet sich in der Ortschaft **Murter** auf der gleichnamigen Insel des Archipels.

Fast täglich verkehren Ausflugsboote vom Hafen in Zadar hinaus in die weite Inselwelt.

Besonders beliebt ist folgende Variation: Um etwa 8.30 Uhr verlässt man an Bord eines solchen Schiffes Zadar und schippert durch die blaue Adria. Nach eventuellen Zwischenaufenthalten erreicht man den Nationalpark der Kornaten. Das vorgeplante Programm sieht genug Zeit vor, um zu Baden oder spazieren zu gehen. Die Rückkehr erfolgt am gleichen Tag etwa um 18 Uhr. Im Preis von etwa 50,00 Euro ist die Verpflegung inbegriffen, hinzu kommt der Eintritt in den Nationalpark *(Erwachsene 16 €, Kinder 6–12 Jahre 8 €)*. Erkundigen Sie sich jedoch bitte vor Ort! Die Preise und Modalitäten schwanken. Ein Vergleich hilft für sich das richtige zu finden und eventuell ein paar Euro zu sparen.

Tour 8

Tour 9
Split
090
089
WC
P06
Kaštela
E65
Divulje
Trogir
088
087
Labin
Marina
Podorljak
Rogoznica
Kladnjice
E65
58
Blizna Donja
086
Vrpolje
Primošten
P
085
10 km
Žitnić
Konjevrate
081
WC
P
080
E65
Brodarica
P05
084
33
Lozovac
Šibenik
079
P
Širitovci
Nationalpark Krka
P
083
Skradin
082
Vodice
E65
27
Čista Mala
078
Jezera
59
59
Pirovac
Tisno
P04
P03
076
Đevrske
Betina
Murter
077
Radašinovci
P02
E65
Drage
27
Pakoštane
074
56
Naturpark Vransko jezero
075
Benkovac
Biograd Na Moru
Tkon
Gornji Karin
503
Turanji
Pašman
27
Obrovac
073
27
Galovac
Banj
Maslenica
Sukošan
P01
E71
E65
E65
Zadar
Tour 7

Dalmatiens Natur- und Kulturschätze
Von Zadar nach Split
230 km

Unsere Reise führt uns in fast gerader Linie weiter entlang der Küstenstraße. Doch lassen Sie sich nicht täuschen, falls dies zunächst unspektakulär klingen mag. Auf dieser Tour begegnen wir nicht nur bekannten Namen wie Trogir, Šibenik, den Krka Wasserfällen und Split, sondern es erwartet Sie auch eine Fülle an weiteren Entdeckungen:

- **Angler- und Vogelparadies Vransko jezero**
- **Insel Murter**
- **Ein Café, umgeben von Heil- und Gewürzkräutern**
- **Meisterwerke kroatischer Bildhauerkunst**
- **Diokletian Palast Split**

Wir lassen Zadar hinter uns und reisen weiter südwärts entlang der Adria Magistrale. Schon nach wenigen Kilometern begrüßt uns **Sukošan** mit seinen zahlreichen blühenden Oleandern und einem beeindruckenden Yachthafen am Ortsanfang. Dieser ist der größte seiner Art an der kroatischen Küste und beherbergt mehr als 1.000 Boote. Wenn Sie sich nach dem Hafen rechts Richtung Zentrum halten, lassen Sie sich nicht von den »Camping verboten«-Schildern zu Beginn des Parkplatzes an den Docks irritieren. Nur ein paar Meter weiter finden auch Wohnmobilreisende ein idyllisches Plätzchen zum Abkühlen im Meer. Besonders in der Nebensaison herrscht hier eine angenehme Ruhe.

P01 Sukošan

GPS: N 44°02'55" E 15°18'32". **Max. WOMOs:** 3–4. **Ausstattung:** Mülleimer, Bänke, Stranddusche. **Beschreibung:** Der geschotterte Parkplatz liegt unmittelbar am kleinen Kiesstrand. In der Nebensaison können Sie es sich hier problemlos auf Ihrem Klappstuhl gemütlich machen. Wer den steinigen Weg ins kühle Nass scheut, kann am Ende des angrenzenden Stegs bequem über eine Treppe ins kristallklare Wasser steigen. In nächster Umgebung befinden sich Restaurants, Einkaufsmöglichkeiten gibt es im Ort. **Zufahrt:** Im Ort die erste Abfahrt Richtung Centar/Plaža nehmen, dann etwa 400 m fahren.

Der schmale Waldstreifen zwischen Adria Magistrale und Meer lädt immer wieder zu einem Badestopp ein. Mit ein wenig Glück entdecken Sie zwischen den parkenden PKWs am Straßenrand eine passende Lücke oder nehmen eine der schmalen Zufahrten zu den Parkplätzen unter den Pinien. Achten Sie dabei bitte auf tiefhängende Äste und engstehende Bäume. Die meisten dieser Plätze sind allerdings mit »Camping verboten«-Schildern versehen, so dass sie sich lediglich für Tagesaufenthalte ohne Campingverhalten eignen.

Im weiteren Straßenverlauf bieten niedrigbewachsene Abschnitte immer wieder traumhafte Ausblicke auf das Meer und die gegenüberliegende Insel **Pašman**.

Fast in jedem Ort entlang der Route weisen »Auto Camp«-Schilder an den Stichstraßen auf Übernachtungsmöglichkeiten bei Privatleuten hin. Fährt man einen solchen an, so darf man mit dem WOMO auf dem Hof oder im Garten übernachten. Es ist keine großartige Ausstattung zu erwarten, dafür gibt es manchmal Familienanschluss.

In **Turanji** stoßen wir auf einen schönen und sehr gepflegten Mini-Camp, der außerhalb des mit einer kleinen Mauer umzäunten Geländes auf der gegenüberliegenden Straßenseite einige Plätze direkt am Wasser bereithält:

073 Turanj – *Camp Antonio*

GPS/Kontakt: N 43°58'25" E 15°23'59", Jadranska Magistrala 121, Tel. +385 915 969 217. **Öffnungszeit:** April bis Oktober. **Ausstattung:** Campingplatzüblich. **Beschreibung:** Der überschaubare Campingplatz ist besonders bei Bootsbesitzern beliebt. Zwischen den Bootsanlegern finden sich vereinzelt richtige Strandabschnitte, ergänzt durch Badeplattformen und betonierte Treppen für den Zugang zum Wasser. Restaurants, Einkaufsmöglichkeiten und Freizeitangebote, wie Bootverleih und Ausflüge zu den Kornaten, sind im Ort vorhanden. **Preis:** 20–30 €. **Zufahrt:** Die offizielle Adresse ist an der Jadranska Magistrala, aber die Einfahrt zum Platz finden Sie in der Parallelstraße, wenn Sie den Koordinaten folgen.

35 Kilometer nach Zadar machen wir einen Zwischenstopp in **Biograd Na Moru** (5.700 Einwohner). Ideal für einen Tagesbesuch ist der große zentrale Parkplatz am Hafen (N 43°56'28" E 15°26'43"). Biograd ist bekannt als die »Weiße Stadt«, da viele Gebäude und Kirchen in der Altstadt aus weißem Stein gebaut sind. Der hübsche Ferienort bietet einige schmale Altstadtgassen, doch hauptsächlich scheint sich das touristische Leben auf der schier *endlos langen Strand- und Uferpromenade* abzuspielen. Hier reihen sich Cafés, Bars und Restaurants aneinander, dazwischen immer wieder Souvenir- und Fast Food-Stände.

Auch die Badestrände warten mit reichlich Programm auf, unter anderem der großen Wasserrutsche am beliebten Kiesstrand **Dražica**. Wer Lust auf Trubel hat, wird in Biograd auf jeden Fall seinen Spaß haben.

Verspürt man trotz der ausgelassenen Urlaubsstimmung Lust auf kulturelle Ambitionen, so sei der Besuch des **Heimatmuseums** empfohlen. Hier können Sie neben der archäologischen und ethnografischen Sammlung auch einige Kunstgemälde sowie die Fundstücke eines versunkenen Schiffes der Venezianer aus dem 16. Jahrhundert bestaunen *(Obala kralja Petra Kresimira IV 20; tägl. 9–12 und 19–21 Uhr)*.

Doch uns zieht es nun wieder in die Natur. Unser nächstes Ziel: der größte Binnensee Kroatiens, der Vransko jezero.

Naturpark Vransko jezero

Der Süßwassersee erstreckt sich über 13,5 Kilometer in der Länge und bis zu 2,5 Kilometer in der Breite. Sein überwiegend verschilftes Ufer beheimatet zahlreiche Vogelarten, darunter seltene Exemplare wie den Schreiadler, den Purpurreiher – das Markenzeichen des Sees – und den Schwarzstorch. Hier befindet sich auch der einzige stabile Nistplatz des vom Aussterben bedrohten Zwergkormorans in ganz Kroatien. Der See wurde deshalb auch zum Vogelschutzgebiet erklärt.

Vor allem unter Anglern erlangte der Vransko jezero bereits einige Berühmtheit, da er zahlreiche Fischarten beherbergt. In den milchiggrünen Fluten tummeln sich Aale, Hechte, Zander und dicke Karpfen.

Der nordwestliche Teil des Sees ist praktisch eine einzige Sumpffläche und als das Vogelschutzgebiet »Prirode Nature Park« ausgewiesen.

Hier ist der Purpurreiher , das Markenzeichen des Sees, beheimatet.

Der Eintritt in den Naturpark Vransko Jezero ist kostenpflichtig. Es gibt drei Hauptstationen um den See herum mit jeweils einem Informationszentrum. Hier erfahren Sie mehr über die Geschichte und die Umwelt des Sees: das ornithologische Reservat am Eingang des Vogel-Lehrpfades, den Aussichtspunkt Kamenjak und der kleine Hafen Prosika.

Insgesamt gibt es sechs thematische Lehrpfade, die man teils zu Fuß auf Holzstegen oder per Fahrrad erkunden kann.

Bei jeder Station kann man Eintrittskarten kaufen, die man aufheben sollte, um sie bei den weiteren Stationen vorzulegen *(5 €; http://www.pp-vransko-jezero.hr/)*.

Schnell erreichen wir diesen gepflegten Campingplatz:

074 Pakoštane – *Camp Vransko Lake Crkvine*

GPS/Kontakt: N 43°55'49" E 15°30'34", Crkvine 2, Tel. +385 23 251 726; *https://www.vranalake.hr/de*. **Öffnungszeit:** April bis Oktober. **Ausstattung:** Campingplatzüblich, Brötchenservice, Waschmaschine, Boots- und Fahrradverleih, *kein Grauwasserabfluss*. **Beschreibung:** Ein Ort für Ruhesuchende, Angler und Hobby-Ornithologen. Der Campingplatz liegt sehr idyllisch in einem Pinienhain. Ihren Stellplatz – eben und auf Wiesengrund – können Sie sich bei Ankunft selbst aussuchen. Wer nicht nur angeln, sondern auch baden möchte, kann dies an dem teils naturbelassenen, teils aufgeschütteten Kiesstrand tun. Der Platz samt Sanitäranlagen wurde 2017 renoviert und bietet Einkaufsmöglichkeiten sowie ein Restaurant. **Preis:** 25–60 €. **Zufahrt:** Von der Küstenstraße in Richtung Vrana abbiegen (beschildert).

In der Umgebung des Sees gibt es viele Wander- und Fahrradwege, die entlang des Ufers und durch die umliegenden Wälder führen.

Nicht weit vom Campingplatz entdecken wir auf der rechten Seite einen *neu angelegten Besucherparkplatz* mit Toilette und Picknickbänken. Hier befindet sich eines der bereits erwähnten Informationszentren, das Besucherzentrum **Crkvine** (N 43°56'01" E 15°30'42"). Nachdem wir in der Information unseren Obulus entrichtet haben, dürfen wir den Holzsteg begehen und so trockenen Fußes die Vogelwelt betrachten. Von einem Aussichtstürmchen erhält man einen besonders schönen Ausblick auf den See und die umliegende Landschaft. Für alle, die es ganz genau wissen wollen, werden hier sogar Ferngläser verliehen.

Nicht vorenthalten wollen wir Ihnen einen *ganz speziellen Stellplatz-Tipp* am Vransko Jezero, dem ein beinahe legendärer Ruf vorauseilt. Das ganze Anwesen bewegt sich zwischen kurios und alternativ.

Besucherzentrum Crkvine am Vraner See

075 Fledermaus-Hotel

GPS: N 43°53'57" E 15°32'29". **Max. WOMOs:** 10. **Öffnungszeit:** April bis September. **Ausstattung:** Wasser, Toilette, Dusche, Mülleimer. **Beschreibung:** Die Stellplätze gehören zu einem Bauernhaus direkt am Ufer des Sees (freie Platzwahl). Insgesamt sehr einfach, aber dafür auch sehr ruhig und idyllisch. Im kleinen Restaurant gibt es selbstgemachten Wein und ein paar Snacks. Warmes Essen nur auf Vorbestellung. Da es sich um einen Selbstversorgerhof handelt, der nicht ans Stromnetz angeschlossen ist, kann das solarbeheizte Wasser in den Sanitäranlagen auch mal knapp werden. Dafür gibt es Olivenöl, Wein, Kirschlikör und Grappa aus eigener Herstellung und dazu einen sehr urigen und freundlichen Besitzer. **Preis:** 20 €. **Zufahrt:** Das Fledermaus-Hotel ist an der Straße nicht beschildert. In Drage geht es von der Jadranska Magistrale links ab. Folgen Sie der kleinen Straße aus dem Ort hinaus. Ganz am Ende bei den blauen Hinweisschildern geht es rechts. Nach 750 m erreichen Sie das Ziel.

Halten Sie sich in **Drage** hingegen rechts in Richtung Meer, schlängelt sich ein kleines Sträßchen hinunter zum Hafen. Der in den bisherigen Ausgaben beschriebene Badeplatz in Drage musste bei unserem letzten Besuch leider einer Baustelle weichen. Als Alternative bietet sich der Strand Porat an.

P02 Drage

GPS: N 43°53'06" E 15°32'05". **Max. WOMOs:** 3–4. **Ausstattung:** Mülleimer, Toilette, Stranddusche. **Beschreibung:** Der geschotterte Parkplatz liegt etwas oberhalb eines kleinen Kiesstrandes in einer sehr malerischen Bucht. Vor Ort gibt es zwei Restaurants. Der Parkplatz ist von 7 bis 23 Uhr gebührenpflichtig. **Zufahrt:** Halten Sie sich ab dem kleinen Hafen an den ersten beiden Weggabelungen links. Nach etwa 200 m ist der Strand rechts ausgeschildert.

Zurück auf der Adria Magistrale entdecken wir meerseitig einen ansprechend gestalteten Campingplatz, den wir uns genauer ansehen wollen. Wir folgen dem Wegweiser nach **Prosika**, einem kleinen Dorf abseits der Hauptstraße. Der Campingplatz stellt hier quasi die einzige »Attraktion« dar.

076 Prosika – *Kamp Kalebić*

GPS/Kontakt: N 43°50'43" E 15°37'14", Prosika 2, Tel. +385 92 124 9325; *https://kamp-kalebic.hr/*. **Öffnungszeit:** April bis September. **Ausstattung:** Campingplatzüblich. Beschreibung: Ebene Stellplätze auf Gras und Kies mit wenig Schatten. Eine Bar und ein Restaurant befinden sich direkt auf dem Platz. Ein Spazierweg entlang des Prosika-Kanals führt Sie zum Vraner See und zum Infocenter Prosika. **Preis:** 18–30 €. **Zufahrt:** Biegen Sie von der Adria Magistrale rechts ab, die Zufahrt ist beschildert.

Tisno: Das Tor zur Insel Murter

TOUR 8

Ein paar Kilometer weiter halten wir uns am Kreisverkehr rechts und folgen den Schildern zur **Insel Murter**. Diese 19 km² große Insel ist nur durch einen schmalen Kanal vom Festland getrennt. Ein Hindernis stellt das kaum dar, denn anhand einer Schwenkbrücke lässt sich das Eiland leicht »entern«. Die Ortschaft **Tisno** übt sozusagen die Funktion als Portier aus und ist das Tor zur Insel. Der Ort selbst ist eher verschlafen und ruhig. Die Ansicht prägt der kantige Uhrturm, unter dem sich die Wohnhäuser aus Naturstein verstecken. Ein paar Restaurants und Geschäfte – das war's!

Nach Tisno windet sich die Straße einen Berg hinauf. Kurz danach ist der Kamm überschritten und bei klarer Sicht erhält man einen grandiosen Blick über die Inselwelt bis hinüber zum Festland. Besonders schön ist der Blick hinab in die **Kosirina-Bucht** mit ihrem türkisfarbenen Wasser. Einige weiße Segelschiffe, die hier vor Anker liegen, sowie die kleinen Inselchen der Kornaten machen das Panoarama perfekt. Damit die Fahrzeuglenker diese Aussicht nicht nur aus dem Fenster genießen können (und damit den Verkehrsfluss aufhalten), wurde ein neuer *Parkplatz mit Aussichtsplattform* und Picknickbänken eingerichtet (N 43°47'49" E 15°37'01").

Ausblick auf die Kosirina-Bucht

Schon zieht sich die Straße wieder nach unten und wir laufen in **Betina** (700 Einwohner) ein.

Ein *sonniger Badeplatz* (gebührenpflichtig in der Saison) mit besonders schöner Aussicht wartet gleich nach dem Ortsanfang. Hier lässt es sich prima (Sonnen)baden, für das leibliche Wohl sorgen eine kleine Strandbar und ein nettes Restaurant gleich gegenüber dem Asphaltparkplatz. Schatten für Ihr Fahrzeug suchen Sie hier allerdings vergebens.

P03 Betina – N 43°49'11" E 15°36'17"

Im Norden des Dörfchens erstreckt sich ein großer Jachthafen. Ein neu angelegter Parkplatz davor lädt zu einem Spaziergang durch den Ort ein (N 43°49'29" E 15°35'39").

Fährt man am Jachthafen vorbei, gelangt man nach etwa einem Kilometer zu einem Friedhof. In dessen Nähe gibt es einige abgelegene Tagesparkplätze, die sich auch für einen Badestopp eignen.

P04 Betina Badebucht am Friedhof – N 43°49'50" E 15°35'31"

Betina und der Hauptort **Murter** (3.000 Einwohner) sind längst zu einem einzigen Ort zusammengewachsen. Wir gelangen zum Hafen und schließlich zum Platz **Trg Rudina**, um den sich einige gemütliche Lokale und Marktstände gruppieren. In der Hochsaison tobt hier das Leben, doch jetzt – Mitte Juni – geht es noch angenehm ruhig zu. Gemeinsam mit ein paar anderen Touristen genießen wir einen Espresso in der Sonne. Anschließend schlendern wir ein bisschen umher und schauen neugierig in die Seitengassen – schließlich soll uns ja nichts entgehen, was Sie interessieren könnte!

Im Hafen von Murter

Allzu viel gibt das Städtchen auf den ersten Blick nicht her, doch einen Tipp haben wir trotzdem für Sie: Etwa zwei Kilometer außerhalb liegt ein kleiner Mini-Camp, den wir in der Vergangenheit mehrfach besucht und immer als eine Oase der Ruhe empfunden haben. Leider wurde zwischenzeitlich der Parkplatz nebenan zu einem professionellen Strandbad samt Bar, Tretbootverleih und weiteren Dienstleistungen umgebaut. Mit der Ruhe ist es also leider nicht mehr weit her, der kleine Campingplatz mit nur 15 Stellplätzen gefällt uns aber weiterhin sehr gut. Bei der Anfahrt ist unser Navigationssystem jedoch immer etwas überfordert, folgen Sie daher *unbedingt der Beschilderung*.

077 Murter – *Camping Lasatka*

GPS/Kontakt: N 43°49'19" E 15°34'29", Podvrske 32, Tel. +385 915 304 785. **Öffnungszeit:** Mitte April bis Mitte Oktober. **Ausstattung:** Campingplatzüblich. **Beschreibung:** Die Stellplätze sind terrassenförmig auf Gras und Kies angelegt, direkt am Meer finden Sie sogar schattige Plätzchen. Der Betreiber ist ausgesprochen freundlich und die Sanitäranlagen einwandfrei. Das Zentrum von Murter mit seinen Restaurants und Geschäften ist leicht per Fahrrad erreichbar, aber auch zu Fuß sind wir schon die zwei Kilometer dorthin spaziert. Vergessen Sie allerdings nicht die Taschenlampe für den Heimweg! **Preis:** 20–30 €. **Zufahrt:** In Murter der Beschilderung folgen. Es gibt auch die Möglichkeit, durch den benachbarten Campingplatz Slanica hindurchzufahren.

Unsere letzte Station auf der Inselrundfahrt ist **Jezera** (960 Einwohner). Diese freundliche Siedlung besteht aus einem lockeren Häuserarrangement. Die Gärten zeigen sich gepflegt und blühen in voller Pracht. Am großen Jachthafen, der eingebettet in einer hufeisenförmigen Bucht liegt, buhlen etliche Fischrestaurants um die Gunst der Gäste.

Auf der Insel gibt es noch einige weitere Campingplätze, in unseren Augen eine *echte Empfehlung* ist das Kamp Stella Maris. Der Platz ist ebenfalls recht klein und ob man unterkommt, ist ein bisschen Glückssache: In der Hauptsaison im Juli und August werden *keine Reservierungen* entgegengenommen.

078 Jezera – *Kamp Stella Maris*

GPS/Kontakt: N 43°47'14" E 15°37'06", Pod Jasenovac 11, Tel. +385 22 448 285; *http://autocamp-stellamaris.com/*. **Öffnungszeit:** Mai bis Oktober. **Ausstattung:** Campingplatzüblich. **Beschreibung:** Terrassenförmig angeordnete Stellplätze, die über eine sehr steile Straße angefahren werden müssen. Sie sind gepflastert und eben, bieten aber insgesamt wenig Schatten. Die gesamte Anlage ist sehr gepflegt und verfügt über ein eigenes, sehr gelobtes Restaurant sowie einen privaten Strand. Achtung: Geeignet nur für WOMOs bis *maximal 7 m Länge*. **Preis:** 24–30 €. **Zufahrt:** Der Campingplatz ist kurz vor Jezera an der Hauptstraße ausgeschildert. Biegen Sie direkt vor dem großen Supermarkt rechts ab und folgen Sie dem Schotterweg für einige hundert Meter.

Eine landschaftlich schöne Lage aller Plätze versteht sich bei dieser Insel fast von selbst...

Vodice (8.000 Einwohner) ist die nächste Perle an der Schnur der Badeorte. Der gefällige Ort mit seiner langen Hafenpromenade und den vielen Eisdielen, Souvenirläden und Cafés liegt etwas unterhalb der Küstenstraße an einer hübschen Bucht. Vom ehemaligen Fischerdorf, das Vodice einst war, ist kaum etwas geblieben. Der Tourismus bringt mehr ein. Mehrere große Hotelkomplexe nehmen ihre vielen Gäste auf und beschallen sie: Von hämmernden Techno-Beats bis zur Jazz-Gymnastik und einer Kapelle, die zum Tanz aufspielt, ist alles dabei. Wir suchen rasch das Weite!

Fluss Krka

Sechs Kilometer südlich von Vodice überspannt eine mächtige Brücke den **Fluss Krka**. Ein Schiff zieht breit verlaufende Wellen in die Fluten und grüßt mit seinem Horn die Touristen, die am Geländer stehen (Parkplatz für Fotostopp: N 43°45'45" E 15°50'47"). Mutige stürzen sich hier beim Bungee-Jumping in die Tiefe.

Nach einigen Minuten Fahrt biegen wir nach **Šibenik** (47.000 Einwohner) ab und finden einen zentrumsnahen Parkplatz.

079 Šibenik

GPS: N 43°44'34" E 15°53'05", Prilaz Tvornici 35. **Max. WOMOs:** 20. **Ausstattung:** Keine. **Beschreibung:** Großer, bewachter Parkplatz am Stadtstrand. Ziemlich eben, aber nicht wirklich schön, Das Beste ist, dass sie von hier aus schnell sowohl zum Strand (mit Duschen) als auch in die Altstadt gelangen. Ein Tagesticket für 24 Stunden kostet 7 €, zahlbar am Automaten. **Zufahrt:** Den Schildern zum Hafen/Busparkplatz folgen, am Hafenende vor dem Tunnel rechts einbiegen.

Vom Parkplatz aus spazieren wir in einer Viertelstunde am Meer entlang in die **Altstadt**. Auf glatt polierten Platten betreten wir die engen Gassen. Die Häuserschluchten spenden reichlich Schatten – eine Wohltat bei sommerlicher Hitze. Der Altstadtkern ist übersichtlich und somit äußerst besucherfreundlich. Die meisten Schätze lassen sich auf einem *entspannten Spaziergang durch die alten Gassen* entdecken. Allerdings trägt die Stadt nicht umsonst den Beinamen »Stadt der Treppen« – etwa 2.800 Stufen sollen es sein. Auf unserem Weg begegnen uns viele Sehenswürdigkeiten, Denkmäler und historische Bauten. Als eine der wenigen Städte der Welt zeichnet sich Šibenik mit gleich *zwei Kulturdenkmälern auf der UNESCO-Liste* des Weltkulturerbes aus.

Kathedrale des Hl. Jakob

Die Geschichte von Šibenik

Šibenik wurde im Jahr 1066 in einer Urkunde des Königs Petar Krešimir IV. erstmals erwähnt. Die Stadt blickt auf eine reiche Geschichte zurück und wurde im Laufe der Jahrhunderte von verschiedenen Herrschern regiert, darunter die Venezianer vom 15. bis ins 18. Jahrhundert. Nach dem venezianischen Herbst 1797 war Šibenik bis 1918 ein Teil der Habsburger Monarchie.

Die wohl bekannteste Persönlichkeit der Stadt ist Faust Vrančić, auch bekannt als Fausto Veranzio. Der vielseitige Gelehrte, Erfinder und Schriftsteller wurde 1551 in Šibenik geboren. Vrančić ist vor allem für sein Werk »Machinae Novae«, das Buch der Erfindungen, bekannt, was ihm den Titel »kroatischer Leonardo da Vinci« einbrachte. Sein Wörterbuch »Die fünf edelsten Sprachen Europas« gilt als eines der ersten und bedeutendsten Wörterbücher der kroatischen und ungarischen Sprache.

Seit Ende des 19. Jahrhunderts existiert am Fluss Krka ein Kraftwerk mit Wechselstrom. Das Krka-Šibenik Elektrizitätssystem, 1885 eingeweiht, war das erste Wechselstrom-Elektrizitätssystem in Kroatien und eines der ersten mehrphasigen Wechselstromsysteme weltweit. Es wurde nach Plänen von Nikola Tesla gebaut und versorgte Šibenik als eine der ersten Städte mit elektrischer Beleuchtung. Am 28. August 1895 wurde hier Strom erzeugt und nach Šibenik übertragen, wo sechs Stromtransformatoren eine große Anzahl von Straßenlampen versorgten. Dieses frühe System der Stromerzeugung, -übertragung und -verteilung blieb bis zum Ersten Weltkrieg in Betrieb. Die Überreste der ersten Kraftwerksanlage (Jaruga I) sind heute noch zu sehen, während das 1903 erbaute Kraftwerk (Jaruga II) sogar noch in Betrieb ist.

Auch das beeindruckende Festungssystem, bestehend aus den vier Hauptfestungen St. Michael, St. Johannes, Barone und die vorgelagerte Festung des heiligen Nikolaus, zeugt von der strategischen Bedeutung Šibeniks. Heute dienen die Anlagen als Freilichtbühnen oder Museen. Besonders hervorzuheben ist das moderne High-Tech-Museum in der Festung Barone, das den Besuchern mit Hilfe von interaktiven Stationen die Vergangenheit lebhaft vor Augen führt. Auch eine Bootsfahrt zum UNESCO-Denkmal Festung St. Nikolaus lohnt sich. Ein Besuch ist ausschließlich auf dem Seeweg möglich. Tickets für alle Festungen gibt es im Infocenter *(Don Krste Stošića 1, tägl. 9–16 Uhr; Einzeleintritt: 11,50 €, Kombiticket 13 €; https://www.tvrdjava-kulture.hr/).*

TOUR 8

Portraitköpfe an der Kathedrale des Hl. Jakob

TOUR 8

Beherrscht wird der Altstadtkern von der **Kathedrale des Hl. Jakob**. Im Jahr 1298 wurde Šibenik zum Bischofssitz – Grund genug für die Bewohner, den alten Pfarrsitz abzureißen und an seiner Stelle diese prachtvolle Kathedrale aus Marmor und schneeweißem Kalkstein zu errichten. Das Portal an seiner Längsseite wird von zwei gemeißelten Löwen flankiert, oberhalb davon zieren die steinernen Figuren von Adam und Eva in für kirchliche Verhältnisse recht freizügiger Manier die imposante Wand. Besonders bemerkenswert sind die 74 Portraitköpfe an der Fassade. Die Gesichter zeigen teilweise schmerzverzogene und gequälte Züge, die in der abendlichen Beleuchtung einen fast gruseligen Anblick bieten. Was mögen die Armen wohl verbrochen haben? Auf jeden Fall waren sie Zeitgenossen des Baumeisters Dalmatinac, dem in der Nähe der Kathedrale ein Denkmal gewidmet ist. Die Fertigstellung seines Meisterwerks erlebte er jedoch nicht mehr. Die Kathedrale zählt heute zu den bedeutendsten Bauwerken in Dalmatien und ist seit dem Jahr 2000 Teil des Weltkulturerbes der UNESCO.

Die Gesichter zeigen schmerzverzogene und gequälte Züge, die abends einen fast gruseligen Anblick bieten.

Gegenüber dem Gotteshaus, auf dem **Platz der Rebublik** erhebt sich das **Renaissance-Rathaus**, die Stadtloggia, mit seiner neunbogigen Vorhalle. Die Arkaden stützen den ersten Stock, von dessen Balkon die Stadtväter ihren Bürgern neue Beschlüsse verkündeten oder sich an Feiertagen huldigen ließen. Die Innenräume dienten als Auktionshalle und Gerichtsgebäude, eine der Säulen fungierte als Pranger. Leider wurde dieses Gebäude während des Bombardements im Zweiten Weltkrieg vollständig zerstört, weshalb Sie heute ein detailgetreu rekonstruiertes, jedoch nicht originales »Renaissance«-Gebäude vorfinden.

Seitlich davon, nur ein paar Schritte entfernt, steht der Rektorenpalast, der heutzutage das **Stadtmuseum** beherbergt. Es gliedert sich in eine archäologische, kulturhistorische Abteilung, eine für neuere Geschichte und eine ethnographische Abteilung *(Gradska vrata 3; 9–15:30 Uhr, Mo. geschlossen; www.muzej-sibenik.hr)*. Er stammt aus dem 15. Jahrhundert, ebenso wie der Dom. Durch das **Seetor** gelangen wir zur Uferpromenade, die zwar nicht so groß ist wie in anderen Städten, aber mit ihren bunten Bänken, blühenden Oleandern und Rosen sowie grünen Palmen einen sehr einladenden Eindruck macht.

Klostergarten St. Laurentius

Weitere Sehenswürdigkeiten in Šibenik sind hauptsächlich religiöser Natur, wie die **Nikolauskirche** und ein **Franziskanerkloster**.

Die **Festung St. Michael** befindet sich direkt im Stadtkern. Wir empfehlen, die Besichtigungstour durch die Altstadt bis zur Festung fortzusetzen. Auf dem Weg dorthin schlagen wir eine Erfrischung im *Garten des Klosters St. Laurentius* vor, einer duftenden Oase der Ruhe. Im dazugehörigen kleinen Café können Sie sich entspannen und die bisherigen Eindrücke auf sich wirken lassen. Der Garten wurde nach fast 100 Jahren Vergessenheit im Jahr 2007 wiedereröffnet und umfasst eine Fläche von 600 Quadratmetern in typischer Kreuzform. In vier Feldern gedeihen Heil- und Gewürzkräuter, während der Duft von Thymian in der Luft liegt. Der Eintritt zum Garten ist frei, doch es wird um eine Spende gebeten, um den Laurentiusgarten zu erhalten. Die Pflege übernehmen derzeit Einheimische, die sich liebevoll um diesen wunderschönen, mittelalterlichen Garten kümmern.

Friedhof von Šibenik

Auf einem Hügel über der Stadt thront die **Kapelle Sv. Ana** und der städtische Friedhof. Der Aufstieg ist schweißtreibend, führt über viele Stufen, doch die *Gedenkstätte selbst ist sehr sehenswert* und der herrliche Rundumblick von oben über die Stadt ist die Mühe absolut wert.

So ein Stadtrundgang macht bekanntlich hungrig und auch da können wir Abhilfe schaffen. Hervorragend gegessen haben wir im ***Bistro Luce & Brigita*** *(Uskočka Ulica 11, Tel. +385 95 539 7802, tägl. 10–22 Uhr).*

Jetzt folgt ein richtiges *Highlight dieser Tour:* der Besuch des **Nationalparks Krka Wasserfälle**. Dieses Naturwunder, etwa 13 Kilometer von Šibenik entfernt im Inland gelegen, ist ein unvergessliches Naturschauspiel mit seiner wildromantischen Flusslandschaft, den ungezähmten Wasserfällen und klaren Seen, umgeben von natürlichen Wäldern. Oftmals wird der Nationalpark auch als das *»kleine Plitvice«* bezeichnet – die Ähnlichkeit ist unverkennbar.

TOUR 8

Nationalpark Krka Wasserfälle

Erst 1985 wurde das 109 km² große Flussgebiet der Krka zum Nationalpark erklärt. Der Fluss Krka entspringt nahe des Städtchens Knin und mündet nach 70 Kilometern ins Meer. Der Nationalpark umfasst den Verlauf der Krka und den unteren Lauf des Flusses Čikola.

Insgesamt reihen sich 17 Kalkterrassen und dutzende kleinere und eine handvoll großer Wasserfälle aneinander, die zusammen auf der ganzen Länge des Parkareals 46 Höhenmeter überwinden. An seiner breitesten Stelle erstreckt sich der Krka auf über 100 Meter und bildet fjordähnliche Schluchten. Dazwischen liegt der große See Visovac mit einem malerischen Inselchen, auf dem sich ein Franziskanerkloster samt Museum befindet. Als spektakulärste Wasserfälle gelten der Skradinski buk nahe Skradin und der etwas tiefer im Hinterland gelegene Roški slap.

Die **Flora und Fauna** des Gebiets sind außergewöhnlich reich: 1.186 Pflanzenarten wurden hier entdeckt. Amphibien bevölkern die Seebereiche und Sümpfe, Reptilien die Gehölze und Gesteine und im Fluss leben zahlreiche Fischarten.

In den türkisblauen Gewässern wird nur allzu gern nach Herzenslust gebadet, obwohl Schilder dies eigentlich zu Recht untersagen. Die vorhandenen Strömungen und die damit verbundene Soggefahr stellen eine echte Gefahr dar. Offiziell ist das Baden nur an einer Stelle unterhalb des Skradinski buk erlaubt. Der **Schwimm- und Badebereich** ist in entsprechendem Abstand zum Wasserfall markiert und weiträumig abgesperrt. Das Springen von und Tauchen hinter den Wasserfällen ist verboten. Auch das Fischen ist mittlerweile untersagt.

Öffnungszeiten:
Der Nationalpark ist ganzjährig geöffnet, doch die Transportmöglichkeiten von den Eingängen per Bus oder Schiff verkehren nur von April bis Oktober bzw. November *(Juni–Aug. 8–20 Uhr, Mai/Sept. 8–19 Uhr; Apr./Mitte Okt. 8–18 Uhr; die restliche Zeit 9–16 Uhr).*

Nationalpark Krka Wasserfälle

Eintrittspreise:
Der Eintrittspreis variiert saisonabhängig sehr stark. Von Juni bis September beträgt der Eintritt für Erwachsene 40 Euro, Kinder bis 18 Jahre zahlen 15 Euro. Die ganz Kleinen unter 7 Jahren dürfen umsonst hinein *(Apr./Mai/Okt. 20 €; die restliche Zeit 7 €)*.

Wanderwege und Ausflüge:
Der Park lässt sich bequem zu Fuß auf gut angelegten Wanderwegen und Lehrpfaden erkunden. Auf verschiedenen Touren und Routen kann man den Park dabei kennenlernen. Auch längeren Wanderungen durch den Nationalpark steht nichts im Wege. Neben 22 Wanderpfaden mit einer Gesamtlänge von 47 Kilometern gibt es auch 14 Fahrradrouten auf 470 Kilometern.

Möglich sind auch mehrstündige Bootsausflüge bis zum Visovac-See mit einem Besuch des Franziskanerklosters. Das Klostermuseum beherbergt eine bedeutende Sammlung archäologischer Funde und historischer Kirchenkleidung sowie eine alte Bibliothek. Achtung: ***Hunde sind auf der Visovac-Insel nicht erlaubt***. Das Touristenbüro in Skradin berät Sie gut und gerne und nimmt auch Buchungen vor *(P. Šubića 1, Tel. +385(0)22 771 329)*.

Weiterführende Informationen finden Sie unter *https://www.npkrka.hr/*.

Für den Besuch stehen zwei Eingänge zur Verfügung. Welchen Sie wählen, müssen Sie an einer Straßengabelung entscheiden: Der rechte Weg führt Sie nach kurzer Strecke zum Eingang 2, wo ein großer Parkplatz mit reichlich Baumbestand zur Verfügung steht (gebührenpflichtig). Von dort bringen *kostenlose Zubringerbusse* Sie direkt zu den Wasserfällen (April bis Oktober).

P Eingang 2 – N 43°47'41" E 15°58'04"

Direkt am Eingang 2 liegen ein Campingplatz und ein privater WOMO-Stellplatz.

080 Lozovac – *Camping Vrata Krke*

GPS/Kontakt: N 43°47'44" E 15°57'59", Lozovac 2e, Tel. +385 22 778 092. **Öffnungszeit:** April bis Oktober. **Ausstattung:** Campingplatzüblich, Brötchenservice, Pool, Fahrradverleih. **Beschreibung:** Ruhiger Campingplatz mit großzügigen Parzellen, der zu einer Hotelanlage gehört. Sie stehen auf Gras und Kies und teilweise schattig. Auf dem Platz gibt es ein Restaurant, zum Eingang bzw. zur Shuttlebus-Haltestelle sind es etwa 200 m. **Preis:** 25–50 €. **Zufahrt:** Beim Hotel Vrata Krke gegenüber dem großen Besucherparkplatz, gut beschildert.

081 Slapovi Krke

GPS: N 43°47'32" E 15°58'13", Lozovac 2G, Tel. +385 95 5495 207. **Max. WOMOs:** 15. **Öffnungszeit:** April bis September. **Ausstattung:** Ver- und Entsorgung, Strom, Wasser, Toilette, Dusche, Mülleimer, geführte Wanderungen und Ausflüge. **Beschreibung:** Ruhig gelegene, geräumige Stellplätze auf Gras und Kies, in einem von Natursteinmauern umgegebenen Gelände mit wenig Schatten. Der Eigentümer bietet geführte Ausflüge in den Nationalpark an. Ab hier starten auch einige Radrouten. **Preis:** 20 €. **Zufahrt:** Kurz vor dem Parkplatz von Eingang 2 rechts abbiegen, dann etwa 300 m über einen unbefestigten Weg.

TOUR 8

Entscheiden Sie sich an der Straßengabelung für den linken Weg, erreichen Sie nach wenigen Kilometern das idyllisch am Prukljan-See gelegene Dörfchen **Skradin**. Auf dem Weg dorthin gibt es einen weiteren Campingplatz, der zwar nicht direkt an einem der Parkeingänge liegt, doch der Besitzer unterstützt bei der Organisation eines Ausflugs und bietet auch selbst geführte Touren an.

082 Lozovac – *Camp Krka*

GPS/Kontakt: N 43°48'2" E 15°56'32", Skočići 2, Tel. +385 227 784 95; *http://www.camp-krka.hr/*. **Öffnungszeit:** April bis Oktober. **Ausstattung:** Campingplatzüblich, Brötchenservice, kleiner Pool, Kinderspielplatz, Waschmaschine. **Beschreibung:** Ein ruhiger, familiärer Campingplatz mit schattigen, teilweise geschotterten Stellflächen in einem Pinienwald. Das Gelände ist eben und naturbelassen. Ein Restaurant ist ebenfalls vorhanden. **Preis:** 18–25 €. **Zufahrt:** Richtung Skradin, nach der Tankstelle links abbiegen und der Beschilderung folgen.

Am Eingang von Skradin finden Sie links einen großzügigen, ebenen, gebührenpflichtigen Tagesparkplatz, auf dem einige Bäume Schatten spenden.

P Eingang 1 – N 43°49'04" E 15°55'29"

Für Übernachtungen bietet sich auch hier ein praktisch gelegener Campingplatz an.

083 Skradin – *Camp Skradinske Delicije*

GPS/Kontakt: N 43°49'22" E 15°55'16", Skradinskih svilara 8, Tel. +385 91 520 9330; *https://skradinske-delicije.hr/*. **Öffnungszeit:** Ganzjährig. **Ausstattung:** Campingplatzüblich, Brötchenservice (nur in der Hauptsaison), Waschmaschine, Trockner, Whirlpool. **Beschreibung:** Ein einfacher, gepflegter Platz mit viel Schatten auf einer Wiesenfläche. Nur 550 m zur Bootsanlagestelle für den Krka Nationalpark. Der Ort mit Einkaufsmöglichkeiten und Restaurants ist fußläufig erreichbar. Für größere WOMOs über 7 m Länge ist eine separate Einfahrt vorhanden. **Preis:** 30–40 € (nur Barzahlung). **Zufahrt:** Schon vor Skradin ausgeschildert.

Die meisten Besucher betreten den Nationalpark von Skradin aus. Von hier starten stündlich kostenlose Zubringerschiffe zum Parkeingang und zurück (April bis November). Die Fahrt über den See und ein Stück den Fluss hinauf dauert eine knappe halbe Stunde. In der wunderschönen Umgebung und bei strahlendem Sonnenschein ist das ein *pures Vergnügen*!

Wer lieber laufen oder Radfahren möchte, kann den Parkeingang in etwa 4 Kilometern Entfernung auch über einen ebenen Wanderweg ansteuern.

Nach dem Kassenhäuschen geht es noch zweimal um die Kurve und schon kündigt sich die Wasserwunderwelt mit kräftigem Rauschen an. Wir spazieren an einem Restaurant und einer Liegewiese vorbei und gelangen zu einer Holzbrücke, die über einen smaragdgrünen und kristallklaren See führt. Der Skardinski buk, einer der *schönsten Travertin-Wasserfälle Europas*, bildet eine atemberaubende Kulisse. Je nach Höhe der Stufen stürzt das Wasser mal kraftvoll, mal sanft in die Tiefe. Bei der Schneeschmelze donnern hier bis zu 300 Kubikmeter Wasser pro Sekunde über den Karstgrund, jetzt im Frühsommer sind es durchschnittlich 50 Kubikmeter.

Je nach Höhe der Stufen stürzt das Wasser mal kraftvoll, mal sanft in die Tiefe.

Alte Mühle im Krka Nationalpark

Hölzerne Wanderwege im Krka Nationalpark

Zwischen der weißen Gischt bilden sich immer wieder grüne Inseln aus Moos und Schilf. Sie wirken wie ruhende Pole in den ungestümen Fluten. Die Felsformationen sind nicht nur schön anzusehen, sondern der Legende nach auch Heimat von Elfen, Kobolden und Wassergeistern. Ab und zu trägt der Wind den feinen Sprühnebel zu uns herüber und wir freuen uns über die Abkühlung. Ein schattiger Waldweg begleitet den Fluss und eröffnet immer wieder neue spektakuläre Ausblicke auf die Wassermassen.

Nach einer abwechslungsreichen Wanderung erreichen wir eine alte **Mühle**, die noch immer aktiv ist und am rauschenden Bach vor sich hin klappert. Der Flusslauf des Krka ist bekannt für seine zahlreichen Wassermühlen – insgesamt zieren 30 solcher historischen Bauwerke die Ufer. Die schönste von ihnen steht hier am Skradinski buk. Errichtet zu Beginn des 18. Jahrhunderts, wurde sie über die Jahre hinweg instandgehalten und immer wieder renoviert. Im düsteren Inneren zeigt sich noch das traditionelle Handwerk: Zwei massive Hämmer arbeiten im Takt, während ein sich drehender Mühlstein die Kraft des Wassers nutzt, um Getreidekörner in Mehl zu verwandeln. In einem angrenzenden Nebenraum entdecken wir eine besonders originelle Erfindung – eine »Waschmaschine« vergangener Zeiten. In einem runden Steinkranz schießt auf einer Seite Wasser ein, kreist in diesem Behältnis und wirbelt die darin befindliche Wäsche ordentlich durch. Die schmutzige Brühe fließt dabei kontinuierlich über den Rand des Troges ab. In einem separaten Bereich sind Gerätschaften und Mobiliar aus längst vergangenen Tagen ausgestellt, die einen Einblick in das Alltagsleben der damaligen Zeit geben. Ein paar kroatische Jungfrauen mit traditioneller Tracht halten Wache und sorgen dafür, dass die Ausstellungsstücke unberührt bleiben. Die malerische Szenerie wird vervollständigt von zwei

Eseln im angrenzenden Stall, die geduldig die »Foto-Sessions« und Streicheleinheiten der Besucher über sich ergehen lassen.

Von den Mühlenhäuschen aus führt ein Pfad tiefer in den urwaldähnlichen Wald des Parks. Die kleinen Seen und winzigen Tümpel scheinen alle irgendwie miteinander verbunden zu sein. Lianen hängen von den Bäumen und die Sonnenstrahlen, die durch das dichte Laubdach brechen, tauchen diesen verzauberten Ort in ein mystisches Licht. Überall rauscht, tropft und blubbert es. Um uns herum flattern Schmetterlinge mit leuchtend metallisch-blauen Flügeln. Langsam senkt sich der Pfad talwärts ab und wechselt immer wieder zwischen Waldpfaden und Holzstegen. Jetzt können wir den großen Wasserfall von der anderen Seite bewundern. Von hier aus kehren wir schließlich entlang des Rundweges wieder zu unserem Ausgangspunkt zurück.

Wir rollen wieder Richtung Šibenik und finden uns bald auf der Küstenstraße mit Kurs auf **Split** wieder. Unterwegs passieren wir den Hotelkomplex Solaris, zu dem auch ein relativ großer Campingplatz gehört. Der Badestrand ist überwiegend betoniert, an einigen Stellen gibt es auch kleine Kiesstrände. Freizeiteinrichtungen sind reichlich vorhanden, ebenso wie eine Marina.

084 Šibenik – *Amadria Park Camping*

GPS/Kontakt: N 43°41'57" E 15°52'46", Hoteli Solaris 86, Tel. +385 22 361 017; *https://amadriaparkcamping.com/de/sibenik/*. **Öffnungszeit:** Mitte April bis Mitte Oktober. **Ausstattung:** Brötchenservice, Lebensmittelladen, Meerwasser-Pool, Waschmaschine, Trockner, Kinderanimation, Fahrrad-, SUP- und Bootsverleih, Tauchstation. **Beschreibung:** Dieser großzügige Campingplatz auf einer Halbinsel bietet gehobene Ausstattung. Die durch Hecken parzellierten Stellplätze liegen teils schattig unter Bäumen. Zum Strand kommt man über eine Uferpromenade. Auf dem Platz gibt es Restaurant, Strandbar und Imbiss. Das Zentrum von Šibenik ist allerdings knapp 7 km entfernt. **Preis:** 37–62 €. **Zufahrt:** Nehmen Sie an der Küstenstraße die Ausfahrt »Amadria Park« und folgen Sie der Straße für die nächsten fast 3 km (gut beschildert).

Der folgende Abschnitt der Adria Magistrale gestaltet sich *landschaftlich sehr reizvoll* und ist deutlich kurvenreicher als die vorhergehende Etappe. Wir umrunden einige kleine Buchten, in denen bunte Boote schaukeln. Sogar vom Fahrzeug aus lässt sich der Meeresboden durch das kristallklare Wasser erkennen.

Wir kommen durch das langgezogene Dorf **Brodarica**, das zwar keine nennenswerten Sehenswürdigkeiten bietet, aber einen neuen geteerten Parkplatz direkt am Kiesstrand. Neben einem Toilettenhäuschen gibt es auch Picknicktische und Sitzgelegenheiten. Der Platz ist mit Anpflanzungen schön angelegt, es

Am Strand von Brodarica

gibt einige Restaurants und Strandcafés. Die vorderen Parkplätze sind zwar mit einem »Camping verboten«-Schild gekennzeichnet, doch weiter hinten oder auf den Schotterflächen am Rand stört ein WOMO niemanden – zumindest außerhalb der Hauptsaison und nur für einen Tagesbesuch.

P05 Brodarica – N 43°41'37" E 15°54'03"

Der Platz ist sehr sonnig, und da die Bäume noch klein sind, wird das die nächsten Jahre wohl auch noch so bleiben.

Die Reise führt uns weiter entlang der Küste, vorbei an winzigen Ortschaften und Inseln, die wie gemalt im Meer zu schwimmen scheinen. Allmählich nähern wir uns der Adriaperle **Primošten** (2.800 Einwohner), das als *eine der schönsten Ortschaften Kroatiens* gilt – ein echtes Postkarten-Motiv. Der alte Teil der Stadt liegt pittoresk auf einer Landzunge, die ins Meer hinausragt. Übersetzt man den Namen, so heißt das »über die Brücke«. Denn früher, als noch kein Damm aufgeschüttet war, verband nur eine Brücke das Festland mit der Insel. Die Häuser verteilen sich alle um einen kegelförmigen Hügel herum und werden nur von dem Turm der **Pfarrkirche Sv. Juraj** überragt. Ein Labyrinth aus engen Gassen führt Sie nach dem **Stadttor** vom Hauptplatz am Anfang

Primošten: Die Perle der Adria

Pfarrkirche Sv. Juraj

der Altstadt vorbei an alten dalmatinischen Steinhäusern empor zu genannter Kirche. Blickt man auf dem Weg seitlich entdeckt man so manchen liebevoll gestalteten Hinterhof, kleine gepflegte Gärten und in leuchtenden Farben blühende Blumen und Sträucher. Der Weg zur Kirche führt zwar über einige Stufen, die Aussicht und die Kirche selbst entlohnen aber dafür. Aus der Zeit der Türkenkriege stammen die voluminösen Reste der Befestigungsanlage.

An der Promenade locken gastronomische Einrichtungen, während der *Fels- und Kiesstrand Mala Raduca* mit Blick auf die Altstadt zum Baden einlädt. Insgesamt besticht Primošten hauptsächlich durch seine herrliche Lage.

Für Besuche in der Nebensaison empfehlen wir folgenden Parkplatz nur 200 Meter von der Altstadt entfernt:

P Primošten – N 43°35'18" E 15°55'32"

In der Hauptsaison fahren Sie besser nicht in den Ort hinein. Es geht recht beengt zu und die meisten Parkplätze sind mit Verbotsschildern belegt. Das macht keinen Spaß!

Drei Kilometer vor der Stadt liegt ein Campingplatz auf einer Halbinsel, aber ein Fußweg nach Primošten fehlt leider.

085 *Camp Adriatica* – N 43°36'23" E 15°55'20"

In den sonnenverwöhnten Weinhängen der Umgebung reifen die Trauben für einen dalmatinischen Spitzenwein: Babić heißt der gute Tropfen. Die Rebstöcke gedeihen auf kleinen Terrassen und scheinen direkt aus dem Gestein zu wachsen. Doch nicht nur Wein, auch Olivenbäume prägen die Landschaft, soweit das Auge reicht. Inmitten dieser Plantage hat ein findiger Olivenbauer in seinem Hain drei einzeln verteilte Plateaus mit Stellplätzen für WOMOs angelegt. Die Übernachtung ist kostenlos – im Austausch gegen eine Flasche seines exzellenten Olivenöls oder des hausgemachten Schnapses. Die Familie besitzt fußläufig außerdem das sehr gute Lokal *Šarićevi Dvori*, in dem Sie gerne zum Dank für die Übernachtung einkehren dürfen. Wir haben es getestet und waren sehr angetan. Hier haben wir

Traditionelle Zubereitung von kroatischen Speisen

traditionelle Gerichte probiert, die wir sonst eher selten auf kroatischen Speisekarten gefunden haben, wie beispielsweise eine Art Oktopus-Gulasch. Ein echter Genuss, der aber auch seinen Preis hat *(Supljak Š.Č 17, Tel. +385 98 196 0011, N 43°34'26" E 15°57'50", tägl. 10–24 Uhr)*.

086 Primošten

GPS: N 43°34'34" E 15°56'56". **Max. WOMOs:** 5. **Öffnungszeit:** Ganzjährig. **Ausstattung:** Tisch und Bank, Mülleimer. **Beschreibung:** Ein friedlicher Rückzugsort abseits des Trubels. Nicht an der Küste, aber dafür schön gelegen inmitten eines Olivenhains. Die Stellplätze verteilen sich auf zwei kleinere ebenere Kiesflächen für nur ein Fahrzeug und eine etwas Größere für mehrere Fahrzeuge. Das Panorama und vor allem die Sonnenuntergänge sind spektakulär. Für WOMOs empfehlen wir P3, Campingbusse finden auch auf den kleineren Stellplätzen genug Platz. Das dazugehörige Restaurant erreichen Sie in etwa 500 m, bis zum Strand läuft man eine halbe Stunde. Um den Stellplatz herum befinden sich einige schöne Spazier- und Radwege. **Preis:** Kostenfrei bei Kauf von selbsthergestellten Produkten oder Restaurantbesuch. **Zufahrt:** Von der Adria Magistrale rechts abfahren, links unter der Straße hindurch und nach etwa 200 m scharf rechts. Folgen Sie der schmalen Asphaltstraße hinein bis in den Olivenhain. Rechterhand kommt nach etwa 500 m der Wohnwagen des Eigentümers, einige hundert Meter weiter sind dann rechts und links die Stellplätze beschildert.

An einer tiefeingeschnittenen Bucht liegt der Ort **Rogoznica**. Der Ort ist in Skipper-Kreisen ein Begriff, da er über eine gut ausgestattete Marina verfügt. Anschließend verlässt die Straße für eine Zeitlang die Küste und zieht sich durch die Hügel des Hinterlandes.

In der kleinen, aber recht hübschen Ortschaft **Marina** fällt ein wuchtiger Wehrturm am Hafen auf. Es gibt einige Restaurants und Geschäfte, allerdings ist die Ortsdurchfahrt für WOMOs gesperrt. Ein Stopp lohnt also nicht! Dann lieber direkt weiter nach **Trogir** (3.000 Einwohner). Dieses Schatzkästchen birgt viele Sehenswürdigkeiten und hat sein mittelalterliches Stadtbild nahezu perfekt bewahrt. Der gesamte Stadtkern steht unter dem Schutz der UNESCO. Wir verlassen die Adria Magistrale und folgen den Schildern in Richtung »Centar«. Für eine Stadtbesichtigung eignen sich diese beiden übernachtungsgeeigneten Parkplätze.

087 Parkplatz Trogir Marina

GPS: N 43°31'03" E 16°13'55", Ulica Don Petra Špika 2. **Max. WOMOs:** 20. **Ausstattung:** Wasser, Strom, keine Entsorgung, Toilette (im Jachthafen). Beschreibung: Bewachter Asphaltparkplatz ohne Schatten. In der Hauptsaison kann es vom Jachtclub her etwas lauter zugehen. Nach Trogir sind es etwa 25 Minuten zu Fuß. **Preis:** 15 € / 24 Stunden. **Zufahrt:** Von der Hauptstraße rechts abfahren bis zur Marina.

088 Parkplatz Trogir

GPS: N 43°31'05" E 16°14'42", Ulica Kardinala Alojzija Stepinca 19. **Max. WOMOs:** 30. **Ausstattung:** Keine. **Beschreibung:** Ein bewachter Schotterparkplatz ohne Schatten und Dienstleistungen. In der Hauptsaison sehr teuer, aber sehr nahe an der Altstadt gelegen. **Preis:** 25–40 € / 24 Stunden (Preisschwankungen in der Saison, in der Nebensaison mitunter kostenfrei). **Zufahrt:** Direkt an der Hauptstraße durch Trogir gelegen und beschildert.

Kathedrale des Hr. Laurentius

Hafenpromenade in Trogir

Vor den Toren der Altstadt herrscht lebhaftes Markttreiben. Frisches Obst und Gemüse, Brot, bunte Blumen, Kräuter und natürlich Souvenirs werden feilgeboten. Die Menschen sind fröhlich und lautstark. Über eine steinerne Brücke überqueren wir den **Foša-Kanal** und beginnen mit der Passage des **Landtors** unsere Zeitreise ins Mittelalter. Wir wenden uns nach links und biegen die zweite Gasse rechts ab. Schon erhebt sich vor uns die **Kathedrale des Hl. Laurentius**, auch bekannt als die Kathedrale des Hl. Johannes von Trogir nach dem Schutzpatron der Stadt. Sie ist die berühmteste Kirche in Trogir. Es dauerte 400 Jahre vom Beginn des Baus im 12. Jahrhundert bis zur Fertigstellung im 16. Jahrhundert. Das romanische **Westportal** aus dem Jahr 1240 ist ein *Meisterwerk des kroatischen Bildhauers Radovan* und eines der schönsten Beispiele romanischer Bildhauerkunst in Kroatien. Es zeigt das schamhafte Paar Adam und Eva und zwei Löwen. Im Laufe der Zeit fügten weitere Bildhauer und Steinmetze ihre Skulpturen hinzu und vollendeten die Arbeit Radovans. Das Portal ist geschützt von einer Vorhalle mit einem kunstvollen Kreuzrippengewölbe. Links in dieser Vorhalle befindet sich eine Taufkapelle mit einer schönen Kassettendecke. Besteigt man den **Glockenturm** dieses kunstgeschichtlich äußerst bedeutenden Gotteshauses, erhält man einen weiten Blick über Trogir *(Mo.–So. 8–12 und*

In Trogir

15–20 Uhr; außerhalb der Saison kürzer). Um die imposante Kirche herum gruppieren sich weitere eindrucksvolle Bauwerke wie der **Fürstenpalast**, der heute das Rathaus beherbergt und der edle **Ćipiko-Palast** mit drei spätgotischen Fenstern, der einst von einer reichen Händlerfamilie errichtet wurde. An der Nordseite der Stadt befindet sich in einem weiteren Palast das **Stadt- und Heimatmuseum** *(Gradska 3; Mo.–Sa. 9–18 Uhr, So. 10–13 Uhr; 4€).* Auf der Südseite grenzt ein Uhrturm an die Loggia. Letztere diente vor allem als Gerichtssaal. Für leichtere Vergehen wurden die bösen Buben im Mittelalter an den Uhrturm gekettet. Die Bevölkerung durfte dann der Fantasie freien Lauf lassen und die Verurteilten bespucken, mit Kot bewerfen oder ähnliche nette Dinge tun. Die Ketten sind heute noch zu sehen.

Ein paar Schritte weiter steht das **Benediktinerkloster St. Nikolaus** mit seinem sakralen Museum. Das wertvollste Exponat, ein Marmorrelief, stellt den Glücksgott Kairos dar – einen jungen Mann mit Flügeln am Rücken und an den Füßen. Er war ein Symbol der Olympische Spiele. Der geflügelte Jüngling trägt eine lange Stirnlocke auf einem sonst kahlen Haupt und verkörpert den »Gott des günstigen Augenblicks«. Die Gelegenheit beim Schopfe packen – diese Redewendung kennen Sie bestimmt *(Juli–Sept., tägl. 9–12 und 15–17 Uhr).*

Wir schlendern weiter durch die engen Gassen, vorbei an alten Häusern und Kirchen und entdecken vereinzelte malerische Winkel mit Holztischchen und heraushängender Wäsche, in denen die Zeit stehengeblieben zu sein scheint. Doch nur ein oder zwei Ecken weiter pulsiert schon wieder das Leben: Eisdielen, kleine Bars, Geschäfte und Souvenirstände. Durch das **Seetor** gelan-

Festung Kamerlengo

gen wir zur palmengesäumten Promenade und den Cafés am Wasser. Vorbei am Franziskanerkloster erreichen wir die Festung Kamerlengo. Das Kastell, dessen Besichtigung möglich ist, bietet von oben einen herrlichen Blick auf die Altstadt *(tägl. Juni–Sept. 9–22 Uhr; Apr./Mai/Okt. 10–18 Uhr; 5 €).*

Bummeln in den Gassen

Wir machen es uns in einer der Bars an der Promenade bequem. Der Blick auf die Yachten und Holzschiffe hinüber zur **Insel Čiovo**, die über eine Klappbrücke erreichbar ist, ist einfach herrlich. Das 30 km² große Inselchen besitzt eine stattliche Marina und ein ungebremster Bauboom zeugt von lebhafter Entwicklung. Ein kleiner Wermutstropfen bleibt: Wir sitzen direkt in der Einflugschneise des Flughafens Split, wohin immer wieder Flugzeuge fast zum Greifen nah über unsere Köpfe hinwegdonnern.

Für Ihre Weiterfahrt bieten sich zwei Optionen: Sie können entweder auf der erhöht verlaufenden Adria Magistrale weiterfahren oder sich für die sogenannte **»Straße der Kastelle«** entscheiden. Diese Route führt nahe der Küste entlang und – um es gleich zu sagen – sie hält nicht ganz das, was sie verspricht. Im 16. Jahrhundert, als Kirche und Adel ihren Landbesitz durch äußere Bedrohungen gefährdet sahen, ließen sie mehrere Kastelle entlang der Küste errichten. Die tiefe und geschützte Bucht zwischen Trogir und Split diente schon früh als Ort für die Sommerresidenzen wohlhabender Bürger aus den nahen Städten. Um sich vor den Türken zu schützen, wurden direkt an der Küste Festungen errichtet. So entstanden gegen Ende des 15. Jahrhunderts 16 Festungspaläste, von denen heute noch 13 erhalten sind. Bauern und Leibeigene suchten Schutz in der Nähe dieser Burgen und bauten ihre Häuser dort. Heute sind die sieben historischen Dörfer rund um die Kastelle zur Stadt **Kaštela** (34.000 Einwohner) zusammengewachsen. Von der »Straße der Kastelle« kann man beim bloßen Durchfahren keines davon erblicken. Um sie zu entdecken, muss man sich in die Zentren der einzelnen Ortschaften begeben – kolossale prachtvolle Gemäuer braucht man aber nicht erwarten. Fazit: Eine Alternative, die sich nicht unbedingt lohnt! Einzig für einen Badestopp halten wir hier an.

Am Strand von Kaštela

P06 Kaštela

GPS: N 43°32'50" E 16°23'57". **Max. WOMOs:** 3–4. **Ausstattung:** Mülleimer, Stranddusche, Toilette, Strandbar, Kinderspielplatz. **Beschreibung:** Zwischen Marina und Ferienhäusern gibt es am Kreisverkehr einige asphaltierte Parkflächen. Für größere Wohnmobile ist das Parken nur möglich, wenn man mit dem Überhang rückwärts über die Grasfläche parkt. Ein kurzer Spaziergang den palmenbewachsenen Schotterweg entlang Richtung Strand führt nach dem Parkplatz zu einer geräumigen Schotterfläche, die mehr Platz bietet. Von hier aus sind es nur wenige Meter zum Strand. **Zufahrt:** Am Ende der Marina am Kreisverkehr dem schmalen Schotterweg zwischen Parkplatz und Appartementhäusern für etwa 200 m folgen.

Nächste geschichtsträchtige Station ist nun also **Split**, die zweitgrößte Metropole des Landes (200.000 Einwohner). Es ist das wichtigste Wirtschafts- und Handelszentrum Dalmatiens. Nähert man sich der Stadt, wird man zunächst einmal abgeschreckt von vielen hässlichen Industrieeinrichtungen, Zementwerken und Werften. Doch inmitten dieser wenig ansehnlichen Anlagen versteckt sich der 1.700 Jahre alte Ursprung von Split.

Straßencafé in Split

Geschichte von Split

Die Geschichte Splits nimmt ihren Anfang im 4. Jahrhundert, als der römische Kaiser Diokletian beschloss, auf der Halbinsel nahe der großen römischen Stadt Salona einen Palast für seinen Ruhestand zu errichten. Heute ist der noch sehr gut erhaltene Diokletian Palast das wichtigste Denkmal römischer Baukultur an der Ostküste der Adria. Doch dazu später mehr ...

Nach Diokletians Tod verblieb der Palast unter römischer Herrschaft. Die Umwandlung in eine Stadt begann im 7. Jahrhundert als die Bewohner der benachbarten Stadt Salona nach ihrer Zerstörung hier Schutz suchten. Im 10. und 11. Jahrhundert stand Split unter der Herrschaft kroatischer Könige und genoss politische Autonomie. Anfang des 12. Jahrhunderts fiel Split, wie viele andere dalmatinische Städte, unter ungaro-kroatische Herrschaft, die durch die Verwaltung der Venezianischen Republik abgelöst wurden. Im 18. Jahrhundert, nach einer kurzen französischen Vorherrschaft, fiel Split unter die Austro-Ungarische-Monarchie und unter der österreichischen Herrschaft begann die Industrialisierung. Nach dem Ersten Weltkrieg stieg die Bedeutung Splits als kulturelles, administratives und wirtschaftliches Zentrum, was sich auch in der Bevölkerungszunahme spiegelte. Der Zweite Weltkrieg brachte Leid und Zerstörung, doch die darauffolgende Friedensperiode förderte eine dynamische Entwicklung. Während des Bürgerkriegs erlitt Split keine direkten Schäden, litt jedoch wirtschaftlich unter der Aufnahme vieler Flüchtlinge. Heute präsentiert sich Split als moderne Universitäts- und Sportstadt sowie als beliebtes Touristenziel.

Auf breiter Einfallstraße nähern wir uns dem Zentrum. Einen zentrumsnahen Parkplatz zu empfehlen, fällt leider schwer. Am Fährhafen gibt es zwar einen Parkplatz, der fußläufig zur historischen Altstadt liegt, dieser ist jedoch hässlich, laut und teuer. Die Zufahrt ist etwas versteckt und sehr schmal. Er eignet sich für WOMOs bis sieben Meter Länge, aber bei einem Preis von 7 Euro pro Stunde beziehungsweise 49 Euro für 24 Stunden ziehen wir es vor, einen Campingplatz außerhalb zu wählen.

089 Split Fährhafen – N 43°30'15" E 16°26'34"

Die meisten Tagesparkplätze im Innenstadtbereich sind mit »Wohnmobil verboten«-Schildern gekennzeichnet. Mit einem kleineren Fahrzeug können Sie im Hafen Ihr Glück versuchen. Dieser ist aber natürlich stark frequentiert und nicht immer findet sich auf Anhieb eine freie Parkfläche.

Etwa sieben Kilometer von der Altstadt entfernt und nur wenige hundert Meter abseits der Adria Magistrale finden Sie am südlichen Ortsausgang von Split einen relativ neuen und ansprechenden Campingplatz.

090 Split – *Campingplatz Stobreč*

GPS/Kontakt: N 43°30'15" E 16°31'34", Sv. Lovre 6, Tel. +385 21 325 426; *https://www.campingsplit.com/*. **Öffnungszeit:** Ganzjährig. **Ausstattung:** Campingplatzüblich; Brötchenservice, Lebensmittelladen, Pool, Thermalbad mit Sauna, Waschmaschine, Trockner, Kinderanimation, Fahrrad- und Bootsverleih, Tauchstation. **Beschreibung:** Auf einer Halbinsel gelegener, großer Campingplatz mit gehobener Ausstattung. Überwiegend ebene und sehr schattige Stellplätze, die durch Bepflanzungen voneinander abgegrenzt sind. Der Platz liegt direkt am Strand und verfügt über ein Restaurant und eine Strandbar. Unmittelbar vor dem Campingplatz befindet sich eine Bushaltestelle. Insgesamt vier Linien verkehren in die Altstadt. Tickets und Fahrplan sind in der Rezeption erhältlich. **Preis:** 23–50 €. **Zufahrt:** Bereits an der Küstenstraße gut beschildert. Am Ortsschild Stobreč rechts abbiegen, dann nach 100 m auf der linken Seite.

TOUR 8

An der nicht zu übersehenden, breiten und palmenbewachsenen Uferpromenade **Riva** in Split beginnt unsere Erkundungstour. Von hier aus lassen sich gut die ein- und auslaufenden Schiffe beobachten. Die Promenade ist mit üppigen Blumenrabatten und

Platz der Republik

Ruhebänken ausgestattet und umfasst fast das gesamte Hafenbecken. Doch freilich bietet eine solch altehrwürdige Stadt viel mehr als nur eine schöne Riviera und einen geschäftigen Hafen.

Wir starten unseren Stadtspaziergang am westlichen Rand des Ortskerns auf dem **Platz der Republik**. Von drei Seiten ist dieser große Platz mit prächtigen Gebäuden eingefasst, deren Ursprung unverkennbar venezianisch ist. Ein wenig erinnert er uns an den Markusplatz in Venedig. Vorbei an der Markthalle führen uns einige Gassen zum **Narodni Platz**, einer charmanten kleinen Piazza, umgeben von historischen Gebäuden verschiedener Epochen. Im alten Rathaus mit gotischen Spitzbögen ist das **Ethnografische Museum** untergebracht, das traditionelle Trachten, Stickereien, Gebrauchsgegenstände und Schmuck präsentiert *(Iza Vestibula 4, Mo.–Fr. 9:30–17 Uhr, Sa. 10–14 Uhr; https://etnografski-muzej-split.hr/)*. Daran schließt sich der spätromanische **Renaissance-Palast Karapić an**.

Uferpromenade

Nun nähern wir uns dem Herzstück der historischen Altstadt, dem **Diokletian Palast**.

Diokletian Palast

Der Diokletian Palast in Split gilt als eine der am besten erhaltenen architektonischen Errungenschaften der Spätantike. Der römische Imperator und selbsternannte Sohn des Gottes Jupiter Gaius Valerius Aurelius Diokletianus – kurz Kaiser Diokletian – versammelte die besten Architekten seiner Zeit und ließ zwischen 295 und 305 nach Christus in Rekordzeit eine gigantische Festung errichten. Der Grundriss erstreckt sich auf 215 m auf 180 m auf einer Gesamtfläche von 28.900 m². Das Mauerwerk war zwei Meter dick und nicht weniger als 16 Türme gehörten zu dem Bauwerk. Die luxuriöse Residenz war für damalige Zeit völlig neu konzipiert. Der nördliche Teil diente dem Militär und den Bediensteten, der südliche Teil dem Kaiser für Wohn- und religiöse Zwecke.

Zwischen 295 und 305 nach Christus ließ Diokletian in Rekordzeit eine gigantische Festung errichten.

Vier mächtige Portale ermöglichen den Zugang: das Eiserne Tor (Porta Ferrea) im Westen, das Goldene Tor (Porta Aurea) im Norden das Silberne Tor (Porta Argentea) im Osten und das Seetor (Porta Aerea) von der Promenade aus. Früher brandete das Meer bis an die Mauern des Palastes und nur die kaiserlichen Versorgungsschiffe legten hier an. Das Seetor führte direkt in die Kellergewölbe, die als Lager dienten.

Immer wieder wurden die oberen Etagen des Palastes im Laufe der Zeit in ihrer Struktur verändert, aber die Kellergewölbe im südlichen Teil des Palastes zeigen heute noch die ursprüngliche Anordnung.

Die westlichen Hallen des Untergeschosses wurden bereits im Jahr 1959 für die Öffentlichkeit zugänglich gemacht, der östliche Teil folgte nach Abschluss der umfangreichen Restaurierungs- und Konservierungsarbeiten im Jahre 1996. 1979 wurde der Palast zum ***UNESCO-Weltkulturerbe*** erklärt.

Wie viele kroatische historische Stätten diente er auch als Drehort für die bekannte Serie »Game of Thrones«.

Heute befinden sich in der Hauptpassage eine Einkaufsgalerie, was für uns durchaus etwas befremdlich wirkte, und die Kasse für die zur Besichtigung freigegebenen seitlichen Gewölbe. Diese beinhalten ein Museum und sind bisweilen auch ein Ort für Veranstaltungen verschiedener Art.

Öffnungszeiten und Eintritt

Besichtigt werden können nur die Gewölbekeller *(Apr.–Sept., tägl. 8:30–21 Uhr; Juli/Aug. 8:30–22 Uhr; außerhalb der Saison 9–17 Uhr; 7 €).*

Mittlerweile hat sich innerhalb der antiken römischen Mauern eine lebendige Stadt mit Häusern, Geschäften und Cafés entwickelt. Sogar Wohnungen sind in die alte Burgmauer integriert. Im tiefsten Herzen des Palastes, im Peristyl, einem von Säulen umrahmten Hof, kann man heutzutage auf Kissen auf den historischen Steinstufen sitzend ein Häppchen essen oder einen Espresso genießen. Das **Café *Luxor*** ist genau da etabliert, wo einst Volk und Adel dem Kaiser huldigten *(tägl. 8–24 Uhr; abends Livemusik)*.

Gegenüber befindet sich die **Touristeninformation** in der Kapelle Sv. Rok *(Peristil, Tel. +385 21 345 606; www.visitsplit.com)*. Hier erhalten Sie einen ***kostenlosen Stadtplan für einen Stadtspaziergang***, der Sie übersichtlich durchnummeriert an allen wichtigen Sehenswürdigkeiten vorbeiführt.

Besondere Aufmerksamkeit verdient auch das **Mausoleum** Diokletians, die heutige römisch-katholische **Kathedrale des Hl. Domnius**. Die Eingangstür schmücken 28 kunstvoll gearbeitete Holzreliefs und im Inneren, in der Sakistei, befindet sich die Schatzkammer. Der Blick vom Kirchturm aus bietet die beste Aussicht über die Dächern von Split *(Mai –Okt., Mo.–Sa., 8–20 Uhr, So., 12 –18 Uhr; 11 €)*.

Kathedrale des Hl. Dominus

Gegenüber dem Mausoleum führt ein Gässchen zum ehemaligen **Jupitertempel**, der im 7. Jahrhundert zur **Taufkapelle des Hl. Johannes** umfunktioniert wurde. Dieses Bauwerk ist ausgesprochen gut erhalten, vor allem das beeindruckende Deckengewölbe im Inneren. Im oberen Teil befindet sich das Baptisterium mit Taufbecken aus dem 12. Jahrhundert mit schöner Flechtornamentik.

Außerhalb der Palastmauern, kurz nach dem Goldenen Tor, begegnet uns ein alter Bekannter aus Tour 7: Hier steht die fast zehn Meter hohe **Grgur-Ninski-Bronzestatue**, auch bekannt als Gregor von Nin, die 1929 vom kroatischen Bildhauer Ivan Meštrović geschaffen wurde. Viele Besucher berühren die linke große Zehe dieser Statue, in der Hoffnung auf Glück und Gesundheit. Bei genauem Hinsehen erscheint sie auch schon ziemlich abgewetzt.

Das goldene Tor

Fuß der Bronzestatute von Grgur Ninski

TOUR 8

Ein etwa 15-minütiger Spaziergang gen Norden führt zum **Archäologischen Museum**. Es wurde 1820 gegründet und ist das *älteste Museum Kroatiens*. Der Besuch ist wirklich lohnenswert. Neben romanischen Skulpturen gibt es unter anderem das Taufbecken aus der Stadt Nin, diverse Steintafeln und den Sarkophag der Königin Jelena zu bestaunen. Die kunstvoll gestalteten alten Grabmäler im Kreuzgang und im Park sind besonders beeindruckend *(Zrinjsko Frankopanska ulica 25, Mo. – Sa., 9–14 und 15–20 Uhr; So. und feiertags geschlossen; 8 €; www.armus.hr)*.

Außerhalb der Altstadt befindet sich die grüne Erholungsoase der Stadt: Der **Marjan-Park** liegt auf dem gleichnamigen mit Kiefern bewachsenen Hügel. Ungefähr in halber Höhe dieser 178 Meter hohen Erhebung lockt eine schöne Aussichtsterrasse, oberhalb liegt der sehr verwaiste Zoologische Garten.

Als Badeort ist Split nur wenig geeignet. Bedingt durch die vielen Industrie- und Hafenanlagen ist die Wasserqualität nicht unbedingt die Beste. Möchten Sie dennoch nicht auf ein kühles Bad verzichten, eignet sich entweder der Strand am Campingplatz oder Sie springen hier auf der Marjan-Halbinsel in die Fluten. Hier ist das Wasser schön klar, es gibt Kiesstrände mit Stranduschen und hübsche Promenadenwege.

Unsere Reise führt uns weiter mit der Fähre zur **Insel Brač.**

Promenade von Split

Tour 9

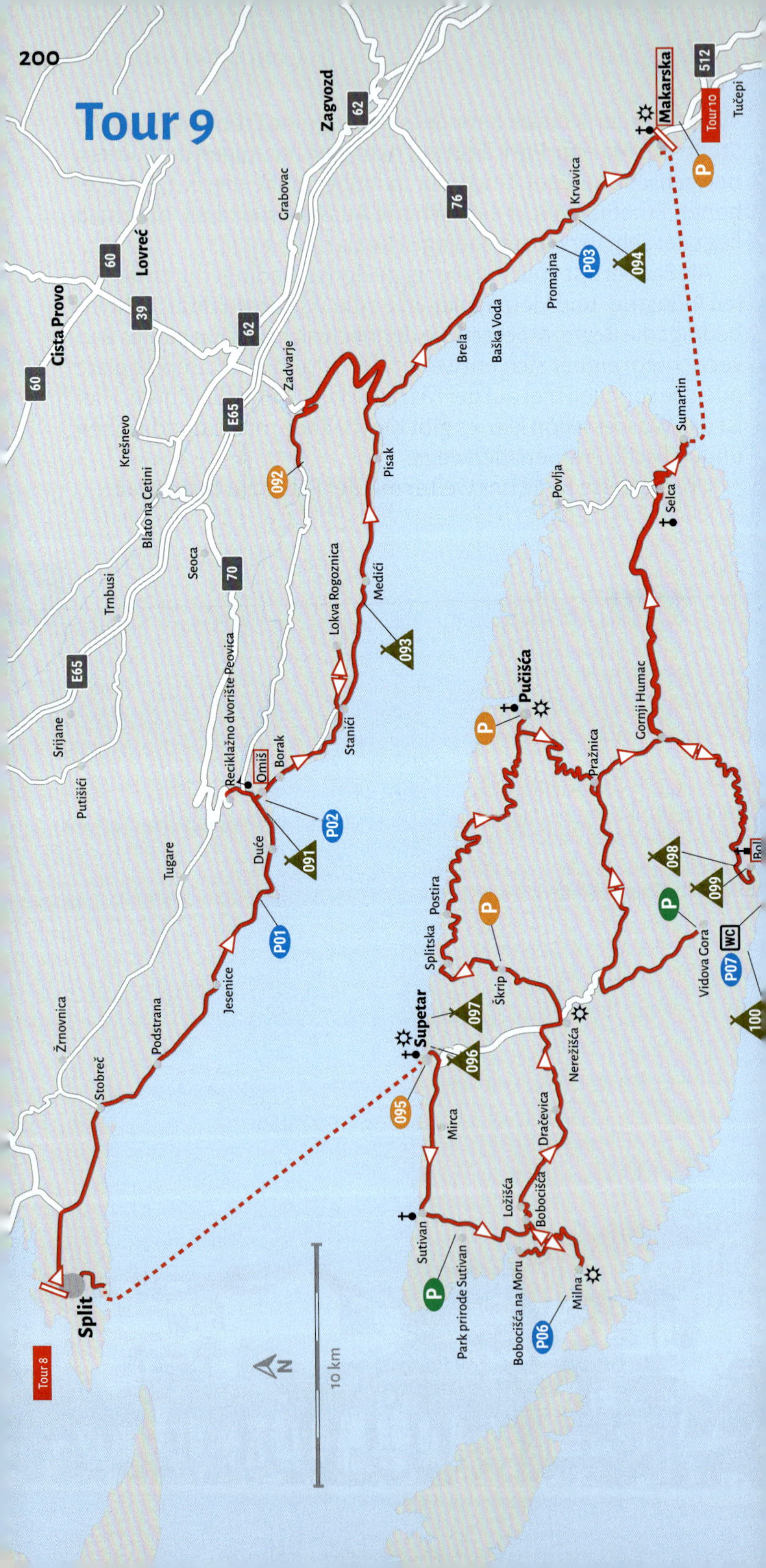
Split
Tour 8
Stobreč
Žrnovnica
Podstrana
Jesenice
Tugare
Duće
Omiš
Reciklažno dvorište Peovica
Borak
Stanići
Lokva Rogoznica
Medići
Pisak
Zadvarje
Seoca
Blato na Cetini
Trnbusi
Srijane
Putišići
Krešnevo
Cista Provo
Lovreć
Grabovac
Zagvozd
Brela
Baška Voda
Promajna
Krvavica
Makarska
Tučepi
Tour 10
Supetar
Mirca
Sutivan
Park prirode Sutivan
Ložišća
Bobovišća
Bobovišća na Moru
Milna
Dračevica
Nerežišća
Škrip
Splitska
Postira
Pučišća
Pražnica
Gornji Humac
Selca
Povlja
Sumartin
Bol
Vidova Gora
WC
10 km
N
60
39
62
E65
70
76
512
P01
P02
P03
P06
P07
091
092
093
094
095
096
097
098
099
100

Marmorstein und schöne Strände
Von Split nach Makarska
Variante 1: 65 km / Variante 2: 125 km

In dieser Tour entdecken wir entweder das Hinterland mit seinen Bergen und die bekannte Makarska Riviera (Variante 1) oder Sie begleiten uns auf die Insel Brač (Variante 2). Beide Routen bieten ein reiches Angebot an Aktivitäten und Sehenswürdigkeiten. Zu unseren Empfehlungen gehören:
- **Omiš**
- **Rafting-Tour auf dem Fluss Cetina**
- **Rundwanderweg Via Brattia**
- **Strand Zlatni Rat (das Goldene Horn)**
- **Die klösterliche Eremitage in Blaca**
- **Makarska**

Wie am Ende der letzten Tour angekündigt, nehmen wir in Split die Fähre und setzen unsere Reise zur **Insel Brač** fort. Alternativ können Sie natürlich entlang der Küstenstraße weiterreisen. Den Weg auf dem Festland nach Makarska über die Adria Magistrale beziehungsweise über die Berge finden Sie im ersten Teil der Tour. Im zweiten Abschnitt erfahren Sie alles über unsere Erlebnisse auf der Insel Brač.

Variante 1

Wir verlassen das geschäftige Split und finden uns überraschend schnell wieder auf der Jadranska Magistrale, diesmal in südlicher Richtung. Es ist ratsam, Split außerhalb der Stoßzeiten zu verlassen, da viele Einwohner aus den Vororten pendeln müssen. Entlang der Route entdecken wir malerische Badeorte, in denen man oft direkt neben der Küstenstraße ins Meer springen kann. Es ist ein Vergnügen, um die Kurven zu schwenken und immer wieder neue Aussichten zu genießen. In Dugi Rat stoßen wir auf einen ersten attraktiven Stopp für WOMO-Fahrer, die in die Fluten tauchen möchten. Dieser Ort ist bereits Teil der *Riviera von Omiš*.

P01 Dugi Rat – N 43°26'38" E 16°38'25"

Es folgt **Duće** mit zahlreichen Mini-Camps am Meer, von denen viele direkt am feinkörnigen Kiesstrand liegen.

Mit **Omiš** (5.000 Einwohner) erreichen wir den ersten Ort dieser Tour, in dem sich eine Besichtigung lohnt, wobei wir den Charme erst auf den zweiten Blick erkennen: Zweifelsohne hat das alte Städtchen ein gewisses Flair, bei unseren früheren Be-

Omiš

suchen haben wir Omiš trotz seiner schönen Lage immer eher als etwas vernachlässigten Durchfahrtsort wahrgenommen und zugegeben – links liegen gelassen. Entlang der Straße in den Außenbereichen gibt es noch etliche Gebäude im alten Ost-Stil und notwendige, aber nicht besonders ansehnliche Industrieanlagen. Außenherum könnte Omiš auch heute noch etwas »Stadtkosmetik« vertragen. Um das Städtchen verkehrsmäßig zu entlasten, wird gerade oberhalb an einer Umgehungsstraße mit Brücke und Tunnel gearbeitet. Landschaftlich ist Omiš sehr schön gelegen: Es schmiegt sich an die Felsen des karstig-weißen Mosor-Gebirges, liegt direkt an der Mündung des Flusses Cetina und wird von einer eindrucksvollen Burgruine bewacht. Geben Sie dem Ganzen eine Chance: Sie werden überrascht sein, was es hier alles zu entdecken gibt. Bevor wir ins Zentrum gelangen, passieren wir am Ortsanfang einen großen, durchaus ansprechenden Campingplatz.

091 Omiš – *Camping Galeb*

GPS/Kontakt: N 43°26'28" E 16°40'51", Vukovarska 7, Tel. +385 52 877 300; *https://www.kamp.galeb.hr/de/*. **Öffnungszeit:** Ganzjährig. **Ausstattung:** Brötchenservice (nur in der Hauptsaison), Lebensmittelgeschäft, Restaurant, Waschmaschine, Wäschetrockner, Fahrrad- und Bootsverleih, Pool, Kinderanimation, Wellnessbereich. **Beschreibung:** Das ebene, durch Laubbäume gegliederte Wiesengelände liegt an der Mündung des Flusses Cetina, zwischen Küstenstraße und Meer. Es ist geprägt von Mietunterkünften, bietet aber viel Schatten und alle Stellplätze sind maximal 100 m vom Sandstrand entfernt. Zum Stadtzentrum sind es 300 m, entlang des Strandes. Ideal als Ausgangspunkt für Wanderungen, Fahrradtouren, Kajaktouren und weitere Freizeitaktivitäten. **Preis:** 20–43 €. **Zufahrt:** Am Ortsanfang beim Sportstadion rechts abbiegen.

Nach dem Campingplatz entdecken Sie rechter Hand einen großen und sonnigen Parkplatz, der sich hervorragend als Ausgangspunkt für eine Stadtbesichtigung anbietet. Er ist mit einer Schranke und Parkwächterhäuschen ausgestattet (N 43°26'43" E

16°41'16"). Kurz danach überqueren Sie den **Fluss Cetina** und bei Rechtshaltung erreichen Sie einen weiteren gebührenpflichtigen Wiesen- und Schotterparkplatz. Leider ist der hintere, direkt am Meer gelegene Teil für WOMOs nicht mehr zugänglich. Das ist zwar schade, aber es sind nur wenige Schritte bis zum gepflegten Feinkiesstrand.

P02 Omiš – N 43°26'32" E 16°41'16"

Die Natursteinhäuschen im mittelalterlichen Ortskern von Omiš drängen sich dicht aneinander. Dank der strategischen Lage und der Verbindung ins Hinterland über den Fluss war Omiš einst ein blühendes Seeräuberzentrum. Die dalmatinischen Piraten machten hier fette Beute, insbesondere von heimkehrenden Kreuzfahrerschiffen. Unser Spaziergang durch die engen Altstadtgassen führt uns zur Ruine und dem Turm der ehemaligen **Stadtfestung Peovića**, auch Festung Mirabella genannt. Sie thront 200 Meter über der Altstadt, gilt als eine der ältesten in Dalmatien und ist über schmale, steil ansteigende Stufen in wenigen Minuten erreichbar. Ihre Geschichte reicht bis ins 13. Jahrhundert zurück. Ursprünglich diente sie den Piraten als Aussichtsturm, von dem aus sie den Bračer Kanal überwachen konnten. Heute genießen wir vom Turm aus den weiten Panoramablick. Und auch einer Legende rund um eine akustische Täuschung begegnen wir hier: Im Jahr 1537 unternahmen die Türken einen Angriffsversuch auf die Stadt. Die Einwohner nutzten die optimalen akustischen Eigenschaften der Festung zu ihrem Vorteil: Sie schrien so laut sie konnten, um die Gegner zu erschrecken. So klang es, als ob die Stadt von einer zehnfach größeren Menschenmenge verteidigt würde. Die Türken gerieten in Verwirrung und flohen vertrieben von der vermeintlichen Übermacht *(April–Okt. tägl. 9–20 Uhr; Juli/Aug. 9–22 Uhr)*.

Omiš erfreut sich besonders bei Aktivurlaubern großer Beliebtheit.

TOUR 9

Omiš erfreut sich besonders bei Aktivurlaubern großer Beliebtheit. Es gibt Rafting- und Kajaktouren auf der Cetina, aber auch vielfältige Möglichkeiten für Kletterer, Wanderer und Mountainbiker. Auch wir satteln Schusters Rappen und steigen von Omiš hinauf zu der auf einer Hochebene gelegenen **Festung Fortica**. Diese kurze Wanderung ist eine schöne Runde mit toller Aussicht.

Weg zur Festung Peovića

Rundwanderung zur Burgruine Fortica

Gehzeit: 2 Stunden. **Schwierigkeit:** Moderat. **Höhenunterschied:** 300 m. Länge: 3 Kilometer. **Streckenbeschreibung:** Eindrucksvoll thront die Festung etwa 300 m über der Altstadt auf einem hohen Kalksteinkamm der Omiš-Dinara-Kette. Wir wählen für einen Aufstieg den weniger steilen Wanderweg auf der Meerseite südöstlich von Omiš. Am besten erreicht man ihn, indem man von der Brücke aus ein paar Meter am östlichen Ufer der Cetina flussaufwärts geht und dann rechts in die »Knezova Kacicia« abbiegt. Die Route führt durch die Altstadt, vorbei an der Kirche, und mündet in die »Put Borka«. Hier steigen wir weiter bergauf, bis nach der zweiten Kurve eine Steintreppe den Wanderweg einleitet. Von nun an beginnt der kontinuierliche Aufstieg mit Blick auf die Adria und die Küstenstadt. Aufgrund der vielen roten Wegmarkierungen (mit weißem Punkt) ist es sehr leicht, dem Weg zu folgen. Nach ein paar Minuten zweigt nach links ein kleiner Pfad ab. Obwohl der Steig nun etwas steiler wird und über felsiges Geröllgelände führt, kommen wir gut voran. Bald weist ein Wegweiser nach links zur Burg, die nur noch 15 Minuten entfernt ist. In der Festung Fortica führt eine Leiter auf den Turm der Wehranlage *(tägl. 7–20 Uhr; 3 €)*. Von hier oben ist die Aussicht auf die Stadt, den Fluss, das Meer und die Inseln wirklich atemberaubend.

TOUR 9

Der Rückweg führt über die Nordseite des Berges, beginnt steil und rutschig, wird aber im Wald wieder flacher. Hier spenden die Bäume angenehmen Schatten, auch wenn die Aussicht dafür nicht mehr so spektakulär ist. Die Wanderung endet an einem Parkplatz am Flussufer, von dort sind es nur wenige Meter zurück zur Brücke in Omiš.

Unterwegs gibt es ***keine Einkehr- oder Versorgungsmöglichkeiten***. In der Festung werden zeitweise Getränke verkauft, verlassen Sie sich jedoch nicht darauf und nehmen Sie genügend Trinkwasser mit.

Biegt man auf der Brücke von der Hauptstraße links ab, windet sich eine landschaftlich reizvolle Straße flussaufwärts, hinein in die Schlucht, die die Cetina über Jahrtausende in das Gebirge gegraben hat. Das wollen wir uns nicht nur von der Straße, sondern auch vom Wasser aus genauer ansehen. Gesagt, getan! Entlang der Straße gibt es einige ***Anbieter für Rafting-Touren***. Auf Nachfrage erlauben sie oft, dass man nach der Rafting-Tour mit dem WOMO über Nacht stehen bleibt – nicht die schlechteste Option, zumal die Gastgeber mit einem Begrüßungsaperitif nicht geizen.

Rafting-Tour auf dem Fluss Cetina

Rafting-Tour auf dem Fluss Cetina

Dauer: 4 Stunden. **Schwierigkeit:** Moderat, auch für Anfänger und Familien geeignet. **Länge:** 11 km. **Beschreibung:** Der Empfang von der sogar deutschsprechenden Betreiberfamilie ist sehr herzlich und familiär. Bevor es los geht, gibt es eine kleine Stärkung mit hausgemachten Snacks und Getränken. Dann folgt eine kurze, aber gründliche Einweisung. Alles ist sehr gut organisiert und Sicherheit wird großgeschrieben. Alle Teilnehmenden erhalten eine komplette Ausrüstung mit Neoprenanzug, Neoprenschuhen, Schwimmweste und Helm. Nach einer kurzen Trockenübung und den Verhaltensregeln wird die Gruppe in die bereitstehenden Boote aufgeteilt und es geht los. Im ersten Etappenteil starten wir gemächlich und alle rudern fleißig mit. Wir sind sofort begeistert von der wunderschönen Landschaft, dem kristallklaren Wasser und der reichen Flora und Fauna. Unser kompetente Tourguide steuert nicht nur die Bootstour, sondern gibt unterwegs auch noch viele Informationen zu Land, Fluss und der Natur um uns herum zum Besten. Unterwegs entdecken wir in der Sonne faulenzende Wasserschildkröten und schippern durch eine dschungelähnliche Vegetation. Der Fluss bietet sowohl ruhige als auch wilde Passagen. Der folgende technisch anspruchsvollere Abschnitt verlangt uns einige Aufmerksamkeit ab und den Anweisungen des Skippers sollte hier unbedingt folgegeleistet werden. Wir kommen an einem Wasserfall vorbei und zwischendurch gibt es immer wieder Badestopps und die Möglichkeit, von den zwei bis fünf Meter hohen Klippen zu springen. Kurz vor dem Ende der Tour erreichen wir eine Höhle, die nicht mit dem Boot zu durchfahren ist: Da entsteht fast ein bisschen Canyoning-Feeling. Wer nicht ins kalte Wasser springen möchte, kann diese Etappe über einen kurzen Fußweg umgehen.

TOUR 9

Am Ende bringt uns der Veranstalter wieder zurück zum Ausgangspunkt. Auch nach der Tour gibt es noch einmal Snacks und Getränke.

Begleitet wird die Tour von einem Fotografen. Diese Bilder kann man kaufen, muss man aber nicht. Der Verkauf ist zwanglos und wirkt nicht aufdringlich.

Der Picknickplatz am Startpunkt ist sehr schön angelegt und wer möchte, kann anschließend noch dort verweilen, im Fluss baden und die Idylle genießen. Wir WOMO-Fahrern wurden herzlich eingeladen, die Nacht auf dem Parkplatz zu verbringen.

Es gibt verschiedene Veranstalter. Wir waren bei Vir Rafting und können die Tour wärmstens empfehlen *(Tel. + 385 91 555 85 59; https://www.vir-rafting.com/; 30 €).*

092 **Vir Rafting – N 43°25'39" E 16°51'21"**

Nach diesem Erlebnis folgen wir den Schildern Richtung **Makarska** und erreichen die Magistrale nahe **Brela**. Insgesamt ist der Ausflug durch die Cetina-Schlucht und das Gebirge kaum länger als die Küstenstraße, doch auf dieser kommt man natürlich deutlich flotter voran.

Bleibt man nach Omiš auf der Küstenstraße, so trifft man auf die Ortschaft **Lokva Rogoznica**. Empfehlenswert ist hier der in Terrassen zum Meer hin angeordnete Camping Sirena. Er liegt am Felsenkap Planji Rat oberhalb der Küstenstraße.

093 **Lokva Rogoznica – *Camping Sirena***

GPS/Kontakt: N 43°24'22" E 16°46'39", Cetvrt Vrilo 10, Tel. +385 21 870 266; *https://autocamp-sirena.com/*. **Öffnungszeit:** Ganzjährig. **Ausstattung:** Campingplatzüblich, Brötchenservice, Restaurant, kleiner Markt mit täglich frischem Fisch, kleine Hafenanlage mit Bootsrampe. **Beschreibung:** Naturbelassener und familiär geführter Campingplatz an einem mit Pinien bewachsenen Hang, der sehr freundlich und gepflegt wirkt. Leider ist er recht klein, so dass nur wenige Plätze zur Verfügung stehen und es schnell voll werden kann. Die Parzellen sind durch Natursteinmauern strukturiert, auf den Stellplätzen gibt es wenig Schatten. Es gibt zwei große Strände, teilweise mit kleinen Kiesbuchten, die über Treppen zu erreichen sind. **Preis:** 22–35 €. **Zufahrt:** Vor dem Tunnel ist der Platz rechts an der Hauptstraße ausgeschildert.

Um **Medići** stoßen wir in lockerer Folge auf nette kleine Kiesstrände. An der Straße gibt es reichlich Parkmöglichkeiten – einem Zwischenstopp, um sich kurz zu erfrischen, steht also nichts im Wege. Bald schwingt sich die Straße in etwas höhere Felsregionen hinauf und von einigen Park- und Picknickplätzen kann man das tolle Panorama genießen. Wir streifen den Badeort **Brela** und nähern uns allmählich Makarska. Doch zuvor unternehmen wir noch einen Abstecher nach **Promajna**. Hier begrüßen uns leider gleich am Ortsanfang »Camping verboten«-Schilder. Das kleine Dörfchen glänzt mit einem wunderschönen langen und relativ breiten Feinkiesstrand, an dessen Rand leuchtend grüne Föhren für Schatten sorgen. Es gibt ein paar Kioske und Restaurants, Strandduschen und Umkleidekabinen. Direkte Parkplätze am Strand sind aber leider absolute Mangelware. Kurz zuvor, im Umfeld der Kirche und einiger Wohnhäuser, gibt es Parkflächen, die in der Nebensaison für einen Tagesbesuch dienen können.

P03 **Promajna – N 43°20'08" E 16°58'20"**

In **Krvavica** findet sich ein idyllisch gelegener, schattiger Campingplatz am Meer:

094 Krvavica – *Camping Krvavica*

GPS/Kontakt: N 43°19'24" E 16°59'8", Krvavica 101a, Tel. +385 91 526 7058; *https://www.autocamp-krvavica.com/*. **Öffnungszeit:** Mai bis Mitte September. **Ausstattung:** Campingplatzüblich. **Beschreibung:** Kleiner, ruhiger, familiengeführter Campingplatz mit terrassenartig angelegten Stellplätzen. Sie stehen auf Kies, teilweise auch gepflastert, im Schatten von Pinien und Olivenbäumen. Es gibt aber auch sonnige Stellplätze. Zum Strand sind es 200 m zu Fuß. Besonders gemütlich und einladend ist die Gemeinschaftsterrasse gestaltet. In der Nähe beginnen Wander- und Radrouten. Ein Restaurant gibt es nicht, aber der Betreiber organisiert gerne einen Grillabend. **Preis:** 18–36 € *(nur Barzahlung)*. **Zufahrt:** Biegen Sie im Ort von der Hauptstraße rechts ab. Nach etwa 1 Kilometer kurvenreicher Fahrt erreichen Sie den Campingplatz.

Von hier aus nehmen wir den letzten kurzen Abschnitt in Angriff und laufen in **Makarska** ein. Hier treffen wir auf die Reisenden wieder, die mit uns die Insel **Brač** erkundet haben.

Variante 2:

Die Altstadt von Split und der Fährhafen liegen nicht weit voneinander entfernt. Der Hafen sprengt unsere bisher von Kroatien gewöhnten Hafen-Dimensionen: Er zeigt sich sehr lebhaft und frequentiert. Das überrascht kaum, denn neben den zahlreichen regionalen Verbindungen gesellen sich noch die *großen Italienfähren* dazu. Keine Seltenheit sind auch Kreuzfahrtschiffe, die der Touristenmetropole einen Besuch abstatten und dann Massen an neugierigen Menschen ausspucken. Wir orientieren uns in dem Gewusel und folgen den Hinweisen zur **Insel Brač** (Supetar). Am Kassenhäuschen zahlen wir knapp 65 Euro für zwei Personen und ein Wohnmobil bis 7 Meter Länge und nach kurzer Wartezeit fahren wir an Bord der Jadrolinija-Fähre. Die Schiffe verkehren bis zu 13-mal täglich, doch zu den Stoßzeiten kann es schon mal eng werden. Viele Inselbewohner arbeiten in Split und nutzen für Ihren täglichen Weg die Fähre – ein starker Andrang ist also vorprogrammiert. Die Überfahrt dauert 50 Minuten.

Insel Brač

Brač ist die Heimat von knapp 14.000 Menschen. Mit einer Länge von etwa 40 km und einer Breite von 12 km erstreckt sich Brač über 395 km² und ist damit die größte dalmatinische Insel und die drittgrößte Adriainsel. Sie ist bekannt für ihre Bildhauertradition und den berühmten weißen »Bračer Marmor«, aus dem weltbekannte Prachtbauten errichtet wurden.

Hohe Berge und ursprüngliche Dörfer prägen das Inselinnere. Der Berg Vidova Gora ragt als höchster Gipfel 778 Meter in die Höhe. Ein Drittel der Insel ist bewaldet, weniger als ein Zehntel kultiviert und wird hauptsächlich für Oliven- und Weinanbau genutzt.

Früher nannten die Bewohner Brač »die Insel ohne Brot«, da es kaum Trinkwasserquellen gab und gibt. Seit 1973 versorgt eine Wasserleitung vom Festland herüber, die vom Fluss Cetina gespeist wird, die Insel. Wein- und Ackerbau sowie Viehzucht profitierten natürlich davon.

Die Insel lockt mit herrlichen Stränden, Wanderwegen und Mountainbike-Trails, einer reichhaltigen Kultur und erstklassigem Wein.

Besonders erwähnenswert ist der Strand Zlatni Rat in Bol, das »Goldene Horn«, der bekannteste kroatische Strand, dessen Form sich oft in Abhängigkeit von den Auswirkungen der Winde und Meeresströmungen ändert.

Gemächlich pflügt die Fähre durch die blauen Wellen auf **Supetar** (4.200 Einwohner), dem Hauptort der Insel, zu. Schon von weitem fällt unser Blick auf eine grüne, mit Kiefern bewachsene Halbinsel und einen weitläufigen Sandstrand. Besonders ins Auge sticht aber vor allem der Friedhof mit einem **Mausoleum** im orientalischen Stil, das einst eine reiche Reeder-Familie erbauen ließ. Beim Anlegen geht ein kleiner Ruck durch die Fähre, laut quietschend öffnen sich die Klappen und der Pulk von Fahrzeugen setzt sich in Bewegung. Der Hafen wirkt lebhaft, es gibt viele nette Restaurants und Cafés entlang der Promenade und so mancher gerade ankommender Tourist sorgt erst einmal für das leibliche Wohl. Der Hafenparkplatz eignet sich hervorragend für einen Spaziergang ins Ortszentrum mit seiner Fußgängerzone, einen Besuch der barocken Kirche **Sv. Petar** aus dem 18. Jahrhundert oder für ein erfrischendes Bad am *sauberen und gepflegten Kiesstrand*. Auf dem tagsüber sonnigen Areal ist sogar eine Übernachtung möglich, was besonders praktisch ist, wenn Sie frühmorgens eine der ersten Fährverbindungen nutzen möchten.

Im Hafen von Supetar

095 Supetar Hafen

GPS: N 43°23'05" E 16°33'28". **Max. WOMOs:** 5–6. **Ausstattung:** Mülleimer, Beachbar, Umkleidekabine, Stranddusche, Öffentliche Toiletten fußläufig. **Beschreibung:** Gebührenpflichtiger Kiesparkplatz ohne Schatten. Strand und Flaniermeile sind nur wenige Schritte entfernt, ebenso wie eine Bäckerei. **Preis:** 5 € /24 Stunden. **Zufahrt:** Gleich nach der Hafenausfahrt links.

Falls Sie einen Campingplatz bevorzugen, gibt es etwas außerhalb zwei Alternativen. Zuerst erreichen Sie ein terrassiertes Gelände in einem Pinienwald, das vorwiegend von Mobile Homes beherrscht wird. Der Bereich für WOMOs ist eher klein und schattig, weit entfernt vom Meer, aber dafür in Poolnähe. Für einen längeren Aufenthalt vielleicht nicht die erste Wahl, doch für eine schnelle Übernachtung nach Ankunft oder vor dem Verlassen der Insel ist er keine schlechte Lösung. Weiterer Vorteil: Er liegt nur einen 10-minütigen Spaziergang vom Stadtzentrum entfernt.

TOUR 9

096 *Waterman Beach Village* – N 43°22'50" E 16°33'52"

Folgen Sie der Straße noch ein Stück weiter, kommt ein etwas höherpreisiger, aber ganz neu angelegter Platz. Hier genießt fast jeder Stellplatz, ob in der ersten oder zweiten Reihe, Meerblick.

097 Supetar – *Boutique Camping Bunja*

GPS/Kontakt: N 43°22'52" E 16°34'42", Malačnica 60, Babin Laz, Tel. +385 21 549 547; *https://www.campingbunja.com/de/.* **Öffnungszeit:** Anfang Mai bis Mitte Oktober. **Ausstattung:** Campingplatzüblich, Beachbar und Restaurant, Spielplatz, Pool, SUP- und Fahrradverleih. **Beschreibung:** Nagelneuer Campingplatz in ruhiger Lage, umgeben von Kiefern, mit sehr guten Sanitäranlagen. Die Stellplätze befinden sich auf einer großen, ebenen Kiesfläche. Der Zugang zum Meer erfolgt über Treppen. Bis nach Supetar sind es 2,5 km, es gibt eine Busverbindung. **Preis:** 24–46 €. **Zufahrt:** Fahren Sie am Kreisverkehr Richtung Splitska, nach 2 km finden Sie den Campingplatz in einer Linkskurve.

Durch eine überraschend grüne Landschaft führt unser Weg jetzt nach **Sutivan** (800 Einwohner). Zu verdanken ist dieser Umstand den vielen Pinien, Olivenbäumen und anderen hartlaubigen Gewächsen, die ganz jährig belaubt sind. Die Sicht ist klar und ermöglicht uns immer wieder schöne Blicke auf das Festland und die weit entfernten Häuserburgen von Split. Bevor wir uns meerwärts wenden, umrunden wir zunächst fast den gesamten Ort und stoßen schnell auf einen *großen asphaltierten Parkplatz*. Er liegt nur knappe fünf Gehminuten vom Zentrum entfernt, eignet sich jedoch vornehmlich *für kleinere Wohnmobile* bis zu einer Länge von etwa sechs Metern. Die Nutzung ist meist gebührenpflichtig, einige Stellflächen sind zudem für Anwohner reserviert (N 43°22'58" E 16°28'42").

Der charmante Ort Sutivan bietet einige Sehenswürdigkeiten. Charakteristisch sind die dalmatinischen Steinhäuser und liebevoll gestalteten Gärten. Zu den Hauptattraktionen zählen die **Pfarrkirche** aus dem 16. Jahrhundert und das **Kastell** der Familie Marjanović aus dem 17. Jahrhundert mit seiner dekorativen Sonnenuhr. Außerdem entdecken wir einige Palazzi mit einladenden Innenhöfen und die **Sommerresidenz** des berühmten kroatischen Dichters Kavanjin. An deren Eingang ist der lateinische Spruch »Ostium non Hosium« zu lesen – zu Deutsch: Nur Freunde sind willkommen. Die dazugehörige Parkanlage lädt zum Entspannen unter den Schatten der Bäume ein. Bummelt man entlang der Hafenpromenade noch ein Stück weiter, sieht man eine schmucke Windmühle.

Doch nicht nur die Bauwerke machen den Reiz des Ortes aus, besonders begeistern uns die *üppig blühenden Blumen* und Gewächse in und um Sutivan. Granatäpfel, Oleander und verschiedene pink und lila leuchtende Bougainvillea-Arten, die sich an den Häusern emporranken, versetzen den Ort in einen richtigen *Farbenrausch*. Dazu wiegen sich einige Palmen sanft im Wind – die perfekte Urlaubsatmosphäre. Es macht wirklich Freude, hier herumzuspazieren. Dabei kommen wir an einem großen Hinweisschild auf den Wanderweg **Via Brattia** vorbei, der über die ganze Insel führt und in alle Richtungen gut markiert ist.

Sutivan

Rundwanderweg Via Brattia

Über die gesamte Insel verteilen sich viele markierte Wander- und Mountainbikewege. Das jüngste Großprojekt ist der Via Brattia – ein 140 km langer touristischer Rundweg, der die zwölf kulturell und historisch bedeutendsten Orte auf der Insel Brač miteinander verbindet. Neben diesen historischen Stätten führt Sie der Weg durch die Zentren vieler malerischer Siedlungen, zu idyllischen Buchten und an traumhafte Strände. Da der Weg als Rundweg konzipiert ist und in beide Richtungen ausgeschildert wurde, lässt er sich von jedem Ort aus leicht erkunden, indem Sie einfach den blauen und weißen Markierungen folgen.

Auf der Via Brattia können Sie an 12 ausgewählten Punkten Stempel sammeln, die hauptsächlich in Dorfkirchen und Klöstern zu finden sind. Diese Stempel markieren Ihren Erfolg und und ergeben am Ende zusammen das Wappen von Brač, welches den heiligen Georg, den Schutzpatron der Insel, zeigt. Für eine Karte und weitere Informationen zur Via Brattia empfehlen wir den Besuch eines der Tourismusbüros auf Brač.

Über eine kleine mittlerweile geteerte Straße gelangt man zu einem ehemaligen Privatzoo, der nun zu einem Naturschutzpark ausgewiesen wurde. Im **Naturpark Prirode** können Besucher nicht nur einige exotische Tiere wie Vogelsträuße, Pfauen und Papageien bewundern, sondern auch heimische Tierarten wie Ziegen, Esel, Pferde und Ponys. Die liebevoll gepflegte Parkanlage lädt zum Verweilen ein und bietet den perfekten Ausgangspunkt für Streifzüge in die umgebende Natur. Ein Highlight für die kleinen Gäste ist der große Kinderspielplatz.

P Park Prirode – N 43°22'11" E 16°28'00"

Naturpark Prirode

Das beschauliche Dorf **Bobovišća na Moru** liegt idyllisch in einer Bucht. Es gibt einen kleinen Parkplatz am Hafen, der allerdings nur für Fahrzeuge bis zu *einem Gesamtgewicht von 3,5 Tonnen* ausgelegt ist und sich insgesamt nur für kleine WOMOs eignet (N 43°20'58" E 16°27'52"). Hier geht es eher ruhig zu, viel zu sehen gibt es nicht. Der Partisan und Staatsmann *Vladimir Nazor*, einer der größten kroatischen Dichter und Schriftsteller, verbrachte hier seine Kindheit und das Dorf ist Heimat des Hauses der Familie Nazor.

Vladimir Nazor in Bobovišća

Die Reise führt weiter nach **Ložišća**, einem blitzsauberen Örtchen mit alten Steinhäusern, deren bunte Fensterläden für farbenfrohe Akzente sorgen. Aus der Mitte heraus ragt ein schlanker Kirchturm mit vielen Verzierungen und kleinen Säulen. Am Ende von Ložišća weist eine Abzweigung den Weg nach **Milna** (930 Einwohner). Kurz vor dem Ortsbeginn kann man einen langgezogenen und *wunderschönen Badestrand* ansteuern. Sollte Ihr Navi Sie direkt ins Zentrum von Milna führen wollen, hören Sie in diesem Fall nicht auf das Gerät, sondern folgen Sie stattdessen unserer Zufahrtsbeschreibung zum Strand.

P06 Bijaka Plaža

GPS: N 43°19'57" E 16°26'03". **Max. WOMOs:** 5. **Ausstattung:** Mülleimer, Badeplattform. **Beschreibung:** Das kristallklare Wasser an diesem Strand ist wirklich der Knaller. Die ebenen Parkflächen auf einem Wiesengelände liegen nur über eine kleine Straße vom Meer getrennt. In der Nebensaison kann man hier sicherlich auch mal gemütlich seinen Klappstuhl aufstellen. Von hier aus ist das 3 km entfernte Milna gut mit dem Fahrrad erreichbar. Der Weg eignet sich auch für einen ausgiebigen Spaziergang. Einkaufsmöglichkeiten und Restaurants finden sich in der Nähe. **Zufahrt:** Biegen Sie vor Milna rechts ab, folgen Sie dem Straßenverlauf für ca. 2,5 km und halten Sie sich an die Beschilderung in Richtung Bijaka Plaža. Das letzte Stück der Zufahrt ist etwas schmal und erfordert gelegentlich Ausweichmanöver.

Für einen Besuch in Milna empfehlen wir, auf dem genannten Parkplatz zu parken, da es in der Stadt sehr eng werden kann. Kleinere Fahrzeuge können ihr Glück in der Nähe des Hafens versuchen (N 43°19'32" E 16°26'59").

Skipper finden in Milna die größte Marina der Insel vor und im Hafenbecken schaukeln viele farbenfrohe Boote und Segelschiffe vor sich hin. Gleich in der Nähe kann man sich in einer Mini-Markthalle mit frischem Obst und Gemüse eindecken. Flaniert man die Hauptzeile entlang, genießt man einen herrlichen Blick über die tief eingeschnittene Bucht und die umliegenden Hügel. Besonders erholsam lässt sich das Panorama bei einem Espresso in einem der zahlreichen Cafés genießen. Milnas Geschichte reicht nicht allzu weit in die Vergangenheit. Das älteste Gebäude ist das **Kastell Anglišćina** aus dem 16. Jahrhundert. Über eine Treppe gelangen wir zu einem kleinen Platz, in dessen Mitte eine Büste vor der mit Arkaden verzierten **Loggia** thront. Seitlich davon erhebt sich die barocke Pfarrkirche aus dem 18. Jahrhundert. Sehenswert in der **Pfarrkirche** sind das Altarbild »Maria Verkündigung«, das vom venezianischen Künstler Gasparo Diziani geschaffen wurde, und die *Skulpturen von Ivan Rendic*, die den Hauptaltar der Kirche zieren.

Milna

Nerežišća (700 Einwohner) war das ehemalige Verwaltungszentrum der Insel Brač. Vom einstigen Glanz ist jedoch nicht viel geblieben, außer Spuren früherer Kultur und dem **Fürstenhof** mit einem geflügelten Löwen.

Im Museumsdorf Škrip

Unser nächstes Ziel ist das Museumsdörfchen Škrip. Die Siedlung gilt als *das älteste Dorf auf der Insel* und ist heute ein **Freilandmuseum**. Am Ortsanfang schickt uns ein Schild links zum »Museum of the Island«. Die Straße wird zusehends schmaler und die Zufahrt ist auf ***maximal fünf Tonnen*** beschränkt. Am Ende erwartet uns ein teils schiefer, teils ebener Parkplatz unter einigen Bäumen. Trotz Berichten über großen Andrang, sind wir überrascht, nur ein weiteres WOMO vorzufinden – ein Vorteil der Nebensaison.

P Škrip – N 43°21'22" E 16°36'37"

Die Kulturschätze liegen hier praktisch direkt vor der WOMO-Tür. In landschaftlich schöner Lage streifen wir zwischen den vorzeitlichen Behausungen der einfachen Leute umher. Die niedrigen Häuser bestehen aus kunstvoll aufgeschichteten Steinplatten und auch die Dachbedeckungen wurden aus dem gleichen Material gefertigt. In einem alten Wehrturm, der in der Vergangenheit den Illyrern, Römern und Venezianern als Domizil diente, ist heute ein **Museum** untergebracht. Ausgestellt sind kulturgeschichtliche Funde, vor allem aus der Römerzeit, unter anderem Sarkophage und eine Herkulesstatue *(Mitte April–Okt., tägl. 10–18 Uhr, letzter Einlass um 17 Uhr)*. Neben dem Gebäude können die Reste einer *illyrischen Zyklopenmauer* und ein *Friedhof aus der Römerzeit* besichtigt werden. Ein kleiner Spaziergang an der Friedhofskirche vorbei führt zu einer **Aussichtsterrasse** mit einem schönen Blick über das Umland.

Kirche mit Friedhof in Škrip

Postira

Auf unserem weiteren Weg kommen wir an einer Abzweigung vorbei, die hinunter in die an einer idyllischen, wenngleich winzigen Bucht gelegenen Ortschaft **Splitska** führt. Ein kurzer Abstecher lohnt sich, doch unser nächstes Ziel ist **Postira** (1.500 Einwohner). Das Städtchen liegt etwa in der Mitte der nördlichen Küste und rühmt sich, Geburtsort *bekannter Bildhauer* wie Lazanic und *bedeutender Dichter*, zum Beispiel Vladimir Nazor, zu sein. Zuerst fällt uns die große Gärtnerei im Herzen des Ortes ins Auge, die für die überregionale Belieferung mit Obst, Gemüse und Blumen sorgt. Am Sportgelände findet sich ein neuer, großer Parkplatz (N 43°22'23" E 16°37'40"), von dem aus man schnell den Strand und die Flaniermeile erreicht. Abgesehen von einigen Restaurants, einem kleinen Hafen, einem Kinderspielplatz und ein paar Einkaufsmöglichkeiten bieten sich keine großen Highlights. Ein großer, futuristisch anmutender Hotelkomplex in Form eines überdimensionalen Schiffes trägt auch nicht unbedingt zur Verschönerung des Stadtbildes bei.

Wir besuchen nun **Pučišća** (1.700 Einwohner), die größte Stadt der Insel. Sie liegt an einer langen, gewundenen und fjordähnlichen Bucht. Gleich am Ortsanfang erstreckt sich ein riesiges, sonniges Parkareal.

P Pučišća – N 43°20'55" E 16°43'48"

Steinmetzkunst im Hafen von Pučišća

Zum Hafenbecken, um das sich die Häuser gruppieren, benötigen Sie kaum fünf Minuten. Sehenswert sind die alten Kastelle aus dem 15. und 16. Jahrhundert sowie die **Pfarrkirche Sv. Jerolim**, über deren Hauptaltar auf einem Holzrelief der Schutzpatron der Stadt, der Hl. Hieronymus, zu sehen ist. Eine gewisse Berühmtheit erlangte der Ort als »Stadt der Steinmetzkunst«. Auf der linken Seite und fast am Ende des Hafenbeckens befindet sich die **Steinmetzschule**, wo junge Nachwuchskünstler unter Aufsicht eines Lehrmeisters eifrig an Steinblöcken herummeißeln – mit durchaus beachtenswerten Ergebnissen. Es ist eine harte und vor allem sehr staubige Arbeit. Am Ende der Bucht wird im größten Kalksteinbruch der Insel marmorähnliches Gestein im großen Stil abgebaut.

Steinmetzschule in Pučišća

Bračer Marmor

Das weiße Kalkgestein, aus dem das Eiland – neben Dolomit – vorwiegend besteht, ist weltberühmt. Dieses marmorähnliche Gestein entstand vor etwa 100 Millionen Jahren in der Kreidezeit. Die Qualität und Schönheit des Bračer Marmors sind auf die Meeresorganismen zurückzuführen, mit denen er durchsetzt ist. Er wird in relativ großem Stil abgebaut: Fast rund um die Uhr werden dem Berg die steinernen Blöcke aus dem »Bauch gesägt«. Einige dieser Steinbrüche datieren sogar aus der Römerzeit, was bedeutet, dass hier seit rund 2000 Jahren Marmor abgebaut wird. Neben der weißen und grauen Farbe kommt er auch in roséfarben bis hin zu korallroten Schattierungen vor. Die Nachfrage ist hoch, der Bračer Marmor wird in alle Welt verschickt und man findet ihn in nicht ganz unbedeutenden Bauwerken: Aus dem weißen Stein wurden das Weiße Haus in Washington, die Hofburg in Wien und das Parlament in Budapest, aber auch Teile des Berliner Reichstags oder der Diokletian-Palast in Split errichtet.

In Pučišća gibt es seit 100 Jahren eine der wenigen Steinmetzschulen in Europa, wo Lehrlinge noch heute wie zu Zeiten Michelangelos ausgebildet werden, um mit Hammer und Meißel Werke aus Stein zu formen.

Marmorsteinbruch auf Brač

Jetzt zieht es uns hinauf in die Bergwelt. Wir durchqueren **Pražnica** und steuern dann **Vidova Gora** an, den höchsten Berg auf Brač und zugleich den höchsten kroatischen Inselberg überhaupt. Um diesen Gipfel ranken sich Mythen und Sagen, denn es soll spuken: Bis heute rätselt man, ob hier einst die Hexen tanzten und ihren Schabernack trieben oder ob slawische Gottheiten den Berg als ihren Wohnsitz auserkoren hatten. Nicht weit vom heutigen Straßenverlauf sollen in grauer Vorzeit sogar der Teufel in Höhlen sein Unwesen getrieben haben. Tut er es vielleicht immer noch? Doch wir lassen uns nicht abschrecken und erreichen nach einer Fahrt durch den steinigen Kiefernwald einen Parkplatz auf einem Plateau.

Um diesen Gipfel ranken sich einige Mythen und Sagen, denn es soll spuken.

P Vidova gora

GPS: N 43°16'55" E 16°37'20". **Max. WOMOs**: 3–4. **Ausstattung:** Tische und Bänke, Kiosk. **Beschreibung:** Größtenteils ebener Schotterparkplatz, der auch von Reisebussen angefahren wird. Von hier aus bietet sich eine wunderschöne Aussicht und der Parkplatz ist Startpunkt für verschiedene Wanderungen. **Zufahrt:** Von der Hauptstraße Richtung Vidova Gora abbiegen, dann der Straße knapp 6 km folgen.

Ein zehnminütiger Fußmarsch ist nötig, um das letzte Stück zum Gipfelkreuz nahe dem Sendemasten zu erklimmen. Leider ist das Restaurant, in dem es zumindest einfache Speisen gab, schon seit einiger Zeit geschlossen. Es sieht nicht danach aus, als ob sich das bald ändern würde – daher empfiehlt sich die Selbstversorgung. Tief unter uns glitzert türkisfarben das Meer, in das das berühmte **Goldene Horn** eingebettet ist. Dieser einzigartige, 600 Meter lange Strand ragt weit ins Meer hinein und bildet das Markenzeichen der Insel. Er bietet vielen Sonnenanbetern und Badegästen Raum zur Erholung, ist aber auch

Dieser einzigartige, 600 Meter lange Strand ragt weit ins Meer hinein und bildet das Markenzeichen der Insel.

ein echter Touristenmagnet. Die Besonderheit: Die kleinen Kiesel am Strand bewegen sich mit dem Wellengang, wodurch der Strand seine Form stetig verändert. Mal zeigt die Spitze nach Westen, mal nach Osten. Von hier oben sieht es wirklich außergewöhnlich aus und wir genießen den Anblick erstmal in aller Ruhe aus der Ferne, bevor wir uns das näher ansehen.

Blick vom Vidova Gora

Wir rollen wieder durch den Zauberwald zurück und steuern den östlich vom Goldenen Horn gelegenen malerischen Ferienort **Bol** (1.500 Einwohner) an. Hier gibt es einige Campingplätze, sehr wohlgefühlt haben wir uns auf dem Campingplatz Kito, der von seinen sogar deutschsprechenden Besitzern liebevoll geführt wird.

098 Bol – *Camping Kito*

GPS/Kontakt: N 43°15'51" E 16°38'53", Bračke Cesta, Tel. +385 21 635 551. **Öffnungszeit:** Ganzjährig. **Ausstattung:** Campingplatzüblich. **Beschreibung:** Wer Gemütlichkeit, familiäre Atmosphäre und ein grünes Plätzchen zwischen Feigen- und Mandelbäumen sucht, ist hier genau richtig. Lassen Sie sich abends von den Kochkünsten der Chefin verwöhnen – es lohnt sich! Das Camp liegt 300 m vom Meer und 400 m vom Ortszentrum entfernt, wobei der Rückweg ziemlich bergauf geht. **Preis:** 22–35 €. **Zufahrt:** Von der Zufahrtsstraße 400 m nach dem Ortsschild links abbiegen.

Sollten Sie keinen freien Platz ergattern, gibt es weitere Optionen:

099 *Camp Kanun* – N 43°15'53" E 16°38'37"

100 *Camp No 1* – N 43°15'34" E 16°37'50"

Wer nur baden möchte, kann sein WOMO auf dem Parkplatz am Goldenen Horn parken.

P07 Zlatni Rat

GPS: N 43°15'37" E 16°38'00". **Max. WOMOs:** 10. **Ausstattung:** Stranduschen, Toiletten, Strandbars und Restaurants, Verleih von Sonnenschirmen und Liegen, div. Freizeitaktivitäten. **Beschreibung:** WOMOs stehen auf diesem, teilweise sehr schiefen Parkplatz, in der prallen Sonne. Unter die PKW-Überdachungen passt maximal ein VW-Bus. Bis zum Strand läuft man etwa 500 m. Insgesamt ist dies kein Ort für Ruhesuchende – hier ist immer etwas los. **Preis:** Tageskarte für WOMO (8–20 Uhr) 20 €. **Zufahrt:** Von Bol kommend leicht zu finden, gut ausgeschildert.

Das Goldene Horn: Der berühmte Strand Zlatni Rat

Bol ist zwar ganz auf Tourismus ausgelegt, doch dies schmälert kaum den Charme dieses malerischen Ortes mit seiner ausgedehnten Uferpromenade. Überall finden sich einladende Cafés und Restaurants. Täglich findet ein **Markt** mit Obst und Gemüse statt und zahlreiche Stände bieten die übliche Mischung aus Kunst und Kitsch an.

In der **Galerie Branko-Dešković** am Hafen kommen Kultursuchende auf ihre Kosten. Hier lassen sich Skulpturen und Bilder verschiedener zeitgenössischer Künstler bewundern. Am Ostende des Ortes wartet ein **Dominikanerkloster** mit einem kleinen **Museum**, das nach einer umfassenden Renovierung wieder für Besucher geöffnet ist. Das Museum beherbergt eine Vielzahl von Kunstwerken, darunter das Altarbild »Jungfrau mit Heiligen« aus dem Jahr 1563, das von dem berühmten Künstler Jacopo Tintoretto gemalt wurde. Außerdem zeigt die Ausstellung Kunstschätze, die im Laufe der Zeit aus dem Meer geborgen wurden,

Bol

ornamentierte Reliefs, eine umfangreiche Münzsammlung und historisches Mobiliar *(Šetalište Anđelka Rabadana 4, Mai–Sept. tägl. 10–12 und 17–19 Uhr).*

Vom Hafen aus starten täglich Schiffsausflüge zur **Insel Hvar**. Eine besonders interessante Tour stellt die mit einer kurzen Wanderung verbundene Fahrt zur **klösterlichen Eremitage in Blaca** aus dem Jahr 1550 dar. Das Schiff legt an einer Anlegestelle im Südwesten der Küste an, von wo aus nach einem halbstündigen Fußmarsch schluchtaufwärts das alte, am Felsen klebende und in einsamer Lage verborgene Kloster erreicht wird. Das Kloster wurde von Mönchen, den sogenannten Glagoliten, gegründet, die vor den türkischen Angriffen vom Festland her geflohen waren. Mit der Zeit entwickelte sich die Eremitage zu einem fortschrittlichen landwirtschaftlichen Grundbesitz, das jedoch mit der Zeit verfiel. Später diente sie Pater Nikola Miličević, einem Amateur-Astronomen, der in Wien Mathematik und Astronomie studiert hat, als Sternwarte. Ihm zu Ehren wurden 2005 von der Internationalen Astronomischen Union zwei Asteroiden nach ihm und Brač benannt. Mittlerweile ist die Eremitage in ein Museum umgewandelt worden, das unter anderem alte Gegenstände aus der Monarchie, astronomische Instrumente, wie ein großes Teleskop von 1935, und eine Bibliothek ausstellt. Das Eremitenkloster kann

Eremitage in Blaca

auch über den Landweg angefahren werden, ist allerdings nicht zu empfehlen und auch hier muss das Gefährt (auch Mountainbikes!) geparkt werden und das letzte Stück geht es nur zu Fuß weiter. Der *bequemste und schönste Weg* zur Eremitage ist per Ausflugsschiff *(Juni–Sept. jeden Mi. als Tagestour, Abfahrt 9 Uhr, Rückkehr 17 Uhr; 15 € für Schifffahrt und Klostereintritt).*

Für Wanderlustige bietet Bol ausgezeichnete Möglichkeiten, beispielsweise eine Wanderung auf den bereits erwähnten Vidova Gora. Mit dem WOMO haben wir den Gipfel von der Rückseite aus angefahren, zu Fuß nimmt man den direkteren Weg.

Von Bol zum Vidova Gora

Gehzeit: 2,5 Stunden. **Schwierigkeit:** Mittel. **Höhenunterschied:** 770 m. **Streckenbeschreibung:** Von Bol aus lässt sich der Gipfel über einen markierten Wanderweg (rot/weiß/rot) bezwingen. Der Weg eignet sich für ehrgeizige Wanderer und beginnt im Zentrum von Bol an der Straßenkreuzung Bračke Cesta. Danach führt er über Podborje, vorbei an der Kirche Sv. Josip durch Olivenhaine und Weinberge und schließlich hinein in den grauen Felsen. Der Steig gestaltet sich nicht als sonderlich schwierig, aber aufgrund der Höhenmeter doch als ziemlich anstrengend. Es ist ein teils schattenloser Anstieg, also nichts bei Hitze. Festes Schuhwerk ist ein Muss.

TOUR 9

Eine weitere Wanderung startet ebenfalls in Bol, der eigentliche Ausgangspunkt liegt jedoch im fünf Kilometer entfernten Murciva. Dieser Weiler ist zu Fuß oder mit dem Fahrrad erreichbar.

Drachenhöhle

Gehzeit: 1 Stunde. **Schwierigkeit:** Mittel, als Familienwanderung geeignet. **Höhenunterschied:** 250 m. **Streckenbeschreibung:** Der Weg beginnt in Murciva in östlicher Richtung, führt durch Weingärten und einen Kiefernwald und steigt zunächst leicht an. Dann geht es steiler in westlicher Richtung zu einer Klosterruine. Kurz darauf ist Aufmerksamkeit gefragt, um die fast zugewachsene Abzweigung nach oben nicht zu verpassen – die Höhle ist dann schnell erreicht. Der Rückweg erfolgt über denselben Pfad. Leider kümmert sich niemand mehr so richtig um die Markierungen. Früher war die Höhle frei zugänglich, doch nun ist sie durch Gitterstäbe verschlossen. Für die Besichtigung der Reliefs und Darstellungen im Inneren ist eine Voranmeldung bei der Touristen-Information notwendig, wo der Besuch als organisierter Ausflug angeboten wird.

Nähere Informationen und Wanderkarten erhalten Sie in der Touristen-Information in Bol *(Porat bolskih pomoraca bb, https://www.bol.hr/de).*

Unsere Inselexkursion auf Brač nähert sich dem Ende, doch bevor wir den Fährhafen **Sumartin** ansteuern, machen wir einen Zwischenstopp in **Selca** (1.000 Einwohner). Der Ort liegt eingebettet im Grünen und verfügt über schöne Parkanlagen. Dominiert wird das Bild von einer wuchtigen **Marmorkathedrale**. Insgesamt wird das Städtchen von Marmor und Steinmetzkünsten geprägt: Wohin das Auge reicht, das edle Material ist allgegenwärtig. Neben einem *Denkmal von Leo Tolstoj*, das nur ein Jahr nach seinem Tod 1911 errichtet wurde, findet sich hier auch eine Büste von Hans-Dietrich Genscher, unserem ehemaligen Außenminister.

Jetzt geht es zum Fährhafen Sumartin. Vor einigen Jahren noch ein verschlafenes Nest, in dem es nicht mal Restaurants gab, scheint der Ort aus dem Dornröschenschlaf erwacht zu sein. Wir finden ein paar nette Lokale, einen Kiosk und einen kleinen Markt vor. *Wichtig:* Falls Sie Brač ebenso über den Fährhafen Sumartin verlassen wollen, erkundigen Sie sich vorher nach dem Fahrplan. *Die Fähre verkehrt nur zwei bis fünf Mal pro Tag*. Fahren Sie den Hafen – wie wir – nicht gezielt an, müssen Sie unter Umständen lange Wartezeiten in Kauf nehmen. Die Überfahrt nach **Makarska** kostet für zwei Personen und ein Wohnmobil (Länge fünf bis sieben Meter) etwa 65 Euro. Je nach eingesetzter Fähre kann es sein, dass Sie rückwärts an Bord gelotst werden.

Nachdem wir Sumartin deutlich länger als geplant einen Besuch abgestattet haben, setzen wir nun über nach Makarska (13.000 Einwohner), dem Hauptort der gleichnamigen, etwa 60 Kilometer langen Riviera. Malerisch liegt die Stadt an der mit viel Grün bewachsenen Küste, immer wieder unterbrochen von feinkieseligen Badestränden. Im Hintergrund erhebt sich das massive **Biokovo-Gebirge**. Der höchste Gipfel ist der *Sveti Jure*, der gewaltige 1.762 Meter in den blauen Himmel ragt. Eine gewagte Straße führt zu ihm hinauf, mit dem WOMO allerdings ein mehr als kritisches Unterfangen.

Die Fähre umrundet die waldreiche **Halbinsel Sv. Petar** mit gleichnamiger Kirche und Leuchtturm und legt direkt an der Strandpromenade an. Wir fädeln uns in den fließenden Verkehr der Einbahnstraße ein. Leider ist der große Parkplatz am Ende des Hafenbeckens nun mit einem absoluten Halteverbot für Wohnmobile versehen. Ein wenig außerhalb des Zentrums,

Ankunft mit der Fähre in Makarska

gegenüber dem Einkaufszentrum, finden wir jedoch eine legale gebührenpflichtige Parkmöglichkeit.

P Makarska – N 43°17'26" E 17°01'31"

Von hier aus begeben wir uns in Richtung Zentrum, kommen erst am **Franziskanerkloster** vorbei und anschließend an dem angegliederten **Muschelmuseum** *(in der Hauptsaison tägl. 9–13 und 17–20 Uhr, sonst nach Vereinbarung)*. Besonders für Kinder ein großer Spaß. Ausgestellt werden Meeresbewohner in allen Größen und abenteuerlichen Variationen.

Quasi ums Eck erstreckt sich die herrliche Strandpromenade mit Blumenbeeten und ausladenden Palmen. Auf der anderen Straßenseite reihen sich fast ununterbrochen Restaurants aneinander. Zwischendurch führt immer mal wieder ein Gässchen oder eine Treppe in die Altstadt. Diese wird beherrscht von einem großen, blumengeschmückten Hauptplatz, wo sich vor der prachtvollen Kulisse des Biokovo-Gebirges die **Pfarrkirche Sv. Marko** erhebt. Das Gotteshaus ist sehr beliebt bei Hochzeitspaaren, die sich hier vor allem an Samstagen das »Ja-Wort« geben. In der Regel verläuft die Feier sehr traditionell. Mit Stolz trägt man die farbenfrohe dalmatinische Tracht. Neben der Kirche steht ein **barocker Brunnen**, etwas unterhalb das **Denkmal** des Dichters und Franziskaners Andrija Kačić Miošić, kunstvoll mit Mosaiksteinchen und einem Wappen verziert. Ein bunter Markt schließt sich an, auf dem man alles erstehen kann, was in der Region wächst und gedeiht.

TOUR 9

Makarska erweist sich als idealer Ausgangspunkt für Aktivsportler. Das umliegende Biokovo-Gebirge bietet *Wanderwege für jedes Niveau* – vom gemütlichen Spaziergang bis hin zu anspruchsvollen Klettertouren ist hier alles möglich. Auch Fahrradfahrer können auf ausgewiesenen Touren ihre Leistungsfähigkeit bis an die Grenze testen. Für Informationen und eine kostenlose Wanderkarte steht das Touristenbüro zur Verfügung *(Obala kralja Tomislava 16, Tel. +385 21 650 076, https://makarska-info.hr/)*.

Wir beenden unseren Makarska-Besuch und orientieren uns weiter gen Süden.

Pfarrkirche S. Marko

Tour 10

Slivno
Dragljane
Drvenik
Gornje Igrane
Župa
E65
Živogošće
Sućuraj
P02
P03
Drašnice
Igrane
101
Podgora
P01
Tučepi
Tour 9
Makarska
76
8
Bogomolje
116
Hvar
Sumartin
Povlja
Vela Stiniva
P04
P
113
Humac
102
Jelsa
Vrboska
Vrbanj
Bol
Postira
116
Stari Grad
113
Supetar
Nerežišća
114
Milna
103
Sutivan
Bobovišća
Hvar
104
105
N
10 km

Die Insel der Düfte
Von Makarska über Drvenik auf die Insel Hvar
150 km

Diese Tour führt uns einmal quer über die »Insel der Düfte«, Hvar, bekannt für seine Lavendelfelder, in das idyllische Jelsa und bis hin zu einer historischen Hirtensiedlung. Unterwegs erleben wir nicht nur die einzigartige Natur, sondern auch eine beeindruckende kulturelle Vielfalt. Hier sind unsere Highlights:
- **Starigrad**
- **Spanische Festung in Hvar**
- **Ausflug zu den Pakleni otoci**
- **Traditionelle Steinbauten in Humac**
- **Camping Vira**

Ausgesprochen hübsche Strände leuchten entlang der Adria Magistrale zu uns herauf, doch sie anzufahren gestaltet sich leider schwierig. Entweder erweist sich das Gelände als zu unwegig oder die Badebucht ist Teil eines Hotels. Entlang des Weges zum beziehungsweise am **Fähranleger Drvenik** finden sich jedoch Badeplätze, an denen es sich in der Vergangenheit gut baden ließ. Der Fährverkehr beeinträchtigt die Badefreuden nicht; zumindest optisch erscheint uns das Wasser rein und klar.

P01 Igrane – N 43°11'43" E 17°08'42"

P02 Drvenik 1 – N 43°09'22" E 17°14'54"

P03 Drvenik 2 – N 43°09'13" E 17°14'59"

Fähre nach Hvar

Am Fährhafen lockt ein Marktstand mit frischem Obst und Gemüse, auch ein Bäcker ist vor Ort. Bis zu den netten Cafés am Hafen sind es nur ein paar Schritte.

Für die Überfahrt mit der Fähre von Drvenik nach **Sućuraj** (350 Einwohner) auf der Insel Hvar benötigt man ungefähr eine halbe Stunde. Die Verbindung ist gut frequentiert, was kurze Wartezeiten und eine zügige Überfahrt gewährleistet. Der Preis für zwei Personen und ein Wohnmobil von fünf bis sieben Meter Länge beträgt rund 45 Euro.

Insel Hvar

Hvar wird auch als »Lavendelinsel« bezeichnet. Stellenweise bedecken Lavendelstauden wie ein Teppich den Boden und verwandeln zur Blütezeit im Juni (bisweilen bis Mitte Juli) die Landschaft in ein wogendes, lilafarbenes Meer. Es ist ein fast unnatürliches Bild und es wäre wohl kaum verwunderlich, darin eine »Milka Kuh« weiden zu sehen. Dem Lavendel ist auf Hvar sogar ein Festival gewidmet, das jedes Jahr Anfang Juli stattfindet. Doch auch abseits der Blütezeit sind die lila Blüten allgegenwärtig: als beliebte Mitbringsel in Form von Lavendel-Honig, Seife, Öl oder hübschen Aromasäckchen. Andere Kräuter wie Rosmarin, Salbei und Thymian gedeihen hier ebenfalls prächtig und verwöhnen die Touristennasen mit betörenden Düften. Die Intensität der Gerüche nimmt aber leider mit dem vorwärtsschreitenden Jahr stetig ab. Zu der vielfältigen Vegetation zählen auch uralte Olivenhaine und Weinhänge, die das Landschaftsbild der Insel prägen.

Doch Hvar kann noch mit einem weiteren Beinamen glänzen. Wegen ihrer Form bezeichnet man sie auch schlicht als die »Lange«. Bei einer Breite zwischen fünf und maximal elf Kilometern weist sie eine Längenausdehnung von etwa 68 Kilometer auf und umfasst eine Fläche von nahezu 300 km². 12.000 Menschen leben hier. Im Südwesten erheben sich die höchsten Berge der Insel: Sveti Nikola (628 m) und Hum (603 m). Eine schmale Inselstraße verbindet ein Ende mit dem anderen, die Fahrerei ist teilweise etwas nervenaufreibend und kostet Zeit. Doch davon hat man im Urlaub bekanntlich etwas mehr und die traumhaften Ausblicke sorgen für ausreichend Entschädigung.

Das kleine Dörfchen Sućuraj, versteckt in einer Bucht im Osten von Hvar, wirkt beschaulich und ruhig – nur die Fähren unterbrechen gelegentlich seine Ruhe. Die meisten Ankömmlinge verlassen es gleich wieder, doch so wenig Aufmerksamkeit ist nicht gerechtfertigt. Das Hafenbecken zeigt sich adrett, üppige Palmen spenden Schatten und ein paar Lokale gibt es auch.

Wir folgen der einzigen Straße, die aus dem Ort herausführt. Ein kurzes Stück auf der Inselachse befindet sich meerwärts der erste Campingplatz. Der geteerte Feldweg dorthin windet sich mit deutlichem Gefälle hinunter.

101 Sućuraj – *Autocamp Mlaska*

GPS/Kontakt: N 43°08'14" E 17°08'34", Mlaska 1, Tel. +385 99 791 4917; *https://mlaska.com*. **Öffnungszeit:** Ganzjährig. **Ausstattung:** Campingplatzüblich, Brötchenservice (nur in der Hauptsaison), Lebensmittelladen, Waschmaschine, Trockner, Kajak- und Bootsverleih, Anlegestelle für Boote. **Beschreibung:** Ein terrassiertes Camp (zur Hälfte FKK) mit modernisierten Sanitäranlagen in Alleinlage. Die Stellflächen sind mit Trockenmauern parzelliert, teilweise mit Schatten durch Pinien und Steineichen. Das Gelände ist überwiegend naturbelassen, leicht geneigt und von Wald umgeben. Es gibt einen Felsstrand mit betonierten Liegeflächen; da es außerhalb liegt, gibt es keine weiteren Einkaufsmöglichkeiten in der Nähe. Das platzeigene Restaurant ist von Mitte Mai bis Oktober geöffnet. **Preis:** 29–36 € *(nur Barzahlung)*. **Zufahrt:** Von Sućuraj aus etwa 4 km der Inselhauptstraße folgen, dann rechts abbiegen und noch 1 km; der Platz ist gut beschildert.

Wir arbeiten uns weiter vor auf der Inselachse. Die Straße ist zwar ausreichend breit, aber schon ziemlich holprig. Sie windet sich in vielen Kurven durch die Landschaft und die Fahrbahnränder sind oft ungesichert. Die Straße ist wirklich erstaunlich klein dafür, dass es die einzige Verbindung von einem Ende zum anderen der Insel und außerdem etwas gewöhnungsbedürftig ist. An der ein oder anderen Stelle wird es schon mal kritisch eng. Ausweichmöglichkeiten gibt es wenig. Doch die Landschaft um uns herum ist wirklich ein *Naturschauspiel* und entschädigt uns doppelt und dreifach. Wir kommen uns vor, als ob wir durch einen *riesigen Garten fahren*: Die Bäume und Sträucher stehen jetzt im Mai in frischem, saftigem Grün und am Straßenrand blühen farbenfroh Erika, Ginster, Mohn, lilafarbener Salbei, Macchia und ein Meer aus anderen bunten Blumen, deren Namen uns unbekannt sind. Immer wieder öffnet sich ein herrlicher Ausblick auf die **Insel Brač**, das Festland und die **Halbinsel Pelješac**.

Wir atmen erleichtert auf als wir auf einen erst kürzlich ausgebauten Straßenabschnitt kommen, doch die Straße in Richtung Jelsa zieht sich weiterhin in Serpentinen und engen Kurven bis ans andere Ende der Insel. Für die rund 50 Kilometer benötigen wir fast anderthalb Stunden. Kurz vor **Jelsa** (1.500 Einwohner) sind an der Straße drei Campingplätze angeschrieben. Empfehlenswert erscheinen sie uns alle, doch wir entscheiden uns für den, der am nächsten zur Stadt liegt.

102 Jelsa – *Mina Camp*

GPS/Kontakt: N 43°09'48" E 16°42'09", Put Mine 896, Tel. +385 21 761 210; *https://camping-hvar.com/hr/kamp-mina/*. **Öffnungszeit:** Mai bis Ende September. **Ausstattung:** Campingplatzüblich, Brötchenservice, Spielplatz, Kiosk, Cafébar, Waschmaschine, Trockner, Fahrrad- und Bootsverleih. **Beschreibung:** Ein einfacher Campingplatz mit Kies- und Waldboden, viel Baumschatten und auf einer Halbinsel gelegen. Die Sanitäranlagen sind sehr einfach. Nur 200 Meter vom Meer und 500 Meter von Jelsa entfernt. **Preis:** 16–37 €. **Zufahrt:** Um zum Campingplatz zu gelangen, muss man durch den angrenzenden Campingplatz Holiday fahren.

TOUR 10

Im Hafen von Jelsa

Für einen Tagesausflug eignet sich der zentrale, gebührenpflichtige Parkplatz am Busbahnhof (N 43°09'42" E 16°41'17"). Durch eine kleine Parkanlage spazieren wir zum Hafen und begegnen dabei **Miko Duboković,** der auf einem Stuhl unter Palmen sitzt – ein Denkmal der etwas anderen Art. Im Hafenbecken schaukeln einige schöne Holzschiffe und warten auf Ausflugsgäste. Der mit Steinplatten ausgelegte **Hauptplatz Pjaca**, der Platz der kroatischen Wiedergeburt, schließt sich an und ist umrahmt von Häusern im Barock- und Renaissancestil. Sie beherbergen zahlreiche Cafés und Restaurants.

Das idyllische Städtchen Jelsa

Vrboska

Ein reizvoller Spazierweg führt in etwa einer halben Stunde von Jelsa nach **Vrboska** (500 Einwohner). Freilich ist dieser reizvolle Ort auch mit dem WOMO auf der Straße zu erreichen. Zumindest in der Nebensaison sollten Sie leicht einen Parkplatz finden (N 43°10'49" E 16°39'58"). Die kleine Gemeinde liegt am Ende eines langen Meeresarms. Die Natursteinhäuser, die beiderseits am Ufer stehen, werden durch kleine, teilweise kunstvoll verzierte Steinbrücken miteinander verbunden. Mittendrin ein bekanntes Postkartenmotiv: Eine winzige runde, mit Sonnenblumen und einer Palme bepflanzte Insel »schwimmt« in der Bucht und unterstreicht den lieblichen Charakter dieses netten Dörfchens. Vrboska blickt auf eine lange Fischertradition zurück. Die unzähligen Fischerboote im Hafen zeugen davon und wer Lust hat, kann dem **Fischermuseum** einen Besuch abstatten. Dort lassen sich interessante Gerätschaften rund um das Fischereiwesen entdecken *(Šabotova kola , Juni–Sept., tägl. 9–12 und 19–22 Uhr; Mo. geschlossen)*.

TOUR 10

Eine besondere Sehenswürdigkeit ist die im 16. Jahrhundert erbaute **Wehrkirche Sveti Marija**. Das klobige, fast fensterlose Gotteshaus mit seinem von einem Zinnenkranz bewehrten Kirchenschiff und den wuchtigen Türmen ist Festung und Kirche zugleich. Sie diente in früherer Zeit als Schutzstation und wurde auf Kosten der Lokalgemeinschaft befestigt. Steingrau und restauriert ist sie die einzige Kirche dieser Art in Kroatien. Ihr Glockenturm ist das Wahrzeichen des Ortes *(Juni–Sept. tägl. 10–12 u. 18–21 Uhr, So. geschlossen)*.

Osterprozession »Za Križen«

Die Osterprozession »Za Križen« ist ein traditionelles Ereignis auf Hvar, das seit fast 500 Jahren ununterbrochen gefeiert wird – selbst während Kriegszeiten und der Corona-Pandemie. Sie findet in der Nacht vor Gründonnerstag statt und beginnt um 22 Uhr gleichzeitig in sechs verschiedenen Orten: Svirče, Vrbanj, Vrboska, Jelsa, Pitve und Vrisnik. Die Besonderheit liegt in der Koordination: Die verschiedenen Gruppen laufen im Uhrzeigersinn von Ort zu Ort und dürfen einander dabei nicht begegnen, was eine präzise Planung ihrer Routen erforderlich macht. Jede Gruppe wird von einem

Kreuzträger angeführt, der ein 18 Kilogramm schweres Kreuz trägt. Diese Rolle gilt als große Ehre und wird manchmal schon Jahrzehnte im Voraus vergeben. Während früher die Kreuzträger barfuß gingen, ist es heute üblich, dass sie weiße Wollsocken tragen. Die Prozession dauert etwa 8 Stunden, in denen die Teilnehmer rund 25 Kilometer zurücklegen. Dabei werden alte Volkslieder gesungen und Gebete gesprochen. Die Prozession endet normalerweise gegen 7 oder 8 Uhr am Karfreitag.

»Za Križen« ist ein tief verwurzelter Teil von Hvars religiöser und kultureller Identität und wurde von der UNESCO als immaterielles Kulturerbe anerkannt.

Das geschichtsträchtige Städtchen **Starigrad** (2.000 Einwohner) steht als nächstes auf dem Programm. Nur wenige Kilometer auf guter Straße trennen uns davon – die Distanzen auf Hvar sind generell kurz. Starigrad liegt etwas abseits der Hauptroute an einer tief eingeschnittenen Bucht. Für eine Besichtigung eignet sich ein *privater Wiesenparkplatz*, auch wenn Übernachtungen dort mittlerweile nicht mehr gestattet sind. Für Tagesbesucher ist er mit einem Tagesticketpreis von 5 € sehr praktisch (N 43°10'56" E 16°36'07").

TOUR 10

Wir spazieren in den Hafen und gehen auf Erkundungstour. Das Städtchen soll das älteste auf Hvar sein und wirkt mit sei-

Im Herzen von Starigrad

nen gepflegten Natursteinhäuschen, durch die sich schmale Gassen ziehen, richtig romantisch. Blickfang ist ein großer, von Palmen gesäumter Platz, auf dem bisweilen Konzerte stattfinden. Am oberen Ende erhebt sich das markanteste Bauwerk: Das **Tvrdalj-Schloss** war einst der Landsitz des Dichters Petar Hektorović.

Petar Hektorović

Petar Hektorović war ein kroatischer Dichter und Universalgelehrter der Renaissance, der im 15. Jahrhundert lebte. Er wurde 1487 in Stari Grad auf Hvar geboren und verstarb dort am 13. März 1572. Er verbrachte sein gesamtes Leben in seinem Geburtsort und wohnte meist in dem von ihm erbauten festungsartigen Schloss Tvrdalj.

Sein größtes Werk ist »Ribanje i ribarsko prigovaranje« (zu Deutsch: »Fischerei und die Dialoge von Fischern«) und darin beschreibt er in einem Brief an seinen Cousin eine dreitägige Bootsfahrt mit den Fischern Paskoje Debelja und Nikola Zet aus Hvar. Das Werk ist die erste realistische, weltliche Reisebeschreibung in kroatischer Sprache, die Landschaft und Schönheiten der Natur zum Inhalt hat. Die »Ribanje i ribarsko prigovaranje« sind eine der frühesten Aufzeichnungen der kroatischen Lebensweise und eine Sammlung von Fischerliedern.

Der Denker und Architekt baute akribisch und lange an seiner exzentrischen Villa. Tvrdaljs markantes Charakteristikum liegt im Innenhof. Hier umschließt ein lauschiger Arkadengang ein mit Meerwasser gespeistes steinernes Becken. Tvrdalj ist auch eine Art *steinernes Buch*, in das der Dichter Dutzende von Inschriften in lateinischer, kroatischer und italienischer Sprache meißelte. Eine der vielen Kuriositäten der Residenz ist die Toilette: Die Inschrift darüber zu Deutsch: »Wenn du weißt, was du bist, warum bist du eitel?«. Eine ethnografische Sammlung im Westflügel zeigt alte Gerätschaften von Fischern und Weinbauern der Region *(Mai–Okt. tägl. 10–13.30 Uhr; Juni–Aug. 10–13.30 u. 17–20 Uhr)*.

Eine der vielen Kuriositäten der Residenz ist die Toilette.

TOUR 10

Die **Pfarrkirche** von 1605 mit ihrem dreiteiligen Altarbild und das **Franziskanerkloster** mit seiner kleinen sakralen Sammlung sind ebenfalls einen Besuch wert. In den Restaurants rund um den Hafen kann man sich bei schöner Aussicht verwöhnen lassen.

Etwas außerhalb, auf dem Weg zur Stadt Hvar, liegt der *Fähranleger nach Split*. Die Autofähre verkehrt mehrmals täglich und benötigt für die Überfahrt etwa zwei Stunden.

Meerwasserbecken im Tvrdalj-Schloss

Auf landschaftlich schöner und ordentlicher Straße setzen wir unsere Fahrt fort. Nachdem wir einen langen Tunnel passiert haben, führt links eine kurze Teerstraße nach **Milna**. Ein netter Kiesstrand mit etwas Schatten, ein bisschen Gastronomie und ein kleiner, allerdings recht beengt wirkender Campingplatz sind das Ergebnis dieses Abstechers.

103 Milna – *Autocamp Mala Milna*

GPS/Kontakt: N 43°09'46" E 16°29'08", Milna 5, Tel. +385 91 754 75 34; *https://www.camping-mala-milna.com/*. **Öffnungszeit:** Mitte April bis Mitte Oktober. **Ausstattung:** Campingplatzüblich, Brötchenservice, Lebensmittelladen, Kajak- und Fahrradverleih, Geschirrspüler, ohne Grauwasserentsorgung. **Beschreibung:** Kleiner, beliebter Platz mit einer Mischung aus schattigen und sonnigen Stellplätzen in unberührter Natur. Teilweise etwas beengt. Eine schöne Bar befindet sich direkt auf dem Gelände, im Dorf sind mehrere Restaurants fußläufig erreichbar. Leider relativ teuer. **Preis:** 42–73 €. **Zufahrt:** Die Zufahrt erfolgt über die Stichstraße bis zum Strand von Milna, wo sich der Campingplatz auf der rechten Seite befindet.

TOUR 10

Die **Inselhauptstadt Hvar** (4.500 Einwohner) nähert sich. Malerisch liegt das Bilderbuchstädtchen in einer geschützten Bucht. Patrizierhäuser staffeln sich den Hang hinauf, umgeben von alten Mauern, die den Berg empor klettern bis zur Spanischen Festung. Majestätisch wacht sie über die Stadt. Für die Fahrzeuge der Besucher stehen drei große, nahe beieinander liegende Parkplätze zur Verfügung. Folgender ist auch für Übernachtungen geeignet:

104 Hvar

GPS: N 43°10'18" E 16°26'51". **Max. WOMOs:** 20. **Ausstattung:** Keine; eine Dixie-Toilette befindet sich am Busbahnhof. **Beschreibung:** Bewachter und gebührenpflichtiger Parkplatz, direkt an der Stadtmauer, ohne Schatten, ideal für eine Stadtbesichtigung. Die Kiesfläche ist nicht überall eben. Der Parkscheinautomat steht auf dem gegenüberliegenden Parkplatz. **Preis:** 5 € / 24 Stunden. **Zufahrt:** Vorbei am Busbahnhof nach links, dann auf der rechten Seite. Extra ausgeschildert für LKW.

Vorbei am Busbahnhof erreichen wir den Marktplatz, von dem aus einige Stufen hinunter zum Hauptplatz führen, auch bekannt als Stephansplatz. Er gilt als der größte Dalmatiens. Unzählige Füße haben die hellen Marmorplatten im Laufe der Zeit blank und glatt poliert. An der schmaler werdenden Seite des Platzes erhebt sich die dreischiffige **Basilika Sveti Stjepan** mit ihrem elegant aufragenden Campanile. Im angrenzenden **Bischofspalast** wird der Domschatz ausgestellt, zu dem unter anderem Messgewänder, Gemälde und der vergoldete Bischofsstab des Bischofs Pritić zählen *(tägl. 9–12 und 16–18 Uhr)*. Nur wenige Schritte entfernt steht ein **Brunnen** aus dem 15. Jahrhundert. Auch die weiteren Sehenswürdigkeiten sind äußerst touristenfreundlich angeordnet. In greifbarer Nähe liegt der **Hektorović-Palast**, eigentlich **Užižić Palast** genannt, mit seinen spätgotischen Spitzbogenfenstern. Daneben befinden sich der **Uhrenturm** und die verglasten Loggia-Reste des **Fürstenpalastes** aus dem 15. Jahrhundert.

Blick auf die Inselhauptstadt Hvar

Fürstenpalast mit der Zitadelle im Hintergrund

Anfang des 20. Jahrhunderts musste der Fürstenpalast im Auftrag der österreichischen Kaiserin dem Kurhotel »Kaiserin Elisabeth« weichen. Die Loggia diente als Kursalon, Café sowie Lese- und Tanzsaal und war Treffpunkt der gesellschaftlichen Elite Kroatiens. Das Café vor der Loggia eignet sich auch heute noch hervorragend, um bei einem Cappuccino das bunte Treiben im Hafen zu beobachten.

Rechts an der Loggia vorbei, erwartet uns ein echtes Highlight von Hvar, allerdings muss man sich das erarbeiten. Ein bisschen haben wir mit dem Versprechen »touristenfreundliche Erreichbarkeit« vielleicht doch übertrieben: Denn zu der hoch oben am Berg thronenden **Zitadelle** (Spanische Festung) gelangt man nur über viele steile Stufen, die wohl einige Schweißtropfen kosten werden. Dazwischen wird der etwa 20-minütige Aufstieg mit schönen Einblicken in pittoreske Seitengässchen und auf blühende Kakteen, Agaven und Palmen versüßt. Die Festung, deren Bau im späten 13. Jahrhundert auf Anweisung der venezianischen Regierung begann, hat einen etwas irreführenden Namen, da Spanier lediglich als Ingenieure und Arbeiter am Bau beteiligt waren. 1571 wurde die Festung von den Türken geplündert und in Brand gesetzt; acht Jahre später verursachte ein Blitz, der in einen Schießpulvervorrat einschlug, eine massive Explosion. Heutzutage befindet sich in der Festung eine Sammlung von Amphoren und anderen Exponaten aus der Antike und dem Mittelalter, von der Terrasse weisen Kanonen aufs Meer *(tägl. geöffnet, Mai/Juni u. Sept. 8–20 Uhr; Juli/Aug. 8–22 Uhr; 10 €)*. Hat man die Festung erst einmal erreicht, lässt sich ein Panorama genießen, das seinesgleichen sucht. Die Stadt mit ihren Bauwerken

Der Name ist etwas irreführend, da die Spanier lediglich als Ingenieure und Arbeiter am Bau beteiligt waren.

und den im Hafen liegenden Booten wirkt von hier oben zauberhaft. Schweift der Blick über das Meer, so bleibt er an den üppig begrünten **Höllen- oder Pechinseln** hängen und schon ist der nächste Ausflug vorprogrammiert:

Pakleni otoci (Höllen- oder Pechinseln)

Pakleni otoci heißt eine Gruppe von 20 Inselchen und Felsenriffen in der Landessprache, die ein beliebtes Ziel für Badegäste und FKK-Liebhaber sind. Der Name stammt aus einem kroatischen Dialekt und bezieht sich auf das geschmolzene Kiefernharz (Paklina), das in einigen Buchten zur Dichtung von Schiffen verwendet wurde. Trotz des Spitznamens »Hölleninseln« haben diese Inseln letztlich nichts mit der Hölle zu tun und der Name führt in die Irre – es ist eher ein kleines Stück Himmel auf Erden. Vom Hafen aus verkehren regelmäßig Taxiboote.

Der Weg von der Festung führt über Treppen wieder hinab in die Altstadt. Auf halbem Weg passiert man die **Benediktinerinnenabtei**, deren Kirche und Kloster im 17. Jahrhundert errichtet wurden. Die Nonnen widmeten sich der Herstellung von Messekleidern, Strickarbeiten und besonders der Fertigung von Spitze. Diese **feinen Agavenspitzen**, die inzwischen zum *immateriellen UNESCO-Weltkulturerbe* zählen, werden seit dem 19. Jahrhundert von den Benediktinerinnen hergestellt. Im **Klostermuseum** findet sich eine wunderschöne Kunstsammlung, darunter liturgische Geräte, Artefakte und Gemälde aus dem 16. Jahrhundert *(Mai–Okt. 10–14 u. 17–19 Uhr; So. geschlossen)*.

TOUR 10

Wendet man sich am Stephansplatz stattdessen nach links, folgt das **Arsenal**, das früher eine gewaltige Werfthalle war. Hier beginnt die palmengesäumte **Uferpromenade** mit zahlreichen Lokalen und Souvenirständen. Hier kann man prima an den im Hafen liegenden Segelschiffen und Jachten vorbeischlendern und den Seglern beim Abendessen an Deck auf die Teller schauen. In den Sommermonaten ist Hvar Anlaufpunkt für eine Vielzahl komfortabler Jachten und ihrer gut betuchten Gäste.

Basilika Sveti Stjepan

Eine Besonderheit Hvars ist das **Theater**: 1612 wurde das Theater im wieder aufgebauten Arsenal neu eingerichtet und stand

Uferpromenade im Hafen von Hvar

von da an allen Bürgern unabhängig von ihrem sozialen Status offen. Es gehört damit zu den ersten Volkstheatern Europas.

Weiter südlich entlang der Riva erreicht man das auf einer Landzunge gelegene **Franziskanerkloster** aus dem 15. Jahrhundert, das ursprünglich als Zufluchtsort für Seeleute diente. Im Inneren des Klosters befindet sich ein **Museum** mit Gemälden, alten Münzen, religiösen Büchern und weiteren Objekten. Das berühmteste Exponat ist das Gemälde »Das Letzte Abendmahl« von Matej Pončun. Eine weitere Rarität, für die das Kloster bekannt ist, ist die über 300 Jahre alte Zypresse im Klostergarten *(Mai–Okt. 9–15 u. 17–19 Uhr; So. geschlossen)*.

Für einen längeren Aufenthalt in Hvar, was durchaus lohnenswert ist, gibt es auch einen schöngelegenen und komfortablen Campingplatz. Dieser ist nicht gerade günstig, aber nach einer Grundsanierung sehr ansprechend gestaltet ist. Er liegt allerdings etwas außerhalb.

Franziskanerkloster

105 Hvar – *Camping Vira*

GPS/Kontakt: N 43°11'27" E 16°25'49", Ulica Uvala Vira 7, Tel. +385 21 750 900; *https://campvira.com*. **Öffnungszeit:** Mai bis September. **Ausstattung:** Campingplatzüblich, Brötchenservice, Lebensmittelladen, Restaurant, Minigolf, Spielplatz, Waschmaschine, Trockner, Bootsverleih. **Beschreibung:** Schönes, naturbelassenes und parzelliertes Terrassengelände. Sie stehen überwiegend auf Kies, teils sonnig, teils schattig, oberhalb der Kiesbucht in einem Pinienwald. Schöner Blick über die Bucht und den kleinen Fischereihafen. Die Sanitäranlagen sind neu. Es gibt einen privaten Kiesstrand. Hvar ist 4 km entfernt. Der Platz ist ein guter Startpunkt für Wanderungen. **Preis:** 28–46 €. **Zufahrt:** Die Zufahrt erfolgt von Hvar in Richtung Vira, nach 3 km und ist gut ausgeschildert.

Um ein schönes Erlebnis reicher verlassen wir das Städtchen Hvar, passieren erneut Jelsa und nehmen die Rückfahrt über den langgestreckten Rücken der Insel in Angriff, bis wir die Abzweigung Richtung **Humac** erreichen. Die Ursprünge des ehemaligen Hirtendorfes datieren auf das 14. Jahrhundert zurück. Oben angelangt finden wir einen Parkplatz zwischen Zypressen und Kiefern.

P Hirtensiedlung Humac – N 43°08'38" E 16°45'19"

Wanderparkplatz Humac

Die Siedlung liegt herrlich mitten in der Natur. Die ehemaligen runden Steinhäuschen sind vor etwa 300 Jahren rechteckigen Bauten gewichen und in dieser Form jetzt zu bestaunen. Besonders interessant sind die Dachkonstruktionen mit den kunstvoll übereinander geschichteten Steinplatten. Einige Stilbrüche muss man allerdings in Kauf nehmen. So manches Dach wurde mit durchaus neuzeitlichen Ziegelplatten ausgebessert. Der ganze Ort steht unter Denkmalschutz und wird von den Anwohnern finanziell und tatkräftig instandgehalten und restauriert. Wir streifen zwischen den Häusern hindurch. Vom Hirtendorf an der

Steinhäuschen in der Hirtensiedlung Humac

Kapelle vorbei führt ein kleiner Pfad hoch zu einem Panorama-Teleskop. Die Aussicht auf die Insel Brač und das Festland ist aber auch ohne Fernrohr beeindruckend.

Interessierte können an einer Führung teilnehmen, die Einblicke in das frühere Hirtenleben gewährt, inklusive einer Besichtigung der Höhle Grabčeva špilja, was im Alleingang nicht möglich ist *(Mo., Mi., Sa., Treffpunkt vor der Taverne; Dauer etwa 2,5 Stunden, 9 €)*. Um Humac herum laden zahlreiche Wander- und Mountainbike-Strecken zu weiteren Ausflügen ein. Einkehren kann man sehr gut in der **Konoba *Humac***. Hier genießt man Bio-Gemüse aus eigenem Anbau, hauseigenen Wein und Fleisch aus eigener Schlachtung. Besonders bekannt ist die Taverne für ihre **Peka-Gerichte** (Fleisch oder Oktopus aus einem glockenförmigen Kochgefäß). Diese sollte man vorbestellen, da sie drei Stunden zum Garen benötigen *(Mai–Okt., 12–22 Uhr; So. Ruhetag; Tel. +385915239463)*.

Wir brechen wieder auf und machen uns auf die Suche nach einer Möglichkeit für ein erfrischendes Bad. Fündig werden wir in dem kleinen Dörfchen **Vela Stiniva**, das kaum mehr als eine Handvoll Häuser zählt. Der Ort befindet sich am Ende eines mit Weingärten bestandenen Seitentales. Der malerische Kiesstrand, der die klaren blauen Wellen sanft auffängt, ist beiderseits von schützenden Felsen eingefasst. Hier erfüllen sich Urlaubsträume! Unser WOMO bekommt ein Fleckchen auf dem geteerten sonnigen Platz, der an den Strand anschließt.

P04 Vela Stiniva – N 43°09'21" E 16°48'50"

Viel zu kurz ist das Vergnügen, doch wir haben noch einiges vor. In weniger als einem Stündchen holpern wir zurück zum Ausgangspunkt unserer Inselrundfahrt, dem Fährhafen Sućuraj. Das Schiff scheint auf uns gewartet zu haben und so fahren wir direkt an Bord und lassen uns zurück zum Festland schippern.

Die Insel Hvar ist mit zwei Fährhäfen ausgestattet. Wir wissen jetzt auch, warum: Die angenehmere Variante ist, wenn man die holprige und kurvige Inselstraße nur einmal fahren muss. Je nach Reiseplanung bietet sich an, von Split nach Hvar zu fahren und die Insel am anderen Ende zu verlassen, um die Fahrt über die Inselstraße auf ein Minimum zu reduzieren.

Blick über die Insel Hvar

Tour 11

Metković
Ljubuški
E65
62
425
8
Kobiljača
Staševica
Banja
Rogotin
Opuzen
Ploče
Bačina
Gradac
Zaostrog
Drvenik
Igrane
Tour 10
P01
106
107
P
Neum
Kamenice
Klek
P02
Komarna
108
Pelješka most
Brijesta
Dubraca
Dančanje
Sparagovići
674
116
Ston
Tour 12
P
Sreser
Drače
414
Žuljana
P03
109
Janjina
Trstenik
P04
Potomje
Trpanj
110
111
Stanković
Orebić
112
Kućište
Nakovanj
Lovište
Korčula
113
P
Lumbarda
P05
114
Sućuraj
Bogomolje
Jelsa
Pupnat
Račišće
118
Čara
Smokvica
Brna
Pržba
Blato
Vela Luka
Potirna
Mindel Camp
115
N
10 km

Inselträume
Unterwegs auf Pelješac und Korčula
265 km

Bei Ploče und dem fruchtbaren Neretva Delta beginnt die süddalmatinische Küste. Über die neue Brücke geht es ohne Umwege auf die »Insel der Weine und der Kapitäne« und von dort aus weiter in die Geburtsstadt Marco Polos. Nicht verpassen sollten Sie:

- **Obst und Gemüse im Neretva Delta**
- **Ausblick auf die neue Brücke Pelješka most**
- **Weinverkostung in Potomje**
- **Stadtbesichtigung Korčula**
- **Befestigungsmauer Ston**

Das Festland hat uns wieder! Vom Hafen in Drvenik geht es in südlicher Richtung weiter entlang am Fuße hoher, karstiger Felsen. In der Gemeinde **Garnj Vala** entdecken wir einen schönen, von Palmen und Tamarisken gesäumten Strand. Er ist zwar schmal, aber relativ langgezogen und feinkieselig. Ein naturbelassener Parkplatz mit etwas Baumbestand bietet jenseits des Ufersträßchens Platz für die Fahrzeuge der Badegäste.

P01 Garnj Vela – N 43°09'05" E 17°15'36"

Im weiteren Straßenverlauf begegnen uns nette Badeorte und nach **Zaostrog** erwartet uns ein hübscher, direkt am Meer gelegener Campingplatz.

106 Zaostrog – *Autocamp Viter*

GPS/Kontakt: N 43°08'22" E 17°16'48", AK Miosica 1, Tel. +385 21 629 190; *https://en.camp-viter.com/*. **Öffnungszeit:** April bis Oktober. **Ausstattung:** Campingplatzüblich. **Beschreibung:** Die Wiesen-Stellplätze zwischen Oliven-, Lorbeer- und Eichenbäumen, bieten sowohl schattige als auch sonnige Plätze. Das Gelände ist leicht geneigt. Man hat einen schönen Blick auf die Berge. Der Platz befindet sich mitten im Ort, Einkaufsmöglichkeiten und Restaurants sind fußläufig erreichbar. Zum Strand und zur Promenade mit den typischen Bars und Restaurants sind es nur wenige Meter. **Preis:** 29–59 €. **Zufahrt:** 600 m nach dem Schild Zaostrog rechts abbiegen und dem Schild Viter folgen.

Bald führt die Straße ein Stück weit ins Landesinnere und die schroffen Felsen des Biokovo-Gebirges gehen in weiche, grüne Hügel über. Auf der linken Seite glitzern einige Seen in der Sonne

Seengebiet Bačinska jezera

– sieben sind es an der Zahl. Sie sind allesamt in irgendeiner Form miteinander verbunden und tragen den Namen **Bačinska jezera**, benannt nach der Ortschaft **Bačina**. Ein malerischer Ausblick auf die Seen und ein *idealer Fotostopp* bieten sich hier:

P Fotostopp Bačinska jezera – N 43° 04' 42" E 17° 24' 03"

Die Perlen der Königin Teuta

TOUR 11

Die Baćina-Seen sind auch bekannt als »Perlen der Königin Teuta« und zeichnen sich durch eine reiche Vergangenheit aus. Hier soll sich die antike römische Siedlung Praetoria befunden haben. Die Legende besagt, dass die illyrische Königin Teuta diese zauberhaften Seen sehr verehrte. Teuta, die von 230 bis 228 v. Chr. herrschte, erbte das Königreich ihres Mannes Agron und fungierte als Regentin für ihren jungen Stiefsohn Pinnes. Das genaue Ausmaß ihres Reichs ist ungewiss, doch es erstreckte sich entlang der Adriaküste von Zentralalbanien bis zur Neretva. Teuta wandte sich bald gegen Nachbarstaaten, unterstützte die Raubzüge ihrer Untertanen und griff griechische Städte an. Dies führte dazu, dass römische Streitkräfte erstmals die Adria überquerten, um ihre Handelsroute zu schützen.

Biegt man am Ortseingangsschild scharf links ab, gelangt man direkt zum See. Ein Stück entlang des Seeufers vorbei an Wohnhäusern erreicht man einen gepflegten, familiär geführten Campingplatz.

107 Ploče – *Camping Baćinska Jezera*

GPS/Kontakt: N 43°04'24" E 17°25'09", Baćinska Jezera 21, Tel. +385 97 7679112; *https://camping-bacinskajezera.com/*. **Öffnungszeit:** April bis Oktober. **Ausstattung:** Campingplatzüblich, Waschmaschine, Kayakvermietung. **Beschreibung:** Gecampt wird im gepflegten Garten der Betreiber. Für kleine Busse und Vans gibt es Stellplätze direkt am Wasser, während größere Wohnmobile auf der oberen Wiese parken. Die Zufahrt zur Seewiese ist recht steil und bei nassem Untergrund eine Herausforderung. Leider gibt es kein Restaurant oder Einkaufsmöglichkeiten, aber ein naheliegendes Privathaus kocht auf Anfrage Essen für die Campinggäste. Sehr guter Spot für Kitesurfer am Neretva-Flussdelta und guter Ausgangspunkt für Fahrradtouren. Ein schöner Rundweg um den See lädt zu Spaziergängen ein (etwa 7 km, 2 Stunden). **Preis:** 25–32 € (nur Barzahlung). **Zufahrt:** Auf der Adria Magistrale am Schild Richtung Centar Bacinska in einer 180-Grad-Kehre links abbiegen. Der Campingplatz ist ausgeschildert, aber leicht zu übersehen und befindet sich nach ca. 800 m.

Nach kurzer Fahrt streifen wir die an der Mündung des Flusses Neretva gelegene Industriestadt **Ploče** (11.000 Einwohner). Nach 1979 trug sie zehn Jahre lang den Namen Kardeljevo bis sie wieder in ihren ursprünglichen Namen umbenannt wurde. Sie ist der Fährhafen zur **Halbinsel Pelješac** und war bis 2022 ein wichtiger Knotenpunkt: Hier ging man an Bord, wenn man auf seinem weiteren Weg in Richtung Süden nicht aus Kroatien ausreisen wollte. Heute ist die Halbinsel über eine Brücke mit dem Festland verbunden. Touristisch bietet Ploče wenig Sehenswertes.

Die Pelješac-Brücke wurde am 26. Juli 2022 eröffnet und ist ein imposantes Bauwerk.

Pelješka most – Die neue Brücke

Falls Sie vor 2022 schon einmal in dieser Gegend waren, erinnern Sie sich bestimmt noch an ein Kuriosum: Mitten in Kroatien traf man auf einen acht Kilometer langen und am Meer gelegenen Korridor, der dem Land Bosnien den gewünschten Seezugang ermöglichte. Durchreisende mussten auf dem Weg nach Süden auf wenigen Kilometern bosnisch-herzegowinisches Staatsgebiet durchqueren und dabei zweimal eine EU-Außengrenze mit entsprechenden Personen- und Zollkontrollen passieren. Auf halber Strecke lag das schmucke Touristenstädtchen Neum (5.000 Einwohner).

Die Pelješac-Brücke, von den Kroaten lang herbeigesehnt und nach viel Hin und Her endlich am 26. Juli 2022 eröffnet, ist ein imposantes Bauwerk. Mit einer Länge von 2.404 Metern und einer Höhe von 55 Metern spannt sie sich über die Bucht von Mali Ston und schafft eine direkte Verbindung zwischen der Gespanschaft Dubrovnik-Neretva und dem restlichen Kroatien, indem sie eine durchgängige Landroute ermöglicht. Die Gesamtkosten beliefen sich auf 555 Millionen Euro, von denen 85 Prozent durch die EU finanziert wurden.

Als eine der größten Infrastrukturen Kroatiens und eine der bedeutendsten Investitionen der EU in die Infrastruktur, erleichtert die Pelješac-Brücke nicht nur uns Wohnmobilreisenden den Zugang zu den südlichen Inseln Kroatiens erheblich, sondern fördert auch den Güterverkehr und verbessert den Zugang zu Dienstleistungen. Zugleich trägt sie zur Belebung der Regionen Pelješac und Neretva bei.

Hinter Ploče erstreckt sich weit und bretteben das fruchtbare **Neretva-Delta**. Es wird von Bergen eingerahmt und durchzogen von zwölf Flussarmen mit unzähligen Nebenkanälen. Der Fluss Neretva, der in den bosnischen Bergen entspringt, bahnt sich auf seinen 218 Kilometer Länge den Weg bis zum Meer. Das weitläufige Delta breitet sich über ein Gebiet von 196 km² aus, von Ploče bis Klek entlang der Küste und landeinwärts entlang der Neretva bis zur Industrie- und Grenzstadt **Metković** und dem bereits zu Bosnien gehörenden Hutovo-blato-Naturpark. Mit seinen großen Wasserflächen ist das Delta ein ideales Brutgebiet für zahlreiche Vogelarten und dient Zugvögeln als wichtige Zwischenstation. Deshalb ist der Ort bei Ornithologen aus aller Welt sehr beliebt. Hier beheimatet sind auch zahlreiche Arten von Süß- und Meerwasserfischen, Schlangen, Schildkröten, Eidechsen, Fröschen und unzähligen Insekten.

Früher war das Neretva-Delta ein undurchdringliches Sumpfgebiet und die mit mannshohem Schilf bewachsenen Ufer boten den Piraten ein perfektes Versteck. Später wurden die malariaverseuchten Sümpfe trockengelegt und in *fruchtbares Ackerland* verwandelt. Heute bringt dieser kleine Garten Eden prächtiges Obst und Gemüse hervor. Sogar Reis wird angebaut. Vorbeireisende können sich an zahlreichen Verkaufsständen mit lokalen Spezialitäten eindecken.

TOUR 11

Von verschiedenen *Aussichtspunkten* in Verkehrsbuchten entlang der Route bietet sich ein weitläufiger Blick über das Delta und seine Agrarlandschaft (N 42° 59' 10" E 17° 32' 43" oder auch N 42° 58' 44" E 17° 31' 51").

Bevor es für uns über die neue Brücke geht, finden wir noch ein nettes Plätzchen darunter. In der Nähe des Dörfchens **Komarna** verbirgt sich ein wunderschöner Strand, der in der Nebensaison auch einigen Wohnmobilen Platz bietet.

P02 Pelješac Brücke

GPS: N 42°56'31" E 17°32'19". **Max. WOMOs:** 5–6. **Ausstattung:** Mülleimer, Stranddusche, Toilette an der Strandbar. **Beschreibung:** Schmaler Kiesstreifen direkt unterhalb der Brücke. Parkmöglichkeiten finden Sie am Straßenrand, wobei die Straße nach hinten hin steil ansteigt. Am Abend wird der Strand zu einem beliebten Treffpunkt für Angler. Einkaufsmöglichkeiten und weitere Lokale sind über einen schönen Spaziergang am Meer entlang im Ort fußläufig zu erreichen. Vor allem abends ist der Blick auf die beleuchtete Brücke spektakulär, doch Vorsicht: Bei ungünstigem Wind können Sie die Geräusche der befahrenen Straße über sich hören. Die Stelle ist für Fahrzeuge bis zu 7 m Länge geeignet, allerdings gibt es kaum Möglichkeiten zum Wenden. **Zufahrt:** Fahren Sie durch das sehr schmale Örtchen hindurch. Hier parken viele Autos am Rand und bei Gegenverkehr kann es eng werden. Folgen Sie der Straße bis ans Ende, die Straße führt links an der Strandbar vorbei.

Pelješka most – Die neue Brücke

Halbinsel Pelješac

Als »Insel der Weine und der Kapitäne« wird Pelješac auch gerne bezeichnet. Streng genommen stimmt das nicht, denn eine Abtrennung vom Festland gibt es nicht. Schon vor Jahrhunderten trug man sich mit dem Gedanken, aus verteidigungstaktischen Gründen einen Kanal zu bauen, um potenziellen Angreifern das Leben schwer zu machen. Verwirklicht wurde diese Idee allerdings nie und dadurch blieb Pelješac was es schon immer war: eine Halbinsel. Mit einer Länge von fast 70 km und einer Breite zwischen drei und sieben Kilometern umfasst sie eine Fläche von etwa 355 km². Der höchste Punkt ist der Sv. Ilija, an dessen steilen Hängen prächtige Rebstöcke gedeihen. Hat man erst einmal den 961 m hohen Gipfel erklommen, offenbaren sich grandiose Ausblicke. Bei klarer Sicht sind sogar die Konturen Italiens erkennbar.

Viele Touristen durcheilen den Pelješac nur, um schnell zur Trauminsel Korčula zu gelangen. Vielleicht ist das der Grund dafür, dass die Halbinsel ihre Ursprünglichkeit weitgehend bewahrt hat.

Übrigens durchstreifen in den entlegeneren Gegenden noch Schakale die Wälder. Es sind die letzten freilebenden Vertreter ihrer Gattung in Europa. Fürchten muss man sich vor ihnen nicht, sie sind sehr scheu und meiden Menschen. Gesehen haben wir keinen, aber dafür nachts immer wieder das markante Heulen gehört.

Die Straßen auf Pelješac sind nagelneu und hervorragend ausgebaut, einschließlich moderner Tunnel, die durch die Felsen getrieben wurden, und Brücken, die die Landschaft überspannen. Die Aussicht auf das Meer und die darin verstreuten Inseln ist atemberaubend. Wir erreichen den kleinen idyllischen Ort **Brijesta** (165 Einwohner) und entdecken ein kleines schnuckeliges Privatcamp.

108 Brijesta – *Campingplatz Vrela und Zakona*

GPS/Kontakt: N 42°54'14" E 17°31'57", Na Vrelu 18; Tel. +385 983 442 04; *https://www.brijesta-dubrovnik.camp/*. **Öffnungszeit:** April bis Ende Oktober. **Ausstattung:** Campingplatzüblich, Fahrradverleih. **Beschreibung:** Die wenigen Stellplätze verteilen sich auf zwei Gartenbereiche, die durch einen Landwirtschaftsweg getrennt sind. Der Strand liegt nur ein paar Meter von der WOMO-Tür entfernt und einige Tamarisken spenden Schatten. Gäste können ihr Lieblingsplätzchen auf dem leicht geneigten Gelände selbst wählen. Der freundliche Besitzer kocht auf Vorbestellung leckere Speisen in seinem kleinen Restaurant und verkauft Olivenöl sowie selbstgekelterten Wein. **Preis:** 28–38 €. **Zufahrt:** In Brijesta links abbiegen und noch 400 m dem Schild folgen.

Die Landschaft ist grün und hügelig und immer wieder kommen wir an kleinen steinigen Weingärten vorbei. Diese Region ist *bekannt für ihre zahlreichen Weingüter* und lädt ein, die lokale Weintradition zu erkunden. Nach der Ortschaft Dubrava führt gleich zu Beginn links ein Abzweig hinunter nach **Žuljana** (200

Einwohner). Der kleine, ruhige Badeort liegt idyllisch in einem Tal, umgeben von Weinfeldern, Ruinen und Kirchen, und zieht sich Häuschen für Häuschen hinunter bis zur Bucht. Links am Ortsbeginn wartet das kleine ***Camp Sunce*** auf Gäste. Durch tiefhängende Äste und eine beengte Zufahrt ist es für Wohnmobile nicht gerade der Idealfall (N 42°53'34" E 17°27'20"; *https://www.suncezuljana.com/*). Noch vor der engen Durchfahrt ins kleine Zentrum findet sich links ein gebührenpflichtiger Wiesenparkplatz mit schönen Olivenbäumen.

P03 Žuljana – N 42°53'31" E 17°27'19"

Nur wenige Meter trennen uns von der herrlichen Bucht des Dörfchens und am langen Kiesstrand findet jeder leicht einen Platz zum Entspannen. Das Wasser ist kristallklar und leuchtet in verschiedenen Blautönen. Zwängt man sich doch mit dem WOMO durch das enge Sträßchen, gelangt man Ende der Bucht zu einem schönen, idyllisch gelegenen Campingplatz.

109 Žuljana – *Camping Vučine*

GPS/Kontakt: N 42°53'18" E 17°26'55", Tel. +385 20 756 143; *https://www.vucinezuljana.com/*. **Öffnungszeit:** Ganzjährig. **Ausstattung:** Campingplatzüblich. **Beschreibung:** Ein kleiner, friedlicher Campingplatz, versteckt hinter einem Hügel mit terrassenförmig angelegten Stellplätzen. Die Plätze bieten viel Schatten. Er befindet sich in einer herrlichen Bucht, nur wenige Gehminuten vom Strand entfernt. Im Ort gibt es fußläufig Einkaufsmöglichkeiten und Restaurants. **Preis:** 22–35 €. **Zufahrt:** Folgen Sie der Beschilderung durch das sehr schmale Ortszentrum.

Wir setzen unsere Fahrt auf der Hauptstraße fort und nehmen Kurs auf **Orebić** (1.800 Einwohner). Der kleine Feriendorf **Drače** taucht auf, hier kann man einen erfrischenden Badestopp in Betracht ziehen. Ähnliches gilt für den Fischerort **Sreser**. Bitte fahren Sie die *Bodenschwellen* vorsichtig an, sie können tückisch sein (N 42° 56' 40" E 17° 26' 48").

Tief in einer geschützten Bucht liegt das nette Dorf **Trstenik** (100 Einwohner). Das smaragdgrüne Wasser übt eine fast magische Anziehung auf uns aus. Trstenik diente einst als Fährhafen für die Überfahrt zur Insel **Mljet**. Der Ort zieht sich um eine schöne Bucht mit einer Tamariskenpromenade sowie großen, alten Häusern, die von Bougainvillea umrankt sind. Zumindest in der Nebensaison lässt sich ein Parkplatz ergattern.

P04 Trstenik – N 42°54'55" E 17°23'55"

Potomje (250 Einwohner) ist unser nächster Anlaufpunkt. Die kleine Gemeinde hat sich ganz dem Wein verschrieben und bereits seit Jahrhunderten wird er in dieser Gegend angebaut. Hier keltern die Winzer wahrlich um die Wette: Dabei geht es jedoch um Klasse, nicht um Masse!

Wein

Vor allem die Trauben für zwei Weine gedeihen in diesem Landstrich: Zum einen für den hervorragenden »Postup«, zum anderen für den absoluten Spitzentropfen »Dingač«. Das Anbaugebiet letzteren Weines ist beschränkt, oft findet man die Rebstöcke an sonnigen Steilhängen mit bis zu 70 Prozent Steigung. Stellenweise kann die Bearbeitung nur mit dem Steigeisen erfolgen. Bedingt durch die niedrige Luftfeuchtigkeit braucht es weder Pestizide noch Fungizide, was sonst allerorts notwendig ist. Das Ergebnis ist ein wunderbares, gehaltvolles »Biotröpfchen«, da die Trauben erst im angetrockneten Zustand geerntet werden. Das erhöht den Zuckergehalt und führt letztendlich zu einem Alkoholgehalt bis zu 15 Prozent.

Eine *Verkostung und natürlich der Erwerb der edlen Weine* ist in nahezu jedem Haus in Potomje möglich. Die Wine-Shops an der Straße laden zum Tasting ein – bedauerlich nur, dass wir noch fahren müssen! Wir gönnen uns jedoch die ein oder andere Flasche und freuen uns darauf, sie auf dem nächsten Campingplatz zu genießen.

Hier keltern die Winzer wahrlich um die Wette: Dabei geht es jedoch um Klasse, nicht um Masse!

Auf unserem weiteren Weg in Richtung Orebić begegnen uns einige davon in verschiedensten Größen und Preisklassen. Empfehlen können wir diese beiden:

110 Postup – *Camping Paradiso*

GPS/Kontakt: N 42°58'02" E 17°14'32", Tel. +385 98 934 1534; *https://autokamp-paradiso.com/*. **Öffnungszeit:** Mai bis Ende Oktober. **Ausstattung:** Campingplatzüblich, Brötchenservice, Spielplatz, Waschmaschine, sehr einfache Sanitäranlagen. **Beschreibung:** Schattige, terrassierte Stellplätze, teils auf Kies, teils auf Wiese. Ideal für aktive Urlauber, die Mountainbiken oder Wandern möchten. Der Weg zu den unteren Plätzen ist allerdings sehr steil: Wir haben den ein oder anderen Reifen durchdrehen sehen. **Preis:** 17–28 €. **Zufahrt:** Der Platz ist an der D 414 auf dem Weg nach Orebić beschildert.

111 Orebić – *Camping Lavanda*

GPS/Kontakt: N 42°58'59" E 17°12'20", Dubravica 34, Tel. + 385 20 454 484; *https://www.lavanda-camping.com/*. **Öffnungszeit:** Ganzjährig. **Ausstattung:** Campingplatzüblich, Brötchenservice, Boots- und Fahrradverleih, Wasser- und Abwasseranschluss am Stellplatz, Waschmaschine, Trockner, kostenfreie Liegen und Sonnenschirme am Strand. **Beschreibung:** Klar strukturierter, gepflegter Platz in Hanglage auf einem terrassenförmig angelegten, gekiesten Gelände. Die noch junge Bepflanzung spendet kaum Schatten. Aufgrund der Lage sind steile Treppen nicht zu vermeiden. Der untere Platzteil ist für große Wohnmobile nicht zu empfehlen. Sehr schöne Sanitäranlagen und ein gutes Restaurant mit tollem Meerblick. **Preis:** 23–45 €. **Zufahrt:** Gut sichtbar beschildert, 2 km vor Orebić an der Durchgangsstraße.

TOUR 11

Am Fährhafen Orebić erwartet uns ein großer, *gebührenpflichtiger 24-Stunden-Parkplatz,* von dem aus man schnell zum Kiesstrand und in die Fußgängerzone gelangt.

112 Orebić Fährhafen

GPS: N 42°58'30" E 17°10'17". **Max. WOMOs:** 40. **Ausstattung:** Mülleimer, Stranddusche. Beschreibung: Ein sonniger, neuer Stell- und Badeplatz. Geschäfte und Restaurants sind in unmittelbarer Nähe. **Zufahrt:** Von der Hauptstraße zum Hafen (Fähranleger) abbiegen, nach 200 m links.

Die »Stadt der Kapitäne« hat eine lange Seefahrertradition: Seit dem 17. Jahrhundert war Orebić ein bedeutsames Zentrum der Handelsmarine der Republik Dubrovnik. Diese maritime

Orebić: Ruhesitz der Kapitäne

Tradition wurde nicht nur während der französischen Herrschaft unter Napoleon, sondern auch unter der österreichisch-ungarischen Monarchie fortgeführt. Sogar Kaiser Franz Josef besuchte 1875 die Werft in Orebić. Der Ort ist benannt nach einer hier ansässigen Kapitänsfamilie und das *touristische Zentrum von Pelješac*. Daher haben wir sie uns etwas anders vorgestellt: Anders als erwartet, findet man hier keinen traditionellen Stadtkern, sondern eine luftige Gartensiedlung, die sich zwischen prächtigen Villen und üppigem Grün versteckt. Exotische Blüten sorgen für farbenfrohe Akzente. Man könnte meinen, dass die Kapitäne im Ruhestand ihre Passion zum Gärtnern entdeckten. Das ein oder andere Café sorgt für das leibliche Wohl. Neben der **Pfarrkirche** ist besonders das **Schifffahrtsmuseum** am Kai hervorzuheben. Dieses beleuchtet in drei Sammlungen die Geschichte der Stadt und der Halbinsel Pelješac und Sie erfahren mehr über berühmte Kapitänsfamilien, tapfere Taten der Seeleute und Kapitäne von Pelješac sowie die maritime Vergangenheit der Region *(Juni–Sept., tägl. 8–21 Uhr)*.

Von hier aus nehmen die *Fußgänger-Katamarane* Kurs auf die **Insel Korčula** und auch wir wollen uns nun dem schönen Eiland widmen.

Falls Sie diesen Abstecher auslassen, fahren Sie von hier aus in direkter Linie zurück auf der Inselhauptstraße bis nach Ston.

Fußgängerkatamaran zur Insel Korčula

Durch den **Pelješki-Kanal** wird die Halbinsel Pelješac von der Insel Korčula getrennt. Täglich und das mehrfach setzt die Fähre über und bildet eine schwimmende Brücke zwischen Orebić und **Domince**, das nahe der Inselhauptstadt Korčula liegt. Die Überfahrt dauert etwa 20 Minuten und kostet rund 35 Euro für zwei Personen mit einem Wohnmobil von fünf bis sieben Meter Länge.

Insel Korčula

Die Insel Korčula bezaubert mit malerischen Buchten und grünen Hügeln. Auf ihren 276 km^2 leben etwa 17.000 Menschen. Ihre Länge beträgt 47 Kilo meter, während die Breite zwischen sechs und acht Kilometer variiert. Ein Höhenzug mit dem Berg Klupca als höchster Erhebung (568 m) schafft perfekte Bedingungen für Wein- und Gemüseanbau.

Die alten Griechen nannten die Insel wegen ihres dichten Waldes »Korkyra Melaina«, was übersetzt »Schwarzes Eiland« bedeutet. Die Insel war von dunklen Nadelbäumen bedeckt und diese Bezeichnung blieb im Laufe der Zeit erhalten. Der Legende nach wurde sie vom griechischen Helden Antenor auf der Flucht vor Troja entdeckt. Die strategische Lage der Stadt Korčula wurde durch Mauern und Türme verteidigt. Ihre Straßen und Plätze wurden in Fischgrätenform angelegt, um den Bewohnern Sicherheit und Komfort zu bieten.

Korčula erfreut sich großer Beliebtheit bei einheimischen und internationalen Urlaubern, nicht zuletzt wegen seiner milden Winter und sonnigen Sommer – ein Urlaubsparadies mit über 2.700 Sonnenstunden im Jahr.

Nicht nur »Otto Normaltourist« pflegt hier Urlaub zu machen, sondern auch die Prominenz gibt sich gerne ein Stelldichein. Beliebt ist vor allem die Metropole Korčula, ein Museumsstädtchen wie aus dem Bilderbuch, das auch der *Geburtsort Marco Polos* sein soll. Viele Kreuzfahrtschiffe legen hier an und entlassen ihre Passagiere zu einer Sightseeing-Tour, aber auch die großen Fähren der Italienroute gehen für einen Zwischenstopp vor Anker.

Traditionelle Tänze

Bis weit über Kroatiens Grenzen hinaus bekannt und berühmt ist der Säbeltanz Moreška. Er erinnert an die Zeit der Kämpfe gegen die Araber im 16. Jahrhundert. Hierbei kämpfen symbolisch der weiße (gute) und der schwarze (böse) König gegeneinander. Der Tanz symbolisiert den ewigen Kampf zwischen Gut und Böse, Liebe und Tapferkeit. Mit wirbelnden Säbeln, wildem Getrommel und mitreißender Blasmusik zieht dieses Spektakel die Zuschauer in seinen Bann. Das Schauspiel erzählt die Geschichte eines Ritters, der um die Liebe einer Prinzessin kämpft. Die farbenfrohen Kostüme und das rhythmische Schwertgefecht sind ein Muss für Besucher.

Aufgeführt werden die Schwerttänze traditionell an Feiertagen, in den Sommermonaten jedoch einmal wöchentlich als Touristenattraktion. Die Aufführung des Moreška-Schwerttanzes findet normalerweise in der Altstadt von Korčula statt.

Wir beziehen Quartier auf dem Aminess Camping Port 9, einem zum Hotel gehörenden Campingplatz.

113 Korčula – *Aminess Camping Port 9*

GPS/Kontakt: N 42°57'02" E 17°08'42", Dubrovačka cesta 19, Tel. +385 52 858 690; *https://www.aminess-campsites.com/en/port9-campsite-by-aminess*. **Öffnungszeit:** Mitte Mai bis Ende September. **Ausstattung:** Wasser- und Abwasseranschlüsse am Stellplatz, Kinderanimation, Pool, Fahrrad- und Bootsverleih, Minigolf, Lehrpfade unterschiedlicher Dauer. **Beschreibung:** Der Platz liegt lauschig im Grünen in einer eigenen Bucht, bietet viel Schatten und ausreichend Platz auch für größere Fahrzeuge. Das Gelände ist teils naturbelassen, teils terrassiert und teils abfallend in einem Busch- und Pinienwald. Fast jeder Camper bekommt sein eigenes Séparée im Gebüsch. Oft steht ein Grill zur Verfügung. Die Sportanlagen des Hotels können mitbenutzt werden. Am Strand finden sich betonierte Bereiche und ein wenig Sand. Ein großer Supermarkt liegt direkt gegenüber, das Zentrum ist etwa 2 km entfernt. Auf dem Hotelgelände gibt es mehrere Restaurants, Bars und Pools. Ein Wassertaxi fährt regelmäßig vom kleinen Hafen in die Altstadt. **Preis:** 40–50 €. **Zufahrt:** Ein paar hundert Meter nach dem Fährhafen rechts, neben dem Hotel.

Für einen *Tagesbesuch* bietet sich der Schotterparkplatz am Friedhof an, der oberhalb der Stadt liegt. Doch *Vorsicht:* Der Rückweg bergauf fordert etwas Kondition.

P Korčula Friedhof – N 42°57'20" E 17°07'53"

Ein etwa 20-minütiger Spaziergang führt uns ins Zentrum. Der Altstadtkern auf einer Halbinsel mit seinen Kirchen und anmutigen Häusern wirkt sehr malerisch. Über eine ausladende Freitreppe, die nahe dem Markt zum **Landtor** hinaufführt, betreten wir dieses historische Schatzkästchen. Für viele gilt es als das *schönste*

Über die Freitreppe durch das Landtor in die Altstadt

Städtchen der gesamten kroatischen Inselwelt. Gleich links begrüßt uns das **Rathaus**, daneben die **Kapelle der Schneemadonna** und gegenüber ein weiteres kleines Kirchlein mit Namen **Sveti Mihovila**. Geradeaus über einige Stufen erreichen wir den Domplatz. Am höchsten Punkt des Ortes reckt die dreischiffige **Kathedrale Sv. Marko** ihren Turm in den fast wolkenlosen Himmel und beeindruckt mit einem von zwei Löwen bewachten Portal *(Mai–Sept., tägl. außer So., 9–19 Uhr)*. Gegenüber befindet sich der **Bischofspalast** mit dem Domschatz *(Öffnungszeiten wie Kathedrale; im Eintrittspreis enthalten)*. Das **Stadtmuseum**, untergebracht im *Gabrielis-Palais* aus dem 16. Jahrhundert, beherbergt ein Lapidarium mit interessanten Fundstücken sowie Abteilungen zur Seefahrt und zum Schiffsbau *(Trg Svetog Marka 2, tägl. 9–21 Uhr; in der Nebensaison eingeschränkte Öffnungszeiten; https://gradskimuzej-korcula.hr/hr/)*. Dieses Palais besticht durch seine gut erhaltene Fassade, kunstvoll gestaltete Bogenfenster und einen zentralen Säulenbalkon.

Nur wenige Schritte von der Kathedrale entfernt, eingezwängt zwischen anderen Gebäuden, befindet sich das vermeintliche **Geburtshaus** von Marco Polo. Gegen ein kleines Entgelt kann man die knarrende Holztreppe erklimmen und vom Turm aus einen herrlichen Blick über die Dächer und das Meer genießen.

Kathedrale Sv. Marko

TOUR 11

Marco Polo

Marco Polo, der legendäre venezianische Kaufmann, Schriftsteller und Entdecker, soll 1254 in Korčula geboren worden sein. Obwohl die genauen Umstände seiner Geburt umstritten sind, ist man auf der Insel stolz darauf, als sein Geburtsort zu gelten.

Marco Polo wird als einer der bedeutendsten Reisenden und Entdecker der Geschichte angesehen und seine Erzählungen begeistern Menschen weltweit bis heute. Sein Reisebericht »Il Milione« (auch bekannt als »«Die Wunder der Welt«), der von seinen Abenteuern in Asien berichtet, erweiterte das europäische Wissen über China und die Seidenstraße erheblich.

Sein Vermächtnis lebt in Korčula weiter: Da der Familiensitz der Polos in Venedig einem Theaterneubau weichen musste, blieb das hübsch restaurierte Geburtshaus in Korčula als einziges Zeugnis der Familie erhalten.

Nach dem 12. Jahrhundert erlebte das Städtchen eine umfassende Neugestaltung, bei der die damaligen Baumeister ihr Können eindrucksvoll unter Beweis stellten. Die Anordnung der Gassen wurde so konzipiert, dass die kalte Bora abgewehrt, der warme und angenehme Maestral jedoch ungehindert einströmen kann – eine fast schon antike Form einer Klimaanlage!

Wenn Sie Lust auf eine kleine *Seefahrt* haben, bietet sich ein Tagesausflug von Korčula zur Insel **Mljet** an.

Restaurants an der Uferpromenade

Insel Mljet

Die Insel Mljet, auch bekannt als »Odysseus-Insel«, erstreckt sich über eine Länge von rund 37 km und ist bis zu 3,2 km breit, mit einer Gesamtfläche von 98,01 km². Mit einem Waldanteil von 90 Prozent zählt sie zu den waldreichsten Inseln im Mittelmeer. Der westliche Teil der Insel ist als Nationalpark Mljet ausgewiesen und umfasst zwei Salzseen – **Veliko jezero** und **Malo jezero** (»Großer See« und »Kleiner See«), die Bucht von Soline und einen 500 Meter breiten Meeresstreifen entlang des markanten Kaps von Mljet. Die Herzstücke des Parks bilden der Große See mit der Insel St. Maria und einem Benediktinerkloster, der Kleine See sowie die Dörfer Goveđari, Polače und Pomena.

Der Beiname »Odysseus-Insel« leitet sich aus der griechischen Mythologie ab, genauer aus Homers Epos »Die Odyssee«. Darin strandet der Held Odysseus auf seiner langen Heimreise von Troja nach Ithaka auf der Insel Ogygia, die oft mit Mljet gleichgesetzt wird. Die Legende erzählt, dass hier Odysseus von der Nymphe Kalypso festgehalten wurde.

Interessanterweise beheimatet Mljet Mungos, die ursprünglich 1910 eingeführt wurden, um die Bevölkerung und das Vieh vor giftigen Schlangen, insbesondere der Hornviper, zu schützen. Die Mungos haben ihre Mission erfüllt und die Schlangenpopulation stark reduziert. Allerdings haben sie sich seitdem stark vermehrt und sind nun selbst zu einem Problem geworden. Sie bedrohen Kleintiere wie Echsen und Insekten. Wenn sie nicht genügend Nahrung finden, können sie Schäden in Wein- und Obstgärten verursachen. Auf Mljet haben die Mungos keine natürlichen Feinde – abgesehen vom Menschen, obwohl die Jagd auf sie schon 1949 freigegeben wurde.

Ausflüge

Die Ausflugsboote nach Mljet verkehren täglich, außer sonntags und montags, mit Abfahrt um 9 Uhr und Rückkehr um etwa 16 Uhr. Die Überfahrt dauert 45 Minuten, die Preise variieren je nach Anbieter. Der Eintritt in den Nationalpark kostet etwa 20 Euro.

Die Insel, über die sich ein insgesamt 43 km langer Wanderweg erstreckt, eignet sich bestens zum Wandern und Mountainbiken. Das Wegenetz innerhalb des Nationalparks und rund um die Seen ist bestens markiert.

Weitere Informationen erhalten Sie in der Tourist Information oder im Internet: *https://np-mljet.hr/*.

Wir begeben uns nun auf Inselrundfahrt, doch gleich zu Beginn sei gesagt: die Park- und Stellplatzsituation ist nicht gerade rosig. Ein kurzes Wegstück nach dem Campingplatz Port 9 zweigt links die Straße nach **Lumbarda** (1.200 Einwohner) ab. Schnell erreicht man das erste von zwei Hafenbecken. Wenn Sie nach dem zweiten Hafenbecken links abbiegen, stoßen Sie auf einen sonnigen Parkplatz (N 42°55'27" E 17°10'22"), der direkt an einen Kies-Badestrand grenzt. Folgt man der Hauptstraße ein Stück weiter, so findet man ein kleines Privatcamp.

114 Lumbarda – *Mini-Camp Vela Postrana*

GPS/Kontakt: N 42°55'18" E 17°10'21", Podstrana 474. **Öffnungszeit:** Mai bis September. **Ausstattung:** Grillplatz, Waschmaschine, *kein Grauwasserabfluss*. **Beschreibung:** Ein sehr ursprünglicher Platz, wie man sie von früher noch aus Kroatien kennt. Hier parken Sie zwischen Olivenbäumen auf einer leicht unebenen Wiese. Obwohl praktisch gelegen, könnte der Platz ein wenig mehr Pflege vertragen. Die Ausstattung ist einfach; die Sanitäranlagen sind zwar älter, aber sauber. In unmittelbarer Nähe finden Sie Supermarkt, Pizzeria, Obst- und Gemüseverkäufer sowie eine Bar. Sehr freundliche Gastgeber. **Preis:** 15–25 € *(nur Barzahlung)*. **Zufahrt:** Etwa 100 m nach dem Minizentrum des Ortes rechts, gegenüber der Post.

Am Strand von Lumbarda gibt es ebenfalls die Möglichkeit, sein WOMO zu parken und den Badefreuden nachzugehen. *Dieses Plätzchen ist ein Schmuckstück*, es liegt landschaftlich einfach wunderschön. In der Strandbar kann man sich ein wenig verwöhnen lassen und zumindest in der Nebensaison werden keine Parkgebühren erhoben.

P05 Lumbarda Strand – N 42°55'05" E 17°11'05"

Zurück auf der Hauptstraße, orientieren wir uns in Großrichtung **Vela Luka**. Wir wollen uns auch etwas abseits der Inselachse umsehen und verlassen die Hauptstraße. Kleiner Hinweis vorab: Die Strecke bietet zwar *atemberaubende Ausblicke* auf die **Pupnatska Luka-Bucht**, doch an Bade- und Stellplätzen mangelt es. Die Straße ist asphaltiert, doch trotzdem empfiehlt sich die Passage *nur für kleinere Fahrzeuge* wie einen VW-Bus. Besser ist es, auf einen Roller oder Fahrräder umzusteigen. So kehren wir in der Nähe von **Čara** schnell wieder zurück auf die Inselhauptachse. Čara (750 Einwohner) ist ein authentischer Weinort in einer Senke mit vielen kleinen Weingärten und vielen kleinen OPGs, die zur Weinverkostung und zum Kauf einladen.

Wir setzen unsere Erkundungstour fort und verlassen in **Smokvica** (600 Einwohner) erneut die Hauptstraße, um ein wenig an der Südküste entlangzubummeln. Pittoresk und etwas verschlafen präsentiert sich **Brna**, dessen wenige Häuschen sich um den Hafen herum gruppieren. Die Fahrt entlang der Küste gestaltet sich streckenweise wieder recht eng. Von der Straße aus blicken wir voller Sehnsucht hinunter auf das türkisblaue Meer, in dem weiße Segelschiffe im Schutz der Buchten vor Anker liegen und kleine, grün bewaldete Inselchen im Wasser schwimmen. Doch für einen Badestopp findet sich leider keine Gelegenheit. Es ist wirklich zum Verzweifeln.

Die Landschaft ist wunderschön, aber für uns WOMO-Fahrer sind die Möglichkeiten auf dieser Insel sehr begrenzt. Einzig für kleinere Fahrzeuge gibt es in **Prižba** den ***Autokamp Ravno*** (N 42°54'25" E 16°47'51"). Allerdings ist die Einfahrt von Olivenbäumen gesäumt, deren Äste in den Weg ragen und bei größeren Fahrzeugen als einem VW-Bus wahrscheinlich Spuren hinterlassen. Sehr schade!

Wir erreichen **Blato** (3.600 Einwohner), *einst die größte Stadt auf Korčula*. Die touristische Bedeutung des Städtchens ist gering, wenn auch die Bewohner behaupten, es sei – wie Rom – auf sieben Hügeln erbaut. So recht nachvollziehen lässt sich dieser Umstand allerdings nicht. Wie dem auch sei – der Ort wirkt lebhaft und ist eine quirlige Einkaufsstadt. Die Hauptstraße schlängelt sich durch eine lange Allee aus Akazien und Linden, deren Kronen sich oben vereinen und ein dichtes Blätterdach bilden.

Westlich davon liegt die Stadt **Vela Luka** (4.500Einwohner). Zunächst passieren wir am Ortseingang einige heruntergekommene Industriegebäude, doch dann öffnet sich der Blick auf den langgezogenen Hafen und die blumengeschmückte Uferpromenade, die in den Stadtkern mündet. Sofort kehrt die Urlaubsstimmung wieder zurück.

Wir gesellen uns zu einigen anderen WOMOs, die sich hier bereits ein gebührenpflichtiges Plätzchen gesucht haben.

Mosaik in Vela Luka

P Vela Luka – N 42°57'42" E 16°42'53"

Die Stadt ist nicht unbedingt ein Highlight, doch verdient sie mehr Beachtung, als ihr oft zuteilwird. Die Marina ist neu und aufgehübscht, es gibt eine Auswahl an einladenden Cafés und Restaurants. Kulturliebhaber können die **Kirche Sveti Josip** und eine ehemalige **Festung** aus dem 15. Jahrhundert besichtigen. Außerdem ist hier der Ausgangspunkt der *Fähre nach Split*. Vela Luka besitzt keinen Campingplatz, aber etwa fünf Kilometer außerhalb werden wir fündig.

115 Vela Luka – *Mindel Camp*

GPS/Kontakt: N 42°59'02" E 16°40'15", Stani 192, Tel. +385 99 302 8881; *http://www.mindel.hr/*. **Öffnungszeit:** Juni bis Ende September. **Ausstattung:** Campingplatzüblich, Brötchenservice, Einkaufsservice von Grundnahrungsmitteln (Bestellung am Vorabend beim Besitzer, am nächsten Morgen bringt er es aus dem Ort mit). **Beschreibung:** Ein kleiner, freundlicher Campingplatz in einem Olivenhain, was den Raum für WOMOs durch die niedrigen Zweige einschränkt, aber viel Schatten bietet; umgeben von zahlreichen Jogging-, Spazier- und Radwegen. Die Strände sind 10 bis 15 Gehminuten entfernt. **Preis:** 20–25 €. **Zufahrt:** 5 km von Vela Luka entfernt, die Beschilderung ist gut.

Schließlich kehren wir nach Korčula Stadt beziehungsweise zum Fährhafen Domince zurück. Unser Fazit: Die Insel Korčula ist traumhaft schön und mit ihren paradiesischen Ausblicken, idyllischen kleinen Buchten und der üppigen Palmenlandschaft absolut zurecht sehr beliebt. Für Wohnmobile gestaltet sich die Situation mit begrenzten Park- und Stellplätzen sowie einer überschaubaren Anzahl an Campingplätzen jedoch nicht ideal.

Korčula Stadt mit dem Pelješki-Kanal und Orebič am anderen Ufer

Wir setzen mit der Fähre über den Pelješki-Kanal nach Orebič, fahren die Halbinsel noch einmal in umgekehrter Richtung ab und gelangen auf direktem Wege nach **Ston**. Auf dem Weg liegt am *neuen Fähranleger zur Insel Mljet* ein empfehlenswerter Campingplatz.

116 Veliki Ston – *Camping Prapratno*

GPS/Kontakt: N 42°49'03" E 17°40'33", Tel. +385 207 540 00; *http://www.camping-prapratno.com/.* **Öffnungszeit:** Mai bis September. **Ausstattung:** Campingplatzüblich, Imbiss, Supermarkt, Restaurant (Mitte Juni bis Mitte September), Sportplatz, Waschmaschine, Trockner. **Beschreibung:** Einfacher, teils naturbelassener Platz umgeben von Pinien und Olivenbäumen. Das Gelände ist größtenteils eben und öffnet sich zu einem Talkessel hin, der zum Meer führt. Die Stellplätze sind nicht parzelliert und bieten viel Schatten. Bis nach Ston sind es 3 km. **Preis:** 16–30 €. **Zufahrt:** Folgen Sie den Hinweisen zum Fähranlager, kurz davor rechts, gut beschildert.

Die imposanten Mauern von Ston, die sich in Serpentinen den Berg hinauf und hinab winden, sind bereits aus der Ferne sichtbar. Aus südlicher Richtung gesehen, markiert Ston das Tor zum Pelješac und war einst ein äußerst sorgfältig bewachter Grenzposten. Der Bau der Stoner Festungsmauer begann mit dem Beitritt Stons zur Republik Dubrovnik im Jahr 1333. Die Anlage war 1506 vollendet und erstreckte sich über 5,5 Kilometer – damit galt sie als *die längste Festungsmauer Europas*. Die beiden Ortsteile **Veliki Ston** und **Mali Ston** liegen an zwei verschiedenen Buchten, sind durch einen Berg getrennt, doch durch die mächtigen Mauern des ausgeklügelten Befestigungssystems miteinander verbunden. Von den ehemals 40 Wehrtürmen sind heute noch 20 in teilweise gutem Zustand erhalten. Die Mauern sollten Ston, Mali Ston und deren kostbaren Salzgärten Schutz gewähren.

In Veliki Ston nimmt ein großer Parkplatz am Ortseingang die Touristenfahrzeuge und Reisebusse auf.

P Veliki Ston – N 42°50'07" E 17°41'49"

TOUR 11

Festungsanlage in Ston

Blasiuskathedrale

Von hier aus erreicht man schnell das Herz des Städtchens mit seinen Sehenswürdigkeiten. Dazu gehören die **Blasiuskathedrale**, der **Rektorenpalast** am Hauptplatz, ein **Renaissancebrunnen** sowie ein **Lapidarium**. In den zahlreichen Restaurants steht *die kulinarische Spezialität der Region* auf der Speisekarte.

TOUR 11

Austern

Die Gegend rund um Ston ist für ihre Muschel- und Austernzuchten bekannt, die hier seit Jahrhunderten betrieben werden. Schon im 16. Jahrhundert wurden die Zuchtrechte über Konzessionen an geeignete Betriebe vergeben. Die Tradition der Austernzucht lässt sich sogar bis in die Zeit des Römischen Reichs zurückverfolgen. Heute findet fast 86 Prozent der kroatischen Produktion europäischer Glattaustern und Mittelmeermuscheln in der Bucht von Mali Ston statt. Interessierte können an einer Besichtigungstour der Zuchtstätten teilnehmen, um mehr über den Züchtungsprozess zu erfahren. Diese beinhalten eine Schifffahrt ab dem Hafen Mali Ston, im Anschluss gibt es eine Degustation, bei der die frischen Erzeugnisse aus dem Meer direkt verkostet werden können. Die besten Austern gibt es im März.

Über eine Treppe gelangt man auf die **Befestigungsmauern**, die das ganze Jahr über begehbar sind *(Apr.–Okt., tägl. 8–18 Uhr; 10 €)*. Ein Rundgang dauert etwa 20 Minuten um Ston und 40 Minuten bis nach Mali Ston. Von oben bietet sich ein fantastischer Blick über die Stadt und die dahinterliegenden Salinen. Die bis heute existierenden **Salzgärten** waren die Grundlage für Dubrovniks Reichtum. Noch heute wird hier Salz auf traditionelle Weise gewonnen. Die Schlüsselelemente: Meer, Sonne und Wind. Die Salinen und das dazugehörige **Salzmuseum** können mit oder ohne Führung besichtigt werden. Im Sommer ist sogar die Teilnahme an der Salzlese möglich *(Pelješki put 1, Apr.–Okt., tägl. 7–19 Uhr; https://www.solanaston.hr/)*.

Erdbeben in Ston

Die Bewohner der Region wurden in der Vergangenheit arg vom Schicksal gebeutelt. Im letzten Krieg standen sie oft unter Beschuss und waren in kriegerische Handlungen verwickelt. Im September 1996 traf ein weiteres Unglück die Einheimischen: Ein schweres Erdbeben mit einer Stärke von 6 auf der Richterskala erschütterte Ston, das mitten im Epizentrum lag. Mauern stürzten ein, Risse bildeten sich, und der obere Teil des Kirchturms von Sv. Blasius stürzte herab. Glücklicherweise konnten sich die Einwohner aufgrund der Vorwarnung durch Vorbeben in Sicherheit bringen, was dazu führte, dass es zwar Verletzte, aber keine Toten gab. Heute sind die meisten der betroffenen Gebäude restauriert und zeigen sich wieder in ihrem ursprünglichen Glanz.

Um nach Mali Ston zu kommen, lohnt sich fast das Einsteigen nicht. Der erste Blick fällt auf die wuchtige Burgruine, die über dem gemütlichen Dörfchen thront. Ein kurzer verwunschener Weg, vorbei an einer kleinen Kapelle, führt zu ihr hinauf. Die Aussicht von dort oben über die Dächer der Häuser, die vorgelagerten Inseln im glitzernden Meer und die hohen Berge im Hintergrund, ist einfach atemberaubend. Unten, an der kurzen Hafenmauer, erhebt sich ein gedrungener Rundturm und ein paar hübsche Restaurants laden zum Speisen ein.

P Mali Ston – N 42°50'45" E 17°42'19"

Von hier aus sind es nur wenige Kilometer, bevor wir wieder die Spur der Adria Magistrale aufnehmen.

Festung Ston mit Salzgärten

Tour 12

P11
P11
E65
127
P01
Tour 13
WC
E65
Kap Oštro
R430
Vitaljina
516
Punta Oštro
M6
Grab
Molunat
126
R431
M20
R429
Gruda
125
Trebinje
124
M6
122
123
121
M20
R426
Mlini
Cavtat
M6
Dobromani
223
120
WC
V E
Mokošica
M6
P
R426
Dubrovnik
119
Orasač
Trsteno
P
Zavala
118
117
Slano
P01
235
Doli
N
10 km
Ston
Tour 11
414
674

Der Süden Dalmatiens
Von Ston zur Halbinsel Prevlaka
115 km

Jetzt bereisen wir die südlichsten Gefilde Kroatiens. In dieser Tour widmen wir uns nicht nur, aber vor allem dem schier überquellenden Schatzkästchen Dubrovnik. Anschließend sehen wir uns die letzten Stationen an der kroatischen Küste an. Unsere Empfehlungen für Sie:

- **Arboretum**
- **Sundowner in der Beachbar Buža**
- **Camping Kate**
- **Strand in Molunat**
- **Wanderung über die Halbinsel Prevlaka**

Zunächst schwingen wir uns um die nächsten Kurven der Küstenstraße. Sonne und Wolken wechseln sich heute ab. Das Zwielicht lässt die Inseln im Meer dunkelgrün, fast schwarz erscheinen.

Bald erreichen wir **Slano** (500 Einwohner). Einst gehörte die kleine Siedlung zur Republik Ragusa, deren Zentrum das heutige Dubrovnik war. Unter dessen Herrschaft entwickelte sich Slano zu einem wichtigen Hafen für den Import und Export und insbesondere für den Handel mit Salz, Vieh und Getreide. Aufgrund der wirtschaftlichen Bedeutung wurde hier der Rektorenpalast von Slano errichtet, der bestens restauriert wurde und besichtigt werden kann *(Juni–Sept., tägl. 9–19 Uhr, sonst 9–15 Uhr; Mo. geschlossen; 4 €)*.

In jüngster Vergangenheit setzte ein Investor einen riesigen und modernen Hotelkomplex mitten in den Dorfkern und nahm damit dem Ort seinen idyllischen Charme. Am Ende des Ortes gibt es *einige nette kleine Privatcamps*, doch wir halten einen Besuch hier nicht unbedingt für erstrebenswert. Ein paar Kilometer außerhalb von Slano gibt es unterhalb der Straße einen recht passablen Badeplatz mit einem relativ großen Strand. Zumindest in der Nebensaison lässt es sich hier gut verweilen. Leider ist es durch die oberhalb vorbeiführende Straße teils recht laut.

Veliki Zala

P01 Badeplatz Veliki Zala

GPS: N 42°44'25" E 17°55'41". **Max. WOMOs:** 3. **Ausstattung:** Strandbar, Mülltonne. **Beschreibung:** Sehr schöner Spot direkt am Wasser in einer traumhaften kleinen Bucht. Bitte nutzen Sie nur die ersten Stellflächen links auf der Wiese, denn ein paar Meter weiter beginnt das Privatgelände der Strandbar. Der Besitzer duldet keine Wohnmobile. **Zufahrt:** Biegen Sie auf den Parkplatz an der Adria Magistrale ein, von hier aus führt rechts eine kurze, steile, aber geteerte Abfahrt meerwärts.

Wir laufen in **Trsteno** (215 Einwohner) ein. Eine gewisse Berühmtheit hat hier das **Arboretum** – eine ehemalige aristokratische Sommerresidenz mit einer üppigen Parklandschaft – erlangt. Die Residenz mit dem ältesten Renaissancepark Kroatiens stammt ursprünglich aus dem Jahr 1525 und hat schon viel erlebt: Zerstört durch ein Erdbeben 1667, Kriegsschäden in den 90ern sowie einen Großbrand im Jahr 2000. Inzwischen wurden viele neue Pflanzen gesetzt, der Pflegezustand lässt aber noch etwas zu wünschen übrig.

Die Residenz mit dem ältesten Renaissancepark Kroatiens stammt aus dem Jahr 1525 und hat schon viel erlebt.

Wenn Sie das Arboretum besuchen möchten, bleibt Ihnen aber nichts anderes übrig, als Ihr Wohnmobil auf dem direkt an der Straße gelegenen Mini-Camp abzustellen.

117 *Camping Trsteno* – N 42°42'48" E 17°58'39"

Wir spazieren zur Pforte des Gartens. Dunkel ist es unter dem Blätterdach. Über einen breiten, recht steilen Weg geht es zum Meer. Überall öffnen sich lauschige Nischen und verschwiegene Plätzchen. Exotische Bäume und Pflanzen aus fast aller Herren Länder wurden hier zusammengetragen und mit

Im Arboretum von Trsteno

Namensschildern und Herkunftsangaben versehen. In einem etwas düsteren Eck plätschert ein kleiner Brunnen, über den steinerne Figuren wachen. Im unteren Teil des Parks steht die prachtvolle Renaissance-Villa der Dubrovniker Gründerfamilie. Von der Terrasse aus hat man einen schönen Blick auf einen winzigen Hafen einerseits und antike Ruinen andererseits *(Mai–Sept. tägl. 7–19 Uhr, sonst 8–16 Uhr; 10 €).*

Orasač empfängt uns als nächster Ferienort. Von dem hier gelegenen Campingplatz führt ein Fußweg nach Trsteno. Die Entfernung beträgt allerdings drei Kilometer.

118 Orasač – *Pod Maslinom*

GPS/Kontakt: N 42°41'56" E 18°00'21", Donja banda 7C; *http://www.orasac.com/*. **Öffnungszeit:** April bis Oktober. **Ausstattung:** Campingplatz-üblich, Brötchenservice, Waschmaschine, Trockner. **Beschreibung:** Der Platz liegt schattig in einem Olivenhain. Das Gelände ist zum Meer hin terrassiert und durch Natursteinmauern parzelliert. Die Parzellen sind eben, der Boden ist teilweise etwas sandig. Kein direkter Strandzugang, der Weg zurück vom Meer erfordert etwas Kondition. Zum Ort und in den kleinen Hafen geht es über einen 400 m langen Fußweg durch einen Kiefernwald. Restaurants und Einkaufsmöglichkeiten sind 300 m entfernt. Schöne Aussicht, ruhig. Für größere WOMOs etwas schwierig. **Preis:** 18–25 €. **Zufahrt:** Von der Magistrale rechts abbiegen, dann noch etwa 100 m, beschildert.

Die Öffnungszeiten sind nur als Anhaltspunkt zu sehen, man orientiert sich an der Nachfrage.

Nach **Dubrovnik** (115.000 Einwohner) ist es jetzt nur noch ein Katzensprung. Schon vor den Toren der Stadt begrüßen uns große Schilder. Kurz vor der Brücke, die über die fünf Kilometer tief eingeschnittene Ombla-Bucht führt, sollten Sie für einen Fotostopp Halt machen. Hier haben Sie einen schönen Blick auf den Hafen und können die Kreuzfahrtschiffe beobachten.

P Fotostopp Dubrovnik Hafen – N 42°40'12" E 18°04'35"

Nach der Brücke biegen wir links ab und steuern das Zentrum an. Der Verkehr nimmt zu und Geduld ist gefragt, denn es staut sich gewaltig. Bis vor die altehrwürdigen Mauern mit dem WOMO zu fahren, ist nicht ratsam!

Unserer Meinung nach ist die beste Methode, die *Stadtbesichtigung* vom Campingplatz aus zu starten. Es gibt tatsächlich nur einen einzigen, er bietet reichlich Kapazitäten, zeigt sich gepflegt, ist aber auch recht teuer.

119 Dubrovnik – *Solitudo Sunny Camping*

GPS/Kontakt: N 42°39'43" E 18°04'14", Vatroslava Lisinskog 60; *https://www.camping-adriatic.com/de/solitudo-camp-dubrovnik*. **Öffnungszeit:** April bis Oktober. **Ausstattung:** Brötchenservice, Fahrradverleih, Kinderanimation, Spielplatz, Waschmaschine, Trockner. Der Pool des angrenzenden Hotels kann gegen Aufpreis mitgenutzt werden. **Beschreibung:** Der einzige Campingplatz Dubrovniks liegt ruhig und im Grünen auf einer Halbinsel. Durch die Zufahrtsstraße zum Strand zweigeteilter Platz auf geneigtem, teils gestuftem Gelände im lichten Laubwald (viel Schatten). Zum Strand sind es etwa 5 Gehminuten. Tickets für den Bus in die Altstadt gibt es an der Rezeption. **Preis:** 39–75 €. **Zufahrt:** Erste Hinweise schon bei der großen Brücke. Über die neue Brücke links abbiegen, dann Richtung Babin Kuk, beschildert.

Die Buslinie 6 verkehrt etwa jede Viertelstunde ins Zentrum, die Haltestelle ist nur etwa 300 Meter vom Campingplatz entfernt.

Dubrovnik, die *»Perle der Adria«*, liegt zu Füßen eines karstigen Kalksteingebirges auf einer Halbinsel und birgt kulturelle Schätze, die ihresgleichen suchen. Die Aufnahme ins *UNESCO-Weltkulturerbe* im Jahr 1980 war daher fast unvermeidlich. Das dalmatinische Wirtschaftszentrum zieht sommers wie winters Touristen in Scharen an. Das Hauptaugenmerk liegt auf der von mächtigen Mauern umgebenen Altstadt, die auf drei Seiten vom Meer umspült wird und in der sich die wichtigsten Sehenswürdigkeiten befinden. Bevor wir Sie auf einen Spaziergang zu den kunsthistorischen Highlights mitnehmen, werfen wir einen Blick in die Vergangenheit.

Die »Perle der Adria« zieht sommers wie winters Touristen in Scharen an.

Die Geschichte von Dubrovnik

Einst war die südlich von Dubrovnik gelegene römische Stadt Epidaurum (heute Cavtat) das wichtigste regionale Zentrum. Zur Zeit der Völkerwanderung im 7. Jahrhundert wurde sie zerstört, und die Bewohner flüchteten nach Ragusium, wo sie sich in einem kleinen Fischerdorf niederließen. Bald darauf siedelten sich slawische Stämme im nahegelegenen, eichenreichen Hinterland an. Dubrava bedeutet Eichenwald, was den heutigen Namen Dubrovnik erklärt, der jedoch erst ab 1918 gebräuchlich wurde. Zuvor sprach man von Ragusa. Die Lage am Schnittpunkt der Religionen und Kulturen bot zunächst keine idealen Voraussetzungen für Wachstum, doch bald florierten Handel und Kultur. Die neuen Bürger bewiesen Fleiß, waren geschäftstüchtig, diplomatisch und eine strenge Verfassung beugte Korruption vor.

Die Siedlung avancierte zur Freien Republik Ragusa und konnte ihren Stadtstatus viele Jahrhunderte – wenn auch teilweise mit Einschränkungen – erhalten. Erst 1808 erfolgte die Auflösung durch Napoleon.

Vielleicht war das Erfolgsrezept in dem Leitspruch zu suchen, der in den Palast des Großen Rates eingemeißelt wurde: »Obliti privatorum publica curate!« Zu Deutsch: »Vergesst die Privatangelegenheiten, kümmert euch um die öffentlichen Belange«. Die Aufforderung wurde sehr ernst genommen, Zug um Zug wurden Institutionen wie eine Apotheke, ein Waisenhaus und ein Altersheim eingerichtet. Zwei Ärzte und auch Straßenkehrer agierten zum Wohle der Bürger – Öffentlicher Dienst im wahrsten Sinne des Wortes!

Im Krieg in den 90er Jahren erlitt auch Dubrovnik starke Beschädigungen, doch heute ist davon kaum noch etwas zu sehen. Die Stadt blüht im Tourismus auf und zählt zu den weltweit beliebtesten Städtezielen, auch dank der zahlreichen Kreuzfahrtschiffe, die hier regelmäßig anlegen.

Blick auf Dubrovnik

Wenden wir uns nun der Besichtigung der Altstadt zu. Wir betreten sie durch das **Westtor** – dem Pile vrata – das, wie alle fünf Stadttore, von einer Statue des Stadtheiligen Sv. Vlaho bewacht wird. Ganz in der Nähe befindet sich einer der Aufgänge zur **Stadtmauer** *(Juni/Juli tägl. 8–19.30 Uhr, Aug./Sept. 8–19 Uhr; abweichende Öffnungszeiten in der Nebensaison; 35 €/erm. 15 €)*. Auf dem 25 Meter hohen und bis zu 6 Meter breiten wuchtigen Mauerwerk kann man ähnlich der Chinesischen Mauer nahezu zwei Kilometer entlang wandeln. Ein nicht ganz günstiges Erlebnis, aber der *herrliche Ausblick* über die Stadt und das Meer vor allem im milden Licht des Abends oder des Morgens fesselt den Betrachter gänzlich.

Wir bleiben erstmal »bodenständig« und bewundern das Ensemble fantastischer Bauwerke, das sich nach dem Pile-Tor eröffnet. Der erste Blickfang ist der **Große Onofrio-Brunnen** mit seinen 16 Wasserspielen. Bereits im 15. Jahrhundert wurde er aus einer zwölf Kilometer langen Wasserleitung gespeist, die damals die städtische Wasserversorgung sicherstellte. Leider hat ihn ein Erdbeben im 17. Jahrhundert seines aufwändigen Schmucks beraubt, sodass er heute etwas schlichter wirkt.

Placa – Die Flaniermeile von Dubrovnik

Informationen für Ihren Besuch in Dubrovnik

Die Stadtbüros der **Tourist Information** sind flächendeckend in der Altstadt vertreten. Das Hauptbüro befindet sich außerhalb der Altstadt am Westtor (Braslje 5, ganzjährig geöffnet, *www.tzdubrovnik.hr*).
Für Museums- und Galeriefreunde lohnt sich die **Museumskombikarte**, die für sechs Museen und drei Galerien gilt und 20 Euro kostet. Erhältlich ist sie an jeder Museumskasse.
Der **Dubrovnik Pass** bietet viele Gratis-Eintritte und Ermäßigungen. Erhältlich in den Tourist Infos oder vorab unter www.dubrovnikpass.com.
Bitte beachten: Viele Museen sind mittwochs geschlossen. Berücksichtigen Sie das bei Ihrer Planung.

Neben dem Brunnen rechts liegt das **Klarissinenkloster** (Samostan Sveta Klara) aus dem 13. Jahrhundert. Die ehrbaren Schwestern richteten hier 1472 *das erste Waisenhaus Europas* ein.

Zur Linken duckt sich die kleine **Erlöserkapelle Sv. Spas**, ein Renaissance-Bau aus dem 16. Jahrhundert, in den Schutz der Stadtmauer. Mit ihrer gotischen Fensterrosette gilt sie bei den Einheimischen als die *schönste Kirche Dubrovniks*.

Ihr gegenüber erhebt sich die **Franziskaner-Kirche**, deren Südportal die Kunstfertigkeit der lokalen Steinmetze zeigt. Der schmale Rundgang zwischen den beiden Gotteshäusern führt zum **Franziskanerkloster**. Hier laden ein Kreuzgang mit sechseckigen Doppelsäulen und ein Garten mit Mandarinenbäumchen und Oleanderbüschen zum Verweilen ein. Die Klosterapotheke, eine der ältesten Europas, ist heute ein **Museum** *(tägl. 9–18 Uhr; 6 €)*. Wer jetzt noch Sorgen hat, besucht die Außenfassade der Kirche, wo ein kopfförmiges Relikt, das einer Eule ähnelt, alle Wünsche erfüllen soll ...

Wir gehen zurück zum Onofrio-Brunnen und schlendern die **Placa** – auch **Stradun** genannt – entlang, die *Hauptgeschäfts- und Flaniermeile* in der Altstadt. Einst ein Meereskanal, vereinte sie nach ihrer Aufschüttung um 1150 die beiden Ortsteile Ragusa und Dubrava.

Am Ende der Placa erreichen wir den **Luža-Platz,** beherrscht von der **Rolandsäule**. Der Ritter Roland symbolisiert, wie

In den schmalen Gassen von Dubrovnik

Jesuitenkirche

auch in anderen europäischen Städten, Marktfreiheit und eigene Gerichtsbarkeit. Im gesamten Umfeld konzentrieren sich die Sehenswürdigkeiten.

Nördlich des Platzes finden wir den **Sponza-Palast**, der unter anderem auch als Zollamt fungierte. In den nicht gerade heimeligen Kellern mussten früher die Gefangenen ihre Straftaten büßen. Neben hübschen Arkaden und gotischen Fenstern gefällt auch der von Säulen umrandete Innenhof.

Es folgt das wuchtige **Dominikanerkloster**, dessen Ursprünge im 14. Jahrhundert liegen. Neben dem Kreuzgang ist auch das Museum mit seinen wertvollen Kirchenschätzen wie filigrane Gold- und Silberarbeiten, Reliquien und Gemälden sehenswert (tägl. 9–18 Uhr; 5 €).

Durch das **Ploče-Tor** gelangen wir zu der eindrucksvollen **Festung Revelin**. Diese hatte die Aufgabe, den Hafen vom Norden her zu schützen. Heute erfüllt die mächtige Bastion friedlichere Zwecke und dient als Veranstaltungsort.

Zurückgekehrt auf den Luža-Platz widmen wir uns nun den Sehenswürdigkeiten auf der Südseite. Hier dominiert der hohe Kuppelbau der **Kirche Sv. Vlaho**. Im Inneren des Gotteshauses entdecken wir auf dem Hochaltar eine Statue des Schutzpatrons der Stadt, St. Blasius, die ein wirklichkeitsgetreues Stadtmodell aus vergoldetem Silber in der Hand hält.

Gegenüber erhebt sich der **Palast des Großen Rates**, der heute als Theater genutzt wird. Daran grenzt das Gradska kavarna – das **Stadtcafé** – an. Wir finden zwei freie Stühle und erholen uns erstmal nach so viel Kultur bei einem kühlen Getränk. Hier sitzt man herrlich auf einer Terrasse mit Blick auf die anderen vorbeischlendernden Touristen *(tägl. 8–24 Uhr)*.

Piratenschiffe kreuzen vor Dubrovnik

Nur ein paar Schritte weiter steht der *vierflügelige, gotische Rektorenpalast*, der **Knežev dvor**. Das in den Jahren um 1440 von Onofrio Giordano errichtete Gebäude wurde mehrmals durch Brand und Erdbeben beschädigt, die jetzige Form datiert auf das Jahr 1739 zurück. Der Bau klotzt nicht mit Pracht und Prunk, sondern gefällt eher durch schlichte Schönheit. Jeweils für einen Monat führte ein Adeliger die Regierungsgeschäfte und verbrachte diese Zeit getrennt von der Außenwelt in diesem Palast. Durch den schnellen Wechsel versuchte man, Vetternwirtschaft und Bestechung vorzubeugen – mit Erfolg! Der Knežev dvor beherbergt jetzt das **Stadtmuseum**, das einen Einblick in die Stadtgeschichte gewährt *(tägl. 9–18 Uhr, Mi. geschlossen)*.

Ganz in der Nähe liegt der große, lebhafte **Markt**. Täglich lässt sich hier vormittags knackiges Gemüse, Obst und frischer Fisch erwerben. In der Mitte des Platzes wacht eine Bronzestatue des Dichters Ivan Gundulič über das Geschehen. An dessen Südostende erhebt sich die Kathedrale **Maria Himmelfahrt**. Der Dom war eine Stiftung des legendenumwobenen englischen Königs Richard Löwenherz. Die mit drei Schlössern verriegelte *Schatzkammer* zeigt wertvolle Arbeiten aus Dubrovnik und von italienischen Gold- und Silberschmieden, auch Gemälde, Reliquien und sakralen Gegenständen *(tägl. 9–12 und 15.30–17 Uhr; 4 €)*.

Tierische Bewohner

Schließlich schlendern wir entlang der Ulica Kneza zur **Festung Sv. Ivan**, die majestätisch über die Südostseite des Hafens wacht. Neben dem **Schifffahrtsmuseum** finden Sie hier auch das *Aquarium* mit etlichen Schaubecken und drei Bassins voller Meeresgetier. An der Ostseite der Festung lädt ein Steg mit Bänken zu einem schönen Blick auf die **Insel Lokrum** ein. Dieses 81 Hektar große Inselchen liegt als grüne Oase etwa 600 Meter vor der Altstadt im Meer und ist ein Naturschutzgebiet. Die unbewohnte Insel mit ihrem zu einem Schloss umgebauten Benediktinerkloster ist ein beliebtes *Ausflugsziel für Touristen*. Als Fan einer der erfolgreichsten Fernsehserien der letzten Jahre erkennen Sie das Eiland vielleicht wieder.

Game of Thrones

An »Game of Thrones« kommt man in Dubrovnik kaum vorbei. Seit 2010, als die ersten Szenen der amerikanischen Fantasy-Saga in Kroatien gedreht wurden, ist die Begeisterung ungebrochen. Neben anderen Drehorten wie dem Kellergewölbe im Diokletianpalast von Split, dem Arboretum in Trsteno und der Insel Lokrum, diente Dubrovnik in allen Staffeln als Kulisse für die Hauptstadt der Sieben Königslande. Die wirtschaftlichen Auswirkungen sind enorm: Heute gibt es unzählige Souvenirläden mit Merchandising-Produkten, spezielle »Game of Thrones«-Stadtführungen und und sogar ein eigenes kleines Museum auf der Insel Lokrum, wo Sie auf dem »Eisernen Thron« Platz nehmen können.

TOUR 12

Wir spazieren zurück zur Kuppelkathedrale und steigen dann über eine Barocktreppe in südlicher Richtung zur **Jesuitenkirche** empor. Das Gotteshaus gehört zu den *größten Barockkirchen Dalmatiens* und ist einschiffig, mit seitlich angelegten Kapellen, konzipiert. In gerader Linie geht es auf der Ulica Strosmajerova zur »Kornkammer« der Stadt. Hier wurde im 16. Jahrhundert in 15 in den Felsen gehauenen Löchern Getreide eingelagert – ein cleverer Schachzug, um im Fall einer Hungersnot gewappnet zu sein.

Beachbar Buža

Die konstante Temperatur von 17°C war ideal für die Lagerung. Diese Vorratsspeicher bezeichnete man als Rupe. Heute werden hier im neu gestalteten **Ethnografischen Museum** archäologische Schätze präsentiert.

Durch einen schmalen Gang durch die Stadtmauer gelangen wir zu den Tischen und Stühlen der **Beachbar *Buža***. Wer keinen freien Platz ergattert, kann sich mit einem Getränk auf die Felsen über dem Meer niederlassen. Besonders abends ein nahezu magischer Ort, aber auch nachmittags kann man sich hier gut die Zeit vertreiben: Es gibt eine Badeplattform zum Sonnen und mit Einstieg ins Meer *(tägl. 10–21 Uhr, in der Hauptsaison auch länger)*.

Besonders abends ein nahezu magischer Ort, aber auch nachmittags kann man sich hier gut die Zeit vertreiben.

Unsere Entdeckungstour durch das alte Dubrovnik endet hier.

Wir hoffen, Sie sind nun neugierig geworden. Das wahre Flair der Stadt entfaltet sich erst richtig, wenn man selbst durch die schmalen Gassen mit ihren malerischen Ecken und unzähligen Treppen streift. Nehmen Sie sich Zeit, um den Geist der Geschichte zu spüren und zu erleben!

Das Panorama von Dubrovnik von der Adria Magistrale aus ist zweifellos ein beliebtes Foto-Motiv. Aber Achtung: entlang der vielbefahrenen Küstenstraße ist es gar kein so leichtes Unterfangen, einen Fotostopp einzulegen! Die einzige, halbwegs ungefährliche Möglichkeit bietet eine kleine Haltebucht. Von dort aus kann man über Treppen zu einer *Aussichtsplattform* hinaufsteigen. Diese Plattform liegt in diesem Tourverlauf allerdings entgegen der Fahrtrichtung und ist mit einem Linksabbiegerverbot versehen! In diesem Fall ist es besser, wenn der Beifahrer die Erinnerungsfotos schießt.

P Fotostopp Dubrovnik Altstadt – N 42°38'33" E 18°07'18"

Sollten Sie in Dubrovnik selbst keinen Übernachtungsplatz ergattert haben, folgen nun einige Alternativen in der Umgebung, die gut angebunden sind und sich ebenfalls *für eine Stadtbesichtigung eignen*.

120 Camping Matkovica

GPS: N 42°37'28" E 18°11'35". **Max. WOMOs:** 8. **Öffnungszeit:** Ganzjährig. **Ausstattung:** Ver- und Entsorgung, WC, Dusche, Strom. **Beschreibung:** Ein kleiner, schlichter Stellplatz gleich gegenüber einem Einkaufszentrum. Etwas in die Jahre gekommen, aber überwiegend eben und schattig. Geschotterter Untergrund. Die Bushaltestelle ist gleich nebenan. Die Besitzer sind sehr behilflich dabei, die Tickets für das Taxiboot zu organisieren. Zum Strand sind es etwa 300 m, Restaurants nahebei. **Preis:** 25–35 €. **Zufahrt:** Von der Magistrale an der Ampel beim Einkaufszentrum (Hinweis Srebreno) rechts abbiegen, kurz danach links, gut beschildert.

121 Mlini – *Camping Kate*

GPS/Kontakt: N 42°37'28" E 18°12'28", Vrelo 23, Tel. +385 20 487 006; *https://campingkate.com/*. **Öffnungszeit:** April bis Oktober. **Ausstattung:** Campingplatzüblich. **Beschreibung:** Ein kleiner Platz direkt an der Durchfahrtsstraße, auf zwei Ebenen angelegt. Das Wiesengelände ist mit ein paar Bäumen bestückt, bietet aber wenig Schatten. Die ruhigeren Plätze im hinteren Bereich sind zu bevorzugen, da man die Straße dort weniger hört. Über eine Treppe kommt man hinunter zum Strand. Einige Plätze bieten sogar Meerblick. Bushaltestelle auf der anderen Straßenseite. Tickets für das Taxiboot gibt es an der Rezeption. **Preis:** 20–30 €. **Zufahrt:** In Mlini am Ortsende rechts, gut beschildert.

TOUR 12

122 *Autokamp Paradiso* – N 42°36'26" E 18°13'39"

123 *Autokamp Laguna*

Die letzten beiden Plätze teilen sich eine kleine, sehr enge Zufahrt. Wir raten Ihnen zum rechten Platz. Wählen Sie einfach einen freien Stellplatz; am Abend erscheinen die Besitzer, um die Formalitäten zu erledigen.

Von all diesen Standorten aus können Sie hervorragend einen Ausflug nach Dubrovnik starten. Entweder mit dem Bus *(Achtung: Es werden keine Hunde befördert!)* oder per Schiff erreichen Sie die große Stadt komfortabel und unkompliziert.

Jetzt wenden wir uns dem letzten Abschnitt dieser Tour zu und kurven hinunter nach **Cavtat** (1.000 Einwohner). Im Zentrum, direkt am kleinen Hafen, befindet sich ein großer Parkplatz, der eigentlich genug Platz für WOMOs bieten würde. Aber Vorsicht: Bei einem Preis von satten 10 Euro pro Stunde (!) scheinen Camper hier nicht gerade willkommen zu sein. Wir ziehen also nur eine Stippvisite in Betracht. Vom Parkplatzende aus führt ein *schöner Spazierweg* um eine bewaldete Halbinsel herum. Hier laden Bänke zum Verweilen ein und ein langer, schmaler, felsiger Strand lockt zur Abkühlung im Wasser. Etwa 150 Meter nach Beginn des Weges führen bei einer Gaststätte Stufen den **Rochusberg** hinauf zum Friedhof mit seinen prachtvollen Grabmälern und einem imposanten **Mausoleum**. Von hier reicht die Aussicht noch bis Dubrovnik.

Von all diesen Standorten aus können Sie hervorragend einen Ausflug nach Dubrovnik starten.

Über mindestens genauso viele Stufen erfolgt der Abstieg auf der anderen Seite hinab zum palmenbestandenen und blumengeschmückten Hafenkai des netten Ortes, wo einige stolze Yachten vor Anker liegen. Gepflegte Restaurants reihen sich aneinander und laden zum Verweilen ein.

Einen kleinen Wermutstropfen wollen wir Ihnen aber nicht vorenthalten: Das ansonsten eher ruhige Cavtat liegt in der Einflugschneise des Flughafens Dubrovnik. Daher muss mit der Geräuschkulisse durch Starts und Landungen der Flieger gerechnet werden. Wir bedauern nicht weiter, dass es hier aktuell keinen Übernachtungsplatz für uns gibt. Der einzige Campingplatz wurde schon vor einigen Jahren geschlossen. Über eine Neu- oder Wiedereröffnung ist derzeit nichts bekannt.

Wir setzen unsere Fahrt entlang der Adria Magistrale fort – doch nur für einen kurzen Streckenabschnitt. Ein Stück des Weges nach Zvekovica biegen wir rechts ab Richtung **Molunat** (230 Einwohner). Die Straße zieren *malerisch viele Zypressen*. Der Ort liegt hübsch am Meer und verfügt über ein gutes Fischrestaurant namens »*Monika*« (*Molunat 28, Tel. +385 97 715 1089, tägl. 11–23 Uhr*). Der gleichnamige Campingplatz existiert nicht mehr. In der Nähe des Restaurants führt eine schmale Straße in eine heimelige Bucht, wo Felsblöcke von den sanften Meereswellen umspült werden – ein wahrlich idyllischer Anblick!

Mausoleum

Blick auf Cavtat

Hier erwartet Sie ein Trio von Mini-Camps, die sich nebeneinander auf Gäste freuen. Jedes davon ist klein und etwas beengt und bietet auf seinen Wiesenflächen nur Platz für wenige WOMOs. Sie verfügen über alle nötigen Einrichtungen und liegen, nur durch eine wenig befahrene Straße getrennt, direkt am schönen kleinen Strand.

124 ***Camping Vidak/Marinero* – N 42°27'13" E 18°26'06"**

125 ***Camp Adriatic I***

126 ***Camp Adriatic II***

Dass wir uns hier im Grenz- und ehemaligen Kriegsgebiet befinden, wird an unserer letzten Station dieser Tour besonders deutlich. Wenige Kilometer nach Molunat führt kurz vor der **Grenzstation Vitaljina** ein Abzweig zu einem verlassenen Militärgelände auf der **Halbinsel Prevlaka**. Diese strategisch gelegene Halbinsel, am Eingang zur Bucht von Kotor und nahe der montenegrinischen Grenze, war bereits für die Habsburger von strategischer Bedeutung. Die Festungsanlage **Punta Oštro** ist noch heute ein deutliches Relikt aus dieser Zeit.

Hier finden wir nicht nur einen Badeplatz mit Übernachtungsmöglichkeit, sondern auch ein weit verzweigtes Wegenetz, das zu den leerstehenden und halb verfallenen Gebäuden führt. Das Gebiet lässt sich prima *zu Fuß oder mit dem Mountainbike* erkunden.

Für das Parken gibt es zwei Optionen: Entweder bei der kleinen Beachbar Kantina mit Camperstopp oder für Tagesbesucher auf dem großen Asphaltparkplatz ein paar Meter weiter bei der Konoba Gusar.

127 Strandbar Kantina

GPS: N 42°24'25" E 18°30'37". **Max. WOMOs:** 6. **Öffnungszeit:** Mai bis Oktober. **Ausstattung:** Achtung: Keine Ver- und Entsorgung, WC, Dusche, Strom, Frischwasser, Fahrrad- und SUP-Verleih. **Beschreibung:** Ein kleiner, einfacher Stellplatz an der Strandbar mit einem ausgesprochen freundlichen Eigentümer. Große WOMOs finden aufgrund der niedrigen Bäume keinen Schattenplatz. Der Strand ist sehr schön und ein perfekter Ausgangspunkt für Wanderungen und Radtouren über die ehemalige Militärbasis. In der Strandbar gibt es kalte Getränke und Snacks. **Preis:** 15–30 €. **Zufahrt:** An der Hauptstraße 516 kurz vor dem Grenzübergang rechts abbiegen. Die Beachbar liegt an der schmalsten Stelle der Landzunge auf der rechten Seite.

P01 Halbinsel Prevlaka – N 42°24'22" E 18°30'38"

Nachts ist hier das Heulen der Schakale zu hören – spannend und ein wenig gruselig zugleich. Die tief in den Berg führenden, stockdunklen Gänge sind frei zugänglich und regen die Fantasie an. Es herrscht eine ganz besondere Atmosphäre, die viel Geschichte in sich trägt. Am äußersten Zipfel, am **Kap Oštro**, steht verwaist und in Baugerüst gehüllt die große **Festung Prevlaka**, ein mächtiges Bollwerk mit hohen Mauern und zahlreichen Schießscharten. Die Festung hat den Charme eines Lost Place, wenngleich sie mehr und mehr renoviert wird. Sie soll komplett saniert werden, allerdings sah die Baustelle während unseres Besuchs eher nach Baustopp aus. Die Erhaltungsmaßnahmen scheinen wohl ins Stocken geraten zu sein.

TOUR 12

Von einem ehemaligen Helikopterlandeplatz bietet sich ein spektakulärer Ausblick – auf der einen Seite nach Montenegro und bei guter Sicht sogar bis nach Italien.

Vom südlichsten Punkt des kroatischen Festlands aus erscheint unser nächstes Ziel fast zum Greifen nah: Montenegro. Wir freuen uns, wenn Sie uns begleiten!

Blick von Prevlaka nach Montenegro

Tour 13

Cetinje
Nationalpark Lovćen
Kotor
Dobrota
Orahovac
Perast
Sveti Đorđe
Risan
Morinj
Jošice
Bijela
Kumbor
Herceg Novi
Igalo
Njivice
Tour 12
Tivat
Blumeninsel
Radanovici
Jaz Beach
Budva
Bečići
Buljarica
MNE
10 km
E65
E80
P1
P15
M2.3
M2
128
129
130
131
132
133
134
135
136
P01
P02
P03
P04
WC

Historische Mauern und azurblaue Buchten
Von Herceg Novi nach Buljarica
280 km

Die erste Tour in Montenegro führt uns auf den Spuren der Legenden durch geschichtsträchtige Städte wie Kotor und Budva, entlang der atemberaubenden Küste und von Bucht zu Bucht mit absoluten Traumstränden.

Unsere Highlights:

- **Bootstour zur Insel Gospa od Škrpjela**
- **Stadtmauer von Kotor**
- **Promenade von Tivat**
- **Sveti Stefan**
- **Strand Lučice**
- **Campingplatz Maslina in Buljarica**

Noch schwer beeindruckt von unserem Ausflug in die jüngere Geschichte der bis in die 90er Jahre kriegsgebeutelten Region geht es nun über die Grenze. Anstatt den häufig frequentierten Grenzübergang an der Adria Magistrale zu wählen, empfehlen wir Ihnen, sich nach Ihrem Besuch in Molunat rechts zu halten und den weniger bekannten Grenzübergang bei **Njivice** zu nutzen. Hier sind der *Andrang und die Wartezeiten meist deutlich geringer* als am Magistrale-Übergang (nicht rund um die Uhr geöffnet).

Nach der ersten Kurve bieten sich Ihnen bereits die ersten Blicke auf eine herrliche Bucht. Geschützt liegen hier das kleine Städtchen **Igalo** (3.000 Einwohner) und unser erster sehenswerter Stopp auf dieser Tour: **Herceg Novi** (30.000 Einwohner), ein klassischer Badeort und das »Eingangstor« zu Montenegros Adria-Tourismus. Beide Orte sind durch einen kilometerlangen Spazierweg entlang der Küste miteinander verbunden.

Herceg Novi ist ein wahres Schmuckkästchen! Der Literaturnobelpreisträger Ivo Andrić nannte es die »Stadt des ewigen Grüns« – und das zu Recht. Der Ort strotzt vor subtropischer Vegetation und erfreut das Auge mit seiner üppigen Blütenpracht.

Die Promenade von Herceg Novi

Herceg Novi – ein Denkmal für den neuen Herzog

Im Jahr 1382 ließ der König von Bosnien, Tvrtko – ein Name, der uns nur schwer über die Lippen geht – den Eingang zur Bucht mit einer Festung sichern und einen Hafen errichten. Die entstehende Ansiedlung erhielt den Namen Sveti Stjepan. Kotor und die ehemalige Seerepublik Ragusa (heute Dubrovnik) dominierten damals den Wein- und Salzhandel. Eine Vorherrschaft, die Tvrtko ein Dorn im Auge war und er ändern wollte. Die Rechnung ging auf und der kleine Hafen florierte. Trotz späterer Herrschaftswechsel blieb der Ort auf Wachstumskurs, während Kotor und Ragusa schwere Einbußen beklagten.

Etwa 80 Jahre später verstärkte einer der neuen Lehnherren, Stjepan Kosača, den Stützpunkt noch weiter und brachte allerlei Handwerker in die Stadt. Die Proteste der beiden anderen Städte ließ er unbeachtet.

1448 ließ sich Stjepan zum »Herzog des heiligen Sava« ausrufen und nahm dies zum Anlass, sich selbst ein Denkmal zu setzen. Er benannte die Stadt nach sich selbst, dem neuen Herzog, also Herceg Novi.

Es folgten etwa 200 Jahre unter der Besetzung durch die Türken. In dieser Zeit entstand die Altstadt mit den Befestigungsanlagen, wie wir sie heute besichtigen können.

TOUR 13

Mit einem Fahrzeug bis maximal Kastenwagengröße können Sie es wagen und sich von der Hauptstraße rechts Richtung Zentrum (Centar) orientieren. Die Straße ist auf *5 Tonnen zulässiges Gesamtgewicht* beschränkt. Obwohl uns diese Gewichtsbeschränkung nicht betrifft, wissen wir aus Erfahrung, wie schwierig die Parkplatzsituation in den Altstädten sein kann, um uns und unseren Nerven ein weiteres Vordringen Richtung Stadtmitte zuzumuten. Deshalb suchen wir uns lieber etwas weiter außerhalb einen Parkplatz, der auch zum Übernachten geeignet ist:

128 Herceg Novi

GPS: N 42°27'33" E 18°30'52", 43 Sava Ilića. **Max. WOMOs:** 10–12. **Ausstattung:** Keine. **Beschreibung:** Das Beste ist die Lage direkt am Strand und der Promenade. Ansonsten ist es ein recht trostloser Schotterparkplatz, aber wenigstens eben und auch für größere Fahrzeuge geeignet. Trotz der zentralen Lage ist es nachts relativ ruhig. Schatten sucht man größtenteils vergeblich, höchstens ganz am Parkplatzrand unter einigen wenigen Bäumen. **Preise:** 2 Euro pro Stunde für WOMOs. Falls Sie übernachten möchten, erhalten Sie beim Parkwächter für 10 Euro ein Tagesticket, welches für 24 Stunden gilt. **Zufahrt:** Fahren Sie rechts von der Magistrale ab und folgen Sie der Straße bis zur Stopp-Kreuzung. Dort folgen Sie rechts dem weiteren Straßenverlauf und fahren nach etwa 300 m direkt auf die Einfahrt des Parkplatzes zu.

Vom Parkplatz aus gelangen Sie in etwa 25 Minuten entlang der Uferpromenade in die Altstadt. Doch seien Sie gewarnt: Wir haben fast doppelt so lange gebraucht. Auf dem Weg locken viele Restaurants, Cafés, Souvenirshops sowie Badeplattformen und kleine Kiesstrände wie aus dem Bilderbuch. Am Ende der Promenade steigen wir links die Stufen in die **Altstadt** (Stari grad) hinauf, die sich nur über wenige hundert Meter ausdehnt. Bedingt durch die Hanglage muss man sich die kulturellen Highlights schon etwas erarbeiten. Zahlreiche Stufen, teils auch längere und recht steile Treppen sind das Markenzeichen der Stadt und führen durch das *historische, terrassenförmig angelegte Zentrum*. Die Bauwerke sind ein Mix aus venezianischen, byzantinischen und orientalischen Stilrichtungen. Die Palmen und die mediterrane Vegetation verleihen dem Ganzen eine besondere Atmosphäre.

Mit Schweißtropfen auf der Stirn wandeln wir durch die vergangenen Jahrhunderte und lassen uns von der Noblesse des Ortes gefangen nehmen. Der Weg führt uns über den **Nikola-Durković-Platz** eine Treppe hinauf, durch den **Uhrenturm Sahat Kula** – dem Eingangstor zur Altstadt – hindurch, zum höher gelegenen **Belavista-Platz**, auch Herceg-Stjepan-Platz genannt. Hier erhebt sich stolz die prunkvolle **Kirche des Erzengel Michael**, die erst vor gut 100 Jahren fertiggestellt wurde.

Von hier aus bewältigen wir die zahlreichen und etwas beschwerlichen Stufen hinauf zur **Festungsanlage** Tvrdjava Španjola (Spanische Festung). Der Aufgang versteckt sich links neben der Michaelskirche. Die Festung wurde während der kurzen Eroberung der Spanier errichtet und von den Türken fertiggestellt. Von den Ruinen dieser spanischen–türkischen Festung genießt man einen *grandiosen Blick über die Bucht* von Herceg Novi.

TOUR 13

Der Uhrenturm Sahat Kula

Die Kirche des Erzengel Michael

Unbedingt sehenswert ist auch die **Kanli-Kula**, eine Festung aus türkischer Zeit. Ihr Name bedeutet so viel wie »Blutiger Turm«, denn sie diente jahrelang als Gefängnis. Im Innenhof wurden vermutlich Hinrichtungen durchgeführt. Heute ist dieses beeindruckende Bauwerk eine große Freilichtbühne und einer der *beliebtesten Veranstaltungsorte* an der montenegrinischen Adria.

TOUR 13

Strebt man vom Herceg-Stjepan-Platz durch eine der Gässchen wieder bergabwärts, gelangt man zum **Wehrturm** Forte Mare und der Stadtmauer und findet sich ganz unten schließlich an der Uferpromenade wieder. Von hier aus schlendern wir zurück zu unserem Wohnmobil.

Ein Stück entlang der Adria Magistrale durchqueren wir die kleine Ortschaft **Kumbor**, vorbei an der nagelneuen **Marina Portonovi** und kurven weiter bis **Bijela**. Die Ortschaft bietet außer den großen Reparaturdocks der Werft zwar wenig Besonderes, doch es gibt einen einfachen, familiengeführten Campingplatz.

Der Wehrturm Forte Mare

129 Bijela – *Camping Zlokovič*

GPS: N 42°27'26" E 18°39'48", Kamenari 6, Tel. +38 267 260 383. **Öffnungszeit:** März bis Anfang November. **Ausstattung:** Campingplatzüblich, Vermittlung von Boots- und Bustouren. **Beschreibung:** Das grasbewachsene, zum Strand abfallende Gelände bietet Platz für etwa 50 Wohnmobile und ist mit Orangen-, Feigen- und Olivenbäumen bepflanzt, die teilweise Schatten bieten. Der Strandzugang mit Kiesstrand und betonierter Badefläche erfolgt über die verkehrsberuhigte kleine Uferstraße, auf der man auch gut Fahrrad fahren kann. Eine öffentliche Bushaltestelle ist 50 m entfernt. Von hier aus verkehrt eine regelmäßige Verbindung nach Kotor. Direkt auf dem Platz ist ein Restaurant mit Ausblick aufs Meer geöffnet, Einkaufsmöglichkeiten gibt es in fußläufiger Entfernung. **Preise:** 15–25 € *(Achtung: nur Barzahlung)*. **Zufahrt:** Die Einfahrt zum Platz ist auf der Hauptstraße Richtung Kotor etwa 100 m vorher beschildert.

Etwa fünf Kilometer später gelangen wir zum **Fähranleger** in Kamenari. Im 10-Minuten-Takt (nachts alle 30 Minuten) verkehren von hier Schiffe nach Lepetani. Die Fähre ist eine schnelle und bequeme Möglichkeit, die Bucht von Kotor zu überqueren. Der Preis für die Überfahrt mit einem Wohnmobil liegt bei etwa 10 Euro und es lassen sich etwa 40 Straßenkilometer einsparen. Doch wenn Sie Zeit haben, empfehlen wir Ihnen die Fahrt entlang der Küstenstraße. Die Strecke gilt als *die schönste des Landes*, ist in der Hauptsaison allerdings auch ein Staugarant.

Wir wagen es, folgen der teils engen Straße um einige Ecken herum und werden kurz darauf mit einem ersten malerischen Blick auf die *zwei bekannten Klosterinseln* **Gospa od Škrpjela** (Jungfrau vom Felsen) und **Sveti Đorđe** belohnt.

Sveti Đorđe ist eine natürliche Insel, die eine Benediktinerabtei aus dem 12. Jahrhundert und den Friedhof von Perast beherbergt. Gospa od Škrpjela ist eine künstliche Insel, rund um deren Entstehungsgeschichte sich eine Legende rankt.

Die Klosterinseln Gospa od Škrpjela und Sveti Đorđe

Die Legende von Gospa od Škrpjela (Jungfrau vom Felsen)

Noch heute wird den Kindern die schillernde Geschichte erzählt, wie die Insel entstanden ist: Ein Seemann soll an der Stelle, wo heute die Insel liegt, auf einer schmalen Felsnadel eine **Ikone der Mutter Maria** gefunden haben. Er brachte sie zu einem todkranken Fischer, der durch den Kontakt mit der Gottesmutter eine sofortige Heilung erlebte. Aus Dankbarkeit begannen die Seemänner, jedes Mal, wenn sie von einer erfolgreichen Reise zurückkehrten, einen Stein auf dem Felsen zu positionieren. Dadurch wuchs der Steinhaufen stetig an und es entstand nach und nach die **künstliche Insel**, auf der sie 1630 die Wahlfahrtskirche errichteten. 1720 kam das achteckige Presbyterium dazu.

Im Inneren der Kirche befindet sich ein bestickter Wandteppich mit echten Gold- und Silberfäden, in den die Künstlerin außerdem eigene Haarsträhnen verarbeitet haben soll.

Die Ikone befindet sich noch heute in der Wahlfahrtskirche und thront auf einem Altar aus weißem Carrara-Marmor. Den »Ursprungsstein« hinter dem Altar, auf dem die Ikone gefunden wurde, zu berühren, soll Glück bringen.

Eine Besonderheit ist das Fest » Fašinada «, das jedes Jahr am 22. Juli gefeiert wird. An diesem Tag bringen die Einheimischen in einer *feierlichen Prozession* Blumen zur Insel. Außerdem wird das traditionelle Felsenwerfen veranstaltet: Bei den Feierlichkeiten ist es Brauch, dass Einheimische Steine in die Adria werfen, um symbolisch die Inselfläche zu vergrößern.

TOUR 13

Der Innenraum der Kirche lässt die Herzen von Kunstkennern höherschlagen. Dort sind etwa **70 kunstvolle Gemälde** des bekannten barocken Künstlers Tripo Kokolja (1671–1713) ausgestellt. Die Bilder stellen Szenen des Lebens und Wirkens der Jungfrau Maria dar. Besonders spektakulär ist die zehn Meter große Malerei mit dem Titel »Tod der Jungfrau«. Unmittelbar an das Gotteshaus schließt sich im Presbyterium ein kleines, herrlich kruschiges **Museum** an *(tägl. 9.30–18 Uhr; sonntags ab 10.30 Uhr)*.

Die weniger romantische Fassung ist übrigens, dass die Gospa od Škrpjela nach und nach durch mehrere Felsbollwerke und gesunkene Schiffe, die Steine geladen hatten, emporgewachsen ist.

Gospa od Škrpjela

Praktisch von jedem Küstenort lassen sich **Bootsausflüge** zu diesen Inseln unternehmen – es lohnt sich! Doch Achtung: Nur die Insel Gospa od Škrpjela (Jungfrau vom Felsen) kann besichtigt werden. Die Insel Sveti Đorđe (St. Georg) ist *nicht für Besucher zugänglich* und kann nur vom Boot aus betrachtet werden.

Am Ortsanfang von **Morinj** empfängt ein sehr gepflegter, aber für montenegrinische Verhältnisse etwas hochpreisiger Campingplatz seine Gäste.

130 Morinj – *Autocamp Naluka*

GPS: N 42°29'12" E 18°39'07", Tel. +382 69 346 346. **Öffnungszeit:** Anfang April bis Ende Oktober, je nach Witterung. **Ausstattung:** Chemietoilettenentsorgung, Waschmaschine und Trockner, Brötchenservice, Bootslipanlage. **Beschreibung:** Der kleine, gemütliche Campingplatz mit etwa 20 Stellplätzen liegt mitten im Grünen in sehr idyllischer Lage direkt am Fluss Morinj. Die Sanitäranlagen sind einfach, aber sauber. Der Campingplatz ist ein idealer Ausgangspunkt für Ausflüge in die historischen Städte Kotor und Herceg Novi oder für Wanderungen in den umliegenden Bergen. Die Bushaltestelle, ein kleiner Laden und eine Pizzeria befinden sich in 300 m Entfernung. Der Besitzer ist etwas stoffelig, aber hilfsbereit. **Preise:** 25–30 €. **Zufahrt:** Die Einfahrt zum Campingplatz befindet sich direkt an der Straße nach Kotor.

Kurz darauf erreichen wir **Risan** (2.000 Einwohner). Der Ort weist noch deutliche Spuren aus sozialistischen Zeiten auf. Dass es sich bei dem Ort um die bei Weitem älteste Stadt in der Bucht von Kotor handelt, sieht man ihr heute nicht mehr an. Risan ist bekannt für seine gut erhaltenen **römischen Mosaike** aus dem 2. Jahrhundert, die Szenen aus der griechischen Mytho-

Das Mosaik von Risan

logie darstellen. Sie wurden 1930 bei Bauarbeiten freigelegt. Bestimmt haben Sie bei der Anfahrt schon die Werbetafeln entdeckt! Das kleine Museum mit fünf Räumen befindet sich an der Stelle der römischen Villa eines vermutlich recht wohlhabenden antiken Bauherren. Innerhalb der noch stehenden Grundmauern offenbaren sich dem Betrachter die kunsthistorisch bedeutenden Werke. Die Ausgrabungsarbeiten wurden, unterbrochen durch den Krieg, erst 1956 abgeschlossen. *(5 €; während der Sommermonate täglich 9–17 Uhr).*

Zurückversetzt in einer Parkanlage erhebt sich die orthodoxe **Kirche St. Peter und Paul**, die im 17. und 18. Jahrhundert erbaut wurde. Das von außen eher trist wirkende Gotteshaus entschädigt mit einer reichen Innenausstattung aus Ikonen, Fresken und Gemälden, die man so nicht vermutet.

Kaum haben wir Risan hinter uns gelassen, weist ein Schild auf das **Kloster Banja** hin. Falls Sie eine Stippvisite planen, lassen Sie Ihr Fahrzeug auf dem Parkplatz unten an der Küstenstraße stehen. Am Ende der kleinen Stichstraße, die bergwärts zum Kloster führt, gibt es *keine Wendemöglichkeit*. Der Eintritt ist kostenlos, aber Spenden werden natürlich dankend angenommen. Die Schwestern berichten bei Führungen gerne etwas über die Geschichte und zeigen Ihnen die Kunstwerke des Klosters *(täglich 8–20 Uhr).*

Wir nähern uns nun **Perast** (350 Einwohner), leider ein *undankbares Ziel für uns Wohnmobilisten*. Die Straße in den Ort ist sehr eng und es gibt keine Haltemöglichkeit. Tun Sie sich das besser nicht an! Leider ist auch die Parksituation grenzwertig: die Parkplätze um Perast herum kosten geschlagene 12 Euro pro Stunde. Es empfiehlt sich ein Ausflug per Fahrrad oder Boot, denn sehenswert ist das klassische Postkartenmotiv auf jeden Fall.

Wir legen einen Fotostopp am Ortseingang ein, denn *die Aussicht auf die vorgelagerten Klosterinseln* ist wirklich grandios.

P Fotostopp – N 42°29'22" E 18°41'37"

Das Städtchen **Perast** mit seinen vielen prunkvollen Palazzi und Kirchen ist geprägt vom Renaissance- und Barockstil und steht unter Denkmalschutz. Die Einwohner zählten früher zu den bedeutendsten Seefahrern ihrer Zeit und Perast war ein wichtiges Handelszentrum. Marco Martinović, der Kapitän und nautische Ausbilder der Admiralität Peters des Großen, gründete hier im 18. Jahrhundert eine Marineakademie. Sie war die erste Schule dieser Art an der Adria und die Schüler lernten Navigation, Kartographie, Astronomie, Mathematik und andere Fächer, die für die Seefahrt wichtig waren.

Die Marineakademie befand sich im **Bujovic-Palast**, einem prächtigen Barockgebäude aus dem 17. Jahrhundert, in dessen großzügigen Räumen heute das **Heimatmuseum** beherbergt ist. Hier erfahren Sie viel über die Geschichte von Perast als Seefahrerzentrum und die Kultur und Traditionen der Bewohner: Es ist dicht vollgestellt mit vielen Artefakten, Gemälden, Waffen, Uniformen und Schiffsmodellen *(Erwachsene 4 €, Kinder 2 €; täglich 9–18 Uhr)*.

Touristenattraktion sind aber klar die beiden kleinen Perast vorgelagerten Klosterinseln: Entlang der Ufermauer bieten zahlreiche große und kleine Boote die Überfahrt an. Die Bootstour von Perast aus ist *besonders empfehlenswert*, da die Fahrt nur 10 Minuten dauert und das Angebot groß ist. Die Kosten liegen zwischen 8 und 15 Euro. Auch selbst paddeln ist möglich. Wer besonders sparsam ist, kann die 500 Meter schwimmend zurücklegen – der Zutritt zur Kirche in Badebekleidung ist jedoch untersagt.

Kreuzfahrtschiff im Hafen von Kotor

Nur wenige Kilometer trennen uns nun noch von einem echten Highlight dieser Tour, wenn nicht sogar dieser Reise: Das Städtchen **Kotor** (13.500 Einwohner) ist für uns *der schönste Ort in der gesamten Bucht*. Und da sind wir nicht die Einzigen! Schon bei der Anfahrt sehen wir zwei riesige Kreuzfahrtschiffe im Miniatur-Hafen vor Anker liegen – ein unwirklicher Anblick!

Bevor wir uns umsehen, suchen wir erstmal nach einem geeigneten Parkplatz für die Nacht. Es gibt zwei in Kotor, die günstig für eine Stadtbesichtigung liegen. Unsere Empfehlung ist direkt am Meer und bietet sogar einen kleinen Strand.

131 Kotor

GPS: N 42°25'18" E 18°45'53". **Max. WOMOs:** 10–15. **Ausstattung:** Mülleimer. **Beschreibung:** Sie stehen klappstuhlgeeignet auf einem schattenlosen Schotterparkplatz. Bars, Restaurants sowie eine Bäckerei und eine Apotheke sind in unmittelbarer Nähe. Die Lage ist wegen der vorbeiführenden Straße nicht ganz ruhig.Tagsüber wird der Parkplatz auch von Reisebussen und PKW genutzt. Unser Tipp: Diese fahren jedoch am späten Nachmittag weiter und machen Platz für weitere WOMOs. Die Altstadt erreichen Sie von hier aus zu Fuß in etwa 10 Minuten. **Preise:** 15 € für 24 Stunden, direkt beim Parkplatzwächter zu bezahlen. **Zufahrt:** Am Kreisverkehr die Ausfahrt Richtung Muo nehmen und den Blick nach rechts halten. Nach etwa 400 m und unmittelbar vor den Marktbuden befindet sich der Parkplatz. Die Beschilderung ist erst direkt an der Parkplatzeinfahrt zu sehen.

Bereits etwa 200 Meter nach dem genannten Kreisverkehr kommen Sie auf der rechten Seite an einem weiteren 24-Stunden-Parkplatz mit Schranke vorbei. Nicht so schön am Meer gelegen, aber eine *gute Alternative zum gleichen Preis*. Vor allem wenn auf dem zuerst empfohlenen Stellplatz der Parkplatzwächter abends das Tor geschlossen hat.

Folklore vor der Stadtmauer

Wir stürzen uns ins Touristengetümmel und schieben uns im Strom der Menschen in Richtung »Old Town« . Viele kommen von dem Kreuzfahrtriesen. Mit über 500 Anlandungen jährlich und durchschnittlich 2.000 Passagieren ist der Bogen hier deutlich überspannt. Kotor – wie auch die gesamte Bucht – gehört zum *Weltnatur- und Weltkulturerbe der UNESCO*. 1979 wurde die Stadt von einem schweren Erdbeben erschüttert, wodurch viele historische Gebäude zerstört oder beschädigt wurden. Dank der Unterstützung der UNESCO war der schnelle Wiederaufbau gesichert. Schon viele Jahre erstrahlen die Bürgerhäuser, Paläste, Türme und immerhin 14 Kirchen in ihrem »alten neuen Glanz«.

Durch das **Haupt- oder Seetor** (hier gibt es einen kostenlosen Stadtplan) betreten wir die Altstadt und steuern erstmal den dreistöckigen **Uhrturm Sat Kula** an. Hier lädt ein nettes Café zum Verweilen ein. Frisch gestärkt beginnen wir nun unsere Entdeckungstour. Wir lassen uns durch das *Labyrinth der mittelalterlichen Gassen* treiben – auf den Spuren der Römer, Venezianer und Österreicher. In einem stilvoll verfallenen Hinterhof zieht ein **kleiner Markt** mit einer Mischung aus billigen Souvenirs und lokalem Kunsthandwerk die Touristen an. Das Flair hier überzeugt uns dabei mehr als die Waren.

Der Uhrturm Sat Kula

Beachtenswert ist auch die romanische **Kapelle Sveti Luka** aus dem Jahr 1195. Das Highlight der Sakralbauten ist jedoch die **St. Tryphon Kathedrale** (Sveti Trifun) mit ihren zwei Glockentürmen und der imposanten Fassade.

Die St.Tryphon Kathedrale

Sie ist nicht nur eines der ältesten und prächtigsten Gebäude in der **Bucht von Kotor**, sondern auch die größte noch erhaltene romanische Kirche der gesamten östlichen Adriaküste. Nehmen Sie sich die Zeit, auch das Innere der Kirche zu betrachten. Dort finden Sie nicht nur die Reliquien des Heiligen Tryphon, sondern auch eine sehr bedeutende Kunstsammlung *(10–18 Uhr; außer während der Gottesdienste)*.

Nur zwei oder drei Gehminuten weiter, auf dem zentral gelegenen **Trg Bokeljske mornarice**, empfängt das **Seefahrtsmuseum** seine Besucher. Im Maritimen Museum, das in einem ehemaligen Palast aus dem 18. Jahrhundert untergebracht ist, lassen sich auf drei Stockwerken eine Sammlung von Schiffsmodellen, Uniformen und Trachten, Waffen, Seekarten und vielerlei mehr bestaunen *(5 €; Mo. –Fr., 9–18 Uhr; Sa./So. 9–13 Uhr; www.museummaritimum.com)*.

Rundgang auf der Stadtmauer

Nicht auslassen bei einem Besuch in Kotor sollten Sie den Rundgang auf der insgesamt rund vier Kilometer langen Stadtmauer. Die historische Befestigungsanlage umgibt nicht nur den Altstadtkern, sondern windet sich zum 260 m hoch gelegenen **Fort Sveti Ivan** auf dem Berg San Giovanni hinauf, dessen Mauern stolze 10 m mächtig sind.

Um die Stadtmauer zu erklimmen, muss man einen etwas versteckten Eingang in der Nähe des **Nordtors** finden, der aber mit einem Hinweisschild gekennzeichnet ist. 8 Euro pro Person müssen Sie bezahlen, um den alten Festungswall betreten zu dürfen ***(nur Barzahlung)***. Dafür werden Sie oben mit einer wirklich unbezahlbaren Aussicht belohnt. Bereits während des Aufstiegs können Sie den Blick von verschiedenen Terrassen ausgiebig genießen und Fotostopps einlegen.

Es gibt keine offiziellen Öffnungszeiten, aber es wird empfohlen, den Aufstieg ***am frühen Morgen oder am späten Nachmittag*** zu machen, um die Hitze und die Menschenmassen zu vermeiden.

Der Aufstieg zur Festung dauert etwa eine Stunde und erfordert gute Kondition und festes Schuhwerk. Wie viele holprige Stufen es sind, die zur Burgruine hinaufführen, haben wir nicht gezählt. Der Weg ist steil, uneben und teilweise nicht gesichert. Es gibt keinen Schatten oder Toiletten unterwegs, daher sollten Sie genug Wasser und Sonnenschutz mitnehmen.

Oben angekommen können Sie hinter der Burgruine auch noch einen kurzen **Rundweg zur kleinen Kapelle Sveti Juraj** sowie zu einem lauschigen Restaurant entlangspazieren, in dem Sie sich bei einem eiskalten Bier und traditionellem Käse erholen können.

Die Tour dauert mindestens 90 Minuten. Falls Ihnen die gesamte Strecke zu lang und zu schweißtreibend ist, genießen Sie das herrliche Panorama nur auf einem Teilstück. Ein entsprechender Plan hängt am Eingang aus.

Blick von der Stadtmauer

Der zum Meer hin liegende Teil der Stadtmauer ist auch kostenfrei zu betreten. Am **Südtor** führen einige wenige Stufen hinauf und von dort folgen Sie einfach dem schmalen Weg bis ans andere Ende der Altstadt. Von hier hat man einen wunderbaren Blick auf den Hafen und kann abends aus erster Reihe die ablegenden Kreuzfahrtschiffe bei ihrem waghalsigen 180 Grad-Wendemanöver beobachten.

Außerhalb der Stadtmauer an der kleinen Marina befindet sich der **Grüne Markt**. Hier verkaufen die Einwohner Kotors *typische Delikatessen* dieser Region, wie zum Beispiel den geräucherten Schinken Pršut, der es angeblich sogar mit dem berühmten Parma Schinken aus Italien aufnehmen kann, herzhaften Käse aus eigener Herstellung oder den traditionell im Norden Montenegros getrunkenen Pflaumenschnaps Šljivovica.

Die weitere Strecke an der Küste entlang sollten Sie besser nicht mit dem WOMO angehen. Es ist zwar möglich, aber die Straße wird bald eng oder einspurig mit Ausweichen. Wenn Sie Räder oder einen Roller dabeihaben, lohnt sich der Abschnitt mit seinen bezaubernden Ausblicken auf die Bucht aber auf jeden Fall.

Blick in die Bucht von Kotor

Von Kotor aus führt in 32 (gefühlt 320!) Serpentinenkurven eine aufregende Passstraße Richtung Cetinje hoch in das Lovćen-Massiv mit dem gleichnamigen Nationalpark. Wir besuchen diesen erst in Tour 15 (Seite xxx) von Podgorica aus.

Wir kehren zurück zum Kreisverkehr und peilen **Tivat** (9.500 Einwohner) auf der Hauptstrecke via Tunnel an. Die Stadt ist Namensgeberin des mittleren der drei Becken in der Bucht von Kotor. Ihr sind drei kleine Inseln vorgelagert. Das erste und kleinste Eiland nennt sich **Otok** – also einfach »Insel«. **Prevlaka** mit seiner verlassenen Klosterruine stellt die zweite Insel dar. Die dritte im Bunde, **Sveti Marco**, beherbergt eine stillgelegte Ferienanlage. Tivat galt lange als eher unbedeutend. Das änderte sich vor einigen Jahren, als reiche Investoren an dem Ort Gefallen fanden. Es entstand eine Marina der Superlative, in der protzige Jachten, aber auch unser WOMO, einen Liegeplatz findet. Der gebührenpflichtige Parkplatz *(2 €/Stunde)* eignet sich jedoch nur für eine **Stadtbesichtigung**. Der herbeieilende Parkwächter weist uns freundlich darauf hin, dass eine *Übernachtung nicht gestattet* ist.

P Tivat Marina – N 42°26'13" E 18°41'34"

Bereits auf dem Weg entlang der Promenade fühlen wir das *mondäne Flair*. Links exklusive Hotels, Geschäfte und noble Cafés, auf der rechten Seite reihen sich im Wasser die schwimmenden Luxuspaläste. Wir wandeln über edlem, hellen Stein, bummeln durch die Welt der Reichen und Schönen und genießen die Ausblicke über das mit Palmen gesäumte Hafenbecken. Immer wieder sind dazwischen hübsche Brunnen angelegt. Hier fühlt man sich wie in einer *kleineren Version von Monaco* – allerdings mit dem großen Unterschied, dass uns der neugierige Blick, den wir im Vorbeigehen auf die Speisekarten der vielen Restaurants

Die mondäne Promenade von Tivat

werfen, positiv überrascht. Beinahe jede Lokalität rühmt sich mit vier bis fünf Sternen, doch das zugrunde liegende Bewertungssystem hat sich uns nicht ganz erschlossen. Wir suchen uns in unserer eher etwas legeren Freizeitkleidung zwischen all den auffällig gut gekleideten Menschen ein schattiges Plätzchen in einem kleinen Café, in dem wir uns nicht allzu »under dressed« fühlen, und genießen das bunte Treiben.

Übernachtungsmöglichkeiten sind rund um Tivat leider spärlich gesäht. Für kleinere Fahrzeuge, laut Recherche ist die schmale Einfahrt bis 6 Meter Länge gut machbar, könnte dieser kleine **Autocamp** mit 10 Stellplätzen in Frage kommen. Selbst getestet haben wir ihn jedoch nicht:

132 ***Autocamp Bova* – Tivat - N 42°25'15" E18°42'19"**

Weiter geht es in Richtung **Budva**. Kurz bevor wir einen der größten Badestrände Montenegros – den **Jaz Beach** – erreichen, kommen wir an einem nagelneuen Wohnmobilstellplatz vorbei, der während unserer Recherchetour im Frühjahr 2023 gerade erst von einer deutschen Auswandererfamilie eröffnet wurde:

133 Camper Stop XL – Lastva Grbaljska

GPS: N 42°18'25" E 18°48' 02", Ulica Latinska, Tel. +382 67 153240, *www.camperstopxl-montenegro.com* **Max. WOMOs:** 15. **Öffnungszeit:** Anfang April bis Ende Oktober. **Ausstattung:** Ver- und Entsorgung, Waschmaschine, Autovermietung am Platz, Shuttleservice. **Beschreibung:** Die geräumigen Stellplätze befinden sich in einem geschotterten, teils schattigen Innenhof und eignen sich für Fahrzeuge bis zu 12 m Länge. Die Sanitäranlagen sind neu und sehr sauber. Einen Supermarkt, eine Bäckerei und ein Restaurant erreichen Sie nach wenigen hundert Metern zu Fuß. Als zusätzlicher Service wird für 20 € ein privater Shuttle Dienst zum Strand Jaz und in die Altstadt von Budva angeboten. Alternativ können Sie den öffentlichen Bus nutzen, dessen Haltestelle ebenfalls nicht weit vom Stellplatz entfernt ist. **Preise:** 25 €. **Zufahrt:** Im Ort von der Hauptstraße rechts abbiegen und der kleinen Straße etwa 250 m folgen. Die Einfahrt durch ein graues Tor befindet sich links.

TOUR 13

Zum **Jaz Beach** führt rechts eine Abzweigung und nach etwa einem Kilometer erreichen Sie ein großes Wiesen- und Schottergelände. Es grenzt an einen Damm, hinter dem das Meer rauscht. Der dazugehörige Sandstrand weist mit 1.300 Metern eine stattliche Länge auf und ist, obwohl nur motorisiert erreichbar, *einer der beliebtesten Strände Montenegros*. Im Umfeld gibt es die entsprechende Infrastruktur mit Geschäften, Kiosken und Restaurants. Ein recht großer Abschnitt ist als FKK-Bereich ausgewiesen, der einzige offizielle weit und breit. Der Strand ist tagsüber stark besucht; bei einer Ankunft am Abend sollten Sie jedoch ein Plätzchen für Ihr WOMO finden.

134 Jaz Beach

GPS: N 42°17'2" E 18°48'12". **Max. WOMOs:** 10–15. **Ausstattung:** Stranddusche, Toilette, Mülleimer, Verleih von Sonnenliegen. **Beschreibung:** Großer Wiesen-Parkplatz direkt am Strand. Das Übernachten scheint hier geduldet zu sein, wenn auch nicht offiziell. Einen schattigen Platz zu ergattern, gestaltet sich schwierig. Sollte es regnen, achten Sie darauf, dass Sie sich auf dem schnell schlammig werdenden Untergrund nicht festfahren. Die Toiletten sind kostenpflichtig und nur tagsüber geöffnet. **Preise:** kostenfrei. **Zufahrt:** In Jaz dem Schwimmersymbol bzw. dem Hinweis zum Strand folgen, noch gut 1 km.

Der Jaz Beach

Auf dem Gelände befindet sich auch ein kleiner **Campingplatz** für etwa sechs Wohnmobile. Sollten Sie während der Saison den oben genannten öffentlichen Parkplatz für Ihren Aufenthalt nutzen, halten Sie bitte etwas Abstand.

134 Jaz Beach – *Camping und Apartmani Kunjič*

GPS: N 42°16'55" E 18°48'02", Donjogrbaljski Put. **Öffnungszeit:** Ganzjährig. **Ausstattung:** Campingplatzüblich, aber nicht alle Plätze mit Strom. **Beschreibung:** Die ebenen Stellplätze befinden sich im privaten Garten eines Apartmenthauses, welcher bei dem vielen Trubel am Strand eine kleine Oase der Ruhe bietet. Die Sanitäranlagen sind sauber und gepflegt und es gibt einen eigenen Strandzugang. Wenn der Campingplatz komplett belegt ist, kann das Rangieren etwas schwierig werden. Restaurants und Einkaufsmöglichkeiten zu Fuß erreichbar. **Preise:** 20–30 €. **Zufahrt:** Folgen Sie der Straße, die zum Strand führt. Leider ist der Platz nicht besonders gut ausgeschildert.

Jetzt ist es nicht mehr weit bis **Budva** (23.000 Einwohner). Auch wenn es der erste urbane Eindruck mit modernen Wohn- und Geschäftshäusern nicht vermuten lässt, ist Budva eine der ältesten Städte entlang der Adria. Die *sehenswerte Altstadt* liegt am Meer; der Abzweig erfolgt schon bald nach dem Ortsbeginn (Hinweis Stari grad). Der Andrang ist groß und nach einigen vergeblichen Versuchen, einen Parkplatz zu ergattern, entscheiden wir uns für den zentrumsnahen Campingplatz. Dieser ist mangels Alternativen allerdings wirklich ein Notnagel und kann nur durch seine Lage mitten in der Stadt punkten.

135 *Camp Budva* N 42°17'24" E 18°50'44"

Von hier aus bedarf es etwa 15 Minuten entlang der Amüsiermeile, um das historische Budva zu erobern. Bereits im 4. Jahrhundert nach Christus soll es der Mythologie zufolge von den Griechen gegründet worden sein. Der historische Kern mit seinen zahlreichen Kulturschätzen liegt *auf einer Landzunge*, die ursprünglich einmal

Blick über die Stadtmauer von Budva

eine Insel war, heute jedoch komplett mit dem Festland verbunden ist. Ihr vorgelagert ist in der Ferne die unbewohnte Insel **Sveti Nikola** zu sehen. Budva ist ähnlich malerisch wie die Altstadt von Kotor, wenn auch deutlich kleiner. Auch hier umgeben die Mauern das gesamte Stadtzentrum und sind mit der Festungsanlage und den **Wehrtürmen** an den Ecken der Stadt verbunden *(2 € für den Mini-Rundgang auf der Mauer; nicht unbedingt lohnenswert)*.

Durch das **Haupttor** an der Westseite betritt man die Altstadt und damit den Mittelpunkt aller Attraktionen von Budva. Wir schlendern die kopfsteingepflasterte Hauptstraße entlang, von der etliche *pittoreske Gässchen* zwischen den ockerfarbenen Steinhäusern abzweigen. Auch hier hinterließ das verheerende Erdbeben 1979 seine Spuren. Obwohl die meisten Gebäude originalgetreu rekonstruiert wurden, wirken die Fassaden manchmal nicht ganz so antik.

Schon bald mündet die Hauptstraße in den Hauptplatz, in dessen nahem Umkreis sich vier Kirchen befinden. Das älteste Gotteshaus ist die **dreischiffige Kirche** des Heiligen Johannes des Täufers (Sveti Ivan), deren Kirchturm unübersehbar über den ziegelroten Dächern thront. An den Hauptplatz grenzen auch die orthodoxe **Kirche der Heiligen Dreifaltigkeit** sowie das alte **Kastell**

Kirche der Heiligen Dreifaltigkeit

(Citadella, auch bekannt als Schloss der heiligen Maria). Die Festungsanlage hat in der Vergangenheit vielerlei Angriffen standgehalten. Heutzutage wird das Kastell in der warmen Jahreszeit als Freilichtbühne genutzt. Ein Besuch in der Zitadelle lohnt sich *(3,50 €; Mo.–So. 9–20 Uhr, in der Hauptsaison 9–23 Uhr)*. Man kann durch die alten Mauern, Winkel, Treppen und Ecken streifen und teils herrliche Blicke aufs Meer und auf Budva von oben genießen. Neben der wunderbaren Aussicht gehören ein Café und ein Restaurant zu den heutigen Angeboten der Zitadelle. In einem Minimuseum gibt es ein paar Schiffsmodelle zu bestaunen und in der stattlichen, kühlen **Bibliothek** darf man sich in den alten Ledersesseln etwas ausruhen.

Das Tor wird auch »Garbage Hole Gate« genannt, weil einst während der Belagerung der Stadt Müll durch das Tor hinausgeworfen wurde.

Durch ein Seitentor auf der Ostseite, dem **Vrata Pizanela**, verlassen wir die Altstadt. So gelangen wir zu einem kleinen Jachthafen, wo etliche teure Schiffe vor Anker liegen. Wir schlendern außen an der Stadtmauer entlang und bewundern eine große, **goldene Glocke** – für einen Kirchturm viel zu groß. Sie ist eine überdimensionale Filmrequisite.

Hält man sich hier links, gelangt man erst zum **Stadtstrand** von Budva und von dort aus an einem neuen großen Hotelkomplex vorbei über einen Fußweg entlang des Meeres zum inoffiziellen Wahrzeichen und einer der meistfotografierten Attraktionen der Stadt: Die **»Ballerina aus Budva«**. Dem aufmerksamen Betrachter fällt jedoch sofort auf, dass der anmutigen Bronzestatue das Hauptmerkmal einer Ballerina, nämlich der charakteristische «Tutu» -Rock, fehlt. Tatsächlich trägt die Tänzerin überhaupt keine Kleidung.

Am anderen Ortsende von Budva gibt es einen teils schattigen Platz, an den sich ein netter Badestrand mit Blick auf die Altstadt anschließt.

Die »Ballerina von Budva« vor der Insel Sveti Nikola

P01 Budva

GPS: N 42°17'08" E 18°51'06". **Max. WOMOs**: 4–5. **Ausstattung:** Strandbars, Restaurants, Toilette. **Beschreibung:** Schotterparkplatz, auf dem tagsüber viele Autos parken. Im nahen Umfeld befinden sich neben dem Strand einige Sportstätten. Das heißt, es kann laut werden oder die Parkplätze sind belegt – oder beides. Einkaufsmöglichkeiten sind in der Nähe, in die historische Altstadt läuft man etwa 25 Minuten. **Preise:** 5 € pro Tag. **Zufahrt:** Am Ortsende von Budva bis zum Kreisverkehr fahren, dort vor dem Hotel Park rechts abbiegen. Nach etwa 100 m ist der Parkplatz auf der linken Seite.

Wir durchfahren die Ortschaften **Bećići** und **Pržna**, mit ihrem goldgelben Sandstrand echte Badeparadiese. Allerdings finden wir das Panorama mit in Reih und Glied angeordneten Sonnenschirmen und im Hintergrund riesigen Bettenburgen nicht besonders reizvoll. Kein Ort für Individualreisende!

Einen Stopp sollten Sie sich aber auf keinen Fall entgehen lassen: ein absolutes Pflichtmotiv – es gilt als das *meistfotografierte Motiv in ganz Montenegro* – ist die Insel **Sveti Stefan**. Das winzige Eiland mit seinem Ensemble aus grauen Steinhäuschen, deren rote Dächer in der Sonne leuchten, beherbergt heute ein Luxushotel. Daher ist es nicht möglich, diese nur 14,6 Hektar kleine Insel auf eigene Faust zu besuchen, denn sie ist nur für die gut betuchten Hotelgäste zugänglich (*Führung tägl. 12 und 16 Uhr; 20 € p. P.!*). Aber schon der Anblick von oben ist ausgesprochen herrlich!

TOUR 13

Die Legende von Sveti Stefan

Es wird erzählt, dass im 15. Jahrhundert zwei türkische Galeeren bei einem Überfall auf Budva den Kürzeren zogen und selbst gekapert wurden. Diese glückliche Fügung schrieb man nicht nur der eigenen Kampfkraft, sondern vor allem dem Schutzpatron, dem Heiligen Stefan (Sveti Stefan) zu, der hierbei seine Hände im Spiel gehabt haben soll. Aus Dankbarkeit erbauten ihm die Bewohner ein **Gotteshaus** genau auf dem Fels, auf dem die Insel heute steht. Allerdings – so sagt man – sei dieses Opfer nicht so groß gewesen, denn auf den Türkengaleeren fand man Gold und Edelsteine. Aus den beschlagnahmten Schätzen ließ sich nicht nur die Kirche finanzieren, es reichte auch noch für eine **Siedlung** darum herum. Seitdem ist mehr als ein halbes Jahrtausend vergangen. Und manchmal hört man nachts immer noch das Kampfgeschrei – zumindest wird auch das behauptet ...

Rechter Hand kommen Sie an zwei Straßenbuchten vorbei, von hier aus lässt sich das »Objekt« *am besten fotografieren*. Ob es der Straßenverkehr zulässt, hier anzuhalten, ist freilich jedem verantwortungsbewussten Wohnmobilfahrer selbst überlassen.

P N 42°15'30" E 18°53'46" und N 42°15'23" E 18°53'51"

Ein Stück weiter des Weges kommen wir an einer Klosteranlage vorbei, die wir als Startpunkt für eine kleine **Wanderung** recherchiert haben. Übernachten ist laut Beschilderung nicht gestattet.

P02 Kloster Reževići

GPS: N 42°12'55" E 18°55'25" **Max. WOMOs:** 2–3. **Ausstattung:** Mülleimer. **Beschreibung:** Schotterparkplatz vor dem mittelalterlichen serbisch-orthodoxen Kloster. Kein Schatten. **Zufahrt:** Am Ortsende dem Hinweis »Samaštan Reževići« folgen, dann nach 100 m.

Von Reževići nach Petrovac (na Moru)

Gehzeit: 2 Stunden. **Schwierigkeitsgrad:** Leicht begehbare Wege. **Höhenunterschied:** 140 m. **Beschreibung:** Vom Parkplatz gehen wir wieder hinauf zur Hauptstraße und halten uns links. Etwa 150 m vor dem Abzweig zum Kloster beginnt ein Wanderweg (beschildert) von etwa 3 km Länge, der zum Strand **Perazića Do** und weiter in das Städtchen **Petrovac** führt. Das erste Stück führt uns in Serpentinen auf einer kleinen Asphaltstraße immer weiter hinunter Richtung Meer. Ab dem Strand Perazića Do mit der unvollendeten Bauruine einer Hotelanlage geht der malerische Wanderweg entlang der Klippen und oberhalb der Küste, umgeben von Pinien und immergrünen Bäumen. Sie kommen durch einige Felsenhöhlen und alte Fußgängertunnel, der längste ist 500 m lang, vorbei an herrlichen Aussichtspunkten auf das Meer und die vorgelagerten Inseln. Der Weg endet vor dem Hotel Danica. Von hier ist es nicht mehr weit bis in den Ortskern von Petrovac. Als Ausrüstung empfehlen wir leichte Wanderschuhe oder, zur Not, gute Turnschuhe mit fester Sohle. Bei heißen Temperaturen sollten auch Badesachen, genug Trinkwasser und Sonnenschutz nicht fehlen.

TOUR 13

Die geschäftstüchtigen Mönche verkaufen Olivenöl, hausgemachten Käse, Honig und manchmal sogar Trockenfleisch.

Zeit für eine Abkühlung! Wir kehren zu unserem Wohnmobil zurück und peilen einen wahren Traumstrand an: Der **Plaža Lučice,** eingebettet in Bergrücken mit zwei vorgelagerten Felsinseln, ist wirklich etwas Besonderes. Aber Vorsicht: Auf dem letzten Stück der Strecke kommen einige *üble Bodenschwellen* – Fahren Sie lieber langsam, um Ihr Fahrzeug zu schonen.

Ein Traumstrand von vielen in Montenegro: Plaža Lučice

P03 Lučice – Petrovac

GPS: N 42°12'04" E 18°57'03". **Max. WOMOs:** 3–4. **Ausstattung:** Stranddusche, Toilette, Umziehkabinen, Wasserrutsche, Sonnenschirmverleih (teuer!), Spielplatz, Strandbar, Kiosk, Restaurant, Mülleimer. **Beschreibung:** Parken lässt es sich auf Wiesen- oder Schotterflächen, teilweise im Schatten von Zypressen. In der Hochsaison herrscht ziemlicher Rummel. **Preise:** 5 € pro Tag. **Zufahrt:** Von der Magistrale nach Petrovac abbiegen, 1,5 km Richtung Meer fahren, hier dann weiter 900 m geradeaus (Parallelstraße zur Küstenpromenade). Dann vorbei an Sportplatz, Schule und Feuerwehr. *Achtung: Bodenschwellen!*

So schön wie er ist, sein volles Potenzial entfaltet der Strand in den Monaten außerhalb der Hauptsaison. Die etwa ein Kilometer entfernt treibenden zerklüfteten Felseninseln **Katič** und **Sveta Nedelja** mit der gleichnamigen winzigen Kapelle auf ihrem höchsten Punkt sind ein beliebtes Tauchgebiet. Man sollte jedoch nicht versuchen, die Inseln mit Tretboot, Kajak oder gar schwimmend zu erreichen. Das ist zu gefährlich.

Kapelle Sveta Nedelja

Wiederum einige Kilometer weiter, in **Buljarica** (gehört noch zu Petrovac), lädt ein schöner und sehr gepflegter Campingplatz zum Verweilen ein.

136 Petrovac – *Campingplatz Maslina*

GPS: N 42°11'53" E 18°57'56", Buljarica, Tel. +382 68 602 040, *www.campingmaslina.com* **Öffnungszeit:** Ganzjährig. **Ausstattung:** Campingplatzüblich. **Beschreibung:** Man steht auf Wiesenflächen zwischen Olivenbäumen und teilweise im Schatten unter Laubbäumen. Die Sanitärausstattung ist einfach, aber gut. Der Platz liegt nicht direkt am Meer, zum Strand sind es 200 m. Eine Bäckerei, einen Supermarkt sowie Restaurants erreichen Sie in wenigen Gehminuten. Über einen etwa 1,5 km langen Wanderweg gelangen Sie zum im Text vorstehend beschriebenen Strand Lučice. **Preise:** 18 – 25 €. **Zufahrt:** Der Platz ist an der Magistrale beschildert: rechts abbiegen, nach etwa 200 m führt ein Schild Sie links.

Nimmt man an der Magistrale dieselbe Abfahrt, biegt aber dann nicht links Richtung Campingplatz ab, führt das schmale Sträßchen geradeaus weiter ans Meer. Hier gibt es einen weiteren Campingplatz, aber auf der Schotterstraße parallel zum Strand auch Parkplätze auf einem großen Wiesengelände, auf dem Sie bestimmt *ein geeignetes Fleckchen* finden werden. Eine Aufwertung würde dem Platz allerdings nicht schaden: Der Strand müsste öfter mal saubergemacht werden und so richtig zuständig scheint sich hier irgendwie niemand zu fühlen.

TOUR 13

P04 Buljarica

GPS: N 42°11'34" E 18°57'58" **Max. WOMOs:** 5. **Ausstattung:** Stranddusche, Sonnenschirmverleih, Mülleimer, Umkleidekabine, Toilette, Strandbar, Kiosk, Restaurant. **Beschreibung:** Langer Sand- und Kiesstrand, der teilweise allerdings recht vernachlässigt wirkt. Je nachdem, wie voll es ist, sollte es kein Problem sein, es sich vor seinem Wohnmobil auf einem Klappstuhl gemütlich zu machen. **Preise:** 3 € pro Tag. **Zufahrt:** Wie im vorstehenden Text beschrieben. Am Ende der Straße vor dem Restaurant *Plaža* links abbiegen.

Tour 14

Band 75
Albanien
AL
Parku Maranai
Shkodra
E762
Lumi i Bunës-Velipojë
Muriqan
Podgorica
142
V E
WC
141
140
P
E80
E30
Skutarisee
P16
Ostros
M2.4
Stari Bar
Ulcinj
E851
Velika Plaža
Long Beach
139
138
P02
136
137
Bar
P
P01
Sutomare
M2.4
Virpazar
Alternativ-route
M2
Buljarica
Petrovac
M2.3
Lipa-Höhle
143
Cetinje
P1
Nationalpark Lovćen
Njeguši
144
Budva
Tour 13
N
10 km

Vom Sandstrand ins Hinterland Von Buljarica nach Podgorica

230 km

Diese Tour ist wohl unsere abwechslungsreichste in Montenegro. Sie führt uns durch mittelalterliche Städte, zum längsten Sandstrand des Landes, vorbei am bekannten Skutarisee und bis hinauf zum höchstgelegenen Grabmal der Welt im Lovćen Nationalpark. Auf dem Weg empfehlen wir Ihnen:

- **Ruinenstadt Bar**
- **Velika Plaža**
- **Bootsfahrt auf dem Skutarisee**
- **Cetinje**
- **Schinken »Njeguši Pršut«**
- **Njegoš-Mausoleum**

Nach einem angenehmen Aufenthalt am Meer nehmen wir unsere 14. Tour in Angriff. Wir kommen durch das teilweise etwas schmuddelig wirkende und nur im Hochsommer wirklich bewohnte Sutomore. Als einziger Badeort Montenegros mit einem **Bahnhof**, trägt dies natürlich zu seiner Popularität bei. Ja – und wieder einmal tobt das Leben. Das amüsierfreudige Gästeklientel, vor allem aus dem osteuropäischen Raum, genießt den Strand mit seinem üblichen Amüsierangebot von Tretboot bis Wasserrutsche. Der Geräuschpegel ist relativ hoch: Wer Ruhe und Abgeschiedenheit sucht, sollte Sutomore besser auslassen!

Bald darauf erreichen wir **Bar** (18.000 Einwohner). Der Frachthafen ist nicht nur für die Industrie bedeutend, sondern auch als wichtiger Anlaufpunkt für den *Fährverkehr nach Bari* (Italien). Auf den ersten Blick wirkt Bar mit seinen weithin sichtbaren Tanklagern erst mal nicht so touristisch. Um den Reiz des alten Bar zu entdecken, müssen wir uns noch etwas gedulden.

Goldene Kuppeln in der Neustadt von Bar

Bar teilt sich, genauer betrachtet, in zwei Bereiche: **Novi Bar,** die Neustadt an der Küste, und **Stari Bar**, die Altstadt am Fuß des Küstengebirges. Entlang der Uferstraße gibt es einige Parkplätze im Schatten der Kiefern direkt am Strand. In der Nähe des Sportplatzes finden wir einen kostenlosen Asphaltparkplatz am Meer, der eine größere Menge an Fahrzeugen aufnehmen kann. Der Strand von Bar ist ziemlich lang und durchaus frequentiert, aber durch seine unmittelbare Nähe zum Industriehafen für einen längeren Badeaufenthalt weniger ansprechend.

P01 Bar

GPS: N 42°06'20" E 19°05'24", Ulica Jovana Tomasevica. **Max. WOMOs:** 5–6. **Ausstattung:** Mülleimer, Restaurants, Strandbars. **Beschreibung:** Die Parkbuchten sind eher für PKW ausgelegt, aber am Rand finden Sie Platz für Ihr WOMO. Es gibt keinen Service und Schatten. Durch die Lage an der Straße ist mit Verkehrslärm zu rechnen. Zum Strand sind es etwa 100 m. Hier gibt es auch einen öffentlichen Hundestrand. Entlang der Promenade können Sie einen 1 km langen Spaziergang in Richtung Zentrum von Novi Bar unternehmen. **Zufahrt:** Am zweiten Kreisverkehr rechts abbiegen.

Folgt man der Straße durch die Neustadt weiter, erreicht man einen prächtigen Kirchenneubau. Die goldenen Dächer der Kuppeln der **serbisch-orthodoxen Kirche** Sv. Jovan Vladimir glänzen in der Sonne. Diese moderne Kathedrale ist *die größte Kirche* in ganz Montenegro. Gegenüber bei der Sporthalle befindet sich ein großer Parkplatz. Um ihn zu erreichen, ist eine Runde um das Karree nötig. Im näheren Umfeld gibt es einige Einkaufsmöglichkeiten.

P Bar Sportska Duorana Topolica – N 42°06'10" E 19°05'42"

Robna Kuca Komplex

Apropos Einkaufen: Bar gilt als Einkaufsstadt mit günstigen Preisen. Das originellste Einkaufszentrum, der **Robna Kuca Komplex**, stammt noch aus Titos Zeiten. Es sieht aus wie drei gelandete Ufos – ein hexagonaler Traum des sozialistischen Brutalismus. Bei näherer Betrachtung wird sein langer Aufenthalt in der Galaxis deutlich. Unbedingt sehenswert!

Das Einkaufszentrum aus Titos Zeiten sieht aus als wären drei Ufos gelandet.

Jetzt wollen wir uns die Altstadt **Stari Bar** anschauen. Etwa vier Kilometer weiter liegt sie erhöht am Berghang. Sie wurde im Lauf ihres Bestehens vielfach zerstört und unverdrossen von ihren Bewohnern wieder aufgebaut. Auf unserem Weg durch Bar begegnen uns nun die ersten orientalischen Einflüsse dieser Reise: Wir sehen die ersten Minarette und hören zum ersten Mal die Gesänge des Muezzins.

Die Straße mündet direkt in einen kleinen, aber bewachten Tagesparkplatz vor den »Toren der Stadt« (N 42°05'32" E 19°07'58"; 2 € pro Std.).

Von hier aus sind es nur wenige Gehminuten die Stufen hinauf vorbei an Restaurants, Cafés und typischen Souvenirshops bis zum Eingang in die **Ruinenstadt** *(tägl. 8–20 Uhr; 3 €)*. Man sieht, dass es sich hier um ein interessantes Ausflugsziel für Tagestouristen von nahezu jedem Ort an der Küste handelt.

Auf dem Weg in die Altstadt

Das ursprüngliche Bar wurde im 9. Jahrhundert gegründet und war ein wichtiges Handels- und Kulturzentrum. Davon zu sehen sind heute zwar nur noch Überreste der Befestigungsanlage, des Aquädukts (ehemalige Wasserleitung) sowie des prominenten Uhrenturms. Dennoch ist die Festung *die größte archäologische Stätte* auf dem Balkan und bietet bei einem eindrucksvollen Rundgang durch die teils erhaltenen, teils wiederaufgebauten Gebäude, Moscheen, Kirchen und sogar einem Hammam (Türkisches Bad) einen Einblick in das Leben der damaligen Bewohner. *Den schönsten Blick über das gesamte Umland* bietet sich von den obersten Zinnen der **Zitadelle** am nördlichsten Punkt der Anlage.

Nach den grandiosen Altstädten von Kotor und Budva nimmt sich Stari Bar aber eher bescheiden aus.

Blick auf die Ruinenstadt

Der letzte größere Ort vor der albanischen Grenze und somit die südlichste Stadt Montenegros ist **Ulcinj** (20.000 Einwohner). Außerdem markiert die Stadt den offiziellen südlichen *Endpunkt der Adria magistrale*.

Kurz vorher sehen wir den Hinweis auf zwei direkt nebeneinander liegende Campingplätze. Beide liegen, nur durch eine schmale Zufahrtsstraße getrennt, direkt am Meer und machen einen gepflegten Eindruck. Wir entscheiden uns für Camp Oliva. Bereits am Eingang begrüßt uns einer der knorrigen, bis zu 600 Jahre alten Olivenbäume, die dem Platz seinen Namen gaben.

136 Utjeha – *Camp Oliva*

GPS: N 42°00'37" E 19°09'04", Uvala Maslina, Utjeha-Bušat, Tel. +382 69 331 150; *www.oliva.co.me* **Öffnungszeit:** April bis Anfang November. **Ausstattung:** Campingplatzüblich. **Beschreibung:** Kleiner, schön angelegter Platz für etwa 20 WOMOs. In der Hochsaison sind es auch gerne mal ein paar mehr und es geht recht beengt zu. Die Sanitäranlagen sind nicht mehr die Neuesten, aber immer sauber. Sie stehen auf einer größtenteils ebenen Wiese im Schatten der Olivenbäume. Achten Sie beim Rangieren auf die niedrigen Äste. Supermärkte und Restaurants befinden sich ganz in der Nähe. Es besteht die Möglichkeit, von hier aus Bootstaxi-Ausflüge zu den nahen gelegenen Stränden und Inseln zu unternehmen. **Preis:** 14–30 €. **Zufahrt:** Der Platz ist an der Adria Magistrale auf dem Weg nach Ulcinj beschildert.

TOUR 14

137 *Camp Utjeha* – N 42°0'36" E 19°9'03"

Ulcinj hat wie viele Orte entlang der montenegrinischen Küste eine wechselvolle Geschichte unter diversen Herrschern. Gegründet wurde die Stadt von den Griechen, doch die Namensgebung geht auf die Römer zurück, die die Siedlung Ulcinium nannten. Später folgten Byzantiner, Slawen, Venezianer und Osmanen. Letzteren ist die orientalische Prägung zu verdanken. Heute stellen die Albaner im Kreis Ulcinj mit über 70 Prozent deutlich die Bevölkerungsmehrheit.

Ulcinj ist eine ausgesprochen sehenswerte Stadt, eignet sich aber deutlich besser für einen Besuch in der Nebensaison. Innerhalb der Altstadt tummeln sich viele kleine Cafés und Restaurants, sowie einige Souvenirläden und Geschäfte, die traditionelle Handwerkskunst anbieten.

Weniger präsent sind kulturelle Einrichtungen. Dominierend ist die **Befestigungsanlage**, die auf einem Felsen über dem Meer thront und ein Museum beherbergt *(tägl. 8–13 Uhr und 16–21 Uhr; Mo. geschlossen)*. Ein Besuch kurz vor Sonnenuntergang ist besonders empfehlenswert, um den Panoramablick zu genießen.

Ein besonderes Highlight ist der Markt ***Zeleni Pijaca*** in einer überdachten Markthalle, die das ganze Jahr über geöffnet ist *(tägl. 7–13 Uhr)*. Er ist besonders dienstags und freitags stark besucht, wenn die Einwohner der umliegenden Dörfer ihre hausgemachten Milchprodukte, Obst, Gemüse, Fleisch, Fisch, Honig, Nüsse, Gewürze und Blumen aus dem ulcinjskischen Hinterland anbieten. Neben Lebensmitteln finden Sie hier auch Souvenirs, Kleidung und Schmuck. Ein Besuch lohnt sich gleich doppelt, denn die Preise sind günstig und gleichzeitig unterstützen Sie mit einem Einkauf auf dem Bauernmarkt die heimische Produktion, die lokalen Bauern und kurze Transportwege.

Eine zentrale Park- und möglicherweise auch Übernachtungsmöglichkeit bietet sich oberhalb der Stadt. Vom Parkplatz aus haben Sie einen fantastischen Überblick über den kleinen Stadtstrand »Mala Plaža« und die Altstadt. Während unserer Recherche im Mai 2023 wurde der Parkplatz gerade erneuert und die Nutzung war durch Baustellenmaßnahmen eingeschränkt:

Blick auf die Befestigungsanlage von Ulcinj

138 Ulcinj

GPS: N 41°55'19" E 19°12'24", Ulcinjskih Moreplocaca. **Max. WOMOs:** 5–6. **Ausstattung:** Keine. **Beschreibung:** Das Beste ist der herrliche Blick über die Altstadt von Ulcinij. Der große Schotterparkplatz mit einigen schattigen Abschnitten wird tagsüber hauptsächlich von PKWs, aber auch Reisebussen genutzt. In nur wenigen Minuten erreichen Sie zu Fuß die Altstadt und den Strand. **Preis:** 12 € für 24 Stunden. **Zufahrt:** Die meisten Navis leiten hier durch die sehr engen Straßen der Innenstadt. Diesen Weg können wir nur kleineren Fahrzeugen oder in der Nebensaison empfehlen. Es gibt einen alternativen Weg, der den Parkplatz von oben erreicht. Sollte Ihr Navi Sie von der Hauptstraße kommend am Kreisverkehr rechts Richtung Innenstadt leiten, folgen Sie der Hauptstraße stattdessen geradeaus bis zum nächsten Kreisverkehr und biegen dann rechts ab. 4 km bis zum Parkplatz.

Im Umfeld von Ulcinj gibt es die längsten Strände des Landes, deren feiner Sand besondere Eigenschaften aufweisen soll: Der Sand von Ulcinj enthält etwa 30 Mineralien, darunter einige sehr seltene und biologisch aktive. Seine leichte Radioaktivität macht ihn *für medizinische Zwecke* geeignet, besonders bei Problemen mit den Bewegungsgliedern, der Wirbelsäule, Rheuma, Bandscheibenschäden, Ischias sowie Hauterkrankungen und Hautallergien.

Viele Erkrankte sollen sich zur Linderung in den heißen Sand eingraben und bleiben bis zu mehreren Stunden darin liegen. Zusätzlich ist die Ulcinjer Luft sehr jodhaltig und soll bei asthmatischen und bronchialen Beschwerden helfen.

Hier beginnt die Velika Plaža, mit einer Länge von etwa 13 Kilometer der längste Strand der gesamten östlichen Adria.

TOUR 14

Kurz nach Ulcinj überqueren wir einen kurzen Flussarm und halten uns weiter Richtung **Ada Bojana**. Hier beginnt die **Velika Plaža**, auch Long Beach genannt, mit einer Länge von etwa 13 Kilometer der längste Strand der gesamten östlichen Adria. Hier reihen sich einige Campingplätze aneinander. Uns gefällt folgender:

Velika Plaža

139 Ulcinj – *Safari Beach Camping*

GPS: N 41°54'16" E 19°15'55", Tel. +382 69 744 644; *www.safaribeach.me/de*. **Öffnungszeit:** März bis Oktober. **Ausstattung:** Campingplatzüblich, Brötchenservice, Freizeiteinrichtungen am Strand. **Beschreibung:** Schön gelegenes, ebenes Gelände inmitten eines Pinienwaldes, Standplätze teils direkt am Strand. Der nächste Campingplatz grenzt direkt an. Besonders hervorzuheben ist die landesuntypisch gute Ausstattung des Campingplatzes: neue Sanitäranlagen, WLAN und sogar eine Waschmaschine. Ein Restaurant gibt es auf dem Platz, die nächste Einkaufsmöglichkeit ist etwa 1 km entfernt. Der Platz am langen, schönen Sandstrand ist ein beliebter Treffpunkt für Wassersportler wie Surfer und Kitesurfer. Es kann allerdings etwas lauter werden: Die Musik von mehreren Strandbars schallt teilweise bis nach Mitternacht. **Preis:** 25–33 € (Achtung: Nur Barzahlung). **Zufahrt:** Nach Ulcinj in Richtung Ada Bojana fahren, beim Hinweis »Safari Beach« rechts abbiegen, dann noch etwa 1 km.

Der ganze Küstenabschnitt zeigt sich – vor allem in der Hauptsaison – lebhaft und laut. Der Strand ist besonders bei Familien mit kleinen Kindern sehr beliebt: Man watet mehrere hundert Meter ins Meer und das Wasser ist immer noch stehtief. Der äußerst feine dunkle Sand heizt sich bei Sonneneinstrahlung jedoch stark auf. Badeschlappen sind ein Muss! An mehreren Abschnitten ist der Strand bewirtschaftet mit den obligatorischen Sonnenschirm- und Strandliegenverleih.

Natürlich ist das Sonnenbaden auch ohne den Besuch eines Campingplatzes möglich. Leider hinterlassen entlang der nicht bewirtschafteten Abschnitte sowohl Tagesgäste als auch Wildcamper regelmäßig ihren Müll. Wir sind davon überzeugt, dass das keinesfalls unsere Leser sind!

P02 Adriatica/Imperial Beach

GPS: N 41°53'57" E 19°16'47" **Max. WOMOs:** 5–6. **Ausstattung:** Spielplatz, Strandbar und Restaurant, WC, Bänke und Tische, Stranddusche. **Beschreibung:** Ein möglicher Badeplatz unter vielen entlang des Long Beach. Unter den Pinien gibt es einige schattige Plätzchen. **Zufahrt:** Auf der Straße in Richtung Ada Bojana 900 m nach der Abfahrt zum Camping »Safari Beach« rechts abbiegen (Abfahrt MCM-Camping), dann noch 1 km. Achtung: Die gute, aber schmale Teerstraße hat an zwei Stellen *schlecht sichtbare Bodenschwellen*.

Jetzt nehmen wir die letzten Kilometer bis zum montenegrinisch-albanischen Grenzfluss Bojana unter die Räder. Die dreieckige Sandinsel Ada Bojana entstand 1858, als ein kroatisches Segelschiff im Mündungsgebiet des Flusses auf Grund lief. Es wird angenommen, dass sich im Laufe der Zeit um den Rumpf des gesunkenen Schiffes vom Fluss mitgeführtes Material angesammelt hat, das die Lücke zwischen den beiden kleinen Inseln füllte, und so das heutige Ada entstand. Das Eiland erhebt sich auf einer Fläche von knapp 5 Quadratkilometern kaum mehr als drei Meter über dem Wasserspiegel. Bei einem direkt am Wasser gelegenen Fischlokal endet die Straße. Das heißt, man kann zwar noch ein Stück weiter über die Bojana-Brücke fahren, gelangt aber gleich danach zu einem echten FKK-Dorado. Der Zutritt zu diesem Bereich ist ausschließlich Gästen der Hotelanlage und des FKK-Campingplatzes gestattet.

Versäumen Sie keinesfalls einen Blick von der Brücke auf den sich träge dahin schleppenden Fluss. Beide Ufer sind, soweit das Auge reicht, gesäumt von kleinen Fischerhäusern und Netztrapezen. Boote schaukeln im Wasser und warten nur darauf, von fleißigen Fischern auf den Strom manövriert zu werden.

TOUR 14

Blick von der Bojana-Brücke

Die Holzkonstruktionen »Kalimere«, die zum Fischfang genutzt werden, erinnern uns an südostasiatische Konstruktionen. Man wähnt sich fast am Mekong …

An der Brückenzufahrt zur Insel haben sich einige Restaurants angesiedelt, in denen die frisch gefangenen Fische fachgerecht zubereitet werden. Das Bojana-Ufer ist kulinarisch gesehen sicher der *lohnendste Spot* in der ganzen Gegend.

Eine Exkursion ins Hinterland steht auf dem Programm! Sie führt uns an den **Skutarisee** (auch Shkodrasee oder Skadarsee; montenegrinisch: Skadarsko Jezero). Von hier aus können Sie den direkten Weg über die sogenannte Klosterroute nehmen. Achtung: Diese Strecke ist im weiteren Verlauf auf *fünf Tonnen zulässiges Gesamtgewicht* beschränkt. Vor allem die letzten 30 Kilometer bis **Virpazar** erfordern eine gewisse Wohnmobilerfahrung. Die Straße ist schmal mit Ausweichen und manchmal ist Rangieren erforderlich. Belohnt wird die Mühe mit grandiosen Landschaftseindrücken. Obwohl es nur etwa 85 Kilometer sind, planen Sie mindestens drei Stunden Fahrtzeit ein – inklusive Sightseeing-Pausen. Treten Sie diese Tour bitte auch nur ausgeruht an. Es soll ja Freude bereiten. Ist man bereits müde, liegen die Nerven oft schnell blank!

Für beide Streckenvarianten geht es zunächst zurück nach Ulcinj.

Falls Sie eine *weniger abenteuerliche Route* bevorzugen, gibt es eine Alternativ-Route nach Virpazar: Von Ulcinj aus fahren Sie zurück nach Bar und Sutomare. Kurz danach zweigt rechts eine neue, hervorragende Straße ab, die durch einen etwa vier Kilometer langen, gebührenpflichtigen Tunnel entspannt nach Virpazar am Skutarisee führt.

Wir orientieren uns am Ortsanfang von Ulcinj jedoch in Großrichtung **Shkoder**, was bereits in Albanien liegt. Ab der Abzweigung in Richtung Ostros gilt die Beschränkung auf fünf Tonnen.

Die Straße windet sich bergauf und bietet bald weite Blicke über die grünen Berge Montenegros. Zunehmend wird es felsiger. Kurz darauf ist der Bergkamm erreicht und die albanische Grenze zum Greifen nah. Dann offenbart sich nach einer scharfen Kurve der erste Blick auf den Skutarisee. Wie ein Meer liegt er majestätisch eingebettet in der Bergwelt. Kleine und größere Felsinseln sind vorgelagert, auf einigen trotzen alte Gemäuer den Elementen. So richtig nah kommt ihm die Straße jedoch nicht – schade! Ab Kostanica weicht die Straße mehr ins Landesinnere aus und wird noch etwas schmaler. Über den leider oft achtlos weggeworfenen Müll in der Landschaft muss man hinwegsehen. Das Umweltbewusstsein der Montenegriner entwickelt sich noch.

Nach unzähligen Kurven senkt sich die Straße schließlich nach Virpazar ab. Das Städtchen liegt direkt am ausgedehnten Schilfgürtel des Skutarisees.

Erste Ausblicke auf den Skutarisee

Der Skutarisee

Der Skutarisee ist etwa 48 km lang und bis zu 14 km breit. Der Wasserspiegel des Sees variiert stark, je nach Jahreszeit um bis zu fünf Meter, was auch zu einem Schwanken der Oberfläche führt. Je nach Jahreszeit und Niederschlag hat er eine Fläche von bis zu 530 km². Der Binnensee erstreckt sich über zwei Länder: Montenegro und Albanien, wobei etwa zwei Drittel der Fläche zu Montenegro gehören. Er ist der größte See des Balkans und gemeinsam mit dem Gardasee einer der größten Seen Südeuropas.

Unterirdische Wasserquellen, die Oki (Augen) genannt werden, speisen den See mit Süßwasser. Die Wassertemperatur des Skutarisees schwankt je nach Jahreszeit. Im Winter beträgt sie etwa 7,3 °C, im Sommer kann sie auf angenehme 27,2 °C ansteigen.

Trotz der Nähe zu den beiden Großstädten Podgorica in Montenegro und Skoder auf albanischer Seite liegt hier ein mehr oder weniger noch unentdecktes Paradies mit einem intakten Ökosystem und einer großen Artenvielfalt. Seit 1983 ist der See auf montenegrinischer Seite als Nationalpark geschützt und Heimat für viele Vögel, darunter auch einige der letzten Pelikane Europas. Die Naturkulisse ist besonders beeindruckend, wenn die Seerosen-Teppiche blühen. Am Horizont bildet die imposante Bergkulisse einen herrlichen Hintergrund.

Der touristische Hauptort ist Virpazar. Hier starten die meisten Bootstouren, oft mit traditionellen Holzbooten.

Auf einigen kleinen Inseln im See wie Beška, Moračnik, Starčevo oder Grmožur finden sich verschiedene kleine Kirchen und Burgruinen. Teilweise werden diese bei Bootsausflügen angefahren.

Insgesamt ist es hier noch ruhiger und Wassersportler wie Surfer sind eher selten zu sehen. Allerdings ist der Tourismus doch spürbar auf dem Vormarsch.

TOUR 14 **Skutarisee**

Eigentlich verdient Virpazar die Bezeichnung Stadt nicht, Dorf wäre treffender. Von den ohnehin wenigen Häusern sind viele verfallen und offensichtlich unbewohnt. Es gibt einen kleinen Hafen, ein paar Cafés, einen kleinen Supermarkt und ein Fischrestaurant. Das besagte Restaurant *Pelikan* liegt direkt an der Zufahrt und irgendein geschäftstüchtiges Familienmitglied der Besitzerfamilie steht immer parat, um Neuankömmlingen einen Parkplatz zuzuweisen. Man dürfe hier gerne ein oder zwei Tage kostenlos stehen, selbst wenn man nicht zum Essen komme. Natürlich wird es irgendwie erwartet. Leise ist dieser Platz allerdings nicht, denn in unmittelbarer Nähe verlaufen Bahnlinie und Straße.

140 Hotel Restaurant *Pelikan* – N 42°14'50" E 19°05'25"

Die Wirtsleute sind stolze Besitzer dreier Ausflugsboote und werden nicht müde ihre Dienstleistungen anzupreisen. Das Lokal übrigens gilt als sehr gut, ist überregional bekannt und wird im Marco Polo als »Geheimtipp« geführt.

Kurz darauf erreichen wir den Damm, der durch den See führt. Mitten auf dem Damm erhebt sich die **Burgruine Lesendro**. Im Wasser schwimmen riesige Seerosenfelder, die während der Blütezeit eine Pracht sein müssen. Direkt nach dem Damm kommt rechts ein großer Parkplatz, der sich für einen Fotostopp oder einen Spaziergang am Seeufer anbietet. Die Nationalparkverwaltung hat hier eine kleine Ausstellung zu Fauna, Flora und Kultur der Seenlandschaft eingerichtet *(tägl. 9–15 Uhr, ganzjährig geöffnet)*.

Besucherzentrum Vranjina

P Besucherzentrum Vranjina – N 42°16'20" E 19°07'24"

Auf dem Weg nach Podgorica passieren wir zwei empfehlenswerte Übernachtungsplätze. Für Wanderungen, Mountainbike-Touren und Bootsausflüge auf dem Skutarisee ist dieses kleine idyllische Camp ein sehr guter Ausgangspunkt.

141 Vranjina – *Kingfisher Auto Camp Vranjina*

GPS: N 42°17'06" E 19°09'21", Tel. +382 67 837 970. **Öffnungszeit:** Mai bis Oktober. **Ausstattung:** Campingplatzüblich. **Beschreibung:** Kleiner, einfacher Platz mitten in der Natur direkt an einem Seitenarm des Skutarisees auf einem Wiesengelände. Die Stellplätze sind teils schattig und es gibt freie Platzwahl. Zwei Restaurants sind fußläufig erreichbar, auf dem Platz gibt es eine kleine Bar. Besonders empfehlenswert ist die vom sehr freundlichen Besitzer angebotene Bootstour. Außerdem eignet sich die Lage direkt am Fluss perfekt für Kayak- und SUP-Ausflüge. Markierte Wanderwege starten am Campingplatz. **Preis:** 15–17 € *(nur Barzahlung)*. **Zufahrt:** Von der M2 abfahren (besser die zweite Abfahrt nehmen), dann der holprigen Schotterstraße folgen.

Der zweite Tipp liegt im kleinen Dorf **Golubovci**, etwa auf halber Strecke zwischen dem Skutarisee und **Podgorica** (192.000 Einwohner). Der Ort selbst bietet außer diesem neuen und sehr gepflegten kleinen Stellplatz nichts Besonderes.

142 *Autocamp Campus*

GPS: N 42°18'60" E 19°12'35", Goricani bb, Tel. +382 67 84 84 98.
Max. WOMOs: 5. **Öffnungszeit:** Ganzjährig. **Ausstattung:** Ver- und Entsorgung, neue Sanitäranlagen, Waschmaschine; der Pool des dazugehörigen Hotels kann mitgenutzt werden. Beschreibung: Stellflächen auf Asphalt, eben, mit einem Restaurant in unmittelbarer Nähe. Der freundliche Gastgeber spricht sogar Deutsch. Ein sehr schöner Platz

insgesamt, allerdings mit einigen Umgebungsgeräuschen, da er nahe der Straße liegt und die Nachtruhe durch bellende Hunde und einen Hahn auf dem gegenüberliegenden Grundstück gestört wird. **Preis:** 15 €. **Zufahrt:** Von der E80 in Richtung Bracanov Potok rechts abfahren, der kleinen Straße geradeaus etwa 300 Meter folgen. Der Stellplatz liegt links.

Je näher wir der Landeshauptstadt kommen, desto weniger ansprechend wird das Umfeld. Industrie ist hier angesiedelt, Müll wird entsorgt, wo es beliebt und die Wohnhäuser wirken sehr ungepflegt. Die Metropole samt Planung stammt aus Titos Zeiten und sieht auch so aus. Zweckmäßigkeit stand im Vordergrund, Schönheit und Charme waren eher weniger gefragt. Podgorica ist der administrative und wissenschaftliche Mittelpunkt des Landes, aber für Tourismus spielt sie kaum eine Rolle. Wirkliche Sehenswürdigkeiten gibt es keine und für eine klassische Stadtbesichtigung kommt Podgorica unserer Meinung nach nicht in Frage.

Zweckmäßigkeit stand im Vordergrund, Schönheit und Charme waren eher weniger gefragt.

Podgorica

Podgorica wurde erstmals im Mittelalter erwähnt und war wie viele andere Regionen auf dem Balkan Teil des Osmanischen Reiches. Als Montenegro 1878 unabhängig wurde, war noch Cetinje die Hauptstadt. Während des Zweiten Weltkriegs wurde Podgorica fast vollständig zerstört. Nach dem Krieg wiederaufgebaut, wurde die Stadt 1946 nach Josip Broz Tito in Titograd umbenannt. Dieser Name blieb bis 1992 bestehen. Nach der Unabhängigkeit Montenegros im Jahr 2006 wurde Podgorica zur Hauptstadt.

Der heutige Name Podgorica bedeutet auf Deutsch »am Fuß des Hügels« und sie liegt am Fluss Morača an der Stelle, wo dieser auf den Fluss Ribnica trifft.

Zu den bekanntesten Sehenswürdigkeiten gehören die Millennium-Brücke über den Fluss Morača und die Kathedrale der Auferstehung Christi.

Es geht über eine gute Stadtautobahn und wir orientieren uns für einen weiteren Abstecher an einer Kreuzung in Richtung Nikšic und dann weiter in Richtung **Cetinje** (12.000 Einwohner). Das Häusermeer liegt bald hinter uns und durch die reizvolle grüne Landschaft rollen wir der alten historischen Hauptstadt entgegen.

Auf dem Weg sind auffällig viele Weingüter ausgeschildert. Auch Montenegro ist mittlerweile für *guten Weinanbau* bekannt.

Wein in Montenegro

In der Nähe von Podgorica befindet sich der Weinberg Plantaže, das größte zusammenhängende Weinfeld in Europa mit angeschlossener Massenproduktion. Das staatliche Unternehmen produziert 90 % des Weins des Landes und verfügt über weitläufige Weinberge, die sich südlich von Podgorica bis zum Skutarisee erstrecken und etwa 11,5 Millionen Rebstöcke umfassen. Doch auch kleinere Winzer bauen mittlerweile wunderbare Weine an. Bekannt sind die autochthonen Rebsorten Krstač und Vranac. Wir empfehlen Ihnen, sich an den Schildern am Straßenrand zu orientieren und bei den kleineren Familienweingütern vorbeizuschauen.

Wichtig: Zwischen Virpazar und Cetinje besteht eine landschaftlich schöne und direkte Verbindung, die aber nicht ohne und kaum WOMO-tauglich ist. Nehmen Sie besser den Weg über Podgorica!

TOUR 14

Doch nicht nur Weingüter begegnen uns auf dem Weg, sondern auch die **Lipa-Höhle** (Lipska pećina), eine der größten und die einzige für Besucher zugängliche Höhle Montenegros. Die Karsthöhle besteht aus einem System von Gängen, Höhlen und Passagen, wie lange diese wirklich sind, weiß niemand so genau. Eine vollständige Erforschung steht noch aus. Entdeckt wurde die Höhle zufällig, als ein Hund in ein Loch fiel und beim Suchen nach ihm der obere Eingang zur Höhle gefunden wurde. Die Höhle kann nur zu bestimmten Uhrzeiten und mit einer geführten Gruppe besichtigt werden *(tägl., Apr. Und Nov., 10, 12 und 14 Uhr; Mai – Okt. 10,11:30, 13, 14:30 und 16 Uhr; https://lipa-cave.me/;*

In der Fußgängerzone von Cetinje

N 42°22'04" E 18°57'11"). In der Höhle herrscht ganzjährig eine Temperatur von 8 bis 12 Grad, warme Kleidung wird empfohlen.

Etwa 400 Meter von der Höhle entfernt gibt es einen kleinen, einfachen Campingplatz, der einen schönen Blick auf die Berge bietet.

143 Lipa – *Camp Oaza Lipa*

GPS: N 42°22'04" E 18°57'10", Lipa dobrska, Tel. +382 67 68 033 219. **Öffnungszeit:** April bis Oktober. **Ausstattung:** Campingplatzüblich, allerdings *ohne Entsorgung*. **Beschreibung:** Kleiner, etwas rustikaler Platz auf einer Wiese mit wunderschöner Aussicht. Nicht alle Stellplätze verfügen über einen Stromanschluss. Die Sanitäranlagen sind einfach. Sehr ruhige Lage. Im kleinen Restaurant mit Aussichtsterrasse können Frühstück und Abendessen vorbestellt werden. **Preis:** 16 €. **Zufahrt:** Verlassen Sie die M2 in Richtung Lipa-Höhle, dann links, die Zufahrt ist beschildert, aber etwas schmal.

Von hier aus sind es noch etwa zehn Kilometer bis in das Ortszentrum der ehemaligen Hauptstadt.

Die Geschichte von Cetinje

Cetinje, die alte königliche Hauptstadt von Montenegro, blickt auf eine reiche Geschichte zurück. Die Anfänge der Stadt datieren auf das 15. Jahrhundert. Der erste Herrscher Montenegros, Ivan Crnojević, gründete im Schutz der Berge ein Kloster, nachdem er vor den Türken geflohen war. Nach und nach entwickelte sich eine Siedlung. Hier residierten zuerst die Fürsten aus der Familie Crnojević und seit 1516 die Vladikas, die Fürstbischöfe. Bis Mitte des 19. Jahrhunderts waren diese die geistlichen und weltlichen Oberhäupter der Montenegriner.

Im Jahr 1692 eroberten die Türken Cetinje und zerstörten das Kloster. Wenige Jahre später, zwischen 1696 und 1701, errichtete Vladika Danilo Petrović fast an derselben Stelle ein neues Kloster. Im Laufe der Jahrhunderte wurde es insgesamt dreimal während der stetig tobenden Freiheitskämpfe zerstört.

Nach der Unabhängigkeitserklärung im Jahr 1878 baute Fürst Nikola den kleinen Ort zur Hauptstadt Montenegros aus. König Nikola der Erste (den Königstitel hatte sich der Fürst selbst verliehen) pflegte gute Kontakte zu den Großmächten seiner Zeit. Die vielen Botschaften in der Stadt sind Zeugen dieser Politik. Seine sechs Töchter verheiratete er mit den mächtigen und wichtigen Herrschern, eine sogar mit Vittorio Emanuele, dem späteren König von Italien. Das brachte ihm den Titel »Schwiegervater Europas« ein.

Unter dem vorletzten Vladika Petar II. Petrović-Njegoš begann dann die Modernisierung Cetinjes.

Mit diesem Grundwissen ausgestattet laufen wir in der auch »Felsenthron der Freiheit« genannten Stadt ein – ein geistiges Bild bereits vor Augen! Die ehemalige »Metropole« präsentiert sich uns aber ganz anders als erwartet: kein Protz, kaum Prunk, die meist flachen Häuser liegen verstreut im Grünen. Selbst die Hauptstraße, gesäumt von Akazien- und Lindenbäumen, hat einen ländlichen Charakter. Hat man sich aber erstmal von seinen falschen Vorstellungen verabschiedet, erkennt man schnell den eigenwilligen Charme des Städtchens. Zentral gelegen am Ende der Fußgängerzone und direkt neben einem Park bietet sich ein Schotterparkplatz für die Stadtbesichtigung an (N 42°23'13" E 18°55'35").

Nicht weit vom Parkplatz entfernt liegt in einer Grünanlage das **Blaue Palais**, der Plavi dvorac. Ende des 19. Jahrhunderts als Residenz des Kronprinzen Danilo erbaut, ist nicht zu übersehen, woher das Gebäude seinen Namen hat: die prunkvolle Fassade präsentiert sich auffällig himmelblau. Das Innere des Blauen Palais ist leider nicht öffentlich zugänglich.

Wir entdecken eine geführte Touristengruppe und folgen ihr unauffällig in einem 15-minütigen Spaziergang zum **Mausoleum** Danilos I. auf dem Hügel Orlovom kršu, dem »Adlerfelsen«. Die Strecke ist kurz, hat aber einen kräftigen Anstieg. Den körperlich anspruchsvollsten Teil unserer Stadtbesichtigung haben wir damit schon hinter uns. Von hier aus hat man einen schönen Blick über die Stadt.

Auf gleichem Weg geht es an der südwestlichen Seite des **Klosters Cetinje** zurück. Das Kloster von Cetinje ist ein bedeutendes spirituelles Zentrum in Montenegro und dem orthodoxen Heiligen Sveti Petar geweiht. Es wurde 1484 erbaut und diente als Sitz der montenegrinischen Herrscher. Nachdem es mehrmals bei osmanischen Angriffen zerstört und wieder aufgebaut wurde, stammt das heutige Gebäude aus dem 18. Jahrhundert. Im Kloster befindet sich eine wertvolle Sammlung von Ikonen und mittelalterlichen Handschriften auf Pergament oder Papier, sowie viele seltene Bücher. Die Schatzkammer des Klosters dient auch als Museum und enthält kostbare Gegenstände aus der

Kloster Cetinje

Kirche in Cetinje

mittelalterlichen Vergangenheit. Im Inneren befinden sich außerdem zwei sehr bedeutende Reliquien: die Hand des Hl. Johannes des Täufers und ein Splitter des wahren Christuskreuzes.

Cetinje ist besonders stolz auf seinen berühmtesten Sohn, den *Dichterfürsten und Schriftsteller Petar II*. Auch als Njegoš bekannt, schrieb er als Fürstbischof Geschichte und trug erheblich zur Modernisierung Montenegros bei. Der Visionär führte den ersten Senat des Landes ein und revolutionierte das Steuer- und Schulsystem. Doch im Alter von 40 Jahren verstarb Petar II. an einer Lungenentzündung. Heute ist er eher bekannt für seine spektakuläre letzte Ruhestätte. Doch dazu später mehr ... Seine ehemalige Residenz liegt dem Kloster direkt gegenüber und wurde ihm zu Ehren in ein Museum umgewandelt. Neben Büchern und dem Manuskript seines berühmtesten Werkes »Bergkranz« kann man im Palais **Biljarda** auch den Billardtisch des Poeten bestaunen. Er frönte dieser damals im Lande vollkommen unbekannten Leidenschaft des Billardspielens und ließ daher ein solches Möbelstück von Wien über Kotor hierher in die Berge transportieren. Ein Unterfangen, welches sich im Jahr 1838 auf den schmalen und steinigen Eselspfaden sicherlich sehr schwierig gestaltete. Eindruck hinterlassen hat die Aktion allemal – das Gebäude trägt bis heute den Namen Biljarda.

Etwa 200 Meter weiter östlich steht der **Vladin Dom**, das größte Gebäude in Cetinje. Das Gebäude ist eine Mischung aus Renaissance- und Barockstilen und wurde von dem italienischen Architekten Cezare Augusto Corradini entworfen. Es wurde 1910 eingeweiht und war der erste Stahlbetonbau in Montenegro. Heute beherbergt der ehemalige Regierungssitz Montenegros das **Kunst- und Geschichtsmuseum** *(Novice Cerovića, Mo.–Fr., 9–17 Uhr; 5 €)*.

Von hier aus machen wir uns auf den Rückweg zu unserem WOMO und schlendern dazu die überschaubare **Fußgängerzone**, die Njegoševa Ulica, hinunter. Gesäumt von einigen historischen Gebäuden, von denen die meisten eine Auffrischung vertragen könnten, finden sich hier Cafés und kleine Geschäfte. Doch jetzt am Sonntagvormittag geht es insgesamt sehr ruhig zu und das lokale Leben hält sich in Grenzen.

Nun folgen wir den Schildern, die uns den Weg in den **Lovćen Nationalpark** (Nacionalni Park Lovćen) weisen. Gleich nach Cetinje steigt die Straße an und führt in Kurven und Serpentinen in die herrliche Bergwelt hinein. Für kleinere Pausen oder um die Aussicht zu genießen, gibt es immer wieder Ausbuchtungen. Es ist bereits Anfang Mai, doch nur wenige Sträucher oder Bäume haben schon ausgetrieben. Die Höhenlage von über 1.000 Metern über dem Meeresspiegel macht sich bemerkbar. Wir erreichen eine Ansiedlung mit Sportanlagen, die nur aus wenigen Häusern besteht. Hier befindet sich das **Rekreativno Edukativni Centar**, ein Erholungs- und Bildungszentrum.

Für weitere Informationen über den Nationalpark und mögliche Aktivitäten steht das Besucherzentrum zur Verfügung. Hier gibt es vor allem Informationen zu den vielen Wandertouren, die man von hier aus unternehmen kann *(www.nparkovi.me)*.

Lovćen Nationalpark

Der Nationalpark erstreckt sich über eine Fläche von 64 km². Der höchste Gipfel, der Stirovnik, erreicht 1.758 Meter und zählt damit nicht unbedingt zu den höchsten Erhebungen des Landes. Die Vegetation und Fauna sind typisch für die Region. Durch das vom Meer und Gebirge beeinflusste Klima gedeihen hier etwa 2.000 verschiedene Pflanzenarten.

Durch seine Nähe zu den bekannten Orten Kotor, Budva und Cetinje ist der Park ein beliebtes Ausflugsziel. Besonders beeindruckend ist hier die Fernsicht, denn man sieht von hier oben bis in beinahe alle Ecken des Landes.

Hauptsächlich bekannt ist der Nationalpark aufgrund seiner historischen Bedeutung: Der populäre Dichterfürst Petar Njegoš, dem Sie auf dieser Tour bereits häufiger begegnet sind, wurde hier nicht nur geboren, noch bekannter ist der Lovćen Nationalpark als Heimat seiner letzten Ruhestätte.

Für die Zufahrt zum Nationalpark wird eine Gebühr von 2 Euro erhoben, die von Parkrangern an beiden Zufahrtsstraßen kassiert wird.

Tipp: Im Herbst verwandelt sich der Lovćen in ein reiches Pilzgebiet. Eine Sammelerlaubnis erhalten Sie für 5 Euro im Besucherzentrum.

Schinken in Njeguši

Der Lovćen Nationalpark eignet sich eher für Tagesausflüge, da die Infrastruktur für längere Aufenthalte fehlt. Mit einer eigenen *Schlafmöglichkeit an Bord* haben Sie jedoch mehr Möglichkeiten: Im Besucherzentrum können sie eine Campingerlaubnis fü etwa 10 Euro erwerben und dürfen damit auf dem Parkplatz übernachten.

144 Besucherzentrum – N 42°22'47" E 18°50'08"

Wir folgen dem weiteren Straßenverlauf und gelangen bald zu einer Gabelung. Die Straße, die links in Richtung Kotor abzweigt, führt auch nach Njeguši, dem Geburtsort des Poeten Petar II.

Hinweis: Der erst unlängst asphaltierte Weg führt auf kürzester Strecke wieder hinab an die Küste und passiert außerdem den höchsten Aussichtspunkt auf Kotor. Mit dem Wohnmobil empfehlen wir Ihnen diese Strecke jedoch nicht! Die enge Straße windet sich in 32 Haarnadelkurven den Krstac-Pass hinauf beziehungsweise hinunter. Nehmen Sie stattdessen besser den längeren Weg über Cetinje.

Njeguši selbst erscheint als eine wenig stimmungsvolle Anhäufung bäuerlicher Zweckbauten. Einzig der Umstand, dass hier das Geburtshaus des mehrfach erwähnten Dichterfürsten besichtigt werden kann, macht den kleinen Ort erwähnenswert. Das zweistöckige Geburtshaus des Visionärs fällt zwar im ersten Moment nicht ins Auge. Dennoch ist das Haus sehenswert, da sich hinter den Fassaden ein Museum mit zahlreichen Erinnerungsstücken verbirgt *(Mo.–Fr., 9–17 Uhr)*.

Wenn Sie jedoch schon einmal hier sind, nutzen Sie die Gelegenheit, den *pikanten Schinken* zu probieren, der hier geräuchert und getrocknet wird. In Njeguši können Sie die Erzeugnisse fast in jedem Haus probieren und kaufen. Uns erinnert er an Produkte aus dem Schwarzwald oder Südtirol, hinter denen er sich nicht zu verstecken braucht. Gut zu wissen ist jedoch, dass das Fleisch nicht aus regionaler Tierhaltung stammt, sondern importiert wird. Auch der lokale Käse ist sehr schmackhaft. Achten Sie einfach auf Schilder mit den Bezeichnungen »Pršut« (Schinken) und »Sir« (Käse). Kostproben werden gerne gereicht.

Die letzte Parkmöglichkeit vor dem Mausoleum teilen Sie sich mit den Reisebussen (N 42°23'49" E 18°50'35"). Obwohl die Straße noch weiter bergauf zum **Bergrestaurant** führt, ist es ratsam, hier zu parken. Beim Lokal gibt es nur wenige Parkplätze und eingeschränkte Wendemöglichkeiten.

Mausoleum von Petar II.

Auf dem Jezerski Vrh, dem zweithöchsten Berg des Nationalparks, steht die Touristenattraktion Nr. 1: das Mausoleum von Petar Njegoš. Hier ruhen auf 1.657 Metern Seehöhe die Gebeine des Dichterfürsten – nach einigen Wirren – jetzt in Frieden. 1865 wurde sein Leichnam auf eigenen Wunsch am höchsten Punkt des Berges bestattet. Diese ursprüngliche Grabkapelle wurde jedoch zweimal zerstört. 1917 wurden die sterblichen Überreste von den Österreichern nach Cetinje gebracht – militärische Gründe wurden angeführt. Acht Jahre später kehrte Njegoš in »seine Kapelle« zurück. Tausende Montenegriner, angeführt durch König Alexander I., gaben ihm das letzte Geleit. 1972 errichtete man ihm dann schließlich ein recht pompöses Mausoleum. In luftiger Bergeshöh ruht er nun wohl wirklich in Frieden ...

Vom genannten Parkplatz aus starten wir unsere Wanderung zum Mausoleum.

Ausblick vom Lovćen Nationalpark auf die Bucht von Kotor

Njegoš-Mausoleum Wanderung

Gehzeit: 1 Std. **Schwierigkeit:** Leicht/Mittel. **Höhenunterschied:** 160 m. **Beschreibung:** Gegenüber dem Parkplatz entdecken wir ein Hinweisschild »Prolaz Za Pjesa«. Der Zusatz »300 m« suggeriert erst einmal einen kurzen Spaziergang statt einer Wanderung. Das stimmt so allerdings nicht ganz! Ein steiniger Pfad führt steil bergauf, gefolgt von einem festen Steinweg mit vielen Stufen. Alternativ kann man auch der Asphaltstraße folgen.

Nach etwa 200 m erreichen wir das Restaurant und von hier aus erfreuen zahlreiche schweißtreibende Treppenstufen die Wandersleute. Wir kommen durch einen langgezogenen Tunnel und über noch mehr Stufen geht es hinauf auf das Gipfelplateau. Das eindrucksvolle Mausoleum rückt in greifbare Nähe, jetzt trennen uns nur noch wenige Treppenabschnitte von unserem Ziel (tägl. 9–17 Uhr; 5 €). Schnaufend entrichten wir den Eintrittspreis und betreten die heiligen Hallen mit einigen Skulpturen eines heimischen Künstlers sowie dem Sarkophag des Dichterfürsten in der Krypta.

Bei klarem Wetter ist die Rundumsicht von hier oben herrlich. Es heißt, man könne dann bis zum italienischen Festland blicken. Uns war das leider nicht vergönnt.

Für den Hin- und Rückweg kann man rund eine Stunde veranschlagen. Je nach Kondition nimmt der Weg aber deutlich weniger oder auch mehr Zeit in Anspruch. Die Wegweiserangabe von 300 m am Parkplatz ist etwas irreführend.

Und noch etwas: Ein Einheimischer verrät uns, es seien 461 Stufen, die man zurücklegen muss, um zum höchstgelegenen Grabmal der Welt zu gelangen. Nachgezählt haben wir sie nicht, aber es waren definitiv viele!

Anschließend kehren wir talwärts zurück in Richtung Cetinje. Eine gut ausgebaute Straße führt direkt hinunter und Sie können sich ab hier wieder in Richtung Küste und Budva orientieren.

Für uns geht es zurück nach Podgorica und von dort aus weiter mit Tour 15 ins Landesinnere.

Tour 15

Höhenluft und schroffer Fels
Von Podgorica nach Nikšić
265 km

Die Bergwelt Montenegros ist ein echtes Erlebnis! Hier begegnen Ihnen Naturschönheiten am laufenden Band: der unberührte Flusslauf der Tara, die majestätischen Nationalparks Biogradska Gora und das Durmitor-Gebirge. Trotz wachsendem Tourismus bleibt es hier noch überraschend ruhig. Unsere Tipps für Sie:

- **Botanischer Garten Kolašin**
- **Rundweg um den Biogradsko Jezero**
- **Tara-Rafting**
- **Panoramaroute 1**
- **Durmitor-Gebirge**
- **Kloster Ostrog**

Von **Podgorica** aus führt die neue, gebührenpflichtige Autobahn mit zahlreichen Tunneln und Brücken tiefer ins Landesinnere. Obwohl es im Mai an der Küste bereits angenehm warm ist, hinkt der Frühling im Hinterland noch etwas hinterher. Mit jedem gefahrenen Kilometer fallen die Temperaturen spürbar, die Landschaft zeigt sich karg und braun. Das ist natürlich der Höhenlage geschuldet. Auf den Berggipfeln in der Ferne liegt sogar noch Schnee. Kein Wunder, dass die *Wandersaison hier erst Ende Mai* startet. Auf dem weiteren Weg verlassen Sie die A1 und begegnen erstmals dem türkisblauen Fluss **Tara**, der ein stetiger Begleiter auf dieser Route sein wird.

Das erste Ziel ist der Skiort **Kolašin** (3.000 Einwohner), der von seiner Zukunft als Wintersportdestination träumt. Das lokale Hotel- und Gaststättengewerbe konzentriert sich schon jetzt auf die kurze Skisaison, während im Sommer *bisher nur wenige Urlauber* den Weg hierher finden. Die Skizentren ***Kolašin 1450*** und ***Kolašin 1600*** liegen etwa zwölf Kilometer ortsauswärts in **Jezerine** und bieten mit vier Skiliften und acht Pisten insgesamt 28 Kilometer Abfahrten. Zwar reichen sie nicht an die großen Skiorte in den Alpen heran, doch der Ausstiegspunkt der Seilbahn Kolašin 1600 liegt immerhin auf 2.035 Meter Höhe. Die Namen der Skizentren leiten sich übrigens von ihrer Höhe über dem Meeresspiegel ab. Abseits der Pisten sind Sehenswürdigkeiten in Kolašin eher rar, mit Ausnahme eines **botanischen Gartens**, der durchaus einen Besuch wert ist. Dieser Garten liegt auf einer Höhe von 1.018 Metern, wurde 1981 gegründet und ist der Einzige in Montenegro, der sich ausschließlich der *einheimischen Bergflora* widmet. Hier finden sich über 400 Pflanzenarten, darunter viele endemische Arten und über 80% Heilkräuter. Daniel Vincek, der Gründer und leidenschaftlicher Bewahrer der montenegrinischen Bergflora, hat diesen Garten bis ins hohe Alter mit seiner Frau Zora Marjanović-Vincek gepflegt. Heute wird er vom Nationalpark verwaltet *(Ul. Vojvode Mine, Mo.–Fr. 9–18 Uhr; ein Besuch ist besonders während der Blütezeit von Ende Mai bis Anfang Juli zu empfehlen).*

Tara

TOUR 15

Wintersport in Montenegro

Montenegro ist ein großartiges Ziel für Wintersportliebhaber. Die Bergkette Bjelasica im Nationalpark Biogradska Gora mit den beliebten Skizentren Kolašin 1600 und Kolašin 1450 und das Durmitor-Gebirge mit den Skigebieten Savin kuk und Žabljak versprechen fantastische Ausblicke und eine Schneedecke von durchschnittlich 120 Tagen pro Jahr. Trotz ihrer südlichen Lage sind sie für ihre Schneesicherheit bekannt. Die Skigebiete sind modern ausgestattet und bieten gut präparierte Pisten, Skilifte und Restaurants. Vor allem die Preise sind im Vergleich zu anderen europäischen Skigebieten ein Pluspunkt. Neben dem Skifahren stehen Ihnen auch Schneeschuhwandern, Snowboarden und Nachtskifahren offen.

Kurz darauf folgt der erste Campingplatz dieser Tour. Die jungen niederländischen Betreiber stecken bei unserem Besuch gerade noch mitten in den Vorbereitungen für die Saisoneröffnung, doch sie zeigen uns bereitwillig das neu angelegte Gelände.

144 Kolašin – *Camp Lipovo*

GPS/Kontakt: N 42°51'24" E 19°29'11", Bistrica 58, Tel. +382 67 750 07 *(keine tel. Reservierung möglich)*; *https://www.camplipovo.com/* **Öffnungszeit:** Mai bis Ende September. **Ausstattung:** Grillplatz, Feuerstelle, Waschmaschine, kleines Restaurant, warme Duschen, *keine Entsorgung*. **Beschreibung:** Idyllischer Campingplatz für max. 12 WOMOs direkt am Fluss, umgeben von unberührter Natur. Perfekt für Ruhesuchende. Die Stellplätze befinden sich auf einer Wiese, teils schattig gelegen. Freizeitangebot: Wandertouren zu einer nahen Höhle, Canyoning, Rafting auf der Tara und Möglichkeiten für Mountainbike-, Kletter- und Reittouren. Im gemütlichen Restaurant werden Snacks und Frühstück mit Gemüse aus eigenem Anbau serviert. **Preis:** 15 €. **Zufahrt:** Von der Hauptstraße rechts abbiegen, beschildert, ca. 5 km auf schmaler, kurviger Asphaltstraße. Die letzten 200 m führen über eine Schotterstraße bergab. Nehmen Sie *die letzte Kurve vorsichtig*.

TOUR 15

Eine Nebenstraße führt nördlich von Kolašin in den **Nationalpark Biogradska Gora**. Über eine schmale Brücke geht es durch das Tara-Tal zum Eingang des Parks. Nach einer Gebühr von 4 Euro pro Person windet sich die Straße etwa drei Kilometer bis zum

Einfahrt zum Nationlpark Biogradska Gora

Parkplatz und dem Besucherzentrum am Ufer des **Biogradsko Jezero** hinauf.

Biogradska Gora Nationalpark

Der Biogradska Gora Nationalpark im Osten des Landes ist mit einer Fläche von etwa 60 Quadratkilometern der kleinste Nationalpark in Montenegro. Er kann aber dennoch mit einer vielfältigen Tier- und Pflanzenwelt und spektakulären landschaftlichen Highlights aufwarten. Die Landschaft ist geprägt von uralten Wäldern, Gebirgsbächen, Bergen mit Höhen bis zu 2.000 Metern, blühenden Almwiesen und Gletscherseen.

Der Park erstreckt sich über 5.650 Hektar in der Bjelasica-Region und umfasst Höhenlagen von 832 bis 2.139 Metern über dem Meeresspiegel. Innerhalb des Parks befindet sich ein Urwaldreservat, das 1.600 Hektar umfasst und zu den letzten drei Urwäldern Europas zählt.

Das Herz des Parks ist der tiefblaue und vielfotografierte Biogradsko Jezero. Er ist der größte der sechs Gletscherseen im Nationalpark und liegt in einem etwa zehn Kilometer langen Seitental der Tara. Der langgestreckte See, der bis zu sechs Meter tief ist und sich auf einer Höhe von etwa 1.000 Metern befindet, ist umgeben von einigen der ältesten Bäume Europas, darunter Rotbuchen und Bergahornbäume. Einige von ihnen sind über fünfhundert Jahre alt. Die seltene Schwarze Vanilleorchidee (Nigritella nigra) blüht ebenfalls in den Wäldern des Parks. Ein 3,5 Kilometer langer Wanderweg führt um den See, und ein 21 Meter hoher Aussichtsturm ermöglicht einen umfassenden Blick auf den See und die umliegende Landschaft.

Der Nationalpark beherbergt eine beeindruckende Vielfalt an Flora und Fauna. 26 Lebensräume mit 2.000 verschiedenen Pflanzenarten und Unterarten sind hier zu finden, von denen viele endemisch sind. Außerdem leben hier 150 Vogelarten, verschiedene Reptilien, Amphibien und zehn Säugetierarten, darunter Bären, Wölfe und Rothirsche.

Geschichte

Der Wald, der Teil des heutigen Parks ist, wurde nach der Befreiung Kolašins von der osmanischen Herrschaft im Jahr 1878 von den Einwohnern von Morača und Rovca an König Nikola I. Petrović-Njegoš von Montenegro geschenkt und als »Branik Kralja Nikole« unter Schutz gestellt, indem König Nikola die kommerzielle Nutzung verbot. Interessanterweise geschah dies nur 14 Jahre nach der Gründung des ersten Naturreservats der Welt, dem ***Yosemite-Park*** in den USA. Im Jahr 1952 wurde der Biogradska Gora offiziell zum Nationalpark erklärt.

Im Besucherzentrum erhalten Sie weitere Informationen über den Park, mögliche Wanderungen und Aktivitäten. Es werden auch geführte Touren angeboten, um tiefere Einblicke in die Geschichte, Flora und Fauna des Parks zu geben.

Weitere Informationen unter: *https://nparkovi.me/np-biogradska-gora/*.

P Besucherzentrum Biogradska Gora

GPS: N 42°54'2" E 19°35'44", **Max. WOMOs:** 5. **Ausstattung:** Picknickbänke, Spielplatz, Mülleimer, Toilette, Restaurant, Souvenirladen. **Beschreibung:** Parkplatz am Besucherinformationszentrum auf 1.094 Höhenmetern. Schattige Lage unter Bäumen. **Zufahrt:** Folgen Sie der Straße nach der Schranke etwa 3 km.

TOUR 15

Von hier aus starten *Wanderungen in verschiedenen Schwierigkeitsgraden* und Längen. In der Nebensaison verteilen sich die wenigen Touristen schnell – nicht selten steht man ganz allein auf einem Berggipfel. Wir entscheiden uns für den Rundweg um den Schwarzen See. Die Wanderung ist eher gemütlich und zur Hochsaison oft stark von Urlaubern frequentiert.

Rundweg um den Biogradsko Jezero

Länge: 3,5 km. **Gehzeit:** 1 Std. **Schwierigkeitsgrad:** Leicht. **Beschreibung:** Starten Sie Ihre Tour auf dem Parkplatz linker Hand und biegen Sie dann beim Restaurant rechts zum Seeufer ab. Der Pfad führt über Wurzeln und Steine – festes Schuhwerk ist ratsam. Die Aussicht auf den See und die umliegenden Berge ist noch frei, da die Bäume noch keine Blätter tragen. Etwa vier Wochen später im Jahr ist es hier grüner und dicht bewachsen. In regelmäßigen Abständen laden Bänke und schön angelegte Picknickplätze zum Verweilen ein, um den Blick auf den See zu genießen. Was zu dieser Jahreszeit in Unmengen sprießt, ist Bärlauch .

Entlang des Lehrpfads finden Sie immer wieder Infotafeln zur Flora und Fauna. Etwa bei der Hälfte des Weges geht es ein Stück über einen Holzpfad, der über die Gebirgsbachläufe des Sees führt. Nicht weit und der Weg gabelt sich: Sie können weiter dem Waldweg folgen und die Runde etwas ausdehnen oder Sie schlagen mit uns rechts den Weg über die Brücke ein und folgen dem Weg weiter, der zurück zum Parkplatz führt – eine Karte ist dabei nicht notwendig.

Wie viel Bärlauch-Pesto das wohl ergibt?

Vom Ufer des Biogradsko Jezero führt eine Forststraße zu den höher gelegenen Regionen **Zekova Glava** und **Crna Glava**. Auf über 2.000 Metern Höhe eröffnet sich ein Netz aus Wanderwegen, das allerdings eher konditionsstarken Urlauber vorbehalten ist. Mit einem *Allradfahrzeug* lässt sich eine etwa 30 Kilometer lange Rundreise auf über 2.000 Metern starten, die um den Nationalpark führt. Die Tour bietet einzigartige Naturerlebnisse. Informationen hierzu erhalten Sie am besten in der Hütte der Parkverwaltung.

Durch den Felsen

Weiter geht es auf der E65 zum nächsten Highlight: die **Tara-Schlucht**. Durch wenig besiedelte Täler führt die serpentinenreiche Strecke, die auch bei Motorradfahrern beliebt ist. Immer höher ragen die Felswände neben der Straße auf und am Fahrbahnrand stehen Schilder, die vor *Steinschlag* warnen. Diese Schilder sind nicht ohne Grund dort – achten Sie auf Gesteinsbrocken, die hin und wieder auf der Straße liegen. Unter uns tost die türkisblaue Tara.

Der Fluss hat über Jahrhunderte einen atemberaubenden Canyon mit steilen Schluchten, massiven Felsbrocken und klaffenden Spalten geformt. Die Ufer sind steil, und das Gebiet ist dicht bewaldet. Die Tara-Schlucht gehört zu den *tiefsten Schluchten der Welt* und ist die tiefste Europas. Der Canyon erstreckt sich über 149 Kilometer und erreicht eine Tiefe von 1.333 Metern. Sie gehört bereits zum nächsten Nationalpark auf unserem Weg: dem **Durmitor-Nationalpark**. Besonders spektakulär sind die letzten 30 Kilometer, wo sich die atemberaubendsten Wasserfälle, die wildesten Stromschnellen und die tiefsten Stellen der Schlucht befinden. Natürlich ist sie Teil des *UNESCO-Welterbes*.

Für Abenteuerlustige bietet die Tara einzigartige Erlebnisse. Die Rafting-Saison geht von April bis Oktober, wobei die aufregendsten Stromschnellen während der Schneeschmelze im Frühjahr zu finden sind. Eine **Rafting-Tour** verspricht bis zu zwei Stunden Adrenalin, und das hat sich herumgesprochen: Nicht umsonst ist Tara-Rafting mittlerweile der *populärste Ausflug ins Hinterland* geworden. Etwas gemächlicher geht es bei einer Fahrt auf traditionellen Holzflößen zu.

Die fünf Bögen der Tara-Brücke

In dieser Region können Sie eine ganze Woche an einem Ort verbringen und jeden Tag eine andere Aktivität ausprobieren. Eine gute Basis dafür bietet der Campingplatz direkt hinter der **Đurđevića-Brücke**.

145 Pljevlja – *Camp Kljajevića Luka*

GPS/Kontakt: N 43°08'56" E 19°17'58", Đurđjevića Tara, Tel. +382 69 605 559; *https://tara-rafting.info/kamp/*. **Öffnungszeit:** Ganzjährig. **Ausstattung:** Grillplatz, warme Duschen, Waschmaschine, kleines Restaurant. **Beschreibung:** Weitläufiger, gepflegter Campingplatz auf einer Wiese. Die Stellplätze sind größtenteils ziemlich schräg – Keile sind unbedingt notwendig. Die Duschen können bei kühlerem Wetter eher frisch sein, da die Fenster nicht verglast und zwischen Dach und Wand offen sind. Ein vielseitiges Aktivitätenangebot wartet auf Sie: von Sportanlagen über Rafting, geführte Mountainbike- und Klettertouren bis hin zu Zipline und Jeep-Safaris. **Preis:** 15 €. **Zufahrt:** Gleich nach der Brücke rechts (beschildert).

Vom Camp aus kann man die Wagemutigen beobachten, die sich mit der **Seilrutsche** in den Abgrund stürzen: Von der Đurđevića-Brücke saust man in einer Höhe von fast 150 Metern auf 1.200 Metern Länge an einem Drahtseil über die tief eingeschnittene Schlucht hinweg. In fünf Bögen spannt sich die genannte Brücke über eine Gesamtlänge von 350 Metern über den Fluss. Der Bau begann 1938 und wurde im November 1940 für den Verkehr freigegeben. Während des Zweiten Weltkriegs wurde ein Bogen der Brücke von Partisanen gesprengt, doch 1946 erfolgte der Wiederaufbau. Auch heute bietet sie noch den einzigen für den modernen Straßenverkehr wirklich nutzbaren Übergang am Unterlauf des Flusses.

Nur wenige hundert Meter weiter liegt ein *Stellplatz mit spektakulärer Aussicht* auf die Brücke und die Zipline. Man erreicht ihn, wenn man scharf links auf dem Weg Richtung Pljevlja abbiegt. Es gibt keine Ausstattung, aber der Besitzer kommt abends vorbei, um ebenfalls 15 Euro zu kassieren (N 43°09'18" E 19°17'43"). Da sind Sie mit dem vorher beschriebenen Campingplatz besser bedient.

Wer möchte, kann ab hier einen Abstecher zur **Hussein-Pascha-Moschee** in **Pljevlja** (30.000 Einwohner) unternehmen. Sie ist die *schönste Moschee des Landes* und gilt für manchen sogar als eine Kopie der Blauen Moschee in der Türkei. Beide Gebetshäuser repräsentieren mit ihrer zentralen Kuppel und den kunstvollen Verzierungen die osmanische Architektur, weitere Ähnlichkeiten sind jedoch nicht wirklich erkennbar. Die Moschee wurde im Jahr 1569 im Auftrag des bosnischen Sandschakbegs Hussein-Pascha Boljanić errichtet. Meister aus Dubrovnik sollen am Bau beteiligt gewesen sein, und es wird vermutet, dass der Baumeister Neimar Hajrudin mitwirkte. Im Laufe der Zeit wurde die Moschee mehrmals restauriert, zuletzt im Jahr 2008. Das Minarett der Moschee ragt mit 42 Meter als eines der höchsten auf dem Balkan empor. Feste Öffnungszeiten gibt es nicht. Wenn die Tür offensteht, sind Sie für einen Besuch willkommen. *Achtung:* Vergessen Sie nicht, vor dem Betreten der Moschee Ihre Schuhe auszuziehen – eine Respektbekundung, die in vielen religiösen Stätten üblich ist.

Zurück geht es erneut über die Brücke, von dort folgen Sie der R5 in Richtung Durmitor Nationalpark. Sie schlängelt sich über viele Kehren hoch auf eine auf 1.300 Höhenmeter gelegene Hochebene und ist Teil der **Panoramastraße 1**. Die Landschaft ist karg bewachsen, teils bewaldet und gespickt mit Ferienunterkünften – von urigen Bungalows bis zu modernen Appartements. Im Hintergrund erheben sich die schneebedeckten Berggipfel.

Die vier Panoramarouten

Montenegro können Sie auf vier verschiedenen einzigartigen Panoramarouten von der Küste bis zur schroffen Berglandschaft des Nordens erkunden. Alle Routen sind vollständig ausgeschildert. Folgen Sie einfach den braunen Schildern mit der jeweiligen Routennummer, und Sie befinden sich auf dem richtigen Weg.

Die Krone von Montenegro (Kruna Crne Gore) – Panoramastraße Nr. 1
Mit insgesamt 741 Kilometern, inklusive Abstechern, ist dies die längste Route, die Sie durch das gesamte Hinterland nördlich von Podgorica führt.

Route: Podgorica – Kolašin – Andrijevica – Plav – Gusinje – Plav – Berane – (Rožaje) – Petnjica – (Bijelo Polje) – Pljevlja – Đuđevića Tara – Mojkovac – Kolašin – Boan – Šavnik – Žabljak – Trsa – Šćepan Polje – Plužine – Nikšić – Kloster Ostrog – Danilovgrad – Podgorica.

Durmitor-Ring (Durmitorski Prsten) – Panoramastraße Nr. 2
Diese 76 Kilometer lange Route umrundet das Durmitor-Gebirge und startet in Žabljak.

Route: Žabljak – Mala Crna Gora – Nedajno – Trsa – Pišče – Žabljak.

Die Berge und das Meer (More i visine) – Panoramastraße Nr. 3
Auf 270 Kilometern Länge folgt diese Route der beeindruckenden Küste Montenegros.

Route: Herceg-Novi – Kamenari – Risan – Kotor – Tivat – Lovćen – Cetinje – Budva – Sveti Stefan – Petrovac – Virpazar – Ostros – Ulcinj – Bar.

Die Runde über Korita (Krug oko Korita) – Panoramastraße Nr. 4
Diese 65 Kilometer lange Rundtour führt in die Bergwelt von Kuči und erreicht Höhen von bis zu 1.400 Metern. Die Tour eignet sich hervorragend als Tagesausflug.

Route: Podgorica - Medun - Kučka Korita - Zatrijebač - Fundina - Podgorica.

Wichtig: Einige Routen sind für große Wohnmobile oder unerfahrene Fahrer möglicherweise nicht geeignet.

Für weitere Informationen, eine Landkarte und einen Audioguide für das Smartphone besuchen Sie bitte die Website der Nationalen Tourismusorganisation von Montenegro: *https://www.montenegro.travel/de/.*

Žabljak (2.000 Einwohner) thront als *höchstgelegene Stadt Montenegros* und des Balkans auf fast 1.500 Metern Höhe. Als touristisches Herz des Durmitor-Nationalparks bietet der lebhafte Ort alles, was der Wohnmobilist braucht. Nutzen Sie die Gelegenheit, Ihre Vorräte aufzufüllen und zu tanken, denn Möglichkeiten dafür bieten sich vor und nach Žabljak nur selten.

Durmitor Nationalpark

Gegründet im Jahr 1952, umfasst der Durmitor-Nationalpark mehr als 34.000 Hektar, was ihn zum größten Schutzgebiet Montenegros macht. Seit 1980 gehört er zum *UNESCO-Weltnatur- und Kulturerbe*. Die Landschaft reicht von 500 Metern über dem Meeresspiegel bis zu den beeindruckenden Gipfeln des Durmitor-Massivs mit 48 Gipfeln über 2.000 Metern, darunter der **Bobotov Kuk** mit 2.522 Metern. Die 18 Gletscherseen, die sich über das Bergmassiv und das Jezerska Površ-Plateau verteilen, werden oft als »Gorske Oči« (Bergaugen) bezeichnet.

Der Ursprung des Namens »Durmitor« ist umstritten; Theorien reichen vom ostromanischen »Schlafplatz« (von »dormire« – schlafen), bis zu keltischen Wurzeln mit verschiedenen Bedeutungen wie »Wasser vom Berg« oder »bergrückenartiger Berg«.

Ein 100 Kilometer langes Netz markierter Wanderwege führt durch die Höhen des Durmitor-Massivs, und eine Seilbahnfahrt auf den Osthang des meistbesuchten Gipfels Savina Kuk eröffnet atemberaubende Ausblicke.

Im Park finden sich auch mittelalterliche Grabsteine, die sogenannten Stećaks, die aus dem 11. bis 16. Jahrhundert stammen. Oft mit symmetrischen Mustern und Tierdarstellungen verziert, erzählen sie von dem Leben, Glauben und den Traditionen ihrer Zeit. Sie sind nicht nur in Montenegro, sondern auch in Bosnien und Herzegowina, Kroatien (Dalmatien) sowie Serbien verbreitet.

TOUR 15

Der **Schwarze See**, oder Crno Jezero, ist der größte und beeindruckendste Gletschersee des Parks. Seine Farbe wechselt je nach Lichteinfall von verschiedenen Grün- und Blautönen bis hin zu tiefem Schwarz. Die umliegenden Tannen, Kiefern und Fichten spenden dem See Schatten und tragen zur Namensgebung bei. Der See setzt sich aus dem 26 Meter tiefen Großen See (Veliko Jezero) und dem mit 50 Meter fast doppelt so tiefen Kleinen See (Malo Jezero) zusammen, die eine Fläche von etwa 500 Hektar bilden. Die beiden Seen sind durch einen Wasserweg miteinander verbunden, der in heißen Sommern zum Teil vollständig austrocknet. Ein 3,6 Kilometer langer Wanderweg umrundet den See, führt durch dichte Wälder und bietet spektakuläre Ausblicke. Zur kalten Jahreszeit ist der Schwarze See oft stark verschneit. Hinter der spiegelglatten Wasseroberfläche des Sees erhebt sich der **Berg Meded** mit einer imposanten Höhe von 2.287 Metern. Im Frühjahr fließt das Schmelzwasser dieses Berges direkt in die Tiefe des Sees und bietet ein beeindruckendes Naturschauspiel. Im Sommer erwärmt sich das Wasser auf bis zu 20 Grad und bietet eine willkommene Erfrischung nach einer anstrengenden Wanderung. Die meisten Touristen genießen die Schönheit des Sees allerdings in Kanu oder Kajak. Für Verpflegung ist in unmittelbarerer Nähe zum Crno Jezero gesorgt. Für das leibliche Wohl sorgt ein am Ufer gelegenes Restaurant mit traditionell montenegrinischer Küche.

Seine Farbe wechselt je nach Lichteinfall von verschiedenen Grün- und Blautönen bis hin zu tiefem Schwarz.

Weitere Informationen finden Sie auf der Website des Nationalparks: *https://www.durmitornp.com/.*

146 Durmitor Wanderparkplatz

GPS: N 43°09'04" E 19°06'10". **Max. WOMOs:** 5–7. **Ausstattung:** Strom (nur in der Hauptsaison), Bänke, Mülleimer. **Beschreibung:** Die gerade Kiesparzellen mitten in der Natur garantieren absolute Ruhe. In nur 15 Minuten erreichen Sie zu Fuß den Ort mit Einkaufsmöglichkeiten und Restaurants. **Preis:** 3 € für Übernachtung + 5 € Eintritt für NP p. P., zu entrichten beim Parkwächter. **Zufahrt:** Verpassen Sie nicht die schmale Einfahrt. Die Zufahrtsstraße ist eng und holprig.

TOUR 15

Direkt vom Stellplatz aus führt der Weg zum Crno Jezero . Die ersten 200 Meter verlaufen durch den Wald, bis man auf die asphaltierte Zufahrtsstraße direkt zum See gelangt.

Spiegelbild der Berge im Crno Jezero

Rundweg um den Crno Jezero

Länge: 3,5 km. **Gehzeit:** 1,5 bis 2 Std. **Schwierigkeitsgrad:** Leicht bis moderat. **Beschreibung:** Vom Parkplatz am Eingang zum Nationalpark leitet Sie die Beschilderung zum Schwarzen See. Ein kurzer, abfallender Pfad bringt Sie unmittelbar ans Ufer. Der gut ausgebaute und markierte Weg schlängelt sich durch dichte Wälder und offenbart spektakuläre Ausblicke auf den See sowie die umliegenden Gipfel des Durmitor-Massivs. Der Weg ist überwiegend flach mit einigen sanft hügeligen Passagen und für alle Fitnesslevel geeignet. Entlang der Strecke finden sich mehrere Aussichtspunkte. An der Nordseite des Sees überquert eine kleine Holzbrücke einen Zufluss – ein perfekter Ort für Fotos mit Blick auf den See und den dahinter liegenden Berg Medjed. Nachdem Sie den See umrundet haben, führt der Weg zurück zum Ausgangspunkt am Parkplatz. Alternativ können Sie von hier aus zu weiteren Wanderungen in den Nationalpark aufbrechen.

Tipp: Am frühen Morgen trifft man hier noch auf keine Menschenseele und es herrscht absolute Stille!

Im Ort gibt es vier Campingplätze. Empfehlen können wir:

147 Žabljak – *AutoCamp Mlinski Potok*

GPS/Kontakt: N 43°09'19" E 19°06'03", Pitomine 40, Tel. +382 69 821 730; *https://autocampmlinskipotok.com/de/*. **Öffnungszeit:** Mai bis Ende November. **Ausstattung:** Campingplatzüblich, Gemeinschaftsküche, Bar mit kleinen Gerichten, Feuerstelle, warme Duschen, Waschmaschine, Fahrradverleih. **Beschreibung:** Der Platz besticht durch seine schöne Lage und die herrliche Aussicht. Die Stellplätze bieten wenig Schatten. Das Sanitärgebäude ist einfach gehalten, jedoch sauber. Gelegen auf 1.472 m Höhe, bis zum Stadtzentrum sind es 2 km. Wanderwege führen vom Camp aus zu den Gipfeln der Bergkette. Der junge Besitzer spricht sogar deutsch. **Preis:** 20–25 €. **Zufahrt:** Beim Visitor Center rechts, ausgeschildert. Achtung: Die Straße ist schmal und voller Schlaglöcher.

TOUR 15

Auf der Panoramastraße 1 geht es weiter. Mit etwas Glück sieht man auf der Hochebene *freilebende Herden von Wildpferden*. Stellenweise erinnert das Gebirgspanorama an die Dolomiten.

Nikšić (70.000 Einwohner) ist nach Podgorica die zweitgrößte Stadt in Montenegro. Bereits in der Antike war dieses Gebiet als Siedlung der illyrischen Endirudini unter dem Namen Anderba oder Enderon bekannt. Später kamen die Slawen und nannten es **Onogošt**. Die Überreste der alten Siedlung sind noch heute ein Zeugnis dieser Zeit. Im 15. Jahrhundert wurde aus Onogošt Nikšić, benannt nach dem montenegrinischen Stamm der Nikšići. Heute ist Nikšić ein wichtiges industrielles, kulturelles und Bildungszentrum und vor allem als Heimat des Bieres Nikšičko pivo bekannt. Die Trebjesa-Brauerei ist die einzige Brauerei im Land. Wenn Sie in Nikšić sind, sollten Sie unbedingt ein Glas ***Nikšićko***

pivo probieren. Živjeli! (Prost!). Insgesamt ist die Stadt aber keine Touristenattraktion.

Von hier aus sind es nur 15 Kilometer bis zum **Kloster Ostrog**. Die weißen Kirchenfassaden strahlen einem schon von Weitem entgegen. Die Beschilderung führt Sie lückenlos zu diesem heiligen Ort. Direkt am Ortseingang von Ostrog bietet ein Parkplatz beim Restaurant ***Pod Ostroškom*** Stellplätze für Wohnmobile – inklusive Frühstück für 10 Euro. Leider gibt es keine Busverbindung zum Kloster; wer nicht zu Fuß gehen möchte, muss ein teures Taxi nehmen. Auf unsere Nachfrage hin liegt der Preis für Hin- und Rückfahrt bei etwa 25 Euro. Da die Verständigung mit dem Restaurantbesitzer jedoch etwas schwierig war, ist diese Information mit Vorsicht zu genießen. Falls Sie jedoch anderweitig mobil sind oder den Aufstieg zu Fuß nicht scheuen, mag es gerade in der Hauptsaison eine gute Alternative zu der abenteuerlichen Fahrt bis ganz oben sein.

148 Restaurant *Pod Ostroškom* – N 42°40'45" E 18°58'39"

Die fünf Kilometer lange Anfahrt zum Kloster verlangt dem ***Fahrzeuglenker volle Konzentration*** ab. Je näher man dem Kloster kommt, desto enger wird die Straße und desto weniger Ausweichmöglichkeiten gibt es. Bei entgegenkommenden PKWs ist das größtenteils kein Problem, doch es sind auch viele Reisebusse unterwegs. Falls Sie Bedenken haben, ob Sie diesen Nervenkitzel bis ganz nach oben wagen, empfehlen wir, einen der unteren Parkplätze bei den Souvenirshops und Restaurants zu nutzen (N 42°40'11" E 19°01'36"). Von dort aus sind es 25 Minuten zu Fuß durch den Wald.

Innenhof des Klosters Ostrog

Hat man sich mit dem Wohnmobil bis ganz oben durchgekämpft, findet man direkt unterhalb des Klosters einen weiteren, auch für Übernachtungen geeigneten Parkplatz.

149 Kloster Ostrog

GPS: N 42°40'31" E 19°01'38". **Max. WOMOs:** 5–6. **Ausstattung:** Toilette, Mülleimer. **Beschreibung:** Ebener Asphaltparkplatz ausschließlich zum Parken, ohne Campingverhalten. Tagsüber herrscht reger Betrieb, doch abends kehrt Ruhe ein. Der Aufstieg zum Kloster dauert über Stufen etwa 15 Minuten. Unsere Empfehlung: Den Parkplatz am Abend anfahren, wenn der Hauptbesucherstrom weg ist, und das Kloster frühmorgens besuchen (6 bis 20 Uhr). Auf dem Weg hinunter begegnen uns morgens um 8 Uhr nur wenige PKW. **Zufahrt:** Folgen Sie der schmalen Auffahrt bis zum Ende.

Bei unserer Ankunft am Samstagabend sehen wir viele Menschen mit Gepäck, die hinauf zum Kloster pilgern. Der Grund wird uns am nächsten Morgen klar: Sonntagsgottesdienst. Viele Gläubige verbringen die Nacht auf dem Vorplatz, da die Schlafräume dem Andrang nicht standhalten. Berge an Decken werden verteilt, und die Wallfahrer schlafen auf dem Boden unter freiem Himmel.

Kloster Ostrog

Das Kloster Ostrog gilt als das *bedeutendste religiöse Zentrum* Montenegros. Gewidmet ist es dem heiligen Basilius von Ostrog (Sveti Vasilije Ostroški), dessen Reliquien hier aufbewahrt und als wundersam heilend verehrt werden. Majestätisch schmiegt es sich in die fast senkrechte Felswand von Ostroška Greda.

Geschichte

Das Kloster wurde 1656 vom Metropoliten von Hum und der Herzegowina, Vasilije Jovanović, gegründet. Er lebte dort bis zu seinem Tod im Jahr 1671. Während des Zweiten Weltkriegs versteckte sich der Patriarch Gavrilo von Jugoslawien vor den heranrückenden deutschen Besatzungstruppen im Kloster. Auch der gerade inthronisierte König Peter II. suchte hier kurzzeitig Zuflucht. 1941 entdeckte die Gestapo das Versteck und fand dort Teile des serbischen Staatsschatzes.

Das Kloster ist ein spiritueller Ort, der Menschen aller Glaubensrichtungen anzieht. Allein in den Sommermonaten empfängt es mehr als 100.000 Besucher.

Beeindruckend liegt das Kloster Ostrog in der Felswand

TOUR 15

Früher musste der Weg zum Kloster barfuß zurückgelegt werden, was wir allerdings auslassen. Die mystische Atmosphäre und der grandiose Blick ins Tal machen den Besuch unvergesslich. *Fotografieren ist größtenteils untersagt.* Wir betreten die Klosteranlage durch das Eingangstor und finden uns inmitten von Pilgern wieder. Die Stimmung nimmt einen sofort gefangen: Orthodoxe Gesänge und tief in Gebet versunkene Gläubige, manche sichtlich von ihren Gefühlen bewegt. Ob aus Trauer oder Dankbarkeit, wir wissen es nicht. Viele kommen hierher, um Heilung für Körper und Geist zu erbitten.

Die mystische Atmosphäre und der grandiose Blick ins Tal machen den Besuch unvergesslich.

Im hinteren Teil des Klosters warten viele Menschen vor einer kleinen **Kapelle**, in der die Reliquien des heiligen Basilius von Ostrog aufbewahrt werden. Seine sterblichen Überreste sind ein zentraler Anziehungspunkt für Pilger aus aller Welt. Im Kloster ist Sittsamkeit und Demut angebracht. Manche Räume werden sogar rückwärtsgehend verlassen, um den Ikonen nicht den Rücken zu kehren. *Kirchentaugliche Kleidung* ist an diesem heiligen Ort obligat.

Das war unsere letzte beeindruckende Station in Montenegro. Wir fahren zurück nach Kotor und zur Adria Magistrale. Hier schließt sich der Kreis und wir treten die Heimreise an. Ihnen wünschen wir noch interessante und sonnige Tage in Montenegro beziehungsweise Kroatien.

Viel Spaß bei all Ihren Unternehmungen. Danke, dass Sie uns auf dieser Reise begleitet haben – *es war uns eine Freude!*

Tipps und Infos

Anreise

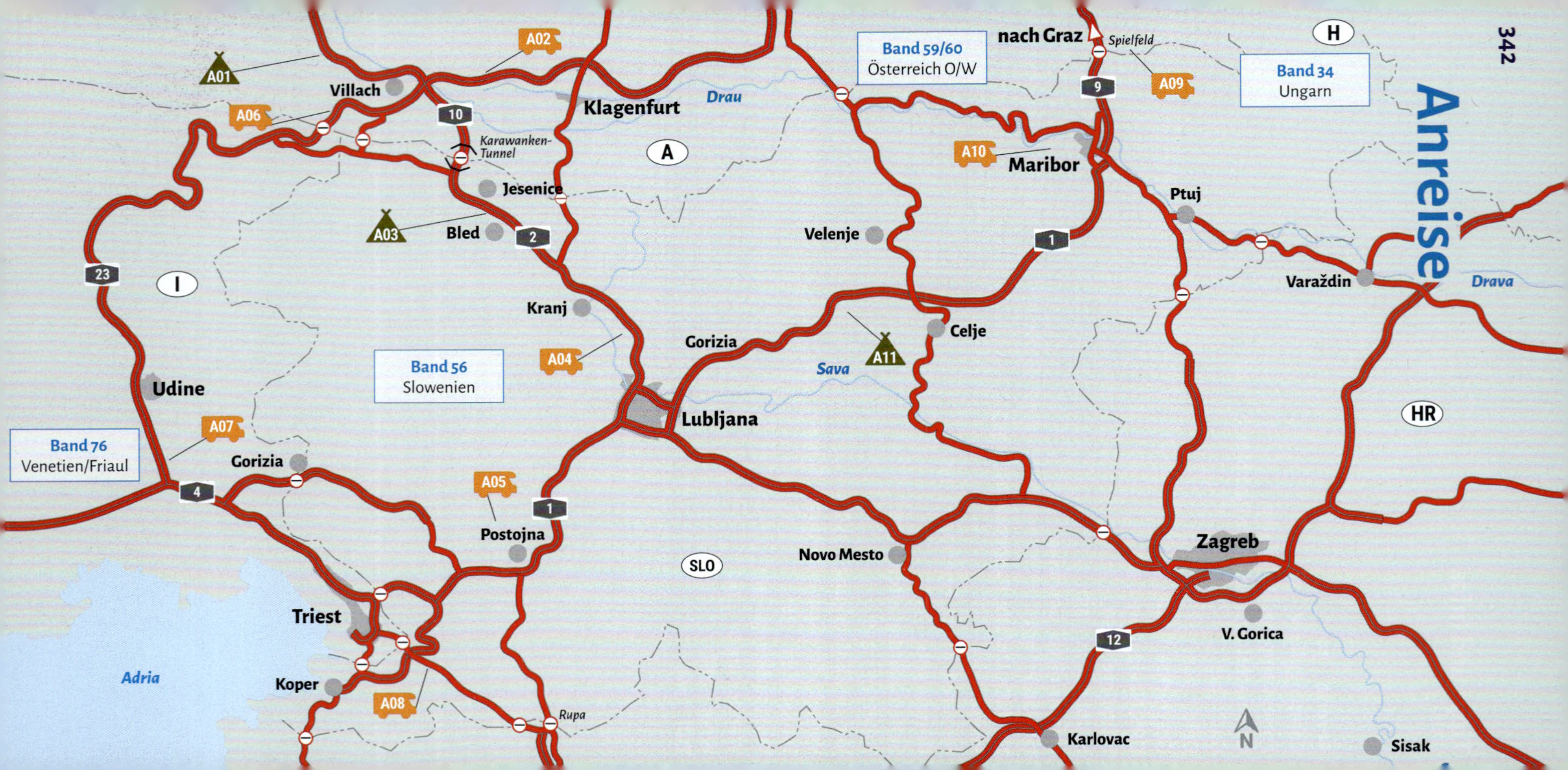
nach Graz
Spielfeld
Band 59/60
Österreich O/W
Band 34
Ungarn
H
A09
9
A02
A01
Villach
A06
10
Karawanken-
Tunnel
Klagenfurt
Drau
A
A10
Maribor
Ptuj
Jesenice
A03
Bled
2
Velenje
1
Varaždin
Drava
23
I
Kranj
Gorizia
Celje
A11
Sava
A04
Band 56
Slowenien
Udine
Lubljana
HR
A07
Band 76
Venetien/Friaul
Gorizia
4
A05
1
Postojna
Novo Mesto
SLO
Zagreb
Triest
V. Gorica
12
Adria
Koper
A08
Rupa
Karlovac
N
Sisak

Anreise

Während einige Reisende am liebsten schnellstmöglich von A nach B gelangen, erkunden andere gerne die Sehenswürdigkeiten unterwegs und freuen sich vielleicht über ein paar gesparte Euro durch umschiffte, kostenpflichtige Streckenabschnitte.

Nicht nur Herkunft und Budget spielen bei der Anreise eine Rolle, sondern auch der Zeitfaktor. Bei begrenzten Urlaubstagen neigen Sie vielleicht zur schnelleren, wenngleich kostspieligeren Autobahnroute. Langzeitreisende sehen oft den Weg als Ziel und vermeiden dann vielleicht kostenpflichtige Mautstraßen.

Wir haben versucht, mit unseren Routenvorschlägen verschiedenen Ansprüchen gerecht zu werden. Jedoch ist es fast unmöglich, jedem die perfekte Route detailliert vorzustellen.

Für die Erkundung der vielen Sehenswürdigkeiten unterwegs empfehlen wir Ihnen *die jeweiligen Reiseführer des WOMO-Verlags*. Ein Blick in die Anreisekarte gibt dabei weitere Orientierung.

Da wir selbst aus dem Süden Deutschlands kommen, bevorzugen wir die klassische Route nach Kroatien. Für Zwischenübernachtungen haben wir Ihnen Empfehlungen zu jeder Route zusammengestellt.

Route:
München – Salzburg – Villach – Karawanken-Tunnel (Slowenien) – Autobahn Bled – Ljubljana – Postojna – Rupa (Kroatien)

Auf der rund 500 Kilometer langen Strecke zwischen München und Kroatien kann es, besonders während der Ferienzeit, zu Staus kommen. Vor allem die langen Tunnel sind oft betroffen. Bei hohem Verkehrsaufkommen herrscht hier Blogabfertigung, was zu erheblichen Wartezeiten führen kann. Achten Sie daher bereitsvorher auf die angezeigten Meldungen des Verkehrsleitsystems.

A01 Ziebl – *Camping Nagelerhof*

GPS: N 46°44'26" E 13°34'38", Ziebl 4. Stellplätze auf einem Bauernhof mit sauberen Duschen und nicht parzellierten, ebenen Stellplätzen auf Wiesengrund. Die Zufahrt ist eng, das Zentrum zu Fuß erreichbar. Geöffnet von Mitte März bis Ende Oktober. Anfahrt über Autobahn A10, Ausfahrt Spittal-Ost, von der Drautalstraße B100 bei Mautbrücken rechts abbiegen.

A02 Velden am Wörthersee

GPS: N 46°36'27" E 14°03'00", Augsdorfer Str. 17.

A03 Blejska Dobrava – Camping Perun Lipce

GPS: N 46°24'55" E 14°06'20". Stellplätze auf Wiese mit schöner Aussicht auf Berge und Fluss. Geöffnet von April bis Mitte September, nur fünf Minuten von der Autobahn A2 entfernt, Ausfahrt Jesenice-vzhod.

A04 Valburga

GPS: N 46°10'09" E 14°25'20", Valburga 7.

A05 Postojna Höhle

GPS: N 45°46'50" E 14°12'1", Veliki Otok 1. Der Platz liegt relativ nahe der Autobahn und ermöglicht den Besuch einer der berühmtesten Höhlen der Welt.

Wer auf dieser Route die slowenische Maut umgehen möchte, kann einen kleinen Umweg über Italien in Betracht ziehen:

Route:
Villach – Udine –Triest – Kozina (Slowenien) – Pasjak (Kroatien)

A06 Arnoldstein

GPS: N 46°32'59" E 13°42'00", Seltschacher Str. 3.

A07 Palmanova

GPS: N 45°54'42" E 13°19'04", Via Risorgimento.

A08 Hrpelje

GPS: N 45°36'21" E 13°56'51", Reška Cesta 45.

Vignetten und Gebühren
Österreich (Stand 2024): Für die Benutzung der Autobahn benötigen WOMOs/Kastenwägen bis 3,5 Tonnen und drei Meter Höhe eine Vignette, die für 10 Tage 9,90 Euro kostet. Die Durchfahrt des Tauerntunnels kostet zusätzlich 13,50 Euro, und für den Karawanken-Tunnel nach Slowenien werden weitere 7,80 Euro fällig.

Österreichisches Pickerl

Für WOMOs *über 3,5 Tonnen* gilt ein Preis pro Kilometer. Die Abrechnung erfolgt über die Go-Box, deren Anschaffung 5 Euro kostet. Mehr Infos unter www.go-maut.at.

Slowenien (Stand 2024): Für die Nutzung der Autobahn oder Fernstraßen ist eine Vignette Pflicht. Eine Wochen-Vignette kostet 15 Euro, die Monatsvignette 30 Euro. Erhältlich bei ÖAMTC in Österreich, AMZS in Slowenien und an Tankstellen im Grenzgebiet.

Italien (Stand 2024): Die Höhe der Autobahngebühren wird nach gefahrenen Kilometern und dem Hubraum oder Achsabstand berechnet. Man bezahlt beim Verlassen der Autobahn. Für überstehende Lasten ist eine rot-weiße Warntafel vorgeschrieben.

Alternative Anreiserouten
Von Radstadt aus führt parallel zur Autobahn eine landschaftlich reizvolle Strecke über den Tauernpass und den Katschberg nach Süden. Diese Alternative ermöglicht es Ihnen, den Tauern- und Katschbergtunnel zu umgehen. Die Strecke ist gut ausgebaut, kostenfrei und kaum länger als der Autobahnweg. Allerdings sind etliche Kurven sowie Steigungen und Gefällestrecken zu bewältigen.

Eine weitere Möglichkeit, wenngleich nicht tunnelfrei, aber etwas angenehmer und weniger stauanfällig als die Tauernautobahn, bietet die Pyrhn-Autobahn mit den kostenpflichtigen Tunnels Bosruck und Gleinalm (insgesamt 17 Euro).

Route:
Nürnberg – Regensburg – Passau – Wels – Bosruck-tunnel – Gleinalm-Tunnel – Graz – Spielfeld – Maribor – Ljubljana – Rijeka

Um die slowenische Maut zu sparen, können Sie ab dem slowenischen Grenzübergang via Landstraße nach Maribor und weiter zum kroatischen Grenzübergang Donji Macelj fahren.

Für Reisende aus dem Norden, Nordosten oder Osten bietet sich die Route über Tschechien an:

Route:
Berlin – Dresden – Prag – Linz – Graz – Spielfeld – Maribor – Ljubljana – Rijeka

A09 Unterschwarza

GPS: N 46°42'56" E 15°40'03", Unterschwarza 1.

A10 Limbuš

GPS: N 46°33'48" E 15°35'21", Limbuško nabrežje 8.

A11 Prebold – *Campingpark Latkova Vas*

GPS/Kontakt: N 46°15'21" E 15°05'57", Latkova vas 227, Tel. +41 472 496; *https://www.campingprebold.si/*. Kleiner, familiärer Platz am Fluss, geöffnet von April bis Ende Oktober. Nahe der Autobahn A1, Ausfahrt Šempeter/Polzela/Prebold.

Wichtig: Informieren Sie sich vor Reisebeginn über Geschwindigkeitsbegrenzungen und Verkehrsregeln in den Ländern, die Sie durchqueren. Diese können je nach Fahrzeuggewicht variieren und bei Verstößen werden teils hohe Strafen fällig.

Campingplätze

Camping in Kroatien boomt wie kaum in einem anderen Land und seit der letzten aktualisierten Ausgabe dieses Reiseführers hat sich vieles verändert. Dieser Wandel ist vor allem auf das enorme Wachstum der Campingbranche in den letzten Jahren zurückzuführen. Mehr Camper bedeuten auch mehr Campingplätze. Viele der ehemals kleinen Plätze, besonders in Istrien und auf den Inseln, wurden von großen Ketten übernommen.

Das Campen hat in Kroatien eine lange Tradition. Es gibt viele Campingplätze und die meisten davon liegen an der Küste, oft an schönen Buchten. Die Ausstattung reicht von sehr einfach bis zu modern mit allem, was das Camperherz begehrt. Es werden fast allerorts hohe Beträge in die Renovierung maroder und nicht mehr zeitgemäßer Campingplätze investiert. Die kleinen, einfachen Plätze zu finden, ist mittlerweile fast wie die Suche nach der Nadel im Heuhaufen. Ganz im Süden gibt es noch mehr dieser Mini-Camps, während in den typischen Urlaubsregionen wie Istrien und der Kvarner Bucht fast alle kleinen Autocamps riesigen Ferienanlagen gewichen sind.

Was Kroatien schon immer ausmacht, sind **FKK-Campingplätze.** Die Nudisten wird das freuen. Beachten Sie aber bitte: Hier ist Ausziehen Pflicht und jeder Besucher eines solchen Platzes muss sich freimachen.

Die Preise sind in den letzten Jahren spürbar gestiegen. Oftmals hört man, dass Kroatien zu einem recht kostspieligen Urlaubsziel geworden ist. Im Vergleich zu früher trifft das durchaus zu. Doch sollte man nicht außer Acht lassen, dass die meisten Plätze heute mit einer hochmodernen Ausstattung glänzen und ein umfangreiches, für unseren Geschmack manchmal schon zu ausuferndes, Freizeitangebot bieten. Dieser hohe Standard hat seinen Preis. Trotzdem sind auch immer wieder Plätze dabei, die vor allem in der Hochsaison unverschämt hohe und überzogene Forderungen stellen. Um unangenehme Überraschungen zu vermeiden, sollten Sie sich immer vorab über den Preis informieren.

Reservierungen sind in der Hochsaison zu empfehlen, in der Nebensaison nach unserer Erfahrung jedoch nicht zwingend notwendig. Vor allem die begehrtesten Plätze direkt am Meer sind oft nur mit frühzeitiger Buchung zu sichern.

Wer es ursprünglicher mag, dem seien die Campingplätze in Montenegro empfohlen. Hier genießen Sie noch Ruhe und eine weitgehend unberührte

Camping Šimuni auf der Insel Pag (Tour 7)

Natur. Zwar sind »normale« Campingplätze im Land noch eher selten, doch besonders in der Gegend um Ulcinj finden Sie eine gute Auswahl. Die Ausstattung der Plätze ist grundsätzlich akzeptabel, und obwohl die Preise angesichts des wachsenden Tourismus leicht ansteigen, sind sie dennoch vergleichsweise günstig.

Eine nette Alternative bieten in beiden Ländern **Privatcamps**, bei denen die Gastgeber ihre Gärten, Höfe oder Wiesen zur Verfügung stellen. Man erkennt sie gut an den Schildern direkt an der Straße. Die Ausstattung ist eher dürftig, dafür aber die Aufnahme herzlich.

Noch ein Tipp: Mit der *Campingcard ACSI* kann man in der Vor- und Nachsaison erheblich günstiger auf vielen Campingplätzen übernachten.

Freies Camping, Stellplätze, Übernachtungsgeeignete Parkplätze

Eigentlich ist es nicht verwunderlich, dass Freistehen in Kroatien untersagt ist – in keinem anderen Land ist die Dichte an Campingplätzen gefühlt so hoch. In der Hauptsaison drohen bei Zuwiderhandlung hohe Geldbußen. Während der Nebensaison, wenn viele Campingplätze geschlossen sind, wird gelegentlich ein Auge zugedrückt. Diese Erfahrungen sind jedoch persönlich und sollten nicht als Empfehlung verstanden werden. Ob Campingverhalten bei einem Tagesbesuch, zum Beispiel an einen Badeplatz, möglich ist, hängt immer davon ab, wie hoch der Platz frequentiert ist.

Ausnahmsweise eindeutig

In Montenegro, wo das Wohnmobilaufkommen noch etwas geringer ist, zeigt sich die Bevölkerung beim Thema Freistehen aufgeschlossener; Probleme bleiben in der Regel aus. Offiziell ist wildes Campen verboten, wird aber meist toleriert – außer in Nationalparks. Im Durmitor Nationalpark beispielsweise ist freies Campen streng verboten und zieht Strafen nach sich. Gehen Sie jedoch niemals davon aus, dass etwas legal ist, nur weil (zahlreiche) andere es tun und bedenken Sie, dass sich auch Gesetze immer ändern können.

Offizielle Stellplätze sind in Kroatien rar und in Montenegro praktisch nicht vorhanden. Man merkt, dass die Kommunen ebenfalls daran interessiert sind, dass die Camper auf die Campingplätze gehen. Als offizieller Stellplatz ausgewiesene Flächen sind meist eher Parkplätze und haben sehr selten eine Ver- und Entsorgungsstation.

Übernachtungsgeeignete Parkplätze haben wir aufgeführt, wenn man beim Parkwächter oder am Automaten für 24 Stunden bezahlen kann Diese eignen sich in der Regel nur für kurze Besichtigungsaufenthalte, das heißt, Sie können hier notfalls einmal für eine Nacht stehen.

Was Ihnen in Kroatien sehr häufig begegnen wird, sind Camping-Verboten-Schilder in den verschiedensten Varianten. Bei der Menge an Wohnmobilen ist das teilweise nachvollziehbar, gibt aber oft auch Grund zur Frustration, denn dabei ist so *manches Verbotsschild nicht ganz eindeutig*.

Noch ein Tipp: Beginnen Sie frühzeitig mit der Suche nach einem Übernachtungsplatz. Das bedeutet: Warten Sie nicht, bis Sie vor Müdigkeit kaum noch stehen können, und wenn möglich, suchen Sie bei Tageslicht!

Gas

Die meisten Wohnmobile sind mit zwei Flaschen à 11 Kilogramm ausgestattet oder sogar mit einem Gastank bestückt. Wenn Sie bereits vor der Abreise für eine frische Befüllung sorgen, werden Sie unterwegs kaum in Verlegenheit geraten. Außerhalb des Frühjahrs ist es unwahrscheinlich, dass Sie unterwegs eine Heizung benötigen. Sollte dennoch einmal Bedarf bestehen, können Sie Ihre Gasflaschen an den INA-Tankstellen füllen lassen: *https://www.ina.hr.* Die Flaschen dürfen nicht älter als fünf Jahre sein. Auch die großen Campingplätze bieten mittlerweile Füll- und Tauschmöglichkeiten. Und falls nicht, kann man Ihnen fast immer sagen, wo Ihnen weitergeholfen wird.

Hinweis: In den letzten Jahren wurden die Füllstationen deutlich reduziert, und gelegentlich wird die Befüllung deutscher Flaschen abgelehnt. Die Maße und Anschlüsse von vor Ort getauschten Propangasflaschen sind oft nicht kompatibel mit deutschen WOMOs. Daher ist es ratsam, ein *Eurofüllset* mitsamt notwendigen Adaptern (speziellen Anschlusstücken) dabei zu haben. Diese sind im Campingfachhandel erhältlich.

Geld

Mit der Ablösung der bisherigen Landeswährung Kuna (HRK) durch den Euro im Januar 2023 hat sich vieles vereinfacht. Ein Währungsumtausch ist nun nicht mehr notwendig. Bankautomaten finden Sie in Kroatien flächendeckend. Beachten Sie jedoch, dass – wie auch in anderen Ländern – bei Abhebungen Gebühren anfallen können. Zahlen mit der Karte erweist sich oft als praktische Alternative. Es ist ratsam, möglichst häufig mit Girocard oder Kreditkarte zu zahlen, da dies bis auf wenige Ausnahmen in fast jedem Supermarkt, Restaurant und Campingplatz möglich ist. Wichtig: Notieren Sie sich vorsorglich die Telefonnummer des **Sperrnotrufs** für alle Ihre Karten. Sollten Sie einen Verlust feststellen, zögern Sie nicht, sofort dort anzurufen.

In Montenegro stellt die Währung ein Phänomen dar: Obwohl das Land kein Mitglied der Europäischen Union ist, wird der Euro offiziell als Zahlungsmittel verwendet. Dies vereinfacht die Dinge für uns Touristen erheblich, vor allem, da Montenegro nach wie vor eine Bargeldgesellschaft ist.

Geschichte

Kaum ein anderes Gebiet in Europa blickt auf eine derart bewegte Geschichte zurück wie die Balkanhalbinsel. Schon seit jeher war sie ein Schnittpunkt verschiedener Kulturen und Zivilisationen und war das Ziel rivalisierender, sich bekriegender Völker.

Von Illyrern über Griechen und Römer bis hin zu Slawen, Germanen und Türken – jede dieser Gruppen hat ihre Spuren hinterlassen. Angesichts dieser reichen Geschichte können wir hier nur einen sehr groben Überblick bieten.

Die ersten Zeichen menschlicher Besiedlung reichen bis in die Steinzeit zurück, unsere Darstellung beginnt in einer etwas jüngeren Epoche:

Auf den Spuren der Römer in Split (Tour 8)

1.200 vor Christus
Illyrer und Delmaten lassen sich als Siedler in Dalmatien und teilweise auch in Istrien nieder.

700–300 vor Christus
In diesen Jahrhunderten dringen die Griechen vor und gründen etliche Kolonien und Handelsniederlassungen. Um 500 vor Christus fallen die Kelten auf der Halbinsel Istrien ein und führen Raubzüge durch.

200 vor Christus – 600 nach Christus
Die Römer erobern Istrien und Dalmatien. Konsul Gaius Fabius Buteon bezwingt mit seinen Legionen die Kelten. Der letzte Krieg (177 vor Christus) kostet die istrischen Kelten fast 20.000 Mann. Ab dem 1. Jahrhundert verbreitet sich das Christentum. Ab dem 6. Jahrhundert wandern verschiedene Slawenstämme ein und lassen sich nieder.

800–1.100 nach Christus
Um 850 lassen sich Serben im Süden Dalmatiens nieder. Kroaten besiedeln die Region um Split und bilden einen Staat. 925 krönt der Papst Fürst Tomislav zum König der Kroaten. Ab 1.102 steht das kroatische Königreich für 800 Jahre mit Ungarn in Personalunion.

1.400–1.800 nach Christus
Dalmatien wird ab 1409 venezianisch. Vom Süden her dringen die Türken auf den Balkan. Einzig die Freie Republik Ragusa (Dubrovnik) bewahrt ihre Selbstständigkeit durch die Anerkennung der türkischen Oberhoheit.

1797
Napoleon beendet die venezianische Herrschaft.

1918
Slowenen, Kroaten und Serben gründen nach dem Ersten Weltkrieg das Königreich Jugoslawien. Nach der Kapitulation 1941 erfolgt eine Aufteilung durch Deutschland und Italien. Dalmatien und Kroatien bilden eine Verwaltungseinheit.

1939–1945
Kroatien wird eigenständiger nationalfaschistischer Staat, die Italiener annektieren Dalmatien.

1946–1948
Nach der Abschaffung des Königtums 1945 wird Jugoslawien zu einer sozialistischen Republik, der sogenannten Föderativen Volksrepublik Jugoslawien. Nach dem Bruch mit der Sowjetunion betreibt der Staat, mit dem Präsidenten und Parteichef Tito an der Spitze, eine Politik der Blockfreiheit.

1980
Tito stirbt, das Land steuert in eine heftige Wirtschaftskrise. Unruhen entstehen durch die Ausbreitung von Nationalismus im Vielvölkerstaat.

1991–1992
Nach einem Referendum, bei dem 93,2% der Wahlberechtigten für die Souveränität stimmen, erklärt Kroatien im Juni 1991 unter Franjo Tuđman seine Unabhängigkeit. Die internationale Anerkennung Kroatiens erfolgt ab dem 15. Januar 1992. Die serbisch orientierte Jugoslawische Volksarmee reagiert mit kriegerischen Maßnahmen darauf. Der Versuch der Jugoslawischen Volksarmee, die Unabhängigkeitsbestrebungen militärisch niederzuwerfen, mündet 1991 bis 1995 in den fast vier Jahre andauernden Kroatien-Krieg. Im Friedensabkommen von Dayton, unterzeichnet von Serben, Kroaten und Bosniern, erfolgt eine Anerkennung beziehungsweise Sicherung der kroatischen Grenzen.

2013
Kroatien tritt der EU bei.

2023
Kroatien führt den Euro als Zahlungsmittel ein und wird Mitglied des Schengener Abkommens.

Auch Montenegro war ein Teil des »Pulverfasses Balkan«.In seiner Vergangenheit erlebte das kleine Land fast immer Fremdherrschaft und fand sich inmitten der vielen Konflikte als Spielball zwischen den Großmächten wieder. Auch heute ist die politische Lage alles andere als überschaubar, die Perspektive ungewiss. Derzeit ist das Land Beitrittskandidat für die EU, eine schnelle Veränderung des Status quo scheint in weiter Ferne zu liegen.

GPS, Navigation

Kaum ein Wohnmobilist ist heutzutage ohne Navigationsgerät (oder Smartphone) unterwegs. Trotzdem haben wir uns bemüht, alle Plätze so zu beschreiben, dass Sie diese auch ohne technische Hilfe anfahren könnten. Für alle Stell-, Park- und Campingplätze sowie viele Sehenswürdigkeiten und andere wichtige Orte sind die **Koordinaten in Grad, Minuten und Sekunden** angegeben. Falls Ihr Gerät anders eingerichtet sein sollte (ohne Sekundenangabe, stattdessen Minuten als Kommazahl), lässt sich dies normalerweise einfach anpassen.

Haustiere

Haustiere sind in Kroatien und Montenegro willkommene Reisebegleiter, sofern die Einreisepapiere in Ordnung sind. Da Kroatien EU-Mitglied ist, genügt das Mitführen des blauen **EU-Heimtierausweises** mit der Chipnummer sowie eine gültige Tollwutimpfbescheinigung. Tiere, die vor dem 3. Juli 2011 tätowiert wurden, dürfen ebenfalls einreisen. Tiere unter drei Monaten sind von der Einreise ausgeschlossen. Beim Verlassen der EU Richtung Montenegro treten keine Schwierigkeiten auf. Doch für die Rückkehr ist es wichtig, dass Ihr Tier über einen gültigen Tollwut-Titer verfügt. Dies ist ein offizieller Nachweis des *lückenlosen Tollwut-Impfschutzes*. In Montenegro dürfen die Tollwutimpfungen nicht älter als sechs Monate sein.

Wie in allen südlichen Ländern ist auch ein Schutz gegen Sandmücken, die Leishmaniose übertragen können, sinnvoll. Konsultieren Sie rechtzeitig vor Reiseantritt den Tierarzt Ihres Vertrauens.

In der Öffentlichkeit, in Restaurants, auf Fähren und in Nationalparks sind Hunde in der Regel willkommen, sofern sie an der Leine geführt werden. An den meisten Stränden sind Hunde allerdings nicht gestattet, mit Ausnahme von ausgewiesenen Hundestränden. Öffentliche Verkehrsmittel können leider nicht mit Hunden genutzt werden.

Straßenhunde sind in Kroatien eine Seltenheit, in Montenegro sind sie jedoch aufgrund der vielen ausgesetzten Tiere ein häufiger Anblick. Diese Streuner können gelegentlich eine unvorhersehbare Gefahr im Straßenverkehr darstellen. Besondere Vorsicht ist bei Hütehunden geboten, die jeden Fremdhund als potenzielle Bedrohung für ihre Herden sehen könnten. In beiden Ländern unterscheidet sich die Haltung von Hunden oft von dem, was wir gewohnt sind: Zwinger- und Kettenhaltung ist leider keine Seltenheit.

Hunde sind nur am Hundestrand erlaubt

Kriminalität

Es wäre doch zu schön, dieses Thema einfach übergehen zu können! Leider sind Sie auch im Urlaub vor Diebstahl und ähnlichen Delikten nicht gefeit. In Kroatien ist die Straßenkriminalität zwar sehr gering und Gewaltdelikte selten, doch Kleinkriminalität wie Taschendiebstähle kommt besonders in Touristengebieten vor. Diebstähle ereignen sich oft durch Autoaufbrüche und an Stränden. Auch in Montenegro spielt die Sicherheit in der Regel keine prominente Rolle bei der Urlaubsplanung. Die Maßnahmen, um es Dieben schwer zu machen, sind grundsätzlich allgemeingültig:

- Schließen Sie die Türen und Fenster. Immer! Auch, wenn Sie nur kurz zum Bäcker gehen oder in der Tankstelle bezahlen.
- Parken Sie, wenn möglich, auf bewachten Parkplätzen und aktivieren Sie die Alarmanlage.
- Hinterlassen Sie keine Wertgegenstände sichtbar im Fahrzeug.
- Verstecken Sie keine Wertsachen im Wohnmobil, es sei denn, Sie haben einen Tresor.
- Zahlen Sie möglichst bargeldlos oder führen Sie nur so viel Bargeld mit sich, wie Sie für den Tag benötigen.
- Seien Sie an Autobahn-Raststätten besonders aufmerksam und meiden Sie Übernachtungen auf Autobahnraststätten und -parkplätzen.
- Tragen Sie Wertsachen nah am Körper.
- Lassen Sie teuren Schmuck und Ihre Rolex zu Hause.
- Machen Sie vor Reiseantritt Kopien von wichtigen Papieren, die Sie getrennt von den Originalen aufbewahren, oder speichern Sie elektronische Kopien/Fotos. Im Falle eines Diebstahls oder Verlusts erleichtert dies die Ausstellung von Ersatzdokumenten.

Die goldene Regel: Verlassen Sie Ihr Wohnmobil nie mit nichts als dem Autoschlüssel in der Hand. Diebe könnten Sie bereits vorher beobachtet haben und wissen, dass Sie mehr als diesen Autoschlüssel mit auf Ihre Reise genommen haben: Geld, Laptop, Kamera, Handtasche. Haben Sie nichts dergleichen bei sich, müssen diese Dinge zwangsläufig im Wohnmobil zurückgeblieben sein.

Diese Tipps gelten besonders für Urlauber, die sich ein Wohnmobil gemietet haben, da Mietfahrzeuge oft weniger gut gesichert sind.

Lebensmittel, Getränke

Entlang der bekannten Touristenrouten finden Sie die üblichen Discounter-Ketten, die Ihnen auch von zuhause bekannt sind. Eine Vorratshaltung vor der Reise ist daher unnötig; Sie finden hier fast alles, fast überall. Die Öffnungszeiten der großen Läden sind länger als in Deutschland, oft auch an Sonn- und Feiertagen. Obst, Gemüse, Salat, Fleisch und vor allem Fisch sind in der Regel von guter Qualität. Ein Besuch auf den lokalen **Märkten** oder in **Markthallen** lohnt sich besonders, um lokale und oft günstigere Produkte zu erwerben.

In Montenegro und speziell bei Ausflügen ins Hinterland gestaltet sich das Einkaufen etwas schwieriger und erfordert mehr Planung. Große Supermärkte sind selten, doch Selbstbedienungsmärkte mit einem breiten Angebot finden sich fast in jedem größeren Ort.

Einkaufen auf dem Grünen Markt

Beide Länder sind bekannt für ihren *hervorragenden Schinken und würzigen Schaf- und Ziegenkäse*. Das wunderbare Aroma ist nicht zuletzt darauf zurückzuführen, dass die Tiere ihr Futter in freier Natur finden, statt in Stallhaltung.

Als Verdauungsschnaps empfiehlt sich ein **Slibowitz**. Geschmack und Qualität variieren, da er oftmals aus der Brennerei im eigenen Keller stammt.

Das leitet direkt über zum Thema Mitbringsel: Warum nicht etwas »Aufbrauchbares« mit nach Hause nehmen? Besonders beliebt sind Olivenöl, Wein, Spirituosen, eingelegte Früchte und Honig. In Dalmatien werden Rosmarin, Lavendel, Salbei und andere Kräuter zu Duftölen verarbeitet oder getrocknet in kleinen Säckchen als Souvenirs verkauft. Erst gegen Ende der Reise sollten Sie Mitbringsel wie Schafskäse oder luftgetrockneten Schinken erstehen.

Literatur

Ergänzend zu diesem Reiseführer empfehlen wir Ihnen wärmstens die Reiseführer des *Michael Müller Verlags* zu Kroatien und Montenegro. Diese beschäftigen sich noch intensiver mit Kunst, Kunstgeschichte und Architektur. Zudem verfügen sie über einen ausführlichen Wanderteil. Für Kroatien sind diese speziell für einzelne Regionen erhältlich.

Notfälle, Unfall, Pannendienste

Natürlich möchte kein Mensch im Urlaub krank werden. Im Falle eines Falles ist es aber beruhigend zu wissen, dass sowohl Kroatien als auch Montenegro über ein gut organisiertes Gesundheitssystem verfügen, dessen Standard dem allgemeinen südeuropäischen Niveau entspricht. Neben niedergelassenen Ärzten existieren in Kroatien vielerorts Gesundheitszentren (»Dom Zdravlja«). Viele Ärzte sprechen englisch oder sogar deutsch.

Für die akute ärztliche und Krankenhausbehandlung kann die Europäische Krankenversicherungskarte einer deutschen gesetzlichen Krankenversicherung vorgelegt werden. Unter Umständen können Zuzahlungen für bestimmte Untersuchungen, Behandlungen und Medikamente erforderlich sein. In Einzelfällen sind die Behandlungskosten sofort zu begleichen; in solchen Fällen empfiehlt es sich, eine detaillierte Rechnung ausstellen zu lassen. Da Kosten für die Rückführung nicht von den gesetzlichen Krankenkassen übernommen werden, ist für die Dauer des Auslandsaufenthaltes eine Auslandsreise-Kranken- und Rückholversicherung zu empfehlen.

Bestens abgesichert ist man bei schlimmen Fällen mit einem **ADAC-Auslandsschutzbrief**. Sie, Ihre Familie und auch das WOMO werden kostenlos nach Hause transportiert.

Apotheke

In Kroatien wird eine Apotheke »ljekarna« und in Montenegro »apoteka« genannt.

Rettungsdienst

Der kroatische Rettungsdienst ist über die allgemeine Notrufnummer 112 erreichbar, die in allen EU-Staaten gilt.

Unfall

Wichtig ist es, die Warnweste anzuziehen, die Polizei zu rufen und Fotos von der Unfallstelle zu machen. Die Polizei (Policija) erreicht man ebenfalls über

die Notrufnummer 112. Namen, Anschrift und Kennzeichen des Unfallpartners sowie von Zeugen sollten notiert werden. Füllen Sie möglichst mit allen Beteiligten den Europäischen Unfallbericht aus, den Sie sich am besten im Rahmen Ihrer Reisevorbereitungen ausdrucken, und unterschreiben Sie diesen gemeinsam. Setzen Sie Ihre Unterschrift aber keinesfalls unter einen in fremder Sprache verfassten (Polizei-)Bericht, den Sie nicht verstehen!
Bei einem Unfall empfiehlt es sich außerdem, immer sofort das Gasflaschenventil im WOMO zu schließen.
Bei einem Miet-Wohnmobil ist umgehend der Vermieter zu kontaktieren.

Für detaillierte Informationen im Fall eines Unfalls besuchen Sie *https://www.adac.de/auslandsunfall*.

Pannendienste
Für den Fall einer Panne können folgende Nummern hilfreich sein:
Kroatischer Automobilklub HAK (Hrvatski Autoklub): Tel. +385 1987
Montenegrinischer Automobilclub AMSMCG: 24-Stunden-Hilfsdienst Tel. 19807
ADAC-Auslandsnotruf: Tel. +49 89 22 22 22
Notrufdienst des Avd: Tel. +49 69 6606-600

Notrufnummern in Kroatien
Polizei: 192
Feuerwehr: 193
Unfallrettung/Krankenwagen: 194

Notrufnummern in Montenegro
Allgemeine Notrufnummer: 112
Polizei: 122
Feuerwehr: 123
Unfallrettung/Krankenwagen: 124

In Montenegro müssen größere Schäden ebenfalls grundsätzlich von der Polizei aufgenommen werden.

Diese Nummern können ohne Vorwahl von jedem Telefon aus kostenlos angerufen werden.

Zur Erinnerung: Länderkennzahl nach Deutschland: 0049 (Ortsvorwahl ohne führende 0).

Diplomatische Vertretungen
Deutsche Botschaft in Kroatien
Ulica grada Vukovara 64
10000 Zagreb
Tel. +385 1 6300 100

Österreichische Botschaft in Kroatien
Radnička cesta 80
10000 Zagreb
Tel. +385 1 488 10 50

Schweizerische Botschaft in Kroatien
Ulica Augusta Cesarca 10

10000 Zagreb,
Tel. +385 1 487 88 00

Deutsche Botschaft in Montenegro
Hercegovačka 10
81000 Podgorica
Tel. +382 20 44 10 00

Österreichische Botschaft in Montenegro
Svetlane Kane Radević 3
81000 Podgorica,
Tel. +382 20 201 135

Schweizer Generalkonsulat in Montenegro
Džordža Vašingtona 108/A36
81000 Podgorica
Tel. +382 20 620 312

Preise

»Die Preise haben ganz schön angezogen« oder »Kroatien ist ganz schön teuer geworden« lautet die Aussage, die man immer öfter von Touristen hört. Das mag wohl stimmen, aber dennoch ist es nur die halbe Wahrheit. Diejenigen, die den ehemaligen Billigpreisen nachtrauern, vergessen dabei ganz gerne, dass Leistung und Service im ehemaligen Jugoslawien nicht immer großgeschrieben wurden. Das heutige Kroatien ist kein Vergleich dazu. Überall, wo es für Urlauber richtig ist – in der Gastronomie, bei öffentlichen Einrichtungen, auf Campingplätzen, in der Infrastruktur – bietet das Land heute einen gehobenen Standard, der viele andere beliebte Urlaubsländer Südeuropas längst überholt hat. Das rechtfertigt natürlich ein höheres Preisniveau.

Montenegro ist in seiner touristischen Entwicklung noch nicht so weit und erinnert an das Kroatien von vor etwa 15 Jahren. Hier ist vieles noch ursprünglicher – abgesehen von Touristenmagneten wie Kotor – und dementsprechend auch günstiger. Bemerkenswert preiswert ist es aber nur noch in wenigen Bereichen und vor allem bei einheimischen Produkten, besonders bei Nahrungsmitteln und Dienstleistungen.

Reisezeit, Klima, Feiertage

Unser Reisegebiet erstreckt sich vorwiegend entlang der Küste, von einigen Abstechern ins Hinterland einmal abgesehen. Wir haben es also mit Mittelmeerklima zu tun. Das ist schnell beschrieben:

Von **März bis Mai** ist es frühlingshaft angenehm mild, teilweise schon recht warm, aber auch einige Regenfälle. Man darf so etwa 15 bis 20 Grad erwarten.

In den Urlaubsmonaten **Juni bis September** ist es heiß und fast regenlos. Die meist leicht wehende Seebrise sorgt für Erträglichkeit der Temperaturen. Die Temperaturen steigen auf um die 30 Grad, wobei sich auch hier in den letzten Jahren eine Tendenz nach oben zeigt.

Der Herbst zeigt sich nur kurz zwischen **Mitte Oktober bis November**. In dieser Zeit regnet es häufiger, es ist aber immer noch relativ mild. Über 20 Grad sind keine Seltenheit.

Wind

Von den verschiedenen Winden, die den Touristen in Kroatien um die Nase wehen, ist die **Bora** am heftigsten und damit am gefährlichsten. Dieser kalte Fallwind bricht meist plötzlich über das Gebirge auf die Küste herein und kann eine Intensität erreichen, die Wohnmobile, Wohnwägen und leichteren LKWs mit ihrer großen Angriffsfläche zum Verhängnis werden kann. In der Regel hält die Bora zwei bis fünf Tage an und weist dabei mehr oder weniger lange Spitzen auf: von einigen Stunden bis zu zwei Tagen. Leider ist man zu keiner Jahreszeit vor diesem Wind gefeit. Am stärksten tritt er aber zur touristenarmen Winterzeit auf.

Der **Maestral** ist ein kühlender Wind, der aus dem Nordwesten bläst. Er tritt regelmäßig auf und wird von schönem Wetter begleitet. Seine »Lieblingsstunden« sind von 9:00 bis 15:00 Uhr, am Abend legt er sich.

Aus südöstlicher Richtung kommt der **Jugo**, der besonders im Herbst und Frühjahr warme und feuchte Luft bringt. Seine Intensität steigert sich binnen ein, zwei Tagen. Zumeist erfolgt danach kräftiger Regen.

Montenegro rühmt sich mit drei Klimazonen – angesichts der abwechslungsreichen Topografien ist das nicht weiter verwunderlich. An der Küste herrscht ähnlich wie in Kroatien mildes mediterranes Klima, während in der Tiefebene um Podgorica ein südosteuropäisches Kontinentalklima mit heißen Sommern und milden Wintern vorherrscht. In den Bergen ist das Wetter alpin geprägt: angenehm kühl im Sommer, wobei ab September bereits der erste Schnee fallen kann.

Die Badesaison beginnt Ende Mai, wenn die Wassertemperaturen auf 20 Grad steigen und bis Ende September entlang der Küste konstant zwischen 20 und 24 Grad bleiben. Für uns waren Ende Mai/Anfang Juni sowie der Zeitraum von September nach den Sommerferien bis Mitte Oktober immer die schönsten Reisezeiten.

Wenn das nicht einladend aussieht?

Gesetzliche Feiertage in Kroatien:

1. Januar:	Neujahr
6. Januar:	Dreikönigsfest
März/April:	Ostersonntag/-montag (variable Daten)
1. Mai:	Tag der Arbeit
30. Mai:	Nationalfeiertag
22. Juni:	Tag des antifaschistischen Kampfes
Juni:	Fronleichnam (variables Datum)
5. August:	Danksagungstag
15. August:	Mariä Himmelfahrt
1. November:	Allerheiligen
18. November:	Gedenktag für die Opfer des Heimatkrieges
25./26. Dezember:	Weihnachten

Gesetzliche Feiertage in Montenegro:

1. Januar:	Neujahr
7. Januar:	Orthodoxes Weihnachtsfest
März/April:	Orthodoxes Osterfest (variable Daten; meistens eine Woche nach dem Termin im gregorianischen Kalender)
1. Mai:	Tag der Arbeit
9. Mai:	Tag des Sieges (Ende des Zweiten Weltkriegs in Europa)
21. Mai:	Unabhängigkeitstag
13. Juli:	Nationalfeiertag

Restaurants

Die geografische Lage prägt auch die Speisekarte. Als Vorspeise wird in Kroatien und Montenegro gerne luftgetrockneter Schinken (pršut) gereicht. Ebenso erfreut sich Käse (sir) großer Beliebtheit – besonders der von der Insel Pag ist eine Spezialität. Dazu genießt man Brot, Zwiebeln und Oliven.
Wählt man auf der Speisekarte ein Fleischgericht, wird man kaum an einer Grillplatte (Mixed Grill) vorbeikommen. Sie wird fast schon als Nationalgericht gehandelt. Meist besteht sie aus verschiedenen balkantypischen Fleischarten, darunter **Ćevapčići** (Hackfleischröllchen), **Pljeskovica** (ähnlich einem Fleischküchle), **Ražnjići** (Fleischspieß), sowie Schweine- oder Lammkoteletts und meist auch Leber. Eine Spezialität aus Istrien ist das istrische Schnitzel: paniertes Kalbschnitzel, gefüllt mit Schinken und (Schafs-)Käse.
Zu den beliebtesten Beilagen zählen **Djuveč-Reis** (Reis mit Gemüse), Pommes frites und **Blitva** (gekochter Mangold mit Knoblauch und Olivenöl), garniert mit rohen Zwiebeln und einem Klecks **Ajvar** (würzige Paprika-Tomaten-Paste).

Ganz bestimmt auf ihre Kosten werden Fischliebhaber kommen, während Vegetarier und vor allem Veganer es sowohl in Kroatien als auch Montenegro eher schwer haben. Wie gut, dass es im Wohnmobil eine Kochgelegenheit an Bord gibt. Das üppige Angebot auf den grünen Märkten verschmerzt den Umstand, im Urlaub selbst kochen zu müssen.

Die Nachspeisen lassen deutlich den österreichischen Einfluss erkennen: Palatschinken mit verschiedensten Füllungen, Apfel- oder Topfenstrudel, Cremeschnitten und natürlich Eis in allen Variationen. Nicht selten gibt es auch als Dessert Caramelcreme oder ein Hefegebäck (fritule), welches in Öl ausgebacken und mit Zucker bestreut wird.
Auch in Montenegro isst man gerne und viel Fleisch, die Auswahl auf den Speisekarten ist balkantypisch und ähnelt der in Kroatien.

Genuss pur: Calamari vom Grill

Trinkgeld

In Kroatien ist es üblich, *Trinkgeld von fünf bis zehn Prozent* zu geben, wenn Sie in einem Restaurant speisen. Ein Bedienungszuschlag ist oft nicht im Preis enthalten, und das Gehalt vieler kroatischer Angestellter kann niedrig sein. Beim Taxifahren ist es eine nette Geste, den Rechnungsbetrag aufzurunden, um dem Fahrer Ihre Wertschätzung zu zeigen. Obwohl Trinkgeld in Kroatien nicht erwartet wird, ist es ein Zeichen der Anerkennung für guten Service.

In Montenegro ist ein einfaches Aufrunden auf den nächstvollen Euro meist ausreichend. Nichts spricht jedoch dagegen, bei Zufriedenheit die gewohnten fünf bis zehn Prozent Trinkgeld zu geben.

Sehenswürdigkeiten

Für Sehenswürdigkeiten und Museen, die wir bei unseren Touren beschreiben, haben wir die uns bekannten Öffnungszeiten im Text erwähnt. Diese können je nach Saison variieren und eine definitive Angabe ist daher fast unmöglich. Feste Ruhetage sind eine Seltenheit; im Normalfall sind Besucher ab 09:00 oder spätestens 10:00 willkommen. Nach einer ausgiebigen Siesta öffnen viele Einrichtungen am Abend noch einmal ihre Pforten.

Zahlreiche Landschaften, Orte und Bauwerke unseres Reisegebietes sind als *UNESCO-Weltkulturerbe* anerkannt. Das haben wir bei der jeweiligen Beschreibung genannt.

Toiletten

Auf vielen unserer empfohlenen Übernachtungsplätze finden Sie Toiletten vor. Leider befinden sich die öffentlichen WCs nicht immer in einem wünschenswerten Zustand. Nehmen Sie also gerne die sauberen Alternativen in Restaurants, Strandbädern und Museen in Anspruch. Falls ein kleiner Beitrag für die Nutzung erbeten wird, sehen Sie ihn bitte als Investition in eine angenehmere Erfahrung. Die Sanitäranlagen sind meist besser in Schuss als öffentliche Toiletten.

Steht einmal keine der aufgezählten Optionen zur Verfügung, sollte das Benutzen der Campingtoilette eine Selbstverständlichkeit sein!

Ver- und Entsorgung

Bitte verabschieden Sie sich sofort von dem Gedanken, Ihre Notdurft in der Natur zu verrichten oder Ihre Fäkalien in der Botanik zu entsorgen!
Frei zugängliche Ver- und Entsorgungsstationen gibt es in Kroatien zwar sehr wenige und in Montenegro gleich noch weniger, aber zumindest die meisten Campingplätze bieten den entsprechenden Service an. Auch wenn Sie dort

Eine der wichtigsten Sehenswürdigkeiten: Die Arena in Pula (Tour 2)

nicht übernachten, steht einer Entsorgung gegen eine kleine Gebühr meist nichts im Weg.

Wir möchten Sie dringend bitten, *auf giftige Chemikalien in Ihrem WC zu verzichten*. Um schlechten Gerüchen entgegenzuwirken, helfen eine Entlüftung (selbstgebastelt oder gekauft), ein paar Tropfen Orangenöl-Konzentrat (oder Schmierseife) und das Entleeren, so oft sich die Gelegenheit bietet. Zur Not tut es auch ein Schuss Essigessenz. Zudem kann man auch jede Möglichkeit ergreifen, eine andere Toilette zu nutzen und die Kapazität der Bordtoilette zu schonen. Es gibt genug Alternativen!

Falls Sie nicht auf Chemie verzichten wollen, achten Sie bitte auf die richtige Dosierung. Kippt man von vornherein so viel Sanitärflüssigkeit in den Behälter, wie es dessen gesamten Fassungsvermögen entspricht und entleert dann zwecks günstiger Gelegenheit eine halbvolle Kassette, landet die Hälfte des Mittels unverbraucht im Ausguss. Das schadet der Umwelt und Ihrem Geldbeutel. Noch ein Hinweis: Bitte nutzen Sie zum Reinigen niemals den Wasserschlauch, der zum Befüllen vorgesehen ist. Das ist nicht nur unhygienisch, sondern auch ziemlich unappetitlich!

Wasser

Das Wasser aus dem offiziellen Leitungssystem in Kroatien ist als *Trinkwasser* deklariert. Wir haben es bisher immer für alltägliche Anwendungen wie Händewaschen und Kochen benutzt. Probleme irgendwelcher Art haben wir uns damit noch nie eingehandelt. Für diejenigen, die auf Nummer sicher gehen wollen oder das Wasser pur trinken möchten, empfehlen sich Wasserfilter, zum Beispiel einen *Albfilter*. Auch in Montenegro ist das Leitungswasser von einwandfreier hygienischer Qualität.

Verkehr, Straßenverhältnisse, Fähren

In der Hochsaison ist es überall voll – das ist kein Geheimnis. Die Hauptverbindungsstraßen sind in einem sehr guten Zustand, vor allem auch die Küstenstraße **Adria Magistrale**. Wer es eilig hat, nimmt die gebührenpflichtigen Autobahn. Die A1 verläuft durchgehend von Rijeka (oder ab Zagreb) bis Opuzen im Neretva-Delta.

Das gesamte Straßennetz ist bis auf wenige Ausnahmen geteert. Die Anfahrtswege zu den Campingplätzen sind allerdings oft schmal, buckelig und teilweise mit Schlaglöchern gespickt. Doch die letzten paar Meter kann man meist damit leben.

Nach längerer Trockenheit kann die Fahrbahn bei einsetzendem Regen heimtückisch glatt werden. Die Feuchtigkeit vermischt sich mit Staub und Gummiabrieb zu einem rutschigen Schmierfilm, dessen Wirkung sehr gefährlich sein kann. Bitte seien Sie aufmerksam und vorsichtig.
Nebenstraßen im Gebirge sind oftmals sehr schmal und können für ungeübte Fahrer eine Herausforderung darstellen.

In Kroatien und Montenegro herrscht Lichtpflicht am Tag. Zudem ist das Mitführen von Ersatzbirnen verpflichtend. Vergessen Sie nicht, für jeden Insassen eine Warnweste zugänglich im Fahrzeug zu haben; in Montenegro muss diese sogar griffbereit über der Lehne hängen.

Positiv formuliert ist der Fahrstil der Montenegriner abenteuerlich. Die gängigen Verkehrsregeln dienen eher als Orientierung. Die Polizei zeigt starke Präsenz und kontrolliert emsig. Eine Sache, die es zu beachten gilt: Überholen im Tunnel ist grundsätzlich verboten. Bei Zuwiderhandlung drohen nicht nur Geldstrafen, sondern auch der Entzug des Führerscheins.

Die Adria Magistrale ist eine der schönsten Küstenstraßen der Welt

Fähren
Nicht auf alle der besuchenswerten Inseln führen Brücken. Das macht natürlich den Einsatz von Fährdiensten notwendig. Diese fahren nach einem Fahrplan, der aber nicht immer für todernst zu nehmen ist. Besonders in der Hauptsaison und an Wochenenden sollten Sie längere Wartezeiten einplanen. Die Auffahrtrampen mancher Fähren können recht steil sein. WOMOs mit längerem Überhang laufen Gefahr aufzusetzen. Im Zweifelsfall fahren Sie die Rampe schräg an oder bitten das Personal, die dafür vorgesehenen Matten oder Schienen unterzulegen. Verlassen Sie sich nicht nur auf die Einweisungskünste. Wenn viel los ist, kann bisweilen das südländische Temperament der Besatzung durchkommen. Meist äußert sich das durch Erheben der Stimme mit einhergehenden hektischen Handbewegungen. Lassen Sie sich davon nicht aus der Ruhe bringen!

Die meisten Verbindungen werden von Jadrolinija betrieben. Fahrpläne und Preise finden Sie auf *https://www.jadrolinija.de*

Schwimmende Brücke zu den vielen Inseln

Tankstellen

Das Tankstellennetz in Kroatien ist gut ausgebaut, großartige Planungen diesbezüglich sind nicht notwendig. Trotzdem gilt: Tanken Sie immer rechtzeitig und fahren Sie nicht bis zum letzten Tropfen. Gelegentlich kann es vorkommen, dass die anvisierte Tankstelle überraschend geschlossen ist. Ein gefüllter Reservekanister verleiht im Übrigen ein beruhigendes Gefühl.

Verständigung

In Kroatien trifft man relativ oft auf Menschen, die der deutschen Sprache – zumindest teilweise – mächtig sind. In Tourismusinformationen und auf den großen Campingplätzen können Sie im allgemeinen englische Sprachkenntnisse voraussetzen. In Montenegro kommuniziert man dagegen häufiger mit Händen und Füßen, doch das sind meistens die »Gespräche«, die besonders in Erinnerung bleiben. Umgangssprache in Montenegro ist Serbisch, auch wenn jetzt nach dem erfolgreichen Referendum im Zuge der Unabhängigkeitsbestrebungen Montenegrinisch als Amtssprache in der Verfassung geführt wird. Die Unterschiede sind jedoch minimal, und auch Kroaten und Montenegriner verstehen sich. Die kroatischen Textbausteine der bisherigen Reise sind also auch hier nützlich. Egal wo, die Verständigung ist immer möglich – notfalls leistet der Google-Übersetzer gute Dienste.

Es zeugt jedoch von Respekt und ist eine Geste der Höflichkeit, wenn man zumindest Bemühungen zeigt, sich in einem Gastland in der Landessprache verständigen zu wollen. Nicht das Können ist ausschlaggebend, sondern der Wille! Wir halten es für ein Gebot der Höflichkeit, in jedem Land zumindest in Landessprache zu grüßen und dann erst den Satz »Do you speak english?« anzuhängen. Auf jeden Fall wird Ihnen diese sympathische Geste ein freundliches Lächeln bescheren und vielleicht auch die ein oder andere Tür öffnen …

Ein Basisvokabular ist somit immer hilfreich.

	kroatisch
Guten Morgen	Dobro jutro
Guten Tag	Dobar dan
Guten Abend	Dobra večer
Gute Nacht	Laku noć
Auf Wiedersehen	Doviđenja
Gute Reise	sretan put
Danke	Hvala
Bitte	Molim
Entschuldigung	Ispričajte me
Ich verstehe nicht	ne razumijem
Wie viel kostet das?	Koliko je to?
Können Sie mir bitte helfen?	Možeš li mi molim te pomoći?
Ich komme aus Deutschland.	Dolazim iz Njemačke.
Geöffnet	Otvoren
Geschlossen	Zatvoreno
Links, rechts, geradeaus	Lijevo, desno, ravno naprijed

Wanderungen

Kroatien ist nicht nur ein Paradies für Strandliebhaber, sondern auch ein fantastisches Land für Wanderfreunde. Von gemütlichen Spazierwegen bis zu anspruchsvollen Trekkingrouten – die Auswahl ist groß. Besonders reizvoll sind die Wanderwege in den National- und Naturparks, zum Beispiel rund um die Plitvicer Seen, im Ucka-Gebirge oder durch das Biokovo-Bergmassiv. Auf den Inseln Krk und Brač können Sie entlang der Küste wandern und die atemberaubende Landschaft genießen. Eine Auswahl dieser Wanderungen finden Sie in Kurzform auch in diesem Buch. Für weitere Informationen und Kartenmaterial wenden Sie sich an die lokalen Touristeninformationen. Die ideale Zeit zum Wandern in Kroatien sind die Monate Mai, September und Oktober.

In Kroatien gibt es auch anspruchsvolle Wandergebiete

Seien Sie vorsichtig und überschätzen Sie Ihre Fähigkeiten nicht, um gefährliche Situationen zu vermeiden. Die sommerliche Hitze erfordert angemessene Ausrüstung, einschließlich Hut, Sonnencreme und genügend Wasser, denn Einkehrmöglichkeiten gibt es kaum. Halten Sie sich außerdem bitte an die markierten Wege. Die Wanderrouten sind in der Regel mit einem roten Kreis mit weißem Punkt oder einem rot-weiß-roten Streifen gekennzeichnet, manchmal nur durch Schilder. Der Bergtourismus in Kroatien ist noch im Aufbau. Auch Montenegro ist ein fantastisches Wanderziel, dass oft (noch) übersehen wird. Hier erleben Sie unberührte Natur, Ruhe und oftmals absolute Einsamkeit.
Beim ***Rother Bergverlag*** gibt es Wanderführer mit detaillierten Wanderkarten und GPS-Tracks zum Download für Istrien, Dalmatien und Montenegro. Familien mit Kindern finden im Rother Wanderbuch »ErlebnisUrlaub mit Kindern – Kroatien« spannende Ausflüge und Aktivitäten, die den Urlaub für Groß und Klein zu einem abwechslungsreichen Erlebnis machen.

Wein

Zu Beginn das Wichtigste: In Kroatien liegt die Alkoholgrenze bei 0,5 Promille, in Montenegro sogar bei nur 0,3 Promille.
Wein ist in Kroatien quasi das Nationalgetränk und erfreut sich zu fast allen Gelegenheiten großer Beliebtheit. Selbst die einfachsten Tafelweine überzeugen durch ihre Qualität. Man setzt auf Klasse statt Masse. Die Bodenverhältnisse und die klimatischen Bedingungen bieten beste Voraussetzungen, um einen edlen Tropfen reifen zu lassen. Die handwerkliche Kunst der Winzer tut ihr Übriges dazu.
Zum Fisch passen Weißweine vorzüglich, wie etwa der goldgelbe und schwere istrische *Malvazija* oder der leichtere weiße Pinot, der *Bijeli Pinot*.
Hervorragende Weine bringen auch die Inseln hervor. Von Krk kommt der goldene *Žlatina*, Pag ist bekannt für den *Žutica*. Aus der Grk-Traube von Korčula wird ein leichter oder ein kräftigerer Wein mit über zwölf Prozent Alkohol gekeltert.
Bei den Rotweinen gibt es eine breite Palette, erwähnenswert sind insbesondere der *Plavac* von Korčula, der *Faros* von Hvar, der vollmundige *Babić* aus Primošten und der körperreiche *Postup* von Pelješac. Der *Dingač* gilt als Spitzenwein Kroatiens – ein rubinroter, gehaltvoller Wein aus exklusiven Lagen auf Pelješac, dessen Preis bei mindestens zehn Euro pro Flasche liegt. Auch istrische Rotweine wie der süffige *Teran* und der leichtere *Merlot* sind beliebt. Rosé-Weine gibt es zu kaufen, spielen aber eine eher untergeordnete Rolle.
Schon die alten Römer schätzten den »vinum sanctum«, den heiligen Wein

Weinberg in der Abendsonne

als Digestif nach dem Essen. Heute trägt er den Namen *Prošek*. Der Dessertwein schmeckt süß und ist mit 16 Prozent Alkoholgehalt recht kräftig.

In Montenegro ist die Weinproduktion begrenzt, mit Ausnahme der Tiefebene bei Podgorica. Dort betreibt die Großkellerei *Plantaže* den angeblich größten Weinberg der Welt. Damit ist der Staatsbetrieb praktisch Monopolist, andere Weine findet man in den Läden eher selten. Abseits davon stößt man oft auf die Alternative aus privathäuslicher Produktion, gerne abgefüllt in leere Plastikflaschen.

Zoll

In Kroatien gelten als EU-Mitgliedstaat die üblichen Zollbestimmungen der Europäischen Union. Sie müssen sich keine Sorgen um Grenzkontrollen machen, und Waren für den persönlichen Gebrauch dürfen in der Regel unbegrenzt ein- und ausgeführt werden. Zu den zollfreien EU-Richtwerten gehören: 200 Zigarren, 800 Zigaretten, 10 Liter hochprozentige Spirituosen wie Whisky oder Gin, 90 Liter Wein und 110 Liter Bier.

Für Montenegro, ***das nicht zur EU gehört***, gilt: Persönliche Gegenstände, Sportausrüstungen und elektronische Geräte können Sie zollfrei einführen. Allerdings gibt es bei teureren Artikeln wie Kameras und Laptops Einschränkungen. Beachten Sie auch, dass die Ein- und Ausfuhr von Bargeld über 10.000 EUR meldepflichtig ist. Bei der Rückkehr in die EU gelten die bekannten Freimengen für Alkohol, Tabakwaren und Parfums: Zwei Liter Wein oder ein Liter Spirituosen über 22 Prozent, 200 Zigaretten oder 50 Zigarren, sowie 50 Milliliter Parfum. Bei der Einfuhr von Medikamenten, insbesondere solchen, die unter das Betäubungsmittelgesetz fallen, sollten Sie ein ärztliches Attest in englischer Sprache mit allen relevanten Informationen bei sich haben. Das kann helfen, bei einer Zollkontrolle etwaige Missverständnisse zu vermeiden.

Stichwortverzeichnis

Bildnachweis

S. 14 ©duetfriday/depositphotos; S. 49 ©erikzunec/depositphotos; S. 55 unten ©csakisti/depositphotos; S. 68 ©sewer12/depositphotos; S. 83 ©Peter Simm/Silvia Sussmann; S. 91 ©eurotravel/depositphotos, S. 97 unten ©Bareta und Umschlagklappe vorne/depositphotos; S. 108 ©Peter Simm/Silvia Sussmann; S. 118 ©evilmisss.gmail.com/depositphotos, S. 119 ©iascic/depositphotos; S. 137 ©PeppermintJoe/depositphotos; S. 142 ©Dariozg/depositphotos; S. 157 ©Tina Leitschuh; S. 160 ©Tina Leitschuh; S. 176 ©Peter Simm/Silvia Sussmann; S. 190 ©Jens Lämmlein; S. 220 unten ©mrak.hr/depositphotos; S. 226 ©rsedlacek/depositphotos; S. 231 ©BiancoBlue/depositphotos; S. 255 @master2/depositphotos; S. 264 ©Peter Simm/Silvia Sussmann; S. 275 ©Peter Simm/Silvia Sussmann; S. 284 ©saiko3p/depositphotos; S. 285 unten ©SailingstoneTravel/depositphotos; S. 291 ©sonyakamoz/depositphotos; S. 297 ©Kruchenkova/depositphotos; S. 300 unten ©daviddanji/depositphotos; S. 304 ©andreevaee/depositphotos; S. 308 ©pawopa3336/depositphotos; S. 315 ©bigguns/depositphotos; S. 320 ©alan64/depositphotos; S. 321 ©master78/depositphotos; S. 322 ©nadtochiy/depositphotos; S. 330 ©Redvetal/depositphotos; S. 337 ©Fotoember/depositphotos; S. 338 ©alan64/depositphotos; S. 344 ©andreiiantipov.gmail.com/depositphotos; S360 ©tupungato/depositphotos

Bei den vorstehenden Fotos wurde der Bildinhalt nicht verändert;
Alle anderen Fotos: ©Michael Lindner

Der WOMO® Online-Service

Nutzen Sie auch das Angebot unseres Online-Shops!
Unter **www.womo.de** finden Sie nicht nur sämtliche Reiseführer, sondern weitere wertvolle Anregungen und Zusatzinformationen – von der Gesamtübersicht aller Touren eines WOMO-Reiseführers bis zu weiterführendem Material. Dazu gehören:

- die **besten Autokarten**, die garantiert die komplette Reiseroute abdecken
- und die **passenden Rother-Wanderführer** mit den schönsten Wanderregionen Ihres Reiselandes.

Einfach sicher unterwegs.

Sichern Sie Ihr Wohnmobil ab: mit unserer **exklusiven**, universellen und **sofort sichtbaren** Einbruchssperre. Sie wird **ganz einfach** in die beiden Tür-Armlehnen eingehängt, zusammengeschoben und abgeschlossen.

Der WOMO® Knackerschreck

- Passend für Ducato, Peugeot, Renault Master, MB Sprinter bis 2018 und VW (alle Typen)
- Krallen aus **10 mm massivem**, einbrennlackiertem, also nahezu unverwüstlichem Stahl

und nur bei **www.womo.de**

Alle WOMO® Reiseführer auf einen Blick

Albanien, Ulrike und Frank Staub
Allgäu, Heiner Newe
Andalusien, Christina und Christian Winkler
Baden-Württemberg, Heiner Newe
Baltikum, Stefanie Holtkamp und Andrea Bergmann Neu 2024
Bayern Der Nordosten, Heiner Newe
Bayern Der Südosten, Christina und Christian Winkler
Bayern Der Nordwesten, Heiner Newe
Belgien/Luxemburg, Ulrike und Frank Staub
Bretagne, Anette Scharla-Dey und Franz Peter Tschauner
Burgund, Ralf Gréus Neu 2024
Dänemark, Anke Globi
Elsass, Ralf Gréus
England Der Süden, Christina und Christian Winkler Neu 2024
England Der Norden, Christina und Christian Winkler
Finnland, Uwe und Annegret Rohland
Französische Alpen, Heiner Newe
Französischer Jura, Heiner Newe
Griechenland, Waltraud Roth-Schulz und Reinhard Schulz
Harz, Heiner Newe
Hessen Der Norden, Anette Scharla-Dey und Franz Peter Tschauner
Hessen Mitte und Süden, Anette Scharla-Dey und Franz Peter Tschauner
Hunsrück/Mosel/Eifel, Anette Scharla-Dey und Franz Peter Tschauner
Irland, Uwe und Annegret Rohland
Island, Jutta und Alexander Ramin
Katalonien, Ulrike und Frank Staub Neu 2024
Korsika, Stefanie Holtkamp und Andrea Bergmann Neu 2024
Kroatien und Montenegro, Anne und Michael Lindner Neu 2024
Languedoc-Roussillon, Ralf Gréus Neu 2024
Ligurien, Ralf Gréus
Lothringen, Friedrich Riehl
Lüneburger Heide, Heiner Newe
Marokko, Ulrike und Frank Staub
Mecklenburg-Vorpommern Teil 1, Stefanie Holtkamp und Andrea Bergmann
Mecklenburg-Vorpommern Teil 2, Stefanie Holtkamp und Andrea Bergmann
Münsterland, Regina Stockmann
Namibia, Ute Nast-Linke und Frank Linke
Neuseeland Nordinsel, Andrea Lossen und Dieter Giesen
Neuseeland Südinsel, Andrea Lossen und Dieter Giesen Neu 2024
Niederlande, Friedrich Riehl
Normandie, Anette Scharla-Dey und Franz Peter Tschauner Neu 2024
Norwegen Der Süden, Waltraud Roth-Schulz und Reinhard Schulz
Norwegen Der Norden, Waltraud Roth-Schulz und Reinhard Schulz
Österreich Der Osten, Christina und Christian Winkler
Österreich Der Westen, Christina und Christian Winkler
Ostfriesland, Heiner Newe

Weitere Infos unter **www.womo.de**

Pfalz, Ralf Gréus
Piemont und Aostatal, Ralf Gréus
Peloponnes, Waltraud Roth-Schulz und Reinhard Schulz
Polen Der Norden, Nicola Kluftinger
Portugal Der Norden, Stephanie Seufert [Neu 2024]
Portugal Der Süden, Stephanie Seufert [Neu 2024]
Provence Der Westen, Ralf Gréus
Provence Der Osten, Ralf Gréus
Pyrenäen, Stefanie Holtkamp und Andrea Bergmann
Rumänien, Christina und Christian Winkler
Sachsen, Anette Scharla-Dey und Franz Peter Tschauner
Sardinien, Waltraud Roth-Schulz und Reinhard Schulz
Schleswig-Holstein und Hamburg, Heiner Newe
Schottland, Anke Globi [Neu 2024]
Schwarzwald, Ralf Gréus
Schweden Der Norden, Uwe und Annegret Rohland
Schweden Der Süden, Anke Globi [Neu 2024]
Schweiz Der Osten, Stefanie Holtkamp und Andrea Bergmann
Schweiz Der Westen, Stefanie Holtkamp und Andrea Bergmann
Sizilien, Christina und Christian Winkler [Neu 2024]
Slowakei, Ulrike und Frank Staub
Slowenien, Silvia Sussmann und Peter Simm
Spanien Der Norden, Waltraud Roth-Schulz und Reinhard Schulz
Süditalien Der Osten, Waltraud Roth-Schulz und Reinhard Schulz
Süditalien Der Westen, Waltraud Roth-Schulz und Reinhard Schulz
Südafrika Krügernationalpark, Ute Nast-Linke und Frank Linke
Südwestfrankreich, Stefanie Holtkamp und Andrea Bergmann
Südtirol, Waltraud Roth-Schulz und Reinhard Schulz
Tal der Loire und Paris, Anette Scharla-Dey und Franz Peter Tschauner
Thüringen, Katja Eisenschmidt
Toskana und Elba, Ralf Gréus
Trentino und Gardasee, Angela Misslbeck [Neu 2024]
Umbrien und Marken, Ralf Gréus
Ungarn, Silvia Sussmann und Peter Simm
USA Südwesten mit Yellowstone, Regina Stockmann [Neu 2024]
Venetien und Friaul, Christina und Christian Winkler
Wales, Christina und Christian Winkler [Neu 2024]
Zentralspanien Der Osten, Ulrike und Frank Staub
Zentralspanien Der Westen, Ulrike und Frank Staub

Außerdem im Programm:
Die gordische Lüge – Reiseroman, Ralf Gréus
Allgemeines Wohnmobil Handbuch, Reinhard Schulz
Allgemeines Wohnmobil Kochbuch, Waltraud Roth-Schulz
Heitere Wohnmobil Geschichten, Silvia Sussmann und Peter Simm

Ihr WOMO® Stellplatz-Dienst

Wir führen Sie zu den **schönsten Orten**, die unsere erfahrenen Autoren **selbst besucht und getestet** haben. Die GPS-Daten ihrer Stell- und Campingplatz-Empfehlungen finden Sie im Online-Shop unter **www.womo.de**

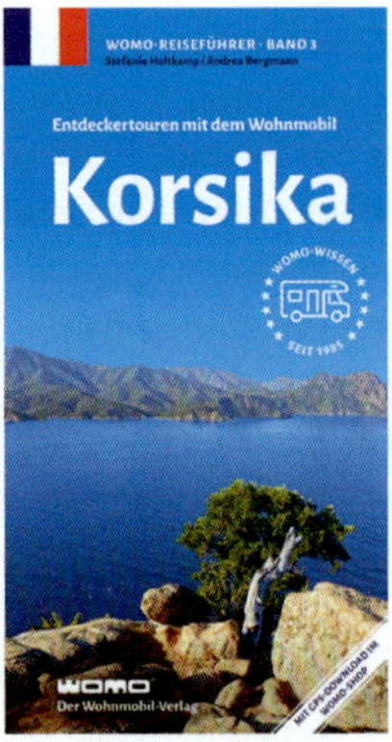

Mehr erfahren. Mehr erleben.

womo.de ist der **Spezialist** für Ihren entspannten **Erlebnisurlaub auf vier Rädern**. Profitieren Sie für Ihre Reisevorbereitung und -planung von unserer **jahrzehntelangen Erfahrung**. Seit 2022 arbeiten wir daran, Bewährtes noch besser zu machen: Dazu gehört die **moderne Optik** unserer neu gestalteten und **neu aufgelegten** Reiseführer.

Selbstverständlich werden unsere WOMO-Reiseführer permanent auf einen **aktuellen inhaltlichen Stand** gebracht. Jeder einzelne bietet eine Fülle an Ideen, Inspiration und Information **für Ihren Erlebnisurlaub**.

Wenn Sie persönliche Anregungen oder **konkrete Fragen zu Ihrer Reiseplanung haben**, dann schreiben Sie uns gern unter: **verlag@womo.de**

Den kostenlosen Download-Link für die **GPS-Daten** zu diesem WOMO-Reiseführer finden Sie im Shop unter: **www.womo.de**
Ihr Passwort lautet:
Kr5hoc

WOMO®
Der Wohnmobil-Verlag
An der Liethe 4
36452 Kaltennordheim
Telefon: 036946 20691
www.womo.de